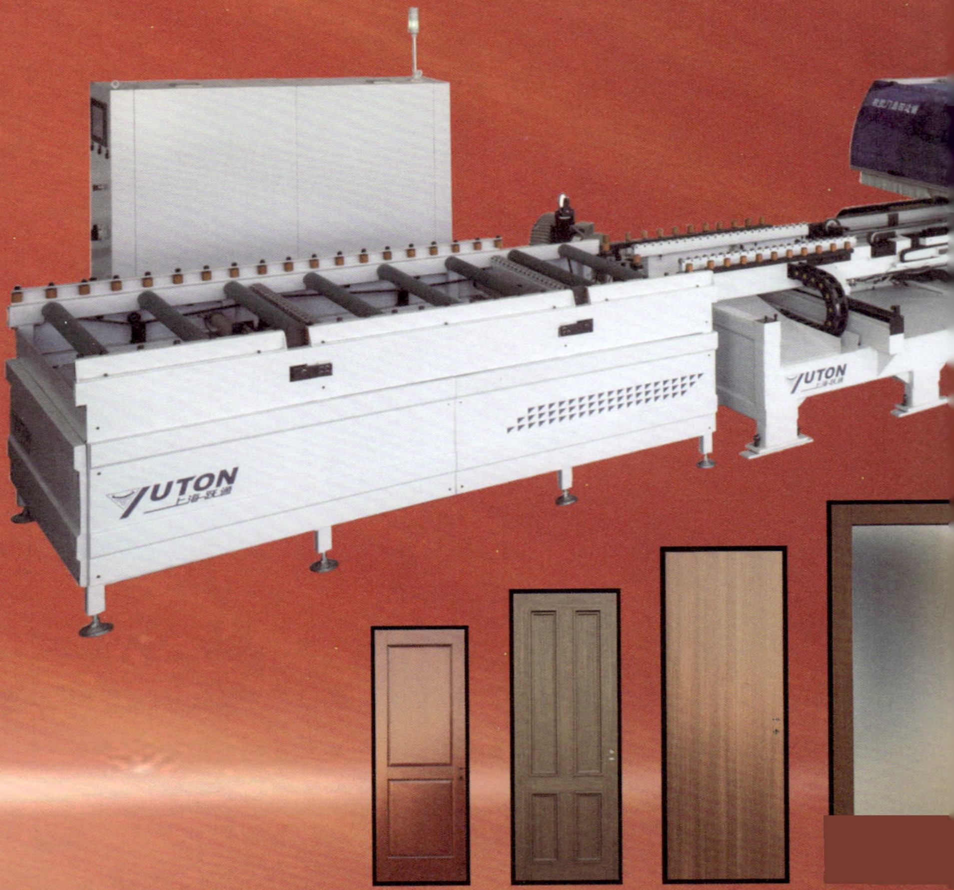

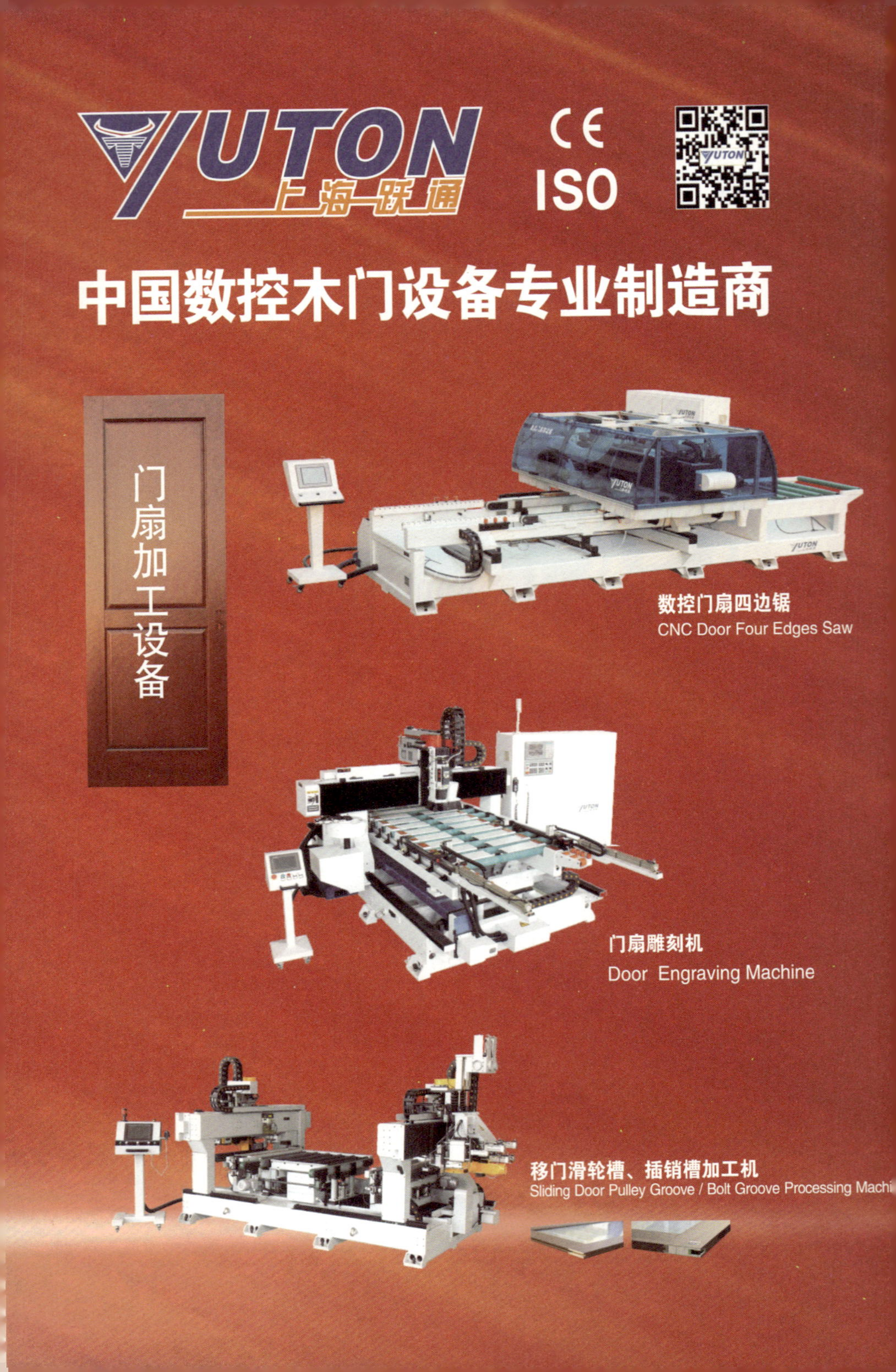
YUTON
上海跃通
CE
ISO
中国数控木门设备专业制造商
门扇加工设备
数控门扇四边锯
CNC Door Four Edges Saw
门扇雕刻机
Door Engraving Machine
移门滑轮槽、插销槽加工机
Sliding Door Pulley Groove / Bolt Groove Processing Machi

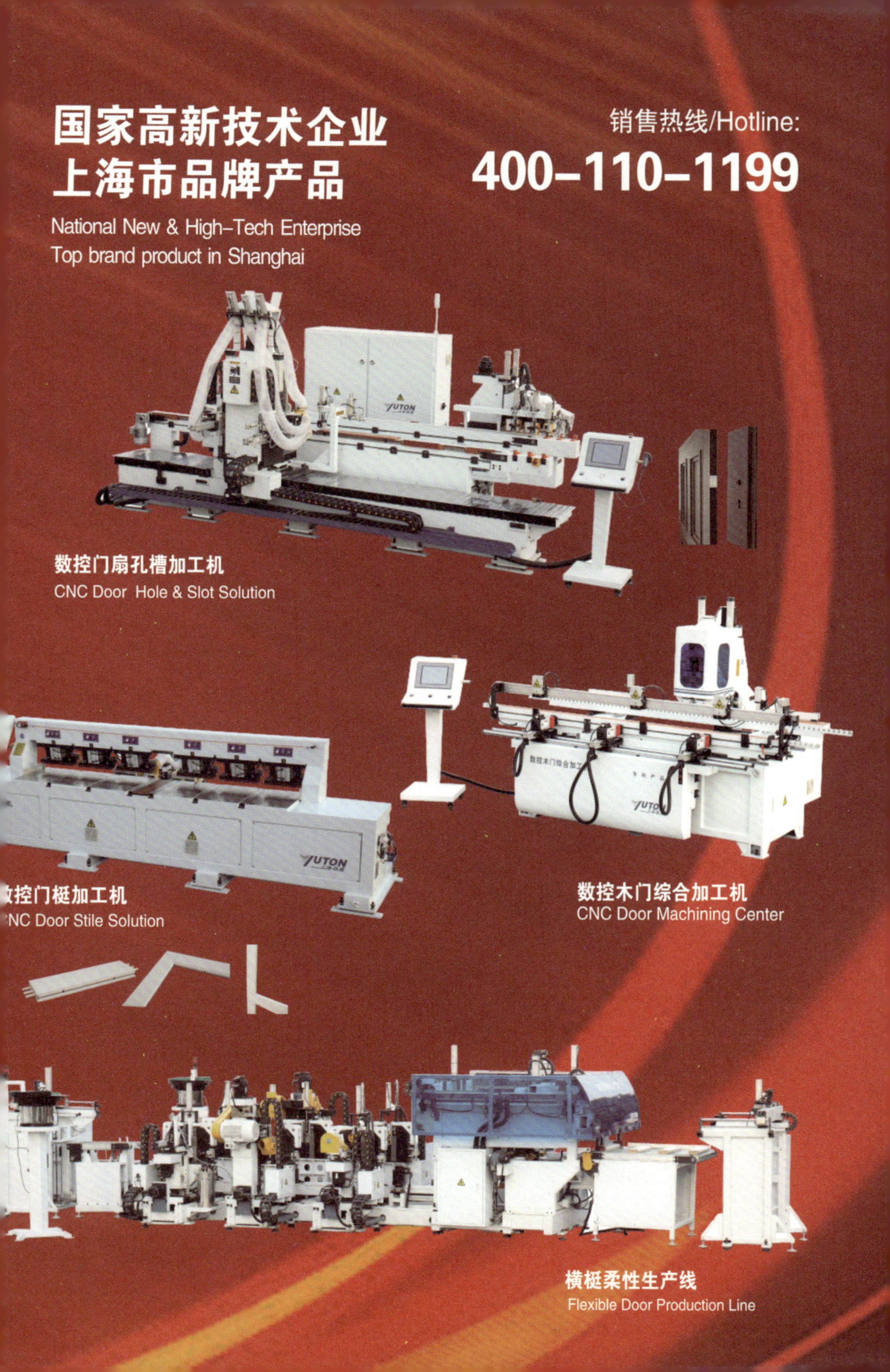
国家高新技术企业
上海市品牌产品
National New & High–Tech Enterprise
Top brand product in Shanghai
销售热线/Hotline:
400–110–1199
数控门扇孔槽加工机
CNC Door Hole & Slot Solution
控门梃加工机
NC Door Stile Solution
数控木门综合加工机
CNC Door Machining Center
横梃柔性生产线
Flexible Door Production Line

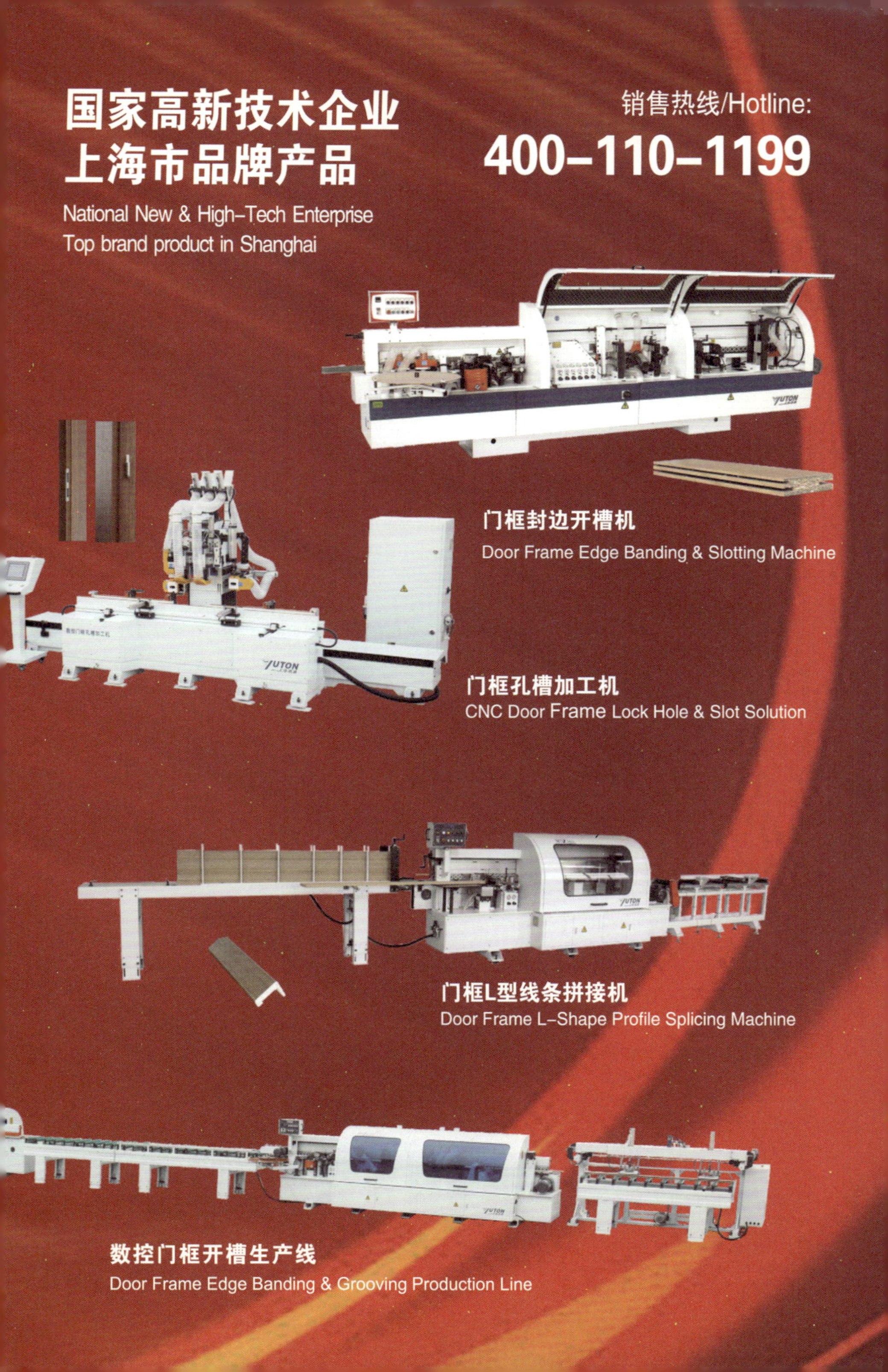
国家高新技术企业
上海市品牌产品
National New & High-Tech Enterprise
Top brand product in Shanghai
销售热线/Hotline:
400-110-1199
门框封边开槽机
Door Frame Edge Banding & Slotting Machine
门框孔槽加工机
CNC Door Frame Lock Hole & Slot Solution
门框L型线条拼接机
Door Frame L-Shape Profile Splicing Machine
数控门框开槽生产线
Door Frame Edge Banding & Grooving Production Line

中国林业机械协会简介

全国性权威性行业协会

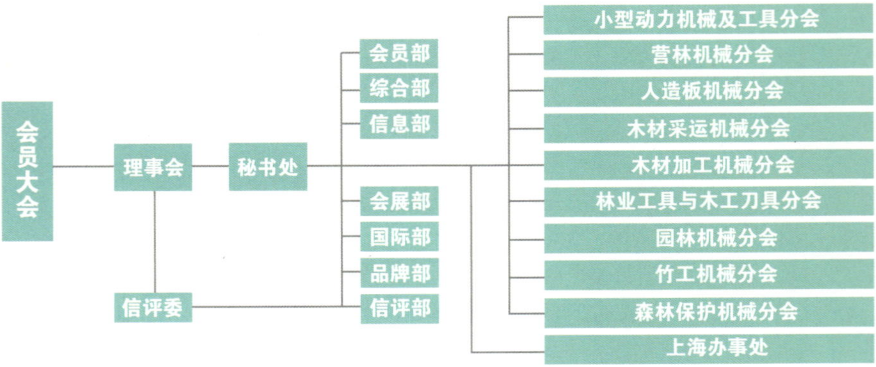

中国林业机械协会，简称林机协会，英文名称为 CHINA NATIONAL FORESTRY MACHINERY ASSOCIATION（缩写 CNFMA），成立于 1987 年，主管部门为国家林业局，登记机关为国家民政部，常设机构为中国林业机械协会秘书处，设有木材加工机械分会、人造板机械分会、园林机械分会、营林机械分会、小型动力机械及工具分会、木材采运机械分会、林业工具与木工刃具分会、竹工机械分员会、森林保护机械分会等 9 个分支机构。

China National Forestry Machinery Association (CNFMA), superintended by State Forestry Administration, P.R. China, was founded in 1987 with approval of Ministry of Civil Affairs, P.R. China, CNFMA Secretariat, as the standing body of CNFMA, has 9 branches: Wood Processing Machinery Branch, Wood Based Panel Branch, Garden Machinery Branch, Silvicultural Machinery Branch, Small Power Machinery & Tools Branch, Logging & Transporting Machinery Branch, Forestry Tools & Knives Branch, Bamboo Machinery Branch, Forest Protection Machinery Branch.

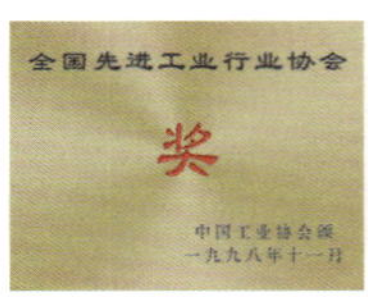

CNFMA 自成立以来，本着“服务政府、服务企业”的宗旨，在协助政府搞好行业管理、引导行业自律、推进技术进步、促进技术创新、开展品牌塑造、提供信息服务，以及帮助企业开拓国际国内市场等方面作了大量卓有成效的工作，受到主管部门以及国际、国内业界的广泛认可，多次获得“全国先进工业行业协会”、“全国林业产业突出贡献奖 · 先进单位”等称号。

With the tenet of serving the government and enterprises, CNFMA has made remarkable achievements in enhancing industrial management and Industry self-discipline, strengthening technological innovation, promoting brand building, providing information, helping enterprises broaden market at home and abroad. CNFMA has obtained many honor and industry recognition at home and abroad, and has been awarded as Advanced Industrial Association and got Outstanding Contribution Award for Forestry Industry for many times,

CNFMA 在北京（WMF Beijing）和上海（WOODMAC China）每两年交替举办一次国际性木工机械专业展览会。WMF Beijing 举办时间为双年的春季；WOODMAC China 举办时间为单年的春季。

CNFMA holds international biennial exhibitions in Beijing (WMF Beijing) and Shanghai (WoodMac China) alternately. WMF Beijing is held in spring at even number years, WoodMac China is held in spring at odd number years.

中国林业机械协会简介

全国性权威性行业协会

CNFMA 每年举办一次“全国人造板工业发展研讨会”，每两年举办一次“全国木材加工技术与装备发展研讨会”。

CNFMA sponsors China National Wood Based Panel Industry Technology Development Symposium every year, and China National Wood Processing Technology and Equipment Development Symposium every two years.

CNFMA 与国际相关行业组织保持经常性接触和交流，连年组织会员单位从事国际参展、参观和考察活动，定期向会员单位提供会员单位统计情况报告、国际木工机械市场分析报告和中国林木机械进出口情况分析报告。

CNFMA keeps regular contact and communication with International relevant relative industrial organizations and organizes members to visit and participate famous international exhibition. CNFMA also provides members with statistical analysis on international woodworking machinery industry and surveys on import and export of China forestry and woodworking machinery.

CNFMA 主办、主编的刊物、图书、网站有:《中国林木机械》、《当代林木机械博览》、《中国林木机械采购指南》、《中国林业机械协会会员名录》、《信息特刊》、《中国林木机械骨干企业》和《中国林机网》(www.cnfma.org) 等。

The Publications of CNFMA are as follows: *China Forestry and Woodworking Machinery (Monthly), Modern Forestry & Woodworking Machinery Review, China Forestry and Woodworking Machinery Buyer's Guide, Membership Directory of CNFMA, Information Supplement, Key Enterprises of China Forestry & Woodworking Machinery Industry*, and website is *www.cnfma.org*.

The Buyer's Book of China Forestry and Woodworking Machinery

中国林木机械采购指南

2015

中国林业机械协会　编

中国林業出版社

图书在版编目（CIP）数据

中国林木机械采购指南. 2015 : 汉英对照 / 中国林业机械协会编. — 北京 : 中国林业出版社, 2015.1

ISBN 978-7-5038-7855-8

Ⅰ. ①中… Ⅱ. ①中… Ⅲ. ①林业机械—机械设备—采购—中国—指南—汉、英②木工机械—机械设备—采购—中国—指南—汉、英 Ⅳ. ①F724.724-62

中国版本图书馆CIP数据核字（2015）第028556号

编写组

主　　编: 马启升

副 主 编: 韦　剑　许方荣

执行编辑: 赵　阳　周　晶

编　　辑: 么傲然　王　雯　吴　奇　陈　建　陆　桦

美术编辑: 段秀敏

出　　版　中国林业出版社（100009　北京西城区刘海胡同7号）
网址：lycb.forestry.gov.cn
E-mail:forestbook@163.com　电话：(010)83143515

发　　行　中国林业出版社

制　　版　北京捷艺轩彩印制版技术有限公司

印　　刷　北京北林印刷厂

版　　次　2015年3月第1版

印　　次　2015年3月第1次

开　　本　880mm×1230mm　1/32

字　　数　793千字

印　　张　14.5

印　　数　1～5 000册

定　　价　60.00元

前言
Preface

随着我国经济的飞速发展，人民生活水平的整体提高，市场需求不断扩大，我国林木机械行业得到了前所未有的发展。

为给国内企业方便了解中国林木机械行业的企业和产品，也为了国内外用户采购需要，决定编辑《中国林木机械采购指南》(以下简称采购指南)。中国林木机械行业中，规模比较大、实力比较强的企业大多是中国林业机械协会的成员单位,《采购指南》以这些企业的信息为基础，是业界收录单位较为齐全的信息库、极具权威性的一本专业工具书。

作为连接中国林木机械行业上、下游企业的桥梁,《采购指南》囊括木工机械设备、人造板设备、木工刀具、竹材加工机械、小型动力机械、营林机械、森林保护机械、采伐运输机械、园林机械、生物质生产设备等 10 大类、44 中类、239 小类林木机械产品。其独特细致的编排，全面、准确的信息，详实的内容，为国内外林木机械采购商提供权威性的指引和帮助。

《采购指南》主体包括 3 个部分：①总目录 (包含大类和中类产品索引)；②分类产品目录 (包含中类和小类产品以及提供该类产品或服务的单位名称索引)；③企事业单位基本信息。企事业单位基本信息包括：单位名称、地址、邮编、电话、传真、电子邮箱、网址以及主要产品 (服务)。

在《采购指南》编辑过程中,得到了广大会员单位的积极配合与大力支持,在此一并致谢！在今后的工作中,我们将会继续一如既往地为大家提供更好的服务。

由于时间和水平有限，编辑过程中，如有遗漏与不妥之处，敬请批评指正！

China forestry and woodworking industry achieved rapid growth with the development of Chinese economy, the improvement of national living standards, and the increase of market demand.

The Buyer's Book of China Forestry and Woodworking Machinery (abb. as *the Buyer's Book*) was compiled to help domestic enterprises to learn each other and products, and also to help the buyers abroad to select the right product. *The Buyer's Book,* based on the members of China National Forestry Machinery Association (abb. as CNFMA), which includes almost the famous enterprises in China, is a very useful and professional reference book about forestry and woodworking machinery industry in China.

The Buyer's Book was divided into woodworking machinery, wood-based panel machinery, woodworking blade, bamboo processing machinery, small power machinery, silvicultural machinery, logging and transporting machinery, garden machinery, biomass production equipment, research institutes and universities, 10 class, 44 division and 240 section.

The body of *the Buyer's Book* includes: 1. General list (list of 10 class, 44 division), 2. Product catalog (the list of enterprises), 3. Detail information of the enterprises, includes name, add., post code, tel., fax, e-mail, website and main products or services.

Thanks a lot for the support of CNFMA members during the compiling of *the Buyer's Book.* CNFMA will continue to render the best service.

Due to limited time and knowledge, if there's any omission or inappropriate, please criticism! Thank you.

编者
Editors
2015.1.16

总目录

◎ 木工机械设备……16
1.锯类设备……16
2.钻类设备……20
3.刨类设备……22
4.铣类设备……24
5.木工机床……26
6.砂光设备……26
7.封（包、修）边机……30
8.木工压机……32
9.雕刻设备……32
10.包覆设备……34
11.拼接设备……34
12.加工中心……38
13.涂装设备……38
14.干燥设备……40
15.除尘设备……40
16.板式家具设备……40
17.实木加工机械设备……42
18.集成材设备……42
19.门窗加工设备……42
20.高频加工设备……42
21.输送设备（自动送料机及自动化输送设备）……42
22.刃磨设备……44
23.包装机械……44
24.成套生产线……44
25.其他木工机械……44
26.木工机械配件……48

◎ 人造板设备……50
1.胶合板设备……50
2.刨花板设备……54
3.纤维板设备……56
4.人造板二次加工设备……58
5.防火板生产设备……58
6.人造板压机（含压板、模板）……60
7.木片生产设备……62
8.其他人造板设备（含配件、辅料）……62
9.各种人造板……66

◎ 木工刀具……66

◎ 竹材加工机械……68

◎ 小型动力机械……70

◎ 营林机械……70

◎ 采伐运输机械……70

◎ 园林机械……70
1.草坪机械……70
2.乔灌木栽植与养护机械……72
3.园林工程机械……72

◎ 生物质生产设备……74

◎ 科研院所与高等院校……74

◎ 目次（按字母顺序）……76

General List

◎ Woodworking Machinery……16

1. Saw……16
2. Drill……20
3. Plane……22
4. Mill……24
5. Woodworking Machine……26
6. Sanding Machine……26
7. Banding Machine……30
8. Woodworking Press……32
9. Engraving Equipment……32
10. Coating Equipment……34
11. Splicing Equipment……34
12. Processing Center……38
13. Finishing Machine……38
14. Drying Equipment……40
15. Dust Remover……40
16. Panel Type Furniture Equipment……40
17. Solid Wood Processing Equipment……42
18. Glulam Equipment……42
19. Window and Door Processing Equipment……42
20. High-Frequency Processing Equipment……42
21. Conveying Equipment……42
22. Grinding Equipment……44
23. Packing Machine……44
24. Production Line……44
25. Other Woodworking Machine……44
26. Woodworking Accessory……48

◎ Wood-Based Panel Machinery……50

1. Plywood Equipment……50
2. Particleboard Equipment……54
3. Fiberboard Equipment……56
4. Wood-Based Panel Processing Equipment……58
5. Firewood Panel Production Line……58
6. Panel Press……60
7. Woodchip Production Equipment……62
8. Other Wood-Based Panel Equipment(Including Accessory)……62
9. NC Centering Machine……66

◎ Woodworking Blade……68

◎ Bamboo Processing Machinery……68

◎ Small Power Machinery……70

◎ Silvicultural Machinery……70

◎ Logging and Transporting Machinery……70

◎ Garden Machinery……70

1. Lawn Machinery……70
2. Trees and Shrubs Planting Machine and Maintenance Machinery……72
3. Garden Engineering Machine……72

◎ Biomass Production Equipment……74

◎ Research Institutes and Universities……74

◎ Directory (by alphabetical order)……76

中国林木机械采购指南
（按产品类别排列）

木工机械设备

1 锯类设备

1.1 推台锯

北京安佳木工机械贸易有限公司……18
东莞市南兴家具装备制造股份有限公司……45
佛山市豪伟德机械有限公司……48
佛山市准达机械制造有限公司……86
广东先达数控机械有限公司……98
广州市番禺铁哥机械制造厂……101
南京海威机械有限公司……138
青岛千川木业设备有限公司……213
青岛润德恒丰国际贸易有限公司……216
青岛宇达木业设备有限公司……235
青岛齐青商地木工机械制造有限公司……213
青岛信永利木工机械有限公司……232
青岛荣鸿翔木工机械有限公司……214
三集机械制造有限公司……241
沈阳隆利得木工机械有限公司……262
苏州威玛盛木业机械有限公司……283
顺德区新力亚机械有限公司……274
烟台市牟平区和风机械有限公司……305
银泓木工机械厂……308
浙江百得机械制造有限公司……313

1.2 圆锯机

安吉威隆机械有限公司/九洲机械……10
安吉县金通竹木机械厂……11
北京市恒达利五金机械有限责任公司……26
佛山市顺德区伦教威州机械厂……63
佛山市顺德区玮嘉琦机械有限公司……76
江苏江佳机械有限公司……139
莱州富林机械有限公司……158
青岛长安木工机械厂……188
青岛华春木业机械有限公司……201
青岛即墨市精工机械厂……203
青岛鑫恒发机械有限公司……229
上海美雷带工贸有限公司……252
威海齐全木工机械有限公司……292
烟台市牟平区和风机械有限公司……305
扬州凯士力数控设备科技有限公司……307

1.3 带锯机

北京安佳木工机械贸易有限公司……18
北京市恒达利五金机械有限责任公司……26
东台市巨轮木工机械有限责任公司……45
东台市唐洋带锯机械有限责任公司……46
佛山市森柏斯木工机械制造有限公司……52
佛山市顺德区志俊达机械制造有限公司……81
佛山市顺德区志洋木工机械制造有限公司……81
河北瑞福祥机械制造有限公司……120
河南省临颍县木工机械厂……121
莱州富林机械有限公司……158
南通茂溢机床有限公司……181
青岛汇诚木业设备有限公司……202
青岛即墨市精工机械厂……203
山东华达机械工具有限公司……246
邵武市振达机械制造有限责任公司……260
沈阳带锯机械有限公司……261
顺德区精达机械有限公司……269
四川省青城机械有限公司……277
威海齐全木工机械有限公司……292

Woodworking Machinery

1. Saw

1.1 Sliding Table Saw

Beijing Anjia Woodworking Machinery Trade Co., Ltd. ···· 18
Nanxing Furniture Machinery & Equipment Co., Ltd. ···· 45
Foshan Hold Machine Co., Ltd. ···· 48
Foshan City Zhunda Machinery Manufacturing Co., Ltd. ···· 86
Sandar-Well Machinery Co., Ltd. ···· 98
Guangzhou Panyu Tiege Machinery Manufacturing Co., Ltd. ···· 101
Harvey Manufacturing (Nanjing) Co., Ltd. ···· 138
Qingdao Qianchuan Woodworking Machinery Co., Ltd. ···· 213
Qingdao Runde Hengfeng International Trade Co., Ltd. ···· 216
Qingdao Yuda Wood Machine co., Ltd. ···· 235
Qingdao Qiqing Commercial Land Woodworking Machinery Co., Ltd. ···· 213
Qingdao Yongxinli Woodworking Machinery Co., Ltd. ···· 232
Qingdao Ronghongxiang Woodworking Machinery Co.,Ltd. ···· 214
Sanji Woodworking Machinery Factory ···· 241
Shenyang Lead Woodworking Machinery Co., Ltd. ···· 262
Wearmer Woodworking Machinery Co.,Ltd. ···· 283
Xinliya Woodworking Machinery Co., Ltd. ···· 274
Yantai Muping Hefeng Machinery Co., Ltd. ···· 305
Yinhong Glass Machinery Co., Ltd. ···· 308
Zhejiang Bettn Machinery Manufacturing Co., Ltd. ···· 313

1.2 Circular Sawing Machine

Anji Yuehao Machinery Co., Ltd. ···· 10
Anji Jintong Bamboo & Wood Machinery Factory ···· 11
Beijing Hengdali Hardware & Machinery Co., Ltd. ···· 26
Foshan Weizhou Machine Co., Ltd. ···· 63
Foshan Shunde Weijiaqi Woodworking Machinery Co., Ltd. ···· 76
Jangja Machinery Co., Ltd. ···· 139
Laizhou Fulin Machinery Co., Ltd. ···· 158
Qingdao Changan Woodworking Machinery Factory ···· 188
Qingdao Huachun Woodworking Machinery Co., Ltd. ···· 201
Qingdao Jimo Precision Machinery Factory ···· 203
Qingdao Xinhengfa Machinery Co., Ltd. ···· 229
Shanghai Meileidai Industry & Trading Co., Ltd. ···· 252
Weihai Qiquan Woodworking Machinery Co., Ltd. ···· 292
Yantai Muping Hefeng Machinery Co., Ltd. ···· 305
Yangzhou Castaly NC Machinery Co., Ltd. ···· 307

1.3 Band Sawing Machine

Beijing Anjia Woodworking Machinery Trade Co., Ltd. ···· 18
Beijing Hengdali Hardware & Machinery Co., Ltd. ···· 26
Dongtai Julun Woodworking Machinery Co., Ltd. ···· 45
Dongtai Tangyang Bandsawing Machine Co., Ltd. ···· 46
Surpass Woodworking Machinery Manufacture Co., Ltd. ···· 52
Foshan Shunde Zhijunda Woodworking Machinery Manufacturing Co., Ltd. ···· 81
Foshan Shunde Zhiyang Woodworking Machinery Manufacturing Co., Ltd. ···· 81
Hebei Ruifuxiang Machinery Manufacturing Co., Ltd. ···· 120
Henan Linying Woodworking Machinery Plant ···· 121
Laizhou Fulin Machinery Co., Ltd. ···· 158
Nantong Maoyi Machine Tool Co., Ltd. ···· 181
Qingdao Huicheng Woodworking Machinery Co.,Ltd. ···· 202
Qingdao Jimo Precision Machinery Factory ···· 203
Shandong Huada Machienry Tooling Co., Ltd. ···· 246
Shaowu Zhen-Da Machine Manufactory Co., Ltd. ···· 260
Shenyang Band Saw Machine Co., Ltd., ···· 261
Shunde District Jingda Machinery Co., Ltd. ···· 269
Sichuan Qingcheng Machinery Co., Ltd. ···· 277
Weihai Qiquan Woodworking Machinery Co., Ltd. ···· 292

扬州凯士力数控设备科技有限公司……307

1.4 框锯机

佛山市顺德区新基宏业机械设备有限公司……77
昆明康发机械有限公司……153
青岛汇诚木业设备有限公司……202
青岛罗蕾来电气有限公司……212
鑫长胜豪迈木工机械厂……299

1.5 多片锯

北京联中联木工机械有限公司……23
东台市唐洋带锯机械有限责任公司……46
佛山市顺德区恒杰达机械制造有限公司……57
晋江市神工机械制造有限公司……150
临海市华洲机械有限公司……164
青岛华春木业机械有限公司……201
邵武市振达机械制造有限责任公司……260

1.6 单片锯

北京联中联木工机械有限公司……23
北京市恒达利五金机械有限责任公司……26
兰溪市智腾机械设备制造有限公司……159
青岛华春木业机械有限公司……201
青岛山水机械设备有限公司……217

1.7 曲线锯

山西省太行锯条厂……247

1.8 往复锯

东莞市广龙木工机械有限公司……44
青岛金三木木工机械有限公司……207
青岛永强木工机械有限公司……234
青岛永旺机械设备有限公司……234
沈阳宝山木工设备厂……260

1.9 全自动带锯跑车

河南省临颍县木工机械厂……121

1.10 裁板锯（裁板机）

安吉富康竹木机械厂……6
安吉县青达竹木刀具机械有限公司……11
北京市恒达利五金机械有限责任公司……26
大连中铭木业机械有限公司……41
东莞市南兴家具装备制造股份有限公司……45
佛山市顺德区锐豪机械有限公司……74
佛山市顺德区同凯源机械制造有限公司……74
佛山市顺德区意力特木工机械有限公司……79
佛山市顺德区震帮电业制造厂……80
杭州和源精密工具有限公司……118
亨特木工机械厂……124
金华市新强力机械有限公司……148
青岛富伦特木工机械有限公司……190
青岛福瑞德机械制造有限公司……191
青岛豪达豪木业机械制造有限公司……194
青岛豪中豪木工机械有限责任公司……196
青岛恒润祥木工机械有限公司……198
青岛红强伟业机械有限公司……199
青岛鸿祥润丰木工机械有限公司……199
青岛华春木业机械有限公司……201
青岛汇诚木业设备有限公司……202
青岛吉隆昌机械设备有限公司……203
青岛健隆机械有限公司……205
青岛金方圆机械有限公司……206
青岛金三木木工机械有限公司……207
青岛金盛林木工机械有限公司……208
青岛金源盛机械制造有限公司……208
青岛金裕丰机械设备有限公司……209
青岛凯旋木工设备有限公司……210

Yangzhou Castaly NC Machinery Co., Ltd. ········ 307

1.4 Frame Sawing Machine

Foshan Shunde Xinjiye Woodworking Machinery & Equipment Factory ········ 77
Kunming Hong Fat Machinery Co., Ltd. ········ 153
Qingdao Huicheng Woodworking Machinery Co.,Ltd. ········ 202
Qingdao Lorelei Electric Co., Ltd. ········ 212
Xinchangsheng Haomai Woodworking Machine Factory ········ 299

1.5 Multiple Blade Saw

Beijing Lianzhonglian Woodworking Machinery Co., Ltd. ········ 23
Dongtai Tangyang Bandsawing Machine Co., Ltd. ········ 46
Foshan Shunde Hengjieda Machinery Manufacturing Co., Ltd. ········ 57
Fujian Jinjiang Shengong Machinery Manufacturing Co., Ltd. ········ 150
Zhejiang Linhai Huazhou Machinery Co., Ltd. ········ 164
Qingdao Huachun Woodworking Machinery Co., Ltd. ········ 201
Shaowu Zhen-Da Machine Manufactory Co., Ltd. ········ 260

1.6 Single Blade Saw

Beijing Lianzhonglian Woodworking Machinery Co., Ltd. ········ 23
Beijing Hengdali Hardware & Machinery Co., Ltd. ········ 26
Lanxi Zhiteng Machinery & Equipment Co., Ltd. ········ 159
Qingdao Huachun Woodworking Machinery Co., Ltd. ········ 201
Qingdao Shanshui Machine Facility Co., Ltd. ········ 217

1.7 Curved Saw

Shanxi Province Taihang Saw Blade Factory ········ 247

1.8 Drag Saw

Guanglong Woodworking Machinery Co., Ltd. ········ 44
Qingdao Jinsanmu Woodworking Machinery Co., Ltd. ········ 207
Qingdao Yongqiang Woodworking Machinery Co., Ltd. ········ 234
Qingdao Yongwang Machinery & Equipment Co., Ltd. ········ 234
Shenyang Baoshan Woodworking Machinery Factory ········ 260

1.9 Automatic Band Saw With Carrier

Henan Linying Woodworking Machinery Plant ········ 121

1.10 Panel Saw

Anji Fukang Bamboo & Wood Machinery Factory ········ 6
Anji Qingda Bamboo-Wood Reamer & Machine Co., Ltd. ········ 11
Beijing Hengdali Hardware & Machinery Co., Ltd. ········ 26
Dalian Zhongming Wood Industry Machinery Co., Ltd. ········ 41
Nanxing Furniture Machinery & Equipment Co., Ltd. ········ 45
Foshan Shunde Ruihao Woodworking Machinery Factory ········ 74
Tokeny Machinery Manufacturing Co., Ltd. ········ 74
Foshan Shunde Yilite Woodworking Machinery Co., Ltd. ········ 79
Foshan Shunde Zunbon Electronic Manufactory ········ 80
Hangzhou Wagen Precision Tooling Co., Ltd ········ 118
Hengte Woodworking Machiney Equipment Factory. ········ 124
Jinhua City XinQiangLi Woodworking Machinery Co., Ltd. ········ 148
Qingdao Fulunte Woodworking Machienry Co., Ltd. ········ 190
Qingdao Friend Woodworking Machinery Manufacturing Co., Ltd. ········ 191
Qingdao Jimo Haodahao Woodworking Machinery Manufacturing Co., Ltd. ········ 194
Qingdao Haozhonghao Woodworking Machinery Co., Ltd. ········ 196
Qingdao Hengrunxiang Woodworking Machinery Co., Ltd. ········ 198
Qingdao Hongqiang Weiye Machinery Co.,Ltd. ········ 199
Qingdao Hongxiangrunfeng Woodworking Machinery Co., Ltd. ········ 199
Qingdao Huachun Woodworking Machinery Co., Ltd. ········ 201
Qingdao Huicheng Woodworking Machinery Co.,Ltd. ········ 202
Qingdao Jilongchang Woodworking Machine Co., Ltd. ········ 203
Qingdao Jianlong Machinery Co., Ltd. ········ 205
Qingdao Jinfangyuan Woodworking Machinery Co., Ltd. ········ 206
Qingdao Jinsanmu Woodworking Machinery Co., Ltd. ········ 207
Qingdao Jinshenglin Woodworking Machinery Co., Ltd. ········ 208
Qingdao Jinyuansheng Machinery Manufacturing Co., Ltd. ········ 208
Qingdao Jingyufeng Machinery Co., Ltd. ········ 209
Qingdao Kaisun Woodworking Machinery Co., Ltd. ········ 210

青岛山水机械设备有限公司……217
青岛晟森木工机械有限公司……218
青岛西城伟业机械设备有限公司……227
青岛鑫恒发机械有限公司……229
青岛永强木工机械有限公司……234
青岛永旺机械设备有限公司……234
青岛驭顺机械设备有限公司……235
青岛中鼎机械有限公司……237
任丘永茂木工机械有限公司……238
三集机械制造有限公司……241
上海跃通木工机械设备有限公司……259
韶关市美景工业有限公司……259
沈阳宝山木工设备厂……260
威海齐全木工机械有限公司……292
无锡大和田精密机械制造有限公司……295
扬州凯士力数控设备科技有限公司……307
盈建木工机械厂……308

1.11开料锯（电子开料锯）

佛山市顺德区豪尔德木工机械制造有限公司……57
广州弘亚数控机械股份有限公司……100
杭州和源精密工具有限公司……118
青岛华顺昌木工机械制造有限公司……201
青岛欣江机械有限公司……230
韶关市美景工业有限公司……259

1.12 导向锯

青岛华顺昌木工机械制造有限公司……201

1.13 万向摇臂锯

佛山市顺德区伦教利洋木工机械有限公司……62

1.14 裁边锯

豪派［中国］机械……118
南通国全木工机械制造有限公司……180

1.15 截断锯

南通国全木工机械制造有限公司……180

1.16 龙门锯

佛山市顺德区志俊达机械制造有限公司……81

1.17 电脑锯

东莞市广龙木工机械有限公司……44

1.18 锯钻机

佛山市顺德区伦教裕匠木工机械厂……66

1.19 数控激光金属切割机

安徽同兴科技发展有限责任公司……4

1.20 截锯机

江苏江佳机械有限公司……139
青岛鑫恒发机械有限公司……229

1.21分切机

青岛世东鸿巢机械有限公司……219

1.22 木材切断机

江苏江佳机械有限公司……139

2钻类设备
2.1排钻（多排钻、单排钻）

北京鑫中林木工机械有限公司……27
大连中铭木业机械有限公司……41
东莞市广龙木工机械有限公司……44
佛山市顺德区恩特机械制造有限公司……54
佛山市顺德区豪尔德木工机械制造有限公司……57

Qingdao Shanshui Machine Facility Co., Ltd.······217
Qingdao SOSN Machinery Co., Ltd.······218
Qingdao Xicheng Weiye Machinery Equipment Co., Ltd.······227
Qingdao Xinhengfa Machinery Co., Ltd.······229
Qingdao Yongqiang Woodworking Machinery Co., Ltd.······234
Qingdao Yongwang Machinery & Equipment Co., Ltd.······234
Qingdao Yushun Machinery & Equipment Co., Ltd.······235
Qingdao Zhongding Machinery Co., Ltd.······237
Renqiu Yongmao Woodworking Machinery Co., Ltd.······238
Sanji Woodworking Machinery Factory······241
Shanghai Yuetong Woodworking Machinery & Equipment Co., Ltd.······259
Shaoguan Meijing Industry Co., Ltd.······259
Shenyang Baoshan Woodworking Machinery Factory······260
Weihai Qiquan Woodworking Machinery Co., Ltd.······292
Dahetian (Wuxi) Exact Machine Co., Ltd.······295
Yangzhou Castaly NC Machinery Co., Ltd.······307
Yingjian Woodworking Machinery Factory······308

1.11 Cutting Saw

Haoerde Woodworking Machinery Co., Ltd.······57
Guangzhou KDT Machinery Co., Ltd.······100
Hangzhou Wagen Precision Tooling Co., Ltd······118
Qingdao Huashunchang Woodworking Machinery Manufacturing Co., Ltd.······201
Qingdao Xinjiang Machinery Co., Ltd.······230
Shaoguan Meijing Industry Co., Ltd.······259

1.12 Dimension Saw

Qingdao Huashunchang Woodworking Machinery Manufacturing Co., Ltd.······201

1.13 Universal Radial Sawing Machine

Foshan Shunde Lunjiao Liyang Woodworking Machinery Co., Ltd.······62

1.14 Edge Cutting Saw

Haopao (China) Machinery Co., Ltd.······118
Nantong Guoquan Woodworking Machinery Manufacturing Co., Ltd.······180

1.15 Gantry Saws

Nantong Guoquan Woodworking Machinery Manufacturing Co., Ltd.······180

1.16 Hacksaw Machine

Foshan Shunde Zhijunda Woodworking Machinery Manufacturing Co., Ltd.······81

1.17 Computer Saw

Guanglong Woodworking Machinery Co., Ltd.······44

1.18 Sawing And Drilling Machine

Foshan Shunde Lunjiao Yujiang Woodworking Machinery Factory······66

1.19 CNC Laser Metal Cutting Machine

Tongxing Technology Development Co., Ltd.······4

1.20 Trimming Machine

Jangja Machinery Co., Ltd. ······139
Qingdao Xinhengfa Machinery Co., Ltd.······229

1.21 Slitter

Qingdao H&C Woodworking Machinery Co., Ltd.······219

1.22 Wood Cutting Machine

Jangja Machinery Co., Ltd.······139

2. Drill

2.1 Drilling (Multi-Drilling, Single-Drilling)

Beijing Xinzhonglin Woodworking Machinery Company······27
Dalian Zhongming Wood Industry Machinery Co., Ltd.······41
Guanglong Woodworking Machinery Co., Ltd.······44
Ente Woodworking Machinery Co., Ltd.······54
Haoerde Woodworking Machinery Co., Ltd.······57

佛山市顺德区泓信机械制造有限公司……58
佛山市顺德区伦教裕匠木工机械厂……66
佛山市顺德区明鑫皓木工机械有限公司……67
佛山市顺德区新基宏业机械设备有限公司……77
佛山市驭骏木工机械有限公司……84
广州弘亚数控机械股份有限公司……100
青岛富伦特木工机械有限公司……190
青岛华顺昌木工机械制造有限公司……201
青岛豪达豪木业机械制造有限公司……194
青岛凯旋木工设备有限公司……210
青岛齐青商地木工机械制造有限公司……213
青岛晟森木工机械有限公司……218
青岛西城伟业机械设备有限公司……227
青岛永强木工机械有限公司……234
任丘永茂木工机械有限公司……238
沈阳宝山木工设备厂……260
沈阳隆利得木工机械有限公司……262
顺德区成威木工机械厂……268
顺德区伦教政霖木工机械厂……272
顺德区新力亚机械有限公司……274
苏州威玛盛木业机械有限公司……283
台州市意利欧机械有限公司……287

2.2 锯钻
佛山市顺德区伦教裕匠木工机械厂……66
上海跃通木工机械设备有限公司……259

2.3 铰链钻
佛山市顺德区同凯源机械制造有限公司……74
沈阳宝山木工设备厂……260
台州市意利欧机械有限公司……287

2.4 数控钻
广东先达数控机械有限公司……98
顺德区仲达贸易有限公司……274

2.5 钻头
蓝帜(南京)工具有限公司……160
青岛坚德利刀具有限公司……204
荣豪木工机械厂……239
郑州华源超硬材料工具有限公司……319

2.6 双端钻
佛山市顺德区玮嘉琦机械有限公司……76

2.7 钻床
大连北方豪迈木业机械有限公司……39
大连中铭木业机械有限公司……41
佛山市顺德区力腾机械制造有限公司……62
嘉艺木工机械有限公司……135
南通国全木工机械制造有限公司……180
青岛华顺昌木工机械制造有限公司……201
青岛即墨市精工机械厂……203
山东百圣源集团有限公司……243
上海烨恒木业机械有限公司……257

3 刨类设备
3.1 四面刨
安吉富康竹木机械厂……6
安吉响铃竹木机械有限公司……12
富豪木工机械制造有限公司……55
佛山市顺德区恒杰达机械制造有限公司……57
福建省闽侯县联翔木工机械厂……88
高要市金汇机械有限公司……92
江苏江佳机械有限公司……139
金华强劲木工机械有限公司……147
金华市新强力机械有限公司……148
兰溪市智腾机械设备制造有限公司……159
临海市华洲机械有限公司……164

Foshan Shunde Hope-sun Machinery Manufacturing Co., Ltd.······58
Foshan Shunde Lunjiao Yujiang Woodworking Machinery Factory······66
Foshan Mingxinhao Woodworking Machinery Co., Ltd.······67
Foshan Shunde Xinjiye Woodworking Machinery & Equipment Factory······77
Foshan City Yujun woodworking machinery Co., Ltd······84
Guangzhou KDT Machinery Co., Ltd.······100
Qingdao Fulunte Woodworking Machienry Co., Ltd.······190
Qingdao Huashunchang Woodworking Machinery Manufacturing Co., Ltd.······201
Qingdao Jimo Haodahao Woodworking Machinery Manufacturing Co., Ltd.······194
Qingdao Kaisun Woodworking Machinery Co., Ltd.······210
Qingdao Qiqing Commercial Land Woodworking Machinery Co., Ltd.······213
Qingdao SOSN Machinery Co., Ltd.······218
Qingdao Xicheng Weiye Machinery Equipment Co., Ltd.······227
Qingdao Yongqiang Woodworking Machinery Co., Ltd.······234
Renqiu Yongmao Woodworking Machinery Co., Ltd.······238
Shenyang Baoshan Woodworking Machinery Factory······260
Shenyang Lead Woodworking Machinery Co., Ltd.······262
Foshan Chengwei Woodworking Machinery Factory······268
Shunde Lunjiao Zhenglin Woodworking Machinery Factory······272
Xinliya Woodworking Machinery Co., Ltd.······274
Wearmer Woodworking Machinery Co.,Ltd.······283
Taizhou Evok Machinery Co.,Ltd······287

2.2 Sawing And Drilling Machine
Foshan Shunde Lunjiao Yujiang Woodworking Machinery Factory······66
Shanghai Yuetong Woodworking Machinery & Equipment Co., Ltd.······259

2.3 Hinge Drill
Tokeny Machinery Manufacturing Co., Ltd.······74
Shenyang Baoshan Woodworking Machinery Factory······260
Taizhou Evok Machinery Co.,Ltd.······287

2.4 NC Drill
Sandar-Well Machinery Co., Ltd.······98
Shunde Zhongda Trade Co., Ltd.······274

2.5 Drill Bit
Leitz Tooling Systems (Nanjing) Co., Ltd.······160
Qingdao Jiandeli Cutting Tools Co., Ltd.······204
Ronghao Woodworking Machinery Factory······239
Zhengzhou Huayuan Super Hard Material Cutting Tools Co., Ltd.······319

2.6 Double Ended Drill
Foshan Shunde Weijiaqi Woodworking Machinery Co., Ltd.······76

2.7 Drilling Machine
Dalian Northern Haomai Woodworking Machinery Co., Ltd······39
Dalian Zhongming Wood Industry Machinery Co., Ltd.······41
Liton Machinery Manufacturing Co., Ltd.······62
Jiayi Machinery Co., Ltd.······135
Nantong Guoquan Woodworking Machinery Manufacturing Co., Ltd.······180
Qingdao Huashunchang Woodworking Machinery Manufacturing Co., Ltd.······201
Qingdao Jimo Precision Machinery Factory······203
Shandong Baishengyuan Group Co., Ltd.······243
Shanghai Yeheng Woodworking Machinery Co., Ltd.······257

3. Plane
3.1 Matcher
Anji Fukang Bamboo & Wood Machinery Factory······6
Anji Xiangling Bamboo & Wood Working Machinery Co., Ltd.······12
V-hold Woodworking Machinery Co., Ltd.······55
Foshan Shunde Hengjieda Machinery Manufacturing Co., Ltd.······57
Fujian Minhou Lianxiang Woodworking Machinery Factory······88
Jinhui Machinery (Gaoyao) Co., Ltd.······92
Jangja Machinery Co., Ltd.······139
Jinhua Qiangjing Woodworker Machine Tool Co., Ltd.······147
Jinhua City XinQiangLi Woodworking Machinery Co., Ltd.······148
Lanxi Zhiteng Machinery & Equipment Co., Ltd.······159
Zhejiang Linhai Huazhou Machinery Co., Ltd.······164

青岛汇诚木业设备有限公司······202
青岛健隆机械有限公司······205
上海烨恒木业机械有限公司······257
邵武市振达机械制造有限责任公司······260
苏州威玛盛木业机械有限公司······283

3.2 双面刨
安吉德迈竹木机械有限公司······5
佛山市顺德区恒杰达机械制造有限公司······57
高要市金汇机械有限公司······92
江苏江佳机械有限公司······139
金华强劲木工机械有限公司······147
青岛华春木业机械有限公司······201

3.3 压刨
安吉富康竹木机械厂······6
北京市恒达利五金机械有限责任公司······26
佛山市顺德区品信机械制造有限公司······68
佛山市顺德区新鲁木工机械制造有限公司······77
河南省临颍县木工机械厂······121
金华市富强木工机床制造厂······147
金华市强宏板式家具机械有限公司······148
兰溪市智腾机械设备制造有限公司······159
青岛汇诚木业设备有限公司······202
青岛即墨市精工机械厂······203
威海齐全木工机械有限公司······292
烟台市牟平区和风机械有限公司······305

3.4 刨砂机
青岛千川木业设备有限公司······213
青岛顺恒达木业机械制造厂······221

3.5 锤刨机
北京宝粒特木煤机械制造有限公司······19

3.6 手工刨子
天津拉米诺木工机械有限公司······288

3.7 铣刨床
大连中铭木业机械有限公司······41

4 铣类设备
4.1 铣床
安吉富康竹木机械厂······6
安吉县青达竹木刀具机械有限公司······11
安吉响铃竹木机械有限公司······12
北京市恒达利五金机械有限责任公司······26
佛山市顺德区伦教鑫利豪达机械厂······65
南京海威机械有限公司······174
青岛即墨市精工机械厂······203
青岛欣大荣数控机器有限公司······228
青岛鑫恒发机械有限公司······229
山东百圣源集团有限公司······243
上海烨恒木业机械有限公司······257
威海齐全木工机械有限公司······292
烟台市牟平区和风机械有限公司······305
烟台勇士机械有限公司······306

4.2 铣齿、镂铣机械
北京市恒达利五金机械有限责任公司······18
北京安佳木工机械贸易有限公司······26
成都市壹佰刀具有限公司······36
大连北方豪迈木业机械有限公司······39
佛山市顺德区伦教裕匠木工机械厂······66
广东威德力机械实业股份有限公司······97
杭州和源精密工具有限公司······118
济南锐捷机械设备有限公司······132
南通国全木工机械制造有限公司······180
青岛汇诚木业设备有限公司······202
青岛坚德利刀具有限公司······204

Qingdao Huicheng Woodworking Machinery Co.,Ltd. ···· 202
Qingdao Jianlong Machinery Co., Ltd. ···· 205
Shanghai Yeheng Woodworking Machinery Co., Ltd. ···· 257
Shaowu Zhen-Da Machine Manufactory Co., Ltd. ···· 260
Wearmer Woodworking Machinery Co.,Ltd. ···· 283

3.2 Two-Side Surface Planer

Anji Demai Bamboo & Wood Machinery Co., Ltd. ···· 5
Foshan Shunde Hengjieda Machinery Manufacturing Co., Ltd. ···· 57
Jinhui Machinery (Gaoyao) Co., Ltd. ···· 92
Jangja Machinery Co., Ltd. ···· 139
Jinhua Qiangjing Woodworker Machine Tool Co., Ltd. ···· 147
Qingdao Huachun Woodworking Machinery Co., Ltd. ···· 201

3.3 Thicknesser

Anji Fukang Bamboo & Wood Machinery Factory ···· 6
Beijing Hengdali Hardware & Machinery Co., Ltd. ···· 26
Pinxin Woodworking Machinery Co., Ltd. ···· 68
Xinlu Woodworking Machinery Manufacturing Co., Ltd. ···· 77
Henan Linying Woodworking Machinery Plant ···· 121
Jinhua Fuqiang Woodworking Machinery Manufactory ···· 147
Jinhua Powerful Woodworker Co., Ltd. ···· 148
Lanxi Zhiteng Machinery & Equipment Co., Ltd. ···· 159
Qingdao Huicheng Woodworking Machinery Co.,Ltd. ···· 202
Qingdao Jimo Precision Machinery Factory ···· 203
Weihai Qiquan Woodworking Machinery Co., Ltd. ···· 292
Yantai Muping Hefeng Machinery Co., Ltd. ···· 305

3.4 Planning And Sanding Machine

Qingdao Qianchuan Woodworking Machinery Co., Ltd. ···· 213
Qingdao Shunhengda Woodworking Machinery Manufacturing Co., Ltd. ···· 221

3.5 Hammer Milling Machine

Beijing Baolite Wood Pellet Fuel Machinery Manufacturing Co., Ltd. ···· 19

3.6 Hand Planner

Tianjin Laminuo Woodworking Machinery Co., Ltd. ···· 288

3.7 Milling And Planning Machine

Dalian Zhongming Wood Industry Machinery Co., Ltd. ···· 41

4. Mill

4.1 Milling Machine

Anji Fukang Bamboo & Wood Machinery Factory ···· 6
Anji Qingda Bamboo-Wood Reamer & Machine Co., Ltd. ···· 11
Anji Xiangling Bamboo & Wood Working Machinery Co., Ltd. ···· 12
Beijing Hengdali Hardware & Machinery Co., Ltd. ···· 26
Foshan Shunde Lunjiao Xinli Haoda Machinery Factory ···· 65
Harvey Manufacturing (Nanjing) Co., Ltd. ···· 174
Qingdao Jimo Precision Machinery Factory ···· 203
Daron CNC Machine Tool (Qingdao) Co., Ltd. ···· 228
Qingdao Xinhengfa Machinery Co., Ltd. ···· 229
Shandong Baishengyuan Group Co., Ltd. ···· 243
Shanghai Yeheng Woodworking Machinery Co., Ltd. ···· 257
Weihai Qiquan Woodworking Machinery Co., Ltd. ···· 292
Yantai Muping Hefeng Machinery Co., Ltd. ···· 305
Yantai Warrior Machinery Co., Ltd. ···· 306

4.2 Gear Milling Machine, Routing Machine

Beijing Hengdali Hardware & Machinery Co., Ltd. ···· 18
Beijing Anjia Woodworking Machinery Trade Co., Ltd. ···· 26
Chengdu Yibai Cutting Tools Co., Ltd. ···· 36
Dalian Northern Haomai Woodworking Machinery Co., Ltd ···· 39
Foshan Shunde Lunjiao Yujiang Woodworking Machinery Factory ···· 66
Weili Machinery Industrial Co. Ltd. ···· 97
Hangzhou Wagen Precision Tooling Co., Ltd ···· 118
Jinan Ruijie Digital Science & Technology Co., Ltd. ···· 132
Nantong Guoquan Woodworking ···· 180
Machinery Manufacturing Co., Ltd. ···· 202
Qingdao Huicheng Woodworking Machinery Co.,Ltd. ···· 204

青岛西城伟业机械设备有限公司……226
青岛政田机械有限公司……235
穗嘉盛木工机械厂……283
威海齐全木工机械有限公司……291
烟台黄海木工机械有限责任公司……303

4.3 铣槽机
青岛千川木业设备有限公司……212

4.4 V槽砂光镂铣机
佛山市顺德区伦教裕匠木工机械厂……65

4.5 仿型铣边机
临海市华洲机械有限公司……163

4.6 数控门套锯钻铣机
上海跃通木工机械设备有限公司……258

4.7 铣铆机
青岛健隆机械有限公司……204

5 木工机床
5.1 木工机床
东莞金田豪迈木工机械贸易有限公司……43
佛山市格唯贸易有限公司……47
福州木工机床研究所……90
金华市富强木工机床制造厂……146
兰溪市智腾机械设备制造有限公司……158
牡丹江木工机械(厂)有限责任公司……172
青岛松川木工机械有限公司……221
山东百圣源集团有限公司……242
亚洲工友（威海）有限公司……303
中国林业机械广州公司……321

5.2 木工多用机床
济南嘉亚经贸发展有限公司……129

5.3数控教学用机床
青岛欣大荣数控机器有限公司……227

5.4多功能联合机床
烟台市牟平区和风机械有限公司……304

5.5 机床数控系统
南京新方达数控有限公司……178

5.6 木工车床
佛山市顺德区俊联鸿徽机械制造有限公司……59
佛山市顺德区一哥数控机械有限公司……78
青岛汇诚木业设备有限公司……201
山东百圣源集团有限公司……242
威海齐全木工机械有限公司……291
徐州丰展机械有限公司……301

6 砂光设备
6.1 砂光机
安吉德迈竹木机械有限公司……4
安吉富康竹木机械厂……5
安吉天友竹木机械制造厂……8
安吉威隆机械有限公司/九洲机械……9
安吉县青达竹木刀具机械有限公司……10
安吉响铃竹木机械有限公司……11
北京市恒达利五金机械有限责任公司……25
佛山市南海区盐步嘉欣荣机械厂……49
佛山市顺德区博硕机械制造有限公司……51
佛山市顺德区伦教大辉木工机械厂……52
佛山市顺德区豪城强木工机械有限公司……55
佛山市顺德区豪尔德木工机械制造有限公司……56
佛山市顺德区力腾机械制造有限公司……61
鸿泰伟业（青岛）新型设备有限公司……123
吉力佳机械有限公司……127
金华市富强木工机床制造厂……146

Qingdao Jiandeli Cutting Tools Co., Ltd. ···· 226
Qingdao Xicheng Weiye Machinery Equipment Co., Ltd. ···· 235
Suijiasheng Woodworking Machinery Factory ···· 283
Weihai Qiquan Woodworking Machinery Co., Ltd. ···· 291
Shandong Yantai Huanghai Woodworking Machinery Co., Ltd. ···· 303

4.3 Slotter
Qingdao Qianchuan Woodworking Machinery Co., Ltd. ···· 212

4.4 V Groove Sanding, Engraving And Milling Machine
Foshan Shunde Lunjiao Yujiang Woodworking Machinery Factory ···· 65

4.5 Profile Milling Machine
Zhejiang Linhai Huazhou Machinery Co., Ltd. ···· 163

4.6 NC Door Pocket Sawing And Milling Machine
Shanghai Yuetong Woodworking Machinery & Equipment Co., Ltd. ···· 258

4.7 Milling And Riveting Machine
Qingdao Jianlong Machinery Co., Ltd. ···· 204

5. Woodworking Machine
5.1 Woodworking Machine
Dongguan Homag Woodworking Machinery Trade Co., Ltd. ···· 43
Foshan Geweinn Trade Co., Ltd. ···· 47
Fuzhou Research Institute of Woodworking Machinery ···· 90
Jinhua Fuqiang Woodworking Machinery Manufactory ···· 146
Lanxi Zhiteng Machinery & Equipment Co., Ltd. ···· 158
Mudanjiang Woodworking Machinery Works Co., Ltd. ···· 172
Qingdao Songchuan Woodworking Machinery Co., Ltd. ···· 221
Shandong Baishengyuan Group Co., Ltd. ···· 242
Asia GongYou (WeiHai) Co., Ltd. ···· 303
China Forestry Machinery Guangzhou Co., Ltd. ···· 321

5.2 Multi–Purpose Woodworking Machines
Jinan Jaya International Trade and Development Co., Ltd ···· 129

5.3 NC Teaching Machine
Daron CNC Machine Tool (Qingdao) Co., Ltd. ···· 227

5.4 Multi–Function Joint Machine
Yantai Muping Hefeng Machinery Co., Ltd. ···· 304

5.5 CNC System
Nanjing XFD CNC Equipment Co., Ltd. ···· 178

5.6 Woodworking Lathe
Junlian Wood Industry Machinery Factory ···· 59
Yige CNC Machinery Co., Ltd ···· 78
Qingdao Huicheng Woodworking Machinery Co., Ltd. ···· 201
Shandong Baishengyuan Group Co., Ltd. ···· 242
Weihai Qiquan Woodworking Machinery Co., Ltd. ···· 291
Xuzhou Fengzhan Machinery Co., Ltd. ···· 301

6. Sanding Machine
6.1 Sanding Machine
Anji Demai Bamboo & Wood Machinery Co., Ltd. ···· 4
Anji Fukang Bamboo & Wood Machinery Factory ···· 5
Anji Tianyou Bamboo & Wood Machinery Co., Ltd. ···· 8
Anji Yuehao Machinery Co., Ltd. ···· 9
Anji Qingda Bamboo–Wood Reamer & Machine Co., Ltd. ···· 10
Anji Xiangling Bamboo & Wood Working Machinery Co., Ltd. ···· 11
Beijing Hengdali Hardware & Machinery Co., Ltd. ···· 25
Foshan Nanhai Yanbu Jiaxinrong Machinery Factory ···· 49
Richfruits Machinery Manufacturing Co., Ltd ···· 51
Fuhui Woodworking Machinery Factory ···· 52
Haochengqiang Woodworking Machinery Co., Ltd. ···· 55
Haoerde Woodworking Machinery Co., Ltd. ···· 56
Liton Machinery Manufacturing Co., Ltd. ···· 61
Hongtai Great (Qingdao) Advanced Machinery Co., Ltd. ···· 123
Foshan Jilijia Machine Co., Ltd. ···· 127
Jinhua Fuqiang Woodworking Machinery Manufactory ···· 146

莱州富林机械有限公司……158
明鑫盛（青岛）机械制造有限公司……172
南通国全木工机械制造有限公司……180
青岛长安木工机械厂……188
青岛长江木工机械有限公司……188
青岛德森木业设备有限公司……189
青岛福瑞德机械制造有限公司……189
青岛豪迈隆木业机械有限公司……195
青岛豪中豪木工机械有限责任公司……196
青岛恒润祥木工机械有限公司……198
青岛皇源木工机械有限公司……202
青岛汇诚木业设备有限公司……202
青岛即墨市精工机械厂……203
青岛健隆机械有限公司……205
青岛建诚伟业机械制造有限公司……205
青岛金方圆机械有限公司……206
青岛金源盛机械制造有限公司……208
青岛肯特木工机械厂……211
青岛林泽木工机械有限公司……212
青岛千川木业设备有限公司……213
青岛荣鸿翔木工机械有限公司……214
青岛森林木业机械有限公司……217
青岛山水机械设备有限公司……217
青岛盛福机械制造有限公司……218
青岛晟森木工机械有限公司……218
青岛顺恒达木业机械制造厂……221
青岛松泰伟业木工机械制造有限公司……223
青岛泰科尔机械有限公司……224
青岛通力信木工机械有限公司……225
青岛威特动力木业机械有限公司……226
青岛西城伟业机械设备有限公司……227
青岛鑫泰木业设备厂……230
青岛驭顺机械设备有限公司……235
锐佳机械制造有限公司……240
上海捷成企业管理集团有限公司……250
上海烨恒木业机械有限公司……257
深圳市纪兴源涂装设备有限公司……263
双飞木业机械有限公司……266
苏州工业园区三达机械有限公司……279
苏州苏福马机械有限公司……282
威海齐全木工机械有限公司……292
鑫富辉木工机械有限公司……300
烟台勇士机械有限公司……306

6.2 仿型砂光机
安吉德迈竹木机械有限公司……5

6.3 曲面砂光机
佛山市顺德区伦教大辉木工机械厂……53

6.4 宽带砂光机
安吉县青达竹木刀具机械有限公司……11
鸿泰伟业（青岛）新型设备有限公司……124
金华市富强木工机床制造厂……147
明鑫盛（青岛）机械制造有限公司……172
青岛长安木工机械厂……188
青岛豪中豪木工机械有限责任公司……196
青岛金方圆机械有限公司……206
青岛千川木业设备有限公司……213
青岛泰科尔机械有限公司……224
苏州工业园区三达机械有限公司……279
苏州苏福马机械有限公司……282

6.5 定厚砂光机
青岛盛福机械制造有限公司……218

6.6 金属砂光机
青岛盛福机械制造有限公司……218

6.7异型砂光机

Laizhou Fulin Machinery Co., Ltd. ···· 158
Mingxinsheng (Qingdao) Machinery Manufacturing Co., Ltd. ···· 172
Nantong Guoquan Woodworking Machinery Manufacturing Co., Ltd. ···· 180
Qingdao Changan Woodworking Machinery Factory ···· 188
Qingdao Changjiang Woodworking Machinery Co., Ltd. ···· 188
Qingdao Desen Woodworking Equipment Co., Ltd. ···· 189
Qingdao Friend Woodworking Machinery Manufacturing Co., Ltd. ···· 189
Qingdao Haomailong Woodworking Machinery Co., Ltd. ···· 195
Qingdao Haozhonghao Woodworking Machinery Co., Ltd. ···· 196
Qingdao Hengrunxiang Woodworking Machinery Co., Ltd. ···· 198
Qingdao Huangyuan Woodworking Machinery Co.,Ltd. ···· 202
Qingdao Huicheng Woodworking Machinery Co., Ltd. ···· 202
Qingdao Jimo Precision Machinery Factory ···· 203
Qingdao Giantway Equipment Co., Ltd. ···· 205
Qingdao Jianlong Machinery Co., Ltd. ···· 205
Qingdao Jinfangyuan Woodworking Machinery Co., Ltd. ···· 206
Qingdao Jinyuansheng Machinery Manufacturing Co., Ltd. ···· 208
Qingdao Kent Machinery Co., Ltd. ···· 211
Qingdao Linze Woodworking Machinery Co., Ltd. ···· 212
Qingdao Qianchuan Woodworking Machinery Co., Ltd. ···· 213
Qingdao Ronghongxiang Woodworking Machinery Co.,Ltd. ···· 214
Qingdao Forest Woodworking Machinery Co., Ltd. ···· 217
Qingdao Shanshui Machine Facility Co., Ltd. ···· 217
Qingdao Sunup Machinery Manufactue Co., Ltd. ···· 218
Qingdao SOSN Machinery Co., Ltd. ···· 218
Qingdao Shunhengda Woodworking Machinery Manufacturing Co., Ltd. ···· 221
Qingdao Songtai Weiye Woodworking Machinery Manufacturing Co., Ltd. ···· 223
Qingdao Teco Woodworking Machinery Co., Ltd. ···· 224
Qingdao Tonglixin Woodworking Machinery Co., Ltd. ···· 225
Qingdao New Motivity Woodworking Machinery Co., Ltd. ···· 226
Qingdao Xicheng Weiye Machinery Equipment Co., Ltd. ···· 227
Qingdao Xintai Wood Industry Equipment Factory ···· 230
Qingdao Yushun Machinery & Equipment Co., Ltd. ···· 235
RuiJia Woodworking Machinery Co., Ltd. ···· 240
Shanghai Jiecheng Group Co., Ltd. ···· 250
Shanghai Yeheng Woodworking Machinery Co., Ltd. ···· 257
Shenzhen Jixingyuan Painting Equipment Co., Ltd. ···· 263
Shuangfei Woodworking Machinery Co., Ltd. ···· 266
Suzhou Sanda Machinery Co., Ltd. ···· 279
Suzhou Sufoma Machinery Co., Ltd. ···· 282
Weihai Qiquan Woodworking Machinery Co., Ltd. ···· 292
Xinfuhui Woodworking Machinery Co., Ltd. ···· 300
Yantai Warrior Machinery Co., Ltd. ···· 306

6.2 Duplicating Sander Machine
Anji Demai Bamboo & Wood Machinery Co., Ltd. ···· 5

6.3 Curved Sanding Machine
Fuhui Woodworking Machinery Factory ···· 53

6.4 Wide Belt Sanding Machine
Anji Qingda Bamboo-Wood Reamer & Machine Co., Ltd. ···· 11
Hongtai Great (Qingdao) Advanced Machinery Co., Ltd. ···· 124
Jinhua Fuqiang Woodworking Machinery Manufactory ···· 147
Mingxinsheng (Qingdao) Machinery Manufacturing Co., Ltd. ···· 172
Qingdao Changan Woodworking Machinery Factory ···· 188
Qingdao Haozhonghao Woodworking Machinery Co., Ltd. ···· 196
Qingdao Jinfangyuan Woodworking Machinery Co., Ltd. ···· 206
Qingdao Qianchuan Woodworking Machinery Co., Ltd. ···· 213
Qingdao Teco Woodworking Machinery Co., Ltd. ···· 224
Suzhou Sanda Machinery Co., Ltd. ···· 279
Suzhou Sufoma Machinery Co., Ltd. ···· 282

6.5 Contact Sanding Machine
Qingdao Sunup Machinery Manufactue Co., Ltd. ···· 218

6.6 Metal Sanding Machine
Qingdao Sunup Machinery Manufactue Co., Ltd. ···· 218

6.7 Special Surface Sanding Machine

青岛福瑞德机械制造有限公司……191

6.8 抛光机
鸿泰伟业（青岛）新型设备有限公司……124
青岛松泰伟业木工机械制造有限公司……223
青岛速霸数控设备有限公司……223
青岛泰科尔机械有限公司……224

6.9 打磨设备
武汉理想新世纪工贸发展有限公司……294

6.10 砂带、砂轮机
哈尔滨京沪林机械有限责任公司……111

6.11 刨砂辊
青岛奥兰德机械制造有限公司……186

7封（包、修）边机
7.1 封边机
北京吉隆昌木工机械厂……21
北京鑫中林木工机械有限公司……27
东莞市广龙木工机械有限公司……44
东莞市南兴家具装备制造股份有限公司……45
佛山市顺德区豪尔德木工机械制造有限公司……57
佛山市顺德区伦教先豪木工机械厂……64
佛山市顺德区震帮电业制造厂……80
广东先达数控机械有限公司……98
广州弘亚数控机械股份有限公司……100
基力木工机械有限公司……128
金华市强宏板式家具机械有限公司……148
南通国全木工机械制造有限公司……180
青岛长江木工机械有限公司……188
青岛创宇木业机械有限公司……189
青岛富伦特木工机械有限公司……190
青岛福瑞德机械制造有限公司……191
青岛豪达豪木业机械制造有限公司……194
青岛豪迈隆木业机械有限公司……195
青岛恒发机械有限公司……197
青岛红强伟业机械有限公司……199
青岛鸿祥润丰木工机械有限公司……199
青岛华顺昌木工机械制造有限公司……201
青岛皇源木工机械有限公司……202
青岛汇诚木业设备有限公司……202
青岛金三木木工机械有限公司……207
青岛金盛林木工机械有限公司……208
青岛金裕丰机械设备有限公司……209
青岛凯旋木工设备有限公司……210
青岛齐青商地木工机械制造有限公司……213
青岛润德恒丰国际贸易有限公司……216
青岛山水机械设备有限公司……217
青岛晟森木工机械有限公司……218
青岛施耐森木工机械有限公司……219
青岛威尔特自动化设备技术有限公司……226
青岛西城伟业机械设备有限公司……227
青岛信永利木工机械有限公司……232
青岛永成伟业机械有限公司……233
青岛永强木工机械有限公司……234
青岛永旺机械设备有限公司……234
青岛驭顺机械设备有限公司……235
青岛中鼎机械有限公司……237
任丘永茂木工机械有限公司……238
上海烨恒木业机械有限公司……257
上海跃通木工机械设备有限公司……259
沈阳宝山木工设备厂……260
沈阳隆利得木工机械有限公司……262
顺德区新力亚机械有限公司……274
顺德区仲达贸易有限公司……274
苏州威玛盛木业机械有限公司……283
台州市意利欧机械有限公司……287

Qingdao Friend Woodworking Machinery Manufacturing Co., Ltd. ······ 191

6.8 Polishing Machine
Hongtai Great (Qingdao) Advanced Machinery Co., Ltd. ······ 124
Qindao Songtai Weiye Woodworking Machinery Manufacturing Co., Ltd. ······ 223
Qingdao SUBA CNC-Equipment Co.,Ltd. ······ 223
Qingdao Teco Woodworking Machinery Co., Ltd. ······ 224

6.9 Grinding Equipment
Wuhan Lixiang New Century Industry and Trade Development Co., Ltd. ······ 294

6.10 Belt, Grinders
Harbin Jinghulin Machinery Co., Ltd. ······ 111

6.11 Planning And Sanding Roller
Qingdao Aolande Machinery Manufacturing Co., Ltd. ······ 186

7. Banding Machine
7.1 Banding Machine
Beijing Jilongchang Woodworking Machinery Factory. ······ 21
Beijing Xinzhonglin Woodworking Machinery Company ······ 27
Guanglong Woodworking Machinery Co., Ltd. ······ 44
Nanxing Furniture Machinery & Equipment Co., Ltd. ······ 45
Haoerde Woodworking Machinery Co., Ltd. ······ 57
Foshan Xianhao Woodworking Machinery Factory ······ 64
Foshan Shunde Zunbon Electronic Manufactory ······ 80
Sandar-Well Machinery Co., Ltd. ······ 98
Guangzhou KDT Machinery Co., Ltd. ······ 100
Jili Woodworking Machinery Co., Ltd. ······ 128
Jinhua Powerful Woodworker Co., Ltd. ······ 148
Nantong Guoquan Woodworking Machinery Manufacturing Co., Ltd. ······ 180
Qingdao Changjiang Woodworking Machinery Co., Ltd. ······ 188
Qingdao Chuangyu Wood Machinery Co., Ltd. ······ 189
Qingdao Fulunte Woodworking Machienry Co., Ltd. ······ 190
Qingdao Friend Woodworking Machinery Manufacturing Co., Ltd. ······ 191
Qingdao Jimo Haodahao Woodworking Machinery Manufacturing Co., Ltd. ······ 194
Qingdao Haomailong Woodworking Machinery Co., Ltd. ······ 195
Qingdao Hengfa Machinery Co., Ltd. ······ 197
Qingdao Hongqiang Weiye Machinery Co., Ltd. ······ 199
Qingdao Hongxiangrunfeng Woodworking Machinery Co., Ltd. ······ 199
Qingdao Huashunchang Woodworking Machinery Manufacturing Co., Ltd. ······ 201
Qingdao Huangyuan Woodworking Machinery Co.,Ltd. ······ 202
Qingdao Huicheng Woodworking Machinery Co., Ltd. ······ 202
Qingdao Jingyufeng Machinery Co., Ltd. ······ 207
Qingdao Kaisun Woodworking Machinery Co., Ltd. ······ 208
Qingdao Jinsanmu Woodworking Machinery Co., Ltd. ······ 209
Qingdao Jinshenglin Woodworking Machinery Co., Ltd. ······ 210
Qingdao Qiqing Commercial Land Woodworking Machinery Co., Ltd. ······ 213
Qingdao Runde Hengfeng International Trade Co., Ltd. ······ 216
Qingdao Shanshui Machine Facility Co., Ltd. ······ 217
Qingdao SOSN Machinery Co., Ltd. ······ 218
Qingdao Schnell Woodworking Machinery Co., Ltd. ······ 219
Qingdao Welter Automated Machinery Co., Ltd. ······ 226
Qingdao Xicheng Weiye Machinery Equipment Co., Ltd. ······ 227
Qingdao Yongxinli Woodworking Machinery Co., Ltd. ······ 232
Qingdao Yongchengweiye Machinery Co., Ltd. ······ 233
Qingdao Yongqiang Woodworking Machinery Co., Ltd. ······ 234
Qingdao Yongwang Machinery & Equipment Co., Ltd. ······ 234
Qingdao Yushun Machinery & Equipment Co., Ltd. ······ 235
Qingdao Zhongding Machinery Co., Ltd. ······ 237
Renqiu Yongmao Woodworking Machinery Co., Ltd. ······ 238
Shanghai Yeheng Woodworking Machinery Co., Ltd. ······ 257
Shanghai Yuetong Woodworking Machinery & Equipment Co., Ltd. ······ 259
Shenyang Baoshan Woodworking Machinery Factory ······ 260
Shenyang Lead Woodworking Machinery Co., Ltd. ······ 262
Xinliya Woodworking Machinery Co., Ltd. ······ 274
Shunde Zhongda Trade Co., Ltd. ······ 275
Wearmer Woodworking Machinery Co.,Ltd. ······ 283
Taizhou Evok Machinery Co.,Ltd. ······ 287

威海齐全木工机械有限公司……292
鑫荣恒业机械设备有限公司……301
烟台市牟平区和风机械有限公司……305
银泓木工机械厂……308
浙江百得机械制造有限公司……313

7.2 包边机
佛山市顺德区新基宏业机械设备有限公司……77
青岛长江木工机械有限公司……188
青岛华顺昌木工机械制造有限公司……201
青岛齐青商地木工机械制造有限公司……213
青岛西城伟业机械设备有限公司……227
韶关市美景工业有限公司……259

7.3 修边机
安吉吉泰机械有限公司……6
北京安佳木工机械贸易有限公司……18
江苏江佳机械有限公司……139
临海市华洲机械有限公司……164

8 木工压机
8.1 冷压机
大连中铭木业机械有限公司……41
佛山市顺德区伦教精美达木工机械制造厂……61
佛山市顺德区上锐机械有限公司……71
广东威德力机械实业股份有限公司……97
青岛创宇木业机械有限公司……189
青岛华春木业机械有限公司……201
青岛齐青商地木工机械制造有限公司……213
青岛山水机械设备有限公司……217
青岛政田机械有限公司……236
沈阳宝山木工设备厂……260
苏州威玛盛木业机械有限公司……283
徐州凯林木业机械厂……303

8.2 热压机
北京安佳木工机械贸易有限公司……18
大连北方豪迈木业机械有限公司……39
佛山市顺德区伦教精美达木工机械制造厂……61
佛山市顺德区力腾机械制造有限公司……62
佛山市顺德区同安木工机械制造有限公司……73
佛山市顺德区志洋木工机械制造有限公司……81
广东威德力机械实业股份有限公司……97
沈阳宝山木工设备厂……260
苏州威玛盛木业机械有限公司……283
顺德区东星新机械制造有限公司……268
泰安市展鸿木业机械有限公司……285
泰能机械制造有限公司……285
徐州凯林木业机械厂……303

9 雕刻设备
9.1 雕刻机
安徽同兴科技发展有限责任公司……4
北京泛斯机床有限公司……20
北京铭龙天同科技有限公司……25
吉林市双赢木工机械有限公司……129
济南金胜星机械设备有限公司……131
济南快克数控机械有限公司……131
济南锐捷机械设备有限公司……132
济南若泰数控科技有限公司……132
济南速雕数控机械有限公司……133
济南星辉数控机械科技有限公司……133
南京帝鼎数控科技有限公司……173
南京威克曼科技实业有限公司……178
青岛奥硕数控机械有限公司……187
青岛创宇木业机械有限公司……189
青岛荣鸿翔木工机械有限公司……214
青岛晟森木工机械有限公司……218
青岛速霸数控设备有限公司……223

Weihai Qiquan Woodworking Machinery Co., Ltd. ···292
Xinrong Hengye Woodworking Machine & Equipment Co., Ltd. ···301
Yantai Muping Hefeng Machinery Co., Ltd. ···305
Yinhong Glass Machinery Co., Ltd ···308
Zhejiang Bettn Machinery Manufacturing Co., Ltd. ···313

7.2 Taping Machine
Foshan Shunde Xinjiye Woodworking Machinery & Equipment Factory ···77
Qingdao Changjiang Woodworking Machinery Co., Ltd. ···188
Qingdao Huashunchang Woodworking Machinery Manufacturing Co., Ltd. ···201
Qingdao Qiqing Commercial Land Woodworking Machinery Co., Ltd. ···213
Qingdao Xicheng Weiye Machinery Equipment Co., Ltd. ···227
Shaoguan Meijing Industry Co., Ltd. ···259

7.3 Flat Edge Trimmer
Anji Jitai Machinery Co., Ltd. ···6
Beijing Anjia Woodworking Machinery Trade Co., Ltd. ···18
Jangja Machinery Co., Ltd. ···139
Zhejiang Linhai Huazhou Machinery Co., Ltd. ···164

8. Woodworking Press
8.1 Cold Press
Dalian Zhongming Wood Industry Machinery Co., Ltd. ···41
Foshan Lunjiao Jingmeida Woodworking Machinery Co., Ltd ···61
Shangrui Machinery Co., Ltd. ···71
Weili Machinery Industrial Co. Ltd. ···97
Qingdao Chuangyu Wood Machinery Co., Ltd. ···189
Qingdao Huachun Woodworking Machinery Co., Ltd. ···201
Qingdao Qiqing Commercial Land Woodworking Machinery Co., Ltd. ···213
Qingdao Shanshui Machine Facility Co., Ltd. ···217
Qingdao Zhengtian Machinery Co., Ltd. ···236
Shenyang Baoshan Woodworking Machinery Factory ···260
Wearmer Woodworking Machinery Co.,Ltd. ···283
Xuzhou Kailin Wood Machinery Factory ···303

8.2 Hot Press
Beijing Anjia Woodworking Machinery Trade Co., Ltd. ···18
Dalian Northern Haomai Woodworking Machinery Co., Ltd ···39
Foshan Lunjiao Jingmeida Woodworking Machinery Co., Ltd ···61
Liton Machinery Manufacturing Co., Ltd. ···62
Shunde Lunjiao Tong' an Woodworking Machinery Factory ···73
Foshan Shunde Zhiyang Woodworking Machinery Manufacturing Co., Ltd. ···81
Weili Machinery Industrial Co. Ltd. ···97
Shenyang Baoshan Woodworking Machinery Factory ···260
Wearmer Woodworking Machinery Co.,Ltd. ···283
Shunde District Dongxingxin Machinery Manufacturing Co., Ltd. ···268
Taian Zhanhong Woodworking Machinery Co., Ltd. ···285
Taineng Woodworking Machinery Co., Ltd. ···285
Xuzhou Kailin Wood Machinery Factory ···303

9. Engraving Equipment
9.1 Engraving Machine
Tongxing Technology Development Co., Ltd. ···4
Beijing Fanch Machinery Co.,Ltd. ···20
Artisman Technology Corp. ···25
Jilin Shuangying Woodworking Machinery Co., Ltd. ···129
Jinan Jinshengxing Machinery Manufacture Co., Ltd. ···131
Quick CNC Router Co., Ltd. ···131
Jinan Ruijie Digital Science & Technology Co., Ltd. ···132
Roctech Machinery Co.,Ltd. ···132
Jinan Sudiao CNC Router Co., Ltd. ···133
Jinan Excitech CNC Technology Co., Ltd. ···133
Nanjing Diding Numerical Control Technology Co., Ltd. ···173
Nanjing Viccam Technology Enterprise Co., Ltd. ···178
Qingdao Aoshuo CNC Router Co., Ltd. ···187
Qingdao Chuangyu Wood Machinery Co., Ltd. ···189
Qingdao Ronghongxiang Woodworking Machinery Co.,Ltd. ···214
Qingdao SOSN Machinery Co., Ltd. ···218
Qingdao SUBA CNC-Equipment Co.,Ltd. ···223

青岛西城伟业机械设备有限公司……227
青岛欣大荣数控机器有限公司……228
青岛欣鑫数控精密机械有限公司……231
青岛信永利木工机械有限公司……232
青岛永强木工机械有限公司……234
锐诺数控设备(顺德)有限公司……241
山东晨灿机械有限公司……243
上海精啄贸易有限公司……251
沈阳宝山木工设备厂……260
苏州威玛盛木业机械有限公司……283
徐州丰展机械有限公司……302
扬州凯士力数控设备科技有限公司……307
玉环圣弘法数控雕刻设备有限公司……310

9.2 数控加工中心雕刻机
南通欧科数控设备有限公司……182
青岛永强木工机械有限公司……234

9.3 数控多头雕刻
青岛奥硕数控机械有限公司……187

9.4 数控模具雕铣机
安徽同兴科技发展有限责任公司……4

9.5 电脑刻字机
济南锐捷机械设备有限公司……132
青岛奥硕数控机械有限公司……187
青岛速霸数控设备有限公司……223

10 包覆设备
10.1 包覆机
豪派［中国］机械……118
济南展鸿图机械设备有限公司……134
青岛高鼎机械技术有限公司……191
青岛华承天机械制造有限公司……200
青岛汇诚木业设备有限公司……202
青岛荣鸿翔木工机械有限公司……214
青岛世东鸿巢机械有限公司……219
青岛西城伟业机械设备有限公司……227
青岛鑫泰木业设备厂……230
上海烨恒木业机械有限公司……257
泰安市展鸿木业机械有限公司……285

10.2 覆膜机
大连北方豪迈木业机械有限公司……39
济南展鸿图机械设备有限公司……134
青岛创宇木业机械有限公司……189
青岛高鼎机械技术有限公司……191
青岛豪达豪木业机械制造有限公司……194
青岛华承天机械制造有限公司……200
青岛晟森木工机械有限公司……218
青岛世东鸿巢机械有限公司……219
青岛西城伟业机械设备有限公司……227
青岛鑫泰木业设备厂……230
上海烨恒木业机械有限公司……257
泰安市展鸿木业机械有限公司……285
无锡市盛金机械有限公司……297

10.3 吸覆机
青岛齐青商地木工机械制造有限公司……213

11 拼接设备
11.1 开榫机
北京联中联木工机械有限公司……23
北京市恒达利五金机械有限责任公司……26
佛山市顺德区光头木工机械有限公司……55
佛山市顺德区伦教鑫利豪达机械厂……65
佛山市顺德区伦教裕匠木工机械厂……66
佛山市顺德区上锐机械有限公司……71
佛山市顺德区志洋木工机械制造有限公司……81

Qingdao Xicheng Weiye Machinery Equipment Co., Ltd.······227
Daron CNC Machine Tool (Qingdao) Co., Ltd.······228
Qingdao Xinxin CNC Presion Machine Co., Ltd.······231
Qingdao Yongxinli Woodworking Machinery Co., Ltd.······232
Qingdao Yongqiang Woodworking Machinery Co., Ltd.······234
Ruinuo (Shunde) CNC Machinery Co., Ltd.······241
Shandong Chencan Machine Co., Ltd.······243
Shanghai Jingzhuo Trade Co., Ltd.······251
Shenyang Baoshan Woodworking Machinery Factory······260
Wearmer Woodworking Machinery Co.,Ltd.······283
Xuzhou Fengzhan Machinery Co., Ltd.······302
Yangzhou Castaly NC Machinery Co., Ltd.······307
Yuhuan Shenghongfa NC Carving Machinery Co., Ltd.······310

9.2 CNC Machining Centers Engraving Machine
Nantong Ouke NC Equipment Co., Ltd.······182
Qingdao Yongqiang Woodworking Machinery Co., Ltd.······234

9.3 Multi-Head CNC Engraving Machine
Qingdao Aoshuo CNC Router Co., Ltd.······187

9.4 CNC Mold Engraving And Milling Machine
Tongxing Technology Development Co., Ltd.······4

9.5 Computer Plotter
Jinan Ruijie Digital Science & Technology Co., Ltd.······132
Qingdao Aoshuo CNC Router Co., Ltd.······187
Qingdao SUBA CNC-Equipment Co.,Ltd.······223

10. Coating Equipment
10.1 Coating Machine
Haopao (China) Machinery Co., Ltd.······118
Jinan Soar Woodworking Machinery Co., Ltd.······134
Qingdao GODN Mechanical Technology Co., Ltd.······191
Qingdao Chint Machinery Manufacturing Co., Ltd.······200
Qingdao Huicheng Woodworking Machinery Co., Ltd.······202
Qingdao Ronghongxiang Woodworking Machinery Co.,Ltd.······214
Qingdao H&C Woodworking Machinery Co., Ltd.······219
Qingdao Xicheng Weiye Machinery Equipment Co., Ltd.······227
Qingdao Xintai Wood Industry Equipment Factory······230
Shanghai Yeheng Woodworking Machinery Co., Ltd.······257
Taian Zhanhong Woodworking Machinery Co., Ltd.······285

10.2 Laminating Machine
Dalian Northern Haomai Woodworking Machinery Co., Ltd······39
Jinan Soar Woodworking Machinery Co., Ltd.······134
Qingdao Chuangyu Wood Machinery Co., Ltd.······189
Qingdao GODN Mechanical Technology Co., Ltd.······191
Qingdao Jimo Haodahao Woodworking Machinery Manufacturing Co., Ltd.······194
Qingdao Chint Machinery Manufacturing Co., Ltd.······200
Qingdao SOSN Machinery Co., Ltd.······218
Qingdao H&C Woodworking Machinery Co., Ltd.······219
Qingdao Xicheng Weiye Machinery Equipment Co., Ltd.······227
Qingdao Xintai Wood Industry Equipment Factory······230
Shanghai Yeheng Woodworking Machinery Co., Ltd.······257
Taian Zhanhong Woodworking Machinery Co., Ltd.······285
Wuxi Shengjin Machinery Co., Ltd.······297

10.3 Suction Cover Machine
Qingdao Qiqing Commercial Land Woodworking Machinery Co., Ltd.······213

11. Splicing Equipment
11.1 Tenoner
Beijing Lianzhonglian Woodworking Machinery Co., Ltd.······23
Beijing Hengdali Hardware & Machinery Co., Ltd.······26
Bald Woodworking Machinery Co., Ltd.······55
Foshan Shunde Lunjiao Xinli Haoda Machinery Factory······65
Foshan Shunde Lunjiao Yujiang Woodworking Machinery Factory······66
Shangrui Machinery Co., Ltd.······71
Foshan Shunde Zhiyang Woodworking Machinery Manufacturing Co., Ltd.······81

福州木工机床研究所……91
广东锐亚机械有限公司……95
凯鸿翔机械设备有限公司……152
青岛汇诚木业设备有限公司……202
青岛即墨市精工机械厂……203
青岛健隆机械有限公司……205
上海烨恒木业机械有限公司……257
穗嘉盛木工机械厂……284
威海齐全木工机械有限公司……292

11.2 梳齿机
大连中铭木业机械有限公司……41
佛山市顺德区伦教新基力永富机械制造有限公司……65
佛山市顺德区锐豪机械有限公司……74
福建省闽侯县联翔木工机械厂……88
威海齐全木工机械有限公司……292

11.3 圆棒机
烟台市牟平区和风机械有限公司……305

11.4 指接机
成都市壹佰刀具有限公司……36
佛山市顺德区伦教永强木工机械厂……81
佛山市顺德区志洋木工机械制造有限公司……97
哈尔滨二工具科技有限责任公司木工刀具厂……109
哈尔滨正德科技开发有限公司……116
江苏江佳机械有限公司……139
昆明康发机械有限公司……153
青岛坚德利刀具有限公司……204
青岛世东鸿巢机械有限公司……219
山西省太行锯条厂……247
万华生态板业股份有限公司……290
烟台黄海木工机械有限责任公司……304

11.5 拼板机
大连北方豪迈木业机械有限公司……39
佛山市顺德区新基宏业机械设备有限公司……77
佛山市顺德区志洋木工机械制造有限公司……81
福建省闽侯县联翔木工机械厂……88
广东威德力机械实业股份有限公司……97
溧阳平陵林机有限公司……162
青岛恒发机械有限公司……197
青岛恒春木工机械厂……197
青岛红强伟业机械有限公司……199
青岛汇诚木业设备有限公司……202
青岛吉隆昌机械设备有限公司……203
青岛健隆机械有限公司……205
青岛金盛林木工机械有限公司……208
青岛罗蕾来电气有限公司……212
青岛山水机械设备有限公司……217
青岛西城伟业机械设备有限公司……227
青岛鑫泰木业设备厂……230
青岛永成伟业机械有限公司……233
青岛永旺机械设备有限公司……234
青岛驭顺机械设备有限公司……235
青岛政田机械有限公司……236
上海秋林机械有限公司/山西秋林机械有限公司……254
石家庄开发区纪元电气有限公司……265
石家庄灿高高频机械有限公司……265
烟台黄海木工机械有限责任公司……304

11.6 组框机
石家庄灿高高频机械有限公司……265

11.7 拼接机
佛山市森柏斯木工机械制造有限公司……52
佛山市顺德区志洋木工机械制造有限公司……81
江苏龙在田机械有限公司……141
青岛欣琦机械有限公司……229
青岛政田机械有限公司……236

Fuzhou Research Institute of Woodworking Machinery······91
Reignmac Machinery Co., Ltd.······95
Kaihongxiang Machinery Equipment Co., Ltd.······152
Qingdao Huicheng Woodworking Machinery Co., Ltd.······202
Qingdao Jimo Precision Machinery Factory······203
Qingdao Jianlong Machinery Co., Ltd.······205
Shanghai Yeheng Woodworking Machinery Co., Ltd.······257
Suijiasheng Woodworking Machinery Factory······284
Weihai Qiquan Woodworking Machinery Co., Ltd.······292

11.2 Rack Shaping Machine
Dalian Zhongming Wood Industry Machinery Co., Ltd.······41
Jili (Yongfu) Woodworking Machinery& Equipment Factory······65
Foshan Shunde Ruihao Woodworking Machinery Factory······74
Fujian Minhou Lianxiang Woodworking Machinery Factory······88
Weihai Qiquan Woodworking Machinery Co., Ltd.······292

11.3 Rods Machine
Yantai Muping Hefeng Machinery Co., Ltd.······305

11.4 Finger Jointing Machine
Chengdu Yibai Cutting Tools Co., Ltd.······36
Yongqiang Woodworking Machinery Factory······81
Foshan Shunde Zhiyang Woodworking Machinery Manufacturing Co., Ltd.······97
Woodworking Blade Factory, Harbin No. 2 Tools Technology Limited Liability Company······109
Harbin Zhengde Science& Technology Development Co., Ltd.······116
Jangja Machinery Co., Ltd. ······139
Kunming Hong Fat Machinery Co., Ltd.······153
Qingdao Jiandeli Cutting Tools Co., Ltd.······204
Qingdao H&C Woodworking Machinery Co., Ltd.······219
Shanxi Province Taihang Saw Blade Factory······247
Wanhua Ecoboard Co., Ltd.······290
Shandong Yantai Huanghai Woodworking Machinery Co., Ltd.······304

11.5 Puzzle Machine
Dalian Northern Haomai Woodworking Machinery Co., Ltd······39
Foshan Shunde Xinjiye Woodworking Machinery & Equipment Factory ······77
Foshan Shunde Zhiyang Woodworking Machinery Manufacturing Co., Ltd.······81
Fujian Minhou Lianxiang Woodworking Machinery Factory······88
Weili Machinery Industrial Co. Ltd.······97
Liyang Pingling Forestry Machinery Co., Ltd.······162
Qingdao Hengfa Machinery Co., Ltd.······197
Qingdao Hengchun Woodworking Machinery Factory······197
Qingdao Hongqiang Weiye Machinery Co., Ltd.······199
Qingdao Huicheng Woodworking Machinery Co., Ltd.······202
Qingdao Jilongchang Woodworking Machine Co., Ltd.······203
Qingdao Jianlong Machinery Co., Ltd.······205
Qingdao Jinshenglin Woodworking Machinery Co., Ltd.······208
Qingdao Lorelei Electric Co., Ltd.······212
Qingdao Shanshui Machine Facility Co., Ltd.······217
Qingdao Xicheng Weiye Machinery Equipment Co., Ltd.······227
Qingdao Xintai Wood Industry Equipment Factory······230
Qingdao Yongchengweiye Machinery Co., Ltd.······233
Qingdao Yongwang Machinery & Equipment Co., Ltd.······234
Qingdao Yushun Machinery & Equipment Co., Ltd.······235
Qingdao Zhengtian Machinery Co., Ltd.······236
Shanghai Qiulin Machinery Co., Ltd./ Shanxi Qiulin Machinery Co., Ltd.······254
Shijiazhuang Development Zone Jiyuan Electric Co., Ltd.······265
Shijiazhuang Cangao High Frequency Machinery Co.,Ltd.······265
Shandong Yantai Huanghai Woodworking Machinery Co., Ltd.······304

11.6 Framing Machine
Shijiazhuang Cangao High Frequency Machinery Co.,Ltd.······265

11.7 Stitching Machine
Surpass Woodworking Machinery Manufacture Co., Ltd.······52
Foshan Shunde Zhiyang Woodworking Machinery Manufacturing Co., Ltd.······81
Jiangsu Longzaitian Machinery Co.,Ltd.······141
Qingdao Xinqi Machinery Co., Ltd.······229
Qingdao Zhengtian Machinery Co., Ltd.······236

上海跃通木工机械设备有限公司……259

12 加工中心

安徽同兴科技发展有限责任公司……4
北京泛斯机床有限公司……20
北京铭龙天同科技有限公司……25
东莞市南兴家具装备制造股份有限公司……45
济南星辉数控机械科技有限公司……133
济南一铭数控机械有限公司……134
江苏江佳机械有限公司……139
莱州市金宏数控设备有限公司……159
青岛威特动力木业机械有限公司……226
青岛欣大荣数控机器有限公司……228
青岛永强木工机械有限公司……234
上海跃通木工机械设备有限公司……259
扬州凯士力数控设备科技有限公司……307

13 涂装设备

13.1 喷漆

成都前顺科技有限公司……36
佛山市昊扬木工机械制造有限公司……49
佛山市顺德区博硕机械制造有限公司……52
佛山市顺德区伦教大辉木工机械厂……53
佛山市顺德区厚积数控设备有限公司……58
佛山市顺德区普瑞特机械制造有限公司……69
佛山泰上机械有限公司……86
广东威德力机械实业股份有限公司……97
南通大富士木工机械制造有限公司……180
青岛长安木工机械厂……188
青岛高鼎机械技术有限公司……191
青岛汇诚木业设备有限公司……202
青岛新兴顺风机有限公司……231
上海烨恒木业机械有限公司……257
深圳市纪兴源涂装设备有限公司……263
武汉理想新世纪工贸发展有限公司……294
鑫富辉木工机械有限公司（富辉）……300

13.2 涂胶机

安吉吉泰机械有限公司……6
常熟市翔鹰人造板机器制造有限公司……31
大连北方豪迈木业机械有限公司……39
佛山市顺德区伦教永强木工机械厂……66
广东威德力机械实业股份有限公司……97
广州市番禺铁哥机械制造厂……101
豪派［中国］机械……118
基力木工机械有限公司……128
江苏龙在田机械有限公司……141
青岛吉隆昌机械设备有限公司……203
青岛健隆机械有限公司……205
青岛金方圆机械有限公司……206
青岛金三木木工机械有限公司……207
青岛金盛林木工机械有限公司……208
青岛山水机械设备有限公司……217
山东省费县金轮机械厂……245
苏州市华翔木业机械有限公司……281
天津拉米诺木工机械有限公司……288
徐州凯林木业机械厂……303

13.3 涂装机

安吉富康竹木机械厂……6
安吉吉泰机械有限公司……6
安吉天工机械有限公司……9
安吉县青达竹木刀具机械有限公司……11
大连恒喆木工机械制造有限公司……40
佛山市顺德区博硕机械制造有限公司……52
佛山市顺德区创旗机械有限公司……53
佛山市顺德区伦教大辉木工机械厂……53
青岛宏盛发涂装设备有限公司……198
青岛汇诚木业设备有限公司……202

Shanghai Yuetong Woodworking Machinery & Equipment Co., Ltd. ···· 259

12. Processing Center
Tongxing Technology Development Co., Ltd. ···· 4
Beijing Fanch Machinery Co.,Ltd. ···· 20
Artisman Technology Corp. ···· 25
Nanxing Furniture Machinery & Equipment Co., Ltd. ···· 45
Jinan Excitech CNC Technology Co., Ltd. ···· 133
Jinan Yiming CNC Machinery Co., Ltd. ···· 134
Jangja Machinery Co., Ltd. ···· 139
Laizhou JinHong CNC Equipment Co.,Ltd. ···· 159
Qingdao New Motivity Woodworking Machinery Co., Ltd. ···· 226
Daron CNC Machine Tool (Qingdao) Co., Ltd. ···· 228
Qingdao Yongqiang Woodworking Machinery Co., Ltd. ···· 234
Shanghai Yuetong Woodworking Machinery & Equipment Co., Ltd. ···· 259
Yangzhou Castaly NC Machinery Co., Ltd. ···· 307

13. Finishing Machine
13.1 Spray Painting Machine
Chengdu Qianshun Technologies Co., Ltd. ···· 36
Haoyang Woodworking Machinery Manufacturing Co.,Ltd. ···· 49
Fuhui Woodworking Machinery Factory ···· 52
Richfruits Machinery Manufacturing Co., Ltd ···· 53
Foshan Shunde Houji CNC Euipment Co., Ltd. ···· 58
Foshan ShundePurete Machinical Co., Ltd. ···· 69
Guangdong Taisan Machinery Co., Ltd. ···· 86
Nantong Dafushi Woodworking Machinery Manufacturing Co., Ltd. ···· 97
Weili Machinery Industrial Co. Ltd. ···· 180
Qingdao Changan Woodworking Machinery Factory ···· 188
Qingdao GODN Mechanical Technology Co., Ltd. ···· 191
Qingdao Huicheng Woodworking Machinery Co., Ltd. ···· 202
Qingdao Xinxingshun Blower Co., Ltd. ···· 231
Shanghai Yeheng Woodworking Machinery Co., Ltd. ···· 257
Shenzhen Jixingyuan Painting Equipment Co., Ltd. ···· 263
Wuhan Lixiang New Century Industry and Trade Development Co., Ltd. ···· 294
Xinfuhui Woodworking Machinery Co., Ltd. ···· 300

13.2 Pasting Machine
Anji Jitai Machinery Co., Ltd. ···· 6
Changshu Xiangying Wood Based Panel Machinery Factory ···· 31
Dalian Northern Haomai Woodworking Machinery Co., Ltd ···· 39
Yongqiang Woodworking Machinery Factory ···· 66
Weili Machinery Industrial Co. Ltd. ···· 97
Guangzhou Panyu Tiege Machinery Manufacturing Co., Ltd. ···· 101
Haopao (China) Machinery Co., Ltd. ···· 118
Jili Woodworking Machinery Co., Ltd. ···· 128
Jiangsu Longzaitian Machinery Co.,Ltd. ···· 141
Qingdao Jilongchang Woodworking Machine Co., Ltd. ···· 203
Qingdao Jianlong Machinery Co., Ltd. ···· 205
Qingdao Jinfangyuan Woodworking Machinery Co., Ltd. ···· 206
Qingdao Jinsanmu Woodworking Machinery Co., Ltd. ···· 207
Qingdao Jinshenglin Woodworking Machinery Co., Ltd. ···· 208
Qingdao Shanshui Machine Facility Co., Ltd. ···· 217
Shandong Feixian Gold Tum Machinery Plant ···· 245
Suzhou Huaxiang Woodworking Machinery Co., Ltd. ···· 281
Tianjin Laminuo Woodworking Machinery Co., Ltd. ···· 288
Xuzhou Kailin Wood Machinery Factory ···· 303

13.3 Coating Machine
Anji Fukang Bamboo & Wood Machinery Factory ···· 6
Anji Jitai Machinery Co., Ltd. ···· 6
Anji Tiangong Machinery Co., Ltd. ···· 9
Anji Qingda Bamboo–Wood Reamer & Machine Co., Ltd. ···· 11
Dalian Hengzhe Woodworking Machinery Manufacturing Co., Ltd. ···· 40
Richfruits Machinery Manufacturing Co., Ltd ···· 52
Foshan Shunde Chuangqi Machine Co., Ltd. ···· 53
Fuhui Woodworking Machinery Factory ···· 53
Qingdao Hongshengfa Coating Equipment Co., Ltd. ···· 198
Qingdao Huicheng Woodworking Machinery Co., Ltd. ···· 202

青岛经纬线涂装净化设备有限公司……209
青岛林泽木工机械有限公司……212
青岛威尔特自动化设备技术有限公司……226
深圳市纪兴源涂装设备有限公司……263
顺德区干胜宝干燥设备有限公司……269
鑫富辉木工机械有限公司（富辉）……300

13.4 数控喷漆设备
武汉理想新世纪工贸发展有限公司……294

14 干燥设备
安吉县德威机械有限公司……10
安吉威隆机械有限公司/九洲机械……10
安吉县青达竹木刀具机械有限公司……11
百胜木材干燥设备有限公司……16
常熟市翔鹰人造板机器制造有限公司……31
大连北方豪迈木业机械有限公司……39
佛山市顺德区豪隆机械有限公司……56
佛山市顺德区旺泰机械设备有限公司……75
桂林华德机械设备有限公司……102
国家林业局哈尔滨林业机械研究所……105
哈尔滨傲世木材干燥设备制造有限公司……108
哈尔滨华意木材干燥设备有限公司……110
哈尔滨亚特木材干燥设备制造有限公司……115
江苏保龙机电制造有限公司……136
江苏龙在田机械有限公司……142
牡丹江木工机械(厂)有限责任公司……173
南通凯迪自动机械有限公司……181
南通四通林业机械制造安装有限公司……183
南通新世纪机电有限公司……183
青岛高鼎机械技术有限公司……191
上海秋林机械有限公司/山西秋林机械有限公司……254
沈阳新华电机有限公司……262
石家庄开发区纪元电气有限公司……265
顺德区干胜宝干燥设备有限公司……269
苏州林机冷热交换器厂……280
苏州林业机械厂有限公司……280
苏州市华翔木业机械有限公司……281
苏州维茨-益维高设备有限公司……282
盐城轻通机械有限公司……306
中国林业科学研究院木材工业研究所……323

15 除尘设备
北京市恒达利五金机械有限责任公司……26
佛山市昊扬木工机械制造有限公司……49
广东高新凯特精密机械股份有限公司……93
广东威德力机械实业股份有限公司……97
贺威尔特机械有限公司……122
吉林市双赢木工机械有限公司……129
南通国全木工机械制造有限公司……180
青岛长安木工机械厂……188
青岛新兴顺风机有限公司……231
青岛弈天环保设备有限公司……232
沈阳宝山木工设备厂……260
深圳市纪兴源涂装设备有限公司……263
威海齐全木工机械有限公司……292

16 板式家具设备
佛山市顺德区泓信机械制造有限公司……58
佛山市顺德区新马木工机械设备有限公司……78
佛山市顺德区兴德亿机械制造有限公司……78
富宁木工机械有限公司……89
广州弘亚数控机械股份有限公司……100
金华市强宏板式家具机械有限公司……148
牡丹江木工机械(厂)有限责任公司……173
青岛华顺昌木工机械制造有限公司……201
青岛凯旋木工设备有限公司……210
青岛鑫恒发机械有限公司……229
上海福马木工机械设备有限公司……249

Qingdao Jingwei Coating & Purification Equipment Co., Ltd. ······ 209
Qingdao Linze Woodworking Machinery Co., Ltd. ······ 212
Qingdao Welter Automated Machinery Co., Ltd. ······ 226
Shenzhen Jixingyuan Painting Equipment Co., Ltd. ······ 263
Shunde Ganshengbao Drying Equipment Co., Ltd. ······ 269
Xinfuhui Woodworking Machinery Co., Ltd. ······ 300

13.4 NC Spray Painting Machine

Wuhan Lixiang New Century Industry and Trade Development Co., Ltd. ······ 294

14. Drying Equipment

Anji Dewei MachineryFacturing Co., Ltd. ······ 10
Anji Yuehao Machinery Co., Ltd. ······ 10
Anji Qingda Bamboo-Wood Reamer & Machine Co., Ltd. ······ 11
Baisheng Timber-drying Equipment Co., Ltd ······ 16
Changshu Xiangying Wood Based Panel Machinery Factory ······ 31
Dalian Northern Haomai Woodworking Machinery Co., Ltd ······ 39
Haolong Woodworking Machinery Co., Ltd. ······ 56
Foshan Shunde Wangtai Machinery Plant Co., Ltd. ······ 75
Guilin Huade Mechanical Equipment Co., Ltd. ······ 102
Harbin Research Institute of Forestry Machinery, State Forestry Administration ······ 105
Harbin Aoshi Wood Drying Equipment Manufacture Co., Ltd. ······ 108
Harbin Huayi Wood Drying Equipment Co., Ltd. ······ 110
Harbin Hyatt Wood Drying Equipment Manufacturing Co., Ltd. ······ 115
Jiangsu Baolong Electromechanical Manufacturing Co., Ltd. ······ 136
Jiangsu Longzaitian Machinery Co.,Ltd. ······ 141
Mudanjiang Woodworking Machinery Works Co., Ltd. ······ 173
Nantong KD Automatic Machinery Co., Ltd. ······ 181
NTST Forestry Machine Manufacture Installation Co., Ltd. ······ 183
Nantong New Century ME Co., Ltd. ······ 183
Qingdao GODN Mechanical Technology Co., Ltd. ······ 191
Shanghai Qiulin Machinery Co., Ltd./ Shanxi Qiulin Machinery Co., Ltd. ······ 254
Shenyang Xinhua Electric Co., Ltd. ······ 262
Shijiazhuang Development Zone Jiyuan Electric Co., Ltd. ······ 265
Shunde Ganshengbao Drying Equipment Co., Ltd. ······ 269
Suzhou Linji Cool-heat Exchanger Factory ······ 280
Suzhou Forestry Machinery Factory Co., Ltd. ······ 280
Suzhou Huaxiang Woodworking Machinery Co., Ltd. ······ 281
Suzhou Vits-Imaco Equipment Co., Ltd. ······ 282
Yancheng Qingtong Machinery Co., Ltd. ······ 306
Research Institute of Wood Industry, Chinese Academy of Forestry ······ 323

15. Dust Remover

Beijing Hengdali Hardware & Machinery Co., Ltd. ······ 26
Haoyang Woodworking Machinery Manufacturing Co.,Ltd ······ 49
Guangdong Gaoxin Height Precision Machine Co. Ltd. ······ 93
Weili Machinery Industrial Co. Ltd. ······ 97
Heweier Machinery Co., Ltd. ······ 122
Jilin Shuangying Woodworking Machinery Co., Ltd. ······ 129
Nantong Guoquan Woodworking Machinery Manufacturing Co., Ltd. ······ 180
Qingdao Changan Woodworking Machinery Factory ······ 188
Qingdao Xinxingshun Blower Co., Ltd. ······ 231
Qingdao Yitian Enviornmental Protection Equipment Co., Ltd. ······ 232
Shenyang Baoshan Woodworking Machinery Factory ······ 260
Shenzhen Jixingyuan Painting Equipment Co., Ltd. ······ 263
Weihai Qiquan Woodworking Machinery Co., Ltd. ······ 292

16. Panel Type Furniture Equipment

Foshan Shunde Hope-sun Machinery Manufacturing Co., Ltd. ······ 58
New Mas Woodworking Machinery&Equipment Co., Ltd. ······ 78
Foshan Xingdeyi Machine Manufacturing Co., Ltd ······ 78
Funing Woodworking Machinery Co., Ltd. ······ 89
Guangzhou KDT Machinery Co., Ltd. ······ 100
Jinhua Powerful Woodworker Co., Ltd. ······ 148
Mudanjiang Woodworking Machinery Works Co., Ltd. ······ 173
Qingdao Huashunchang Woodworking Machinery Manufacturing Co., Ltd. ······ 201
Qingdao Kaisun Woodworking Machinery Co., Ltd. ······ 210
Qingdao Xinhengfa Machinery Co., Ltd. ······ 229
Shanghai Fuma Woodworking M&E Co., Ltd. ······ 249

上海牡联木工机械有限公司……253
四川省青城机械有限公司……277

17 实木加工机械设备

北京联中联木工机械有限公司……23
北京怡好思建筑科技发展有限公司……28
北京友兴友五金机电有限公司……28
成业机械制造有限公司……37
佛山市顺德区德顺木工机械厂……54
佛山市顺德区锐匠机械制造有限公司……70
佛山市顺德区新基宏业机械设备有限公司……77
佛山市顺德区新马木工机械设备有限公司……78
佛山市顺德区兴德亿机械制造有限公司……78
佛山市顺德区永翔盛木工机械有限公司……80
富宁木工机械有限公司……89
杭州和源精密工具有限公司……118
建达木业机械厂……135
俊锋木工机械有限公司……151
昆山大华机器制造有限公司……155
昆山云岭人造板机械有限公司……158
品瑞良木工机械制造有限公司……185
上海福马木工机械设备有限公司……249
上海牡联木工机械有限公司……253
上海烨恒木业机械有限公司……257
石家庄灿高高频机械有限公司……265
石家庄开发区纪元电气有限公司……265
顺德区威荣木工机械有限公司……273
四川省青城机械有限公司……277
喜胜木工机械厂（原丰裕）……298
烟台黄海木工机械有限责任公司……304
永兴木工机械设备厂……309

18 集成材设备

牡丹江木工机械(厂)有限责任公司……173
上海福马木工机械设备有限公司……249
上海烨恒木业机械有限公司……257
四川省青城机械有限公司……277
万华生态板业股份有限公司……290
烟台黄海木工机械有限责任公司……304

19 门窗加工设备

北方重工集团有限公司工程成套分公司……17
成都立诚机械有限公司……35
大连恒喆木工机械制造有限公司……40
佛山市顺德区伦教利洋木工机械有限公司……62
佛山市顺德区伦教裕匠木工机械厂……66
佛山市顺德区新基宏业机械设备有限公司……77
哈尔滨兴林伟业人造板设备有限公司……114
豪派［中国］机械……118
昆山大华机器制造有限公司……155
昆山云岭人造板机械有限公司……158
廊坊金兰人造板机械有限公司……160
青岛政田机械有限公司……236
上海福马木工机械设备有限公司……249
上海牡联木工机械有限公司……253
上海秋林机械有限公司/山西秋林机械有限公司……254
上海跃通木工机械设备有限公司……259

20 高频加工设备

石家庄灿高高频机械有限公司……265
石家庄开发区纪元电气有限公司……265
顺德区东星新机械制造有限公司……268

21 输送设备（自动送料机及自动化输送设备）

常州益林机械有限公司……34
佛山市昊扬木工机械制造有限公司……49
广州弘亚数控机械股份有限公司……100
建湖县福马林业机械配件有限公司……136
江苏保龙机电制造有限公司……136

Shanghai Mulian Woodworking Machinery Co., Ltd. ··· 253
Sichuan Qingcheng Machinery Co., Ltd. ··· 277

17. Solid Wood Processing Equipment
Beijing Lianzhonglian Woodworking Machinery Co., Ltd. ··· 23
Beijing Youxingyou Hardware & Machinery Co., Ltd. ··· 28
Beijing E-house Building Science & Technology Development Co., Ltd. ··· 28
Chengye Machinery Machinery Manufacturing Co., Ltd. ··· 37
Foshan City Shunde Dist. Deshun Woodworking Machinery Factory ··· 54
Foshan Shunde Lunjiao Ruijiang Woodworking Machinery Factory ··· 70
Foshan Shunde Xinjiye Woodworking Machinery & Equipment Factory ··· 77
New Mas Woodworking Machinery&Equipment Co., Ltd. ··· 78
Foshan Xingdeyi Machine Manufacturing Co., Ltd ··· 78
Foshan YXC Woodworking Machinery Co., Ltd. ··· 80
Funing Woodworking Machinery Co., Ltd. ··· 89
Hangzhou Wagen Precision Tooling Co., Ltd ··· 118
Jianda Woodworking Machinery Factory ··· 135
Junfeng Woodworking Machinery Co., Ltd. ··· 151
Kunshan Dahua Wood-Based Panel Machinery Manufacturing Co., Ltd. ··· 155
Kunshan Yunling Man-made Board Machinery Co.Ltd., P.R.China ··· 158
Guangdong Foshan Shunde Pin-liang Woodworking Machinery Manufacture Co., Ltd. ··· 185
Shanghai Fuma Woodworking M&E Co., Ltd. ··· 249
Shanghai Mulian Woodworking Machinery Co., Ltd. ··· 253
Shanghai Yeheng Woodworking Machinery Co., Ltd. ··· 257
Shijiazhuang Cangao High Frequency Machinery Co.,Ltd. ··· 265
Shijiazhuang Development Zone Jiyuan Electric Co., Ltd. ··· 265
Weirong Woodworking Machinery Co., Ltd. ··· 273
Sichuan Qingcheng Machinery Co., Ltd. ··· 277
Xisheng Woodworking Machinery Factory ··· 298
Shandong Yantai Huanghai Woodworking Machinery Co., Ltd. ··· 304
Yongxing Woodworking Machinery Equipment Factory ··· 309

18. Glulam Equipment
Mudanjiang Woodworking Machinery Works Co., Ltd. ··· 173
Shanghai Fuma Woodworking M&E Co., Ltd. ··· 249
Shanghai Yeheng Woodworking Machinery Co., Ltd. ··· 257
Sichuan Qingcheng Machinery Co., Ltd. ··· 277
Wanhua Ecoboard Co., Ltd. ··· 290
Shandong Yantai Huanghai Woodworking Machinery Co., Ltd. ··· 304

19. Window and Door Processing Equipment
Northen Heavy Industries Group Co., Ltd. EPC Company ··· 17
Chengdu Licheng Machinery Co., Ltd. ··· 35
Dalian Hengzhe Woodworking Machinery Manufacturing Co., Ltd. ··· 40
Foshan Shunde Lunjiao Liyang Woodworking Machinery Co., Ltd. ··· 62
Foshan Shunde Lunjiao Yujiang Woodworking Machinery Factory ··· 66
Foshan Shunde Xinjiye Woodworking Machinery & Equipment Factory ··· 77
Harbin Xinglinweiye Panel Equipment Co., Ltd. ··· 114
Haopao (China) Machinery Co., Ltd. ··· 118
Kunshan Dahua Wood-Based Panel Machinery Manufacturing Co., Ltd. ··· 155
Kunshan Yunling Man-made Board Machinery Co.Ltd., P.R.China ··· 158
Langfang Jinlan Man-made Board Machinery Co., Ltd. ··· 160
Qingdao Zhengtian Machinery Co., Ltd. ··· 236
Shanghai Fuma Woodworking M&E Co., Ltd. ··· 249
Shanghai Mulian Woodworking Machinery Co., Ltd. ··· 253
Shanghai Qiulin Machinery Co., Ltd./ Shanxi Qiulin Machinery Co., Ltd. ··· 254
Shanghai Yuetong Woodworking Machinery & Equipment Co., Ltd. ··· 259

20. High-Frequency Processing Equipment
Shijiazhuang Cangao High Frequency Machinery Co.,Ltd. ··· 265
Shijiazhuang Development Zone Jiyuan Electric Co., Ltd. ··· 265
Shunde District Dongxingxin Machinery Manufacturing Co., Ltd. ··· 268

21. Conveying Equipment
Changzhou Yilin Machinery Co., Ltd. ··· 34
Haoyang Woodworking Machinery Manufacturing Co., Ltd ··· 49
Guangzhou KDT Machinery Co., Ltd. ··· 100
Jianhu Fuma Forestry Machinery Accessories Co., Ltd. ··· 136
Jiangsu Baolong Electromechanical Manufacturing Co., Ltd. ··· 136

江苏大唐机械有限公司……138
江苏维美轻工机械有限公司……143
莱州市金宏数控设备有限公司……159
溧阳平陵林机有限公司……162
青岛千川木业设备有限公司……213
深圳市纪兴源涂装设备有限公司……263

22 刃磨设备
22.1 磨刀机
安吉富康竹木机械厂……6
安吉威隆机械有限公司/九洲机械……10
安吉县金通竹木机械厂……11
安吉县青达竹木刀具机械有限公司……11
安吉响铃竹木机械有限公司……12
北京市恒达利五金机械有限责任公司……26
大连经济技术开发区森港机械刀片有限公司……41
佛山市顺德区伟泓机械有限公司……75
高要市金汇机械有限公司……92
江苏贝斯特数控机械有限公司……137
江西星达机械有限公司……146
九江市长江木工机械有限公司……150
钧锐木工机械厂……151
快奥金和机械有限公司……153
青岛德众伟业机械有限公司……190
青岛海涌机械制造有限公司……194
青岛豪中豪木工机械有限责任公司……196
青岛恒润祥木工机械有限公司……198
青岛汇诚木业设备有限公司……202
青岛吉隆昌机械设备有限公司……203
青岛健隆机械有限公司……205
青岛金方圆机械有限公司……206
青岛金盛林木工机械有限公司……208
山东省费县金轮机械厂……245
沈阳宝山木工设备厂……260
伟志豪木工机械有限公司……292

22.2 磨锯机
东台市唐洋带锯机械有限责任公司……46
河北瑞福祥机械制造有限公司……120
河南省临颍县木工机械厂……121
上海烨恒木业机械有限公司……257

22.3 刃磨机
南通国全木工机械制造有限公司……180
烟台市牟平区和风机械有限公司……305

22.4 锯条辊压机
河南省临颍县木工机械厂……121

22.5 带锯条自动磨齿机
九江市长江木工机械有限公司……150

22.6 开齿机
东台市唐洋带锯机械有限责任公司……46
青岛华春木业机械有限公司……201

23 包装机械
安吉富康竹木机械厂……6
安吉天友竹木机械制造厂……9
安吉宇康机械有限公司……14
常州机械刀片有限公司……33
东北林业大学林业与木工机械工程技术中心……43
广美源包装机械经营部（广培）……98
沈阳带锯机械有限公司……261

24 成套生产线
24.1 梳齿接木生产线
成业机械制造有限公司……37
佛山市顺德区光头木工机械有限公司……55
锐佳机械制造有限公司……240

Jiangsu Datang Machinery Co., Ltd.······138
Jiangsu Weimei Light Industry Machinery Co., Ltd.······143
Laizhou JinHong CNC Equipment Co.,Ltd.······159
Liyang Pingling Forestry Machinery Co., Ltd.······162
Qingdao Qianchuan Woodworking Machinery Co., Ltd.······213
Shenzhen Jixingyuan Painting Equipment Co., Ltd.······263

22. Grinding Equipment
22.1 Blade Grinder
Anji Fukang Bamboo & Wood Machinery Factory······6
Anji Yuehao Machinery Co., Ltd.······10
Anji Jintong Bamboo & Wood Machinery Factory ······11
Anji Qingda Bamboo-Wood Reamer & Machine Co., Ltd.······11
Anji Xiangling Bamboo & Wood Working Machinery Co., Ltd.······12
Beijing Hengdali Hardware & Machinery Co., Ltd.······26
Dalian ETDZ Sengang Machinery Blade Co., Ltd.······41
Foshan Weihong Machine Co., Ltd.······75
Jinhui Machinery (Gaoyao) Co., Ltd.······92
Jiangsu Best CNC-Machinery Co., Ltd.······137
Jiangxi Xingda Machine Co., Ltd.······146
Jiujiang Changjiang Woodworking Machinery Co., Ltd.······150
Junrui Woodworking Machinery Factory······151
Jinhe Wood Machinery Factory ······153
Qingdao Dawnsun Weiye Machinery Co., Ltd.······190
Tsingdao Haiyong Machinery Manufacturing Co., Ltd.······194
Qingdao Haozhonghao Woodworking Machinery Co., Ltd. ······196
Qingdao Hengrunxiang Woodworking Machinery Co., Ltd.······198
Qingdao Huicheng Woodworking Machinery Co., Ltd.······202
Qingdao Jilongchang Woodworking Machine Co., Ltd.······203
Qingdao Jianlong Machinery Co., Ltd.······205
Qingdao Jinfangyuan Woodworking Machinery Co., Ltd.······206
Qingdao Jinshenglin Woodworking Machinery Co., Ltd.······208
Shandong Feixian Gold.Tum Machinery Plant······245
Shenyang Baoshan Woodworking Machinery Factory······260
Weizhihao Machinery Co., Ltd.······292

22.2 Saw Grinder
Dongtai Tangyang Band Sawing Machine Co.,Ltd.······46
Hebei Ruifuxiang Machinery Manufacturing Co., Ltd.······120
Henan Linying Woodworking Machinery Plant······121
Shanghai Yeheng Woodworking Machinery Co., Ltd.······257

22.3 Grinding Machine
Nantong Guoquan Woodworking Machinery Manufacturing Co., Ltd.······180
Yantai Muping Hefeng Machinery Co., Ltd.······305

22.4 Blade Roller Press
Henan Linying Woodworking Machinery Plant······121

22.5 Automatic Saw Blade Grinding Machine
Jiujiang Changjiang Woodworking Machinery Co., Ltd.······150

22.6 Gulleting Machine
Dongtai Tangyang Band Sawing Machine Co.,Ltd.······46
Qingdao Huachun Woodworking Machinery Co., Ltd.······201

23. Packing Machine
Anji Fukang Bamboo & Wood Machinery Factory······6
Anji Tianyou Bamboo & Wood Machinery Co., Ltd.······9
Anji Yukang Machinery Co., Ltd.······14
Changzhou Machinery Blade Co., Ltd.······33
Forestry and Woodworking Machinery Engineering Center of Northeast Forestry University······43
Guangmeiyuan Machinery Business Department······98
Shenyang Band Saw Machine Co., Ltd., ······261

24. Production Line
24.1 Finger Joint Wood Production Line
Chengye Machinery Machinery Manufacturing Co., Ltd.······37
Bald Woodworking Machinery Co., Ltd.······55
RuiJia Woodworking Machinery Co., Ltd.······240

24.2 涂装生产线
大连北方豪迈木业机械有限公司……39
青岛林泽木工机械有限公司……212

24.3 贴纸机及贴纸生产线
青岛世东鸿巢机械有限公司……219
泰安市展鸿木业机械有限公司……285

24.4 集成材生产线设备
牡丹江木工机械(厂)有限责任公司……173

24.5 数控沙发扶手生产线
东北林业大学林业与木工机械工程技术中心……43

24.6 欧式普及型木窗生产线
东北林业大学林业与木工机械工程技术中心……43

24.7 重组木生产线的研究
东北林业大学林业与木工机械工程技术中心……43

24.8 人造革专用磨削生产线设备
青岛盛福机械制造有限公司……218

24.9 油漆生产线设备
青岛盛福机械制造有限公司……218

24.10 齿接生产线
佛山市顺德区伦教永强木工机械厂……66

24.11 实木、复合地板生产线设备
上海牡联木工机械有限公司……253

24.12 地板淋漆生产线设备
上海牡联木工机械有限公司……253

24.13 四面刨地板生产线设备
上海烨恒木业机械有限公司……257

25 其他木工机械
25.1 修补机
天津拉米诺木工机械有限公司……288

25.2 着色机
深圳市纪兴源涂装设备有限公司……263

25.3 板材表面腻平机
青岛福瑞德机械制造有限公司……191

25.4 地板封蜡机
无锡市盛金机械有限公司……297

25.5 双色、三色板物印刷机
无锡市盛金机械有限公司……297

25.6 板材、线条烫印机
无锡市盛金机械有限公司……297

25.7 铰链机
佛山市顺德区伦教裕匠木工机械厂……66
佛山市顺德区新基宏业机械设备有限公司……77

25.8 风机
成都前顺科技有限公司……36
福建华大电机有限公司……87
江苏常净环保科技有限公司……137
溧阳平陵林机有限公司……162
青岛新兴顺风机有限公司……231
沈阳新华电机有限公司……262
台州百丰电机厂……286
烟台市牟平区和风机械有限公司……305

25.9 电动机
佛山市顺德区华顺电机实业公司……59
佛山市正大机电配套有限公司……84
福建华大电机有限公司……87
海阳市长川电机有限公司……117

24.2 Coating Line
Dalian Northern Haomai Woodworking Machinery Co., Ltd······39
Qingdao Linze Woodworking Machinery Co., Ltd.······212

24.3 Paster Machine, Paster Line
Qingdao H&C Woodworking Machinery Co., Ltd.······219
Taian Zhanhong Woodworking Machinery Co., Ltd.······285

24.4 Glulam Line
Mudanjiang Woodworking Machinery Works Co., Ltd.······173

24.5 NC Sofa Arm Production Line
Forestry and Woodworking Machinery Engineering Center of Northeast Forestry University······43

24.6 European Type Wood Windows Production Line
Forestry and Woodworking Machinery Engineering Center of Northeast Forestry University······43

24.7 Study Of Scrimber Production Line
Forestry and Woodworking Machinery Engineering Center of Northeast Forestry University······43

24.8 Leather-Specific Grinding Production Line
Qingdao Sunup Machinery Manufactue Co., Ltd.······218

24.9 Paint Production Line
Qingdao Sunup Machinery Manufactue Co., Ltd.······218

24.10 Finger Joint Production Line
Yongqiang Woodworking Machinery Factory······66

24.11 Floor Production Line
Shanghai Mulian Woodworking Machinery Co., Ltd.······253

24.12 Floor Leaching Paint Production Line
Shanghai Mulian Woodworking Machinery Co., Ltd.······253

24.13 Matcher Floor Production Line
Shanghai Yeheng Woodworking Machinery Co., Ltd.······257

25. Other Woodworking Machine
25.1 Repair Machine
Tianjin Laminuo Woodworking Machinery Co., Ltd.······288

25.2 Coloring Machine
Shenzhen Jixingyuan Painting Equipment Co., Ltd.······263

25.3 Flat Plate Surface Greasy Machine
Qingdao Friend Woodworking Machinery Manufacturing Co., Ltd.······191

25.4 Floor Seal Wax Technique
Wuxi Shengjin Machinery Co., Ltd.······297

25.5 Panel Surface Imprinter
Wuxi Shengjin Machinery Co., Ltd.······297

25.6 Panel Thermoprinting Machine
Wuxi Shengjin Machinery Co., Ltd.······297

25.7 Gemel Machine
Foshan Shunde Xinjiye Woodworking Machinery & Equipment Factory ······66
Foshan Shunde Lunjiao Yujiang Woodworking Machinery Factory······77

25.8 Blower
Chengdu Qianshun Technologies Co., Ltd.······36
Fujian Huada Motor Co., Ltd.······87
Jiangsu Changjing Science & Tectnology Environmental Protection Co., Ltd. ······137
Liyang Pingling Forestry Machinery Co., Ltd.······162
Qingdao Xinxingshun Blower Co., Ltd.······231
Shenyang Xinhua Electric Co., Ltd.······262
Taizhou Baifeng Electrical Machinery Plant······286
Yantai Muping Hefeng Machinery Co., Ltd.······305

25.9 Electric Motor
Foshan Shunde Huashun Electrical Machinery Co., Ltd.······59
Foshan Zhengda Mechanical & Electrical Group Co., Ltd.······84
Fujian Huada Motor Co., Ltd.······87
Haiyang Changchuan Motor Co., Ltd.······117

江苏林海动力机械集团公司……140
江苏苏美达林海动力机械有限公司……143
山东华盛中天机械集团股份有限公司……244
沈阳新华电机有限公司……262
顺德区伦教久枫恒机电商行……271
四川省林业物资供销总公司……277
台州百丰电机厂……286
亚洲工友（威海）有限公司……304

25.10 通风机，工业风扇
柳州威罗动力机械有限公司……168
沈阳新华电机有限公司……262

25.11 电机控制柜
沈阳新华电机有限公司……262

25.12 减速机
佛山市南海珠江减速机有限公司……51
瑞安通德传动机械有限公司……240
顺德区伦教久枫恒机电商行……271

25.13 拉丝机
安吉天友竹木机械制造厂……9
青岛松泰伟业木工机械制造有限公司……223

25.14 泵
富世华全能（常州）机械有限公司……90
黑龙江省东京城林业机械厂……122
利欧集团股份有限公司……162
四川省林业物资供销总公司……277
台州百丰电机厂……286
亚洲工友（威海）有限公司……304

25.15 胶辊
广州市番禺铁哥机械制造厂……101
河北春风银星胶辊有限公司……119
青岛振业胶辊有限公司……236

25.16 钢刷机
鸿泰伟业（青岛）新型设备有限公司……124
深圳市纪兴源涂装设备有限公司……263

25.17 测湿仪
天津拉米诺木工机械有限公司……288

25.18 润滑系统
镇江市东兴机械有限公司……317

25.19 燃烧器
成都前顺科技有限公司……36

25.20 全自动高速无梭绒带织机
青岛森林木业机械有限公司……217

25.21 建筑模型
徐州凯林木业机械厂……303

25.22 木线条设备
佛山市顺德区伦教利洋木工机械有限公司……62
四川省青城机械有限公司……277

25.23 自动仿削机
临海市华洲机械有限公司……164

26 木工机械配件
安德烈斯蒂尔动力工具（青岛）有限公司……3
安吉富康竹木机械厂……6
安吉跃武机械配件厂……14
北海庞赛贸易有限公司……17
北京豪迈永信木工机械有限公司……21
北京鑫中林木工机械有限公司……27
北京友兴友五金机电有限公司……28
北京玉正缘商贸有限公司……29
长春市宏泰木工机械经销有限公司……30

Jiangsu Linhai Power Machinery Group Corporation······140
Jiangsu Sumec–Linhai Power Machinery Co., Ltd.······143
Shandong Huasheng Zhongtian Machinery Group Co., Ltd. ······244
Shenyang Xinhua Electric Co., Ltd.······262
Shunde District Lunjiao Jiufengheng Mechanical & Electrical Firm······271
Sichuan Forestry Materials Supply & Sales Corporation······277
Taizhou Baifeng Electrical Machinery Plant······286
Asia GongYou (WeiHai) Co., Ltd.······304

25.10 Ventilator, Industrial Fans
Liuzhou Weiluo Motive Power Machinery Co., Ltd.······168
Shenyang Xinhua Electric Co., Ltd.······262

25.11 Electric Machine Controller
Shenyang Xinhua Electric Co., Ltd.······262

25.12 Peed Reducer
Zhujiang Reduction Gear Co., Ltd ······51
Ruian Tongde Driving Mechanical Co., Ltd.······240
Shunde District Lunjiao Jiufengheng Mechanical & Electrical Firm······271

25.13 Drawbench
Anji Tianyou Bamboo & Wood Machinery Co., Ltd.······9
Qindao Songtai Weiye Woodworking Machinery Manufacturing Co., Ltd.······223

25.14 Pump
Komastu Zenoah (Changzhou) Machine Co., Ltd.······90
Heilongjiang Dongjingcheng Forestry Machinery Factory······122
Zhengjiang LEO Co., Ltd.······162
Sichuan Forestry Materials Supply & Sales Corporation······277
Taizhou Baifeng Electrical Machinery Plant······286
Asia GongYou (WeiHai) Co., Ltd.······304

25.15 Rubber Roll
Guangzhou Panyu Tiege Machinery Manufacturing Co., Ltd.······101
Hebei Jizhou Chunfeng Yinxing Rubber Roller Co., Ltd.······119
Qingdao Zhenyejiaogun Co., Ltd.······236

25.16 Steel Brushing Machine
Hongtai Great (Qingdao) Advanced Machinery Co., Ltd.······124
Shenzhen Jixingyuan Painting Equipment Co., Ltd.······263

25.17 Hygronom
Tianjin Laminuo Woodworking Machinery Co., Ltd.······288

25.18 Lubrication System
Zhenjiang Dongxing Machinery Co., Ltd.······317

25.19 Inflamer
Chengdu Qianshun Technologies Co., Ltd.······36

25.20 Automatic High–Speed Shuttleless Velvet Ribbon Loom
Qingdao Forest Woodworking Machinery Co., Ltd.······217

25.21 Architectural Models
Xuzhou Kailin Wood Machinery Factory······303

25.22 Mouldings Equipment
Foshan Shunde Lunjiao Liyang Woodworking Machinery Co., Ltd.······62
Sichuan Qingcheng Machinery Co., Ltd.······277

25.23 Automatic Imitation Cutting Machine
Zhejiang Linhai Huazhou Machinery Co., Ltd.······164

26. Woodworking Accessory
ANDREAS STIHL Power Tools (Qingdao) Co., Ltd······3
Anji Fukang Bamboo & Wood Machinery Factory······6
Anji Yuewu Mechanical Parts Factory······14
Beihai Ponsse Trading Co., Ltd.······17
Beijing Haomaiyongxin Woodwork Machinery Co., Ltd······21
Beijing Xinzhonglin Woodworking Machinery Company······27
Beijing Youxingyou Hardware & Machinery Co., Ltd. ······28
Goldmax Co., Ltd.······29
Changchun Hongtai Woodworking Machinery Sales Co., Ltd.······30

成都华快木工机械有限公司……35
成都市壹佰刀具有限公司……36
大连诚汇机械设备有限公司……40
鼎业实业有限公司……42
敦化市拜特科技有限公司……46
佛山市顺德区骏泓成机械制造有限公司……60
佛山市顺德区伦教诚牌机械厂……61
佛山市顺德区伦教先豪木工机械厂……64
佛山市顺德区普南气动科技有限公司……69
佛山市顺德区容桂亨达机械厂……70
佛山市新年华机械实业有限公司……82
福州绿邦农林机械有限公司……90
高要市金汇机械有限公司……92
广东顺德昊裕机械制造有限公司……96
广州七喜工控科技有限公司……101
哈尔滨傲世木材干燥设备制造有限公司……108
哈尔滨京沪林机械有限责任公司……111
哈尔滨宇达电子技术有限公司……115
济南嘉亚经贸发展有限公司……130
济南快克数控机械有限公司……131
建湖县福马林业机械配件有限公司……136
江苏联海动力机械有限公司……140
江西昌大三机科技有限公司……144
江西星达机械有限公司……146
凯隆伟业木工机械商行……152
昆山市润丰热压板有限公司……156
乐成木工刀具配件……161
伦教红丹机械商行……168
南京卓迈机械有限公司……179
平度市豪迈木工机械配件厂……185
青岛金裕丰机械设备有限公司……209
青岛永富轴承有限公司……233
秋道机械配件商行……238
荣豪木工机械厂……239
锐诺数控设备(顺德)有限公司……241
上海琳杰林业机械有限公司……252
上海铭隽机械设备有限公司……253
上海牡联木工机械有限公司……253
沈阳带锯机械有限公司……261
顺德区伦教峰瑞刀具配件店……270
顺德区伦教锦迪木工机械厂……270
顺德区伦教久枫恒机电商行……271
顺德区卓华峰机械有限公司……275
四川省林丰园林建设工程有限公司……276
苏州威玛盛木业机械有限公司……283
通辽市工铧农林机械制造有限责任公司……290
新标五金有限公司……299
源恒工贸有限公司……311
浙江安吉良峰竹木机械配件供应站……312
中国福马林业机械上海有限公司……321
中国林业机械广州公司……322

人造板设备

1 胶合板设备

1.1 胶合板生产设备

安吉宇康机械有限公司……14
北京泛欧瑞得科技有限公司……19
福马振发（北京）新能源科技有限公司……89
福州三森机械有限公司……91
哈尔滨林业机械厂……111
河北九顺机械制造有限公司……119
济南嘉亚经贸发展有限公司……130
江西昌大三机科技有限公司……144
江西上高县振宏机械有限公司……145
昆山大华机器制造有限公司……155
昆山云岭人造板机械有限公司……158

Chengdu Huakuai Woodworking Machinery Co., Ltd······35
Chengdu Yibai Cutting Tools Co., Ltd.······36
Dalian Chenghui Machine & Equipment Co., Ltd.······40
Dingye Shiye Co., Ltd.······42
Dunhua City Baite Technology Co., Ltd.······46
Joinsmart Machinery Manufacturing Co., Ltd.······60
Foshan Shunde Lunjiao Chengpai Machinery Factory······61
Foshan Xianhao Woodworking Machinery Factory······64
Foshan Punan Pneumatic Science & Technology Co., Ltd······69
Foshan Ronggui Hengda Machinery Factory······70
Foshan Xinnianhua Machienry Industrey Co., Ltd.······82
Fuzhou Lvbang Agriculture and Forestry Machine Co., Ltd.······90
Jinhui Machinery (Gaoyao) Co., Ltd.······92
Guangdong Shunde Haoyu Woodworking Machine Manufacturing Co., Ltd.······96
Guangzhou Hedy Industrial Co., Ltd.······101
Harbin Aoshi Wood Drying Equipment Manufacture Co., Ltd.······108
Harbin Jinghulin Machinery Co., Ltd.······111
Harbin Yuda Electronic Technology Co., Ltd.······115
Jinan Jaya International Trade and Development Co., Ltd······130
Quick CNC Router Co., Ltd.······131
Jianhu Fuma Forestry Machinery Accessories Co., Ltd.······136
Jiangsu Lianhai Power Machinery Co., Ltd.······140
Jiangxi Changda Sanji Science&Technology Co., Ltd.······144
Jiangxi Xingda Machine Co., Ltd.······146
Kailongweiye Woodworking Machine Co., Ltd.······152
Kunshan City Runfeng Hot Pressboard Co., Ltd.······156
Lecheng Woodworking Cutter Accessories······161
Lunjiao Hongdan Machinery Firm······168
Nanjing Zmake Machinery Co., Ltd.······179
Pingdu Haomai Woodworking Machinery Accessory Factory······185
Qingdao Jingyufeng Machinery Co., Ltd.······209
Qingdao Yongfu Bearing Co., Ltd.······233
Qiudao Machinery Accessories Trading Company······238
Ronghao Woodworking Machinery Factory······239
Ruinuo (Shunde) CNC Machinery Co., Ltd.······241
Shanghai Linjie Forestry Machinery Co., Ltd.······252
Shanghai Mingjuan Machinery & Equipment Co., Ltd.······253
Shanghai Mulian Woodworking Machinery Co., Ltd.······253
Shenyang Band Saw Machine Co., Ltd., ······261
Shunde District Lunjiao Fengrui Woodworking Tools and Assecceries Store······270
Shunde Lunjiao Jindi Woodworking Factory······270
Shunde District Lunjiao Jiufengheng Mechanical & Electrical Firm······271
Shunde Zhuohuafeng Machinery Co., Ltd. ······275
Sichuan Linfeng Bamboo & Wood Machinery Co., Ltd. ······276
Wearmer Woodworking Machinery Co.,Ltd.······283
Gonghua Agri–Forestry Machinery Manufacturing Co., Ltd.······290
Xinbiao Metals Co., Ltd.······299
YuanHeng Ind. & Trade Co., Ltd.······311
Liangfeng Bamboo & Wood Machine Component Supply Department······312
China National Forestry Machinery Shanghai Co., Ltd.······321
China Forestry Machinery Guangzhou Co., Ltd.······322

Wood–Based Panel Machinery

1. Plywood Equipment

1.1 Plywood Production Equipment

Anji Yukang Machinery Co., Ltd.······14
Beijing Riverland S&T Co., Ltd.······19
Foma Zhenfa (Beijing) New Energy Technology Co., Ltd.······89
Sansen Machinery Co., Ltd.······91
Harbin Forestry Machinery Plant······111
Hebei Shuntong Mechanical Manufacturing Co., Ltd.······119
Jinan Jaya International Trade and Development Co., Ltd······130
Jiangxi Changda Sanji Science&Technology Co., Ltd.······144
Jiangxi Shanggao Zhenhong Machinery Co., Ltd.······144
Kunshan Dahua Wood–Based Panel Machinery Manufacturing Co., Ltd.······155
Kunshan Yunling Man–made Board Machinery Co.Ltd., P.R.China ······158

廊坊金兰人造板机械有限公司……160
临沂市翔鹰机械制造有限公司……165
临沂市新天力机械有限公司……165
临沂振邦国际贸易有限公司……166
青岛鑫光正机械设备集团有限公司……228
山东百圣源集团有限公司……243
上海福马木工机械设备有限公司……249
苏州市华翔木业机械有限公司……281
泰州精刃机械有限公司……286
万华生态板业股份有限公司……290
无锡市豪象机械有限公司……296
徐州凯林木业机械厂……303
盐城轻通机械有限公司……306

1.2 剥皮机
江苏保龙机电制造有限公司……136
江苏大唐机械有限公司……138
镇江中福马机械有限公司……318

1.3 旋切机
东台市巨轮木工机械有限责任公司……45
福州三森机械有限公司……91
河北九顺机械制造有限公司……119
河北瑞福祥机械制造有限公司……120
江苏龙在田机械有限公司……141
江西昌大三机科技有限公司……144
江西昌大三机中兴木工机械有限公司……144
江西上高县振宏机械有限公司……145
江西星达机械有限公司……146
快奥金和机械有限公司……153
昆山市永茂机械制造有限公司……157
山东省费县金轮机械厂……245
威海齐全木工机械有限公司……292
盐城轻通机械有限公司……306

1.4 刨切机
北京联中联木工机械有限公司……23
大连经济技术开发区森港机械刀片有限公司……41
马鞍山市环球机械刀片有限公司……171
青岛德众伟业机械有限公司……190
青岛豪中豪木工机械有限责任公司……196
青岛恒润祥木工机械有限公司……198
上海爱凯思机械刀片有限公司……248
顺德区仲达贸易有限公司……274
四川省青城机械有限公司……277

1.5 卷板机
东台市巨轮木工机械有限责任公司……45
江西上高县振宏机械有限公司……145

1.6 剪板机（剪切机）
东台市巨轮木工机械有限责任公司……45
福州三森机械有限公司……91
江苏龙在田机械有限公司……141
江西上高县振宏机械有限公司……145
昆山市永茂机械制造有限公司……157
青岛豪中豪木工机械有限责任公司……196
青岛吉隆昌机械设备有限公司……203
青岛健隆机械有限公司……205
青岛金三木木工机械有限公司……207
青岛金盛林木工机械有限公司……208
青岛山水机械设备有限公司……217
青岛西城伟业机械设备有限公司……227
青岛永旺机械设备有限公司……234
青岛驭顺机械设备有限公司……235
上海爱凯思机械刀片有限公司……248

1.7 干燥机（含其他板种干燥机）
常熟市翔鹰人造板机器制造有限公司……31

Langfang Jinlan Man-made Board Machinery Co., Ltd.······160
Linyi Xiangying Machinery Manufacturing Co., Ltd.······165
Linyi Xintianli Machinery Co., Ltd.······165
Linyi Woodchian Trading Co., Ltd. ······166
Qingdao Xinguangzheng Machinery Group Co., Ltd.······228
Shandong Baishengyuan Group Co., Ltd.······243
Shanghai Fuma Woodworking M&E Co., Ltd.······249
Suzhou Huaxiang Woodworking Machinery Co., Ltd.······280
Taizhou Jingren Machinery Co., Ltd.······286
Wanhua Ecoboard Co., Ltd.······290
Haoxiang Machinery Co., Ltd.······296
Xuzhou Kailin Wood Machinery Factory······303
Yancheng Qingtong Machinery Co., Ltd.······306

1.2 Peeling Machine
Jiangsu Baolong Electromechanical Manufacturing Co., Ltd.······136
Jiangsu Datang Machinery Co., Ltd.······138
Zhenjiang Zhongfoma Machinery Co., Ltd.······318

1.3 Veneer Lathe
Dongtai Julun Woodworking Machinery Co., Ltd.······45
Sansen Machinery Co., Ltd.······91
Hebei Shuntong Mechanical Manufacturing Co., Ltd.······119
Hebei Ruifuxiang Machinery Manufacturing Co., Ltd.······120
Jiangsu Longzaitian Machinery Co.,Ltd.······141
Jiangxi Changda Sanji Science&Technology Co., Ltd.······144
Jiangxi Zhongxing Woodworking Machinery Co., Ltd.······144
Jiangxi Shanggao Zhenhong Machinery Co., Ltd.······145
Jiangxi Xingda Machine Co., Ltd.······146
Jinhe Wood Machinery Factory ······153
Kunshan Yongmao Machinery Make Co., Ltd.······157
Shandong Feixian Gold Tum Machinery Plant······245
Weihai Qiquan Woodworking Machinery Co., Ltd.······292
Yancheng Qingtong Machinery Co., Ltd.······301

1.4 Veneer Slicer
Beijing Lianzhonglian Woodworking Machinery Co., Ltd.······23
Dalian ETDZ Sengang Machinery Blade Co., Ltd.······41
Ma' anshan Huanqiu Machinery Blade Co., Ltd.······171
Qingdao Dawnsun Weiye Machinery Co., Ltd.······190
Qingdao Haozhonghao Woodworking Machinery Co., Ltd. ······196
Qingdao Hengrunxiang Woodworking Machinery Co., Ltd.······198
Shanghai IKS Mechanical Blade Co., Ltd.······248
Shunde Zhongda Trade Co., Ltd.······274
Sichuan Qingcheng Machinery Co., Ltd.······277

1.5 Lapping Machine
Dongtai Julun Woodworking Machinery Co., Ltd.······45
Jiangxi Shanggao Zhenhong Machinery Co., Ltd.······145

1.6 Guillotine Shear
Dongtai Julun Woodworking Machinery Co., Ltd.······45
Sansen Machinery Co., Ltd.······91
Jiangsu Longzaitian Machinery Co.,Ltd.······141
Jiangxi Shanggao Zhenhong Machinery Co., Ltd.······145
Kunshan Yongmao Machinery Make Co., Ltd.······157
Qingdao Haozhonghao Woodworking Machinery Co., Ltd. ······196
Qingdao Jilongchang Woodworking Machine Co., Ltd.······203
Qingdao Jianlong Machinery Co., Ltd.······205
Qingdao Jinsanmu Woodworking Machinery Co., Ltd.······207
Qingdao Jinshenglin Woodworking Machinery Co., Ltd.······208
Qingdao Shanshui Machine Facility Co., Ltd.······217
Qingdao Xicheng Weiye Machinery Equipment Co., Ltd.······227
Qingdao Yongwang Machinery & Equipment Co., Ltd.······234
Qingdao Yushun Machinery & Equipment Co., Ltd.······235
Shanghai IKS Mechanical Blade Co., Ltd.······248

1.7 Drying Machine
Changshu Xiangying Wood Based Panel Machinery Factory ······31

常熟市兴力恒木业机械有限公司……32
桂林华德机械设备有限公司……102
哈尔滨中意干燥设备制造有限公司……116
江苏龙在田机械有限公司……141
南通四通林业机械制造安装有限公司……183
南通新世纪机电有限公司……183
上海秋林机械有限公司/山西秋林机械有限公司……254
苏州林机冷热交换器厂……280
苏州林业机械厂有限公司……280
苏州市华翔木业机械有限公司……281
盐城轻通机械有限公司……306
中国林业科学研究院木材工业研究所……323

1.8 拼板机（拼缝机）
广州市番禺铁哥机械制造厂……101
溧阳平陵林机有限公司……162
青岛健隆机械有限公司……205
青岛顺鑫伟业机械有限公司……221
上海秋林机械有限公司/山西秋林机械有限公司……254

1.9 涂胶机
常熟市翔鹰人造板机器制造有限公司……31
广州市番禺铁哥机械制造厂……101
豪派［中国］机械……118
江苏龙在田机械有限公司……141
青岛健隆机械有限公司……205
山东省费县金轮机械厂……245
苏州市华翔木业机械有限公司……281

1.10 剪切刀片刃磨床
江西昌大三机科技有限公司……144
江西昌大三机中兴木工机械有限公司……144

1.11砂光机
青岛健隆机械有限公司……205
上海捷成企业管理集团有限公司……250
苏州苏福马机械有限公司……282

2 刨花板设备
2.1 刨花板设备
北方重工集团有限公司工程成套分公司……17
北京泛欧瑞得科技有限公司……19
成都立诚机械有限公司……35
成都玉成机器制造有限公司……37
敦化市亚联机械制造有限公司……47
佛山市顺德区添龙木业有限公司……72
福建中福实业股份有限公司……88
福马振发（北京）新能源科技有限公司……89
广州威恒机械有限公司……102
哈尔滨林业机械厂……111
哈尔滨兴林伟业人造板设备有限公司……114
江苏保龙机电制造有限公司……136
江苏青山机械有限公司……142
昆明人造板机器厂……154
昆山大华机器制造有限公司……155
昆山云岭人造板机械有限公司……158
廊坊金兰人造板机械有限公司……160
临沂市翔鹰机械制造有限公司……165
临沂市新天力机械有限公司……165
临沂兴腾人造板机械有限公司……166
临沂振邦国际贸易有限公司……166
洛阳人造板厂……170
青岛国森机械有限公司……192
三门峡亿龙机械装备有限公司……242
上海黄海磨片有限公司……250
上海人造板机器厂有限公司……254
石家庄市新华方元机电设备厂……266
四川东华机械集团有限公司……276
苏州康威机电有限公司……279

Changshu Xingliheng Wood Machinery Co., Ltd. 32
Guilin Huade Mechanical Equipment Co., Ltd. 102
Harbin Zhongyi Wood-drying Equipment Co., Ltd. 116
Jiangsu Longzaitian Machinery Co.,Ltd. 141
NTST Forestry Machine Manufacture Installation Co., Ltd. 183
Nantong New Century ME Co., Ltd. 183
Shanghai Qiulin Machinery Co., Ltd./ Shanxi Qiulin Machinery Co., Ltd. 254
Suzhou Linji Cool-heat Exchanger Factory 280
Suzhou Forestry Machinery Factory Co., Ltd. 280
Suzhou Huaxiang Woodworking Machinery Co., Ltd. 281
Yancheng Qingtong Machinery Co., Ltd. 306
Research Institute of Wood Industry, Chinese Academy of Forestry 323

1.8 Puzzle Machine

Guangzhou Panyu Tiege Machinery Manufacturing Co., Ltd. 101
Liyang Pingling Forestry Machinery Co., Ltd. 162
Qingdao Jianlong Machinery Co., Ltd. 205
Qingdao Shunxin Weiye Machinery Co., Ltd. 221
Shanghai Qiulin Machinery Co., Ltd./ Shanxi Qiulin Machinery Co., Ltd. 254

1.9 Spreading Machine

Changshu Xiangying Wood Based Panel Machinery Factory 31
Guangzhou Panyu Tiege Machinery Manufacturing Co., Ltd. 101
Haopao (China) Machinery Co., Ltd. 118
Jiangsu Longzaitian Machinery Co.,Ltd. 141
Qingdao Jianlong Machinery Co., Ltd. 205
Shandong Feixian Gold Tum Machinery Plant 245
Suzhou Huaxiang Woodworking Machinery Co., Ltd. 281

1.10 Shear Cutting Blade Sharpening Grinding Machine

Jiangxi Changda Sanji Science&Technology Co., Ltd. 144
Jiangxi Zhongxing Woodworking Machinery Co., Ltd. 141

1.11 Sanding Machine

Qingdao Jianlong Machinery Co., Ltd. 205
Shanghai Jiecheng Group Co., Ltd. 250
Suzhou Sufoma Machinery Co., Ltd. 282

2. Particleboard Equipment

2.1Particleboard Equipment

Northen Heavy Industries Group Co., Ltd. EPC Company 17
Beijing Riverland S&T Co., Ltd. 19
Chengdu Licheng Machinery Co., Ltd. 35
Chengdu Yucheng Machinery Manufacturing Co., Ltd. 37
Yalian Machinery Manufacturing Co., Ltd. 47
Foshan TianLong Woodworking Co., Ltd. 72
Fujian Zhongfu Industrial Co., Ltd. 88
Foma Zhenfa (Beijing) New Energy Technology Co., Ltd. 89
Guangzhou Weiheng Machinery Co., Ltd. 102
Harbin Forestry Machinery Plant 111
Harbin Xinglinweiye Panel Equipment Co., Ltd. 114
Jiangsu Baolong Electromechanical Manufacturing Co., Ltd. 136
Jiangsu Qingshan Machinery Co., Ltd. 142
Kunming Wood Based Panel Machinery Plant 154
Kunshan Dahua Wood-Based Panel Machinery Manufacturing Co., Ltd. 155
Kunshan Yunling Man-made Board Machinery Co.Ltd., P.R.China 158
Langfang Jinlan Man-made Board Machinery Co., Ltd. 160
Linyi Xiangying Machinery Manufacturing Co., Ltd. 165
Linyi Xintianli Machinery Co., Ltd. 165
Linyi Xingteng Wood-based Panel Machinery Co., Ltd. 166
Linyi Woodchian Trading Co., Ltd. 166
Luoyang Wood-Based Panel Factory 170
Qingdao Guosen Machinery Co., Ltd. 192
Sanmenxia Yilong Machinery Co., Ltd. 242
Shanghai Huanghai Grinding Pieces Co., Ltd. 250
Shanghai Wood-based Panel Machinery Co., Ltd. 254
Shijiazhuang Xinhua Fangyuan Electromechanical Equipment Co., Ltd. 266
Sichuan Donghua Machinery Group Co., Ltd. 276
Suzhou Kingway Mechanical & Electrial Equipment Co., Ltd. 279

苏州林业机械厂有限公司……280
苏州苏福马机械有限公司……282
万华生态板业股份有限公司……290
信阳合众人造板机械有限公司……301
盐城轻通机械有限公司……306

2.2 石膏刨花板生产设备
万华生态板业股份有限公司……290

2.3 水泥刨花板生产设备
福马振发（北京）新能源科技有限公司……89
哈尔滨林业机械厂……111
万华生态板业股份有限公司……290

2.4 定向刨花板生产设备
北方重工集团有限公司工程成套分公司……17
哈尔滨兴林伟业人造板设备有限公司……114
黑龙江盛合机电设备有限公司……123
昆明人造板机器厂……154
三门峡亿龙机械装备有限公司……242
万华生态板业股份有限公司……290

2.5 辊铺装机
哈尔滨兴林伟业人造板设备有限公司……114

2.6 刨花板磨片
上海黄海磨片有限公司……250

3 纤维板设备
3.1 纤维板生产设备（含造纸设备）
北方重工集团有限公司工程成套分公司……17
北京泛欧瑞得科技有限公司……19
成都立诚机械有限公司……35
成都玉成机器制造有限公司……37
东北林业大学林业与木工机械工程技术中心……43
福建中福实业股份有限公司……88
哈尔滨林业机械厂……111
哈尔滨兴林伟业人造板设备有限公司……114
临沂兴腾人造板机械有限公司……166
上海黄海磨片有限公司……250
上海捷成企业管理集团有限公司……250
上海人造板机器厂有限公司……254
石家庄市新华方元机电设备厂……266
四川东华机械集团有限公司……276
苏州林机冷热交换器厂……280
苏州苏福马机械有限公司……282
万华生态板业股份有限公司……290
镇江中福马机械有限公司……318

3.2 中密度纤维板生产设备
北京泛欧瑞得科技有限公司……20
成都立诚机械有限公司……35
哈尔滨兴林伟业人造板设备有限公司……114
上海黄海磨片有限公司……250
上海捷成企业管理集团有限公司……250
上海人造板机器厂有限公司……254
石家庄市新华方元机电设备厂……266
苏州林机冷热交换器厂……280
万华生态板业股份有限公司……290

3.3 高密度纤维板生产设备
北方重工集团有限公司工程成套分公司……17
福建中福实业股份有限公司……88
哈尔滨林业机械厂……111
苏州苏福马机械有限公司……282

3.4 热磨机
上海捷成企业管理集团有限公司……250
上海人造板机器厂有限公司……254
四川东华机械集团有限公司……276

Suzhou Forestry Machinery Factory Co., Ltd.······280
Suzhou Sufoma Machinery Co., Ltd.······282
Wanhua Ecoboard Co., Ltd.······290
Xinyang Hezhong Panel Machinery Co., Ltd······301
Yancheng Qingtong Machinery Co., Ltd.······306

2.2 Plaster Particleboard Production
Wanhua Ecoboard Co., Ltd.······290

2.3 Cement Particleboard Production Equipment
Foma Zhenfa (Beijing) New Energy Technology Co., Ltd.······89
Harbin Forestry Machinery Plant······111
Wanhua Ecoboard Co., Ltd.······290

2.4 OSB Production Line
Northen Heavy Industries Group Co., Ltd. EPC Company······17
Harbin Xinglinweiye Panel Equipment Co., Ltd.······114
Heilongjiang Sinohope Mechanical and Electrical Equipment Co., Ltd.······123
Kunming Wood Based Panel Machinery Plant······154
Sanmenxia Yilong Machinery Co., Ltd.······242
Wanhua Ecoboard Co., Ltd.······290

2.5 Roll Forming Machine
Harbin Xinglinweiye Panel Equipment Co., Ltd.······114

2.6 Particleboard Grinding Machine
Shanghai Huanghai Grinding Pieces Co., Ltd.······250

3. Fiberboard Equipment
3.1 Fiberboard Equipment (Including Papermaking Equipment)
Northen Heavy Industries Group Co., Ltd. EPC Company······17
Beijing Riverland S&T Co., Ltd.······19
Chengdu Licheng Machinery Co., Ltd.······35
Chengdu Yucheng Machinery Manufacturing Co., Ltd.······37
Forestry and Woodworking Machinery Engineering Center of Northeast Forestry University······43
Fujian Zhongfu Industrial Co., Ltd.······88
Harbin Forestry Machinery Plant······111
Harbin Xinglinweiye Panel Equipment Co., Ltd.······114
Linyi Xingteng Wood-based Panel Machinery Co., Ltd. ······166
Shanghai Huanghai Grinding Pieces Co., Ltd.······250
Shanghai Jiecheng Group Co., Ltd.······250
Shanghai Wood-based Panel Machinery Co., Ltd.······254
Shijiazhuang Xinhua Fangyuan Electromechanical Equipment Co., Ltd.······266
Sichuan Donghua Machinery Group Co., Ltd.······276
Suzhou Linji Cool-heat Exchanger Factory······280
Suzhou Sufoma Machinery Co., Ltd.······282
Wanhua Ecoboard Co., Ltd.······290
Zhenjiang Zhongfoma Machinery Co., Ltd. ······318

3.2 MDF Production Equipment
Beijing Riverland S&T Co., Ltd.······19
Chengdu Licheng Machinery Co., Ltd.······35
Harbin Xinglinweiye Panel Equipment Co., Ltd.······114
Shanghai Huanghai Grinding Pieces Co., Ltd.······250
Shanghai Jiecheng Group Co., Ltd.······250
Shanghai Wood-based Panel Machinery Co., Ltd.······254
Shijiazhuang Xinhua Fangyuan Electromechanical Equipment Co., Ltd.······266
Suzhou Linji Cool-heat Exchanger Factory······280
Wanhua Ecoboard Co., Ltd.······290

3.3 HDF Production Equipment
Northen Heavy Industries Group Co., Ltd. EPC Company······17
Fujian Zhongfu Industrial Co., Ltd.······88
Harbin Forestry Machinery Plant······111
Suzhou Sufoma Machinery Co., Ltd.······282

3.4 Thermofiner
Shanghai Jiecheng Group Co., Ltd.······250
Shanghai Wood-based Panel Machinery Co., Ltd.······254
Sichuan Donghua Machinery Group Co., Ltd.······276

镇江中福马机械有限公司……318

3.5施胶系统
哈尔滨兴林伟业人造板设备有限公司……114

3.6板坯表面喷水系统
哈尔滨兴林伟业人造板设备有限公司……114

3.7造纸设备
江苏保龙机电制造有限公司……136
江苏维美轻工机械有限公司……143
上海黄海磨片有限公司……250

3.8 磨片
上海黄海磨片有限公司……250

4 人造板二次加工设备
4.1 人造板二次加工设备
广州市番禺铁哥机械制造厂……101
哈尔滨林业机械厂……111
豪派［中国］机械……118
廊坊金兰人造板机械有限公司……160
临沂市翔鹰机械制造有限公司……165
南通凯迪自动机械有限公司……181
青岛鑫光正机械设备集团有限公司……228
上海秋林机械有限公司/山西秋林机械有限公司……254
上海人造板机器厂有限公司……254
苏州康威机电有限公司……279
苏州市华翔木业机械有限公司……281
苏州苏福马机械有限公司……282
苏州伍得人造板设备有限公司……283
苏州新协力集团有限公司……284
万华生态板业股份有限公司……290
温康纳(常州)机械制造有限公司……230
徐州凯林木业机械厂……303
盐城轻通机械有限公司……306

4.2 木皮贴面成套设备
豪派［中国］机械……118

4.3 浸渍机械设备
南通四通林业机械制造安装有限公司……183

4.4 贴纸机
佛山市南海区盐步嘉欣荣机械厂（源盛）……50
广州市番禺铁哥机械制造厂……101
豪派［中国］机械……118

4.5 贴面纸浸渍干燥机械
南通凯迪自动机械有限公司……181

4.6 锯边机
常熟市翔鹰人造板机器制造有限公司……31
江苏龙在田机械有限公司……141
苏州林业机械厂有限公司……280

4.9 实木复合地板胶压线
昆山大华机器制造有限公司……155
昆山云岭人造板机械有限公司……158

5 防火板生产设备
昆山大华机器制造有限公司……158
昆山云岭人造板机械有限公司……158
南通凯迪自动机械有限公司……181
南通新世纪机电有限公司……183
青岛豪达豪木业机械制造有限公司……194
青岛威尔特自动化设备技术有限公司……226
青岛鑫光正机械设备集团有限公司……228
上海人造板机器厂有限公司……254
苏州康威机电有限公司……279
苏州市华翔木业机械有限公司……281

Zhenjiang Zhongfoma Machinery Co., Ltd. ···· 318

3.5 Glue Mixing And Dosing System
Harbin Xinglinweiye Panel Equipment Co., Ltd. ···· 114

3.6 Panel Surface Watering System
Harbin Xinglinweiye Panel Equipment Co., Ltd. ···· 114

3.7 Papermaking Equipment
Jiangsu Baolong Electromechanical Manufacturing Co., Ltd. ···· 136
Jiangsu Weimei Light Industry Machinery Co., Ltd. ···· 143
Shanghai Huanghai Grinding Pieces Co., Ltd. ···· 250

3.8 Microspecimen
Shanghai Huanghai Grinding Pieces Co., Ltd. ···· 250

4. Wood–Based Panel Processing Equipment
4.1 Wood–Based Panel Processing Equipment
Guangzhou Panyu Tiege Machinery Manufacturing Co., Ltd. ···· 101
Harbin Forestry Machinery Plant ···· 111
Haopao (China) Machinery Co., Ltd. ···· 118
Langfang Jinlan Man–made Board Machinery Co., Ltd. ···· 160
Linyi Xiangying Machinery Manufacturing Co., Ltd. ···· 165
Nantong KD Automatic Machinery Co., Ltd. ···· 181
Qingdao Xinguangzheng Machinery Group Co., Ltd. ···· 228
Shanghai Qiulin Machinery Co., Ltd./ Shanxi Qiulin Machinery Co., Ltd. ···· 254
Shanghai Wood–based Panel Machinery Co., Ltd. ···· 254
Suzhou Kingway Mechanical & Electrial Equipment Co., Ltd. ···· 279
Suzhou Huaxiang Woodworking Machinery Co., Ltd. ···· 281
Suzhou Sufoma Machinery Co., Ltd. ···· 282
Suzhou Wude Wood–based Panel Machinery Co., Ltd. ···· 283
Xinxieli (Suzhou) Group Co., Ltd. ···· 284
Wanhua Ecoboard Co., Ltd. ···· 290
Wemhoener (Changzhou) Machineery Manufacturing Co., Ltd. ···· 293
Xuzhou Kailin Wood Machinery Factory ···· 303
Yancheng Qingtong Machinery Co., Ltd. ···· 306

4.2 Veneer Line
Haopao (China) Machinery Co., Ltd. ···· 118

4.3 Impregnation Equipment
NTST Forestry Machine Manufacture Installation Co., Ltd. ···· 183

4.4 Sticker Machine
Foshan Nanhai Yanbu Jiaxinrong Machinery Factory ···· 50
Guangzhou Panyu Tiege Machinery Manufacturing Co., Ltd. ···· 101
Haopao (China) Machinery Co., Ltd. ···· 118

4.5 Overlay Paper Impregnated Drying Machine
Nantong KD Automatic Machinery Co., Ltd. ···· 181

4.6 Edge Sawing Machine
Changshu Xiangying Wood Based Panel Machinery Factory ···· 31
Jiangsu Longzaitian Machinery Co.,Ltd. ···· 141
Suzhou Forestry Machinery Factory Co., Ltd. ···· 280

4.7 Floor Gluing Pressing Line
Kunshan Dahua Wood–Based Panel Machinery Manufacturing Co., Ltd. ···· 155
Kunshan Yunling Man–made Board Machinery Co.Ltd., P.R.China ···· 158

5. Firewood Panel Production Line
Kunshan Dahua Wood–Based Panel Machinery Manufacturing Co., Ltd. ···· 155
Kunshan Yunling Man–made Board Machinery Co.Ltd., P.R.China ···· 158
Nantong KD Automatic Machinery Co., Ltd. ···· 181
Nantong New Century ME Co., Ltd. ···· 183
Qingdao Jimo Haodahao Woodworking Machinery Manufacturing Co., Ltd. ···· 194
Qingdao Welter Automated Machinery Co., Ltd. ···· 226
Qingdao Xinguangzheng Machinery Group Co., Ltd. ···· 228
Shanghai Wood–based Panel Machinery Co., Ltd. ···· 254
Suzhou Kingway Mechanical & Electrial Equipment Co., Ltd. ···· 279
Suzhou Huaxiang Woodworking Machinery Co., Ltd. ···· 281

苏州新协力集团有限公司……284

6 人造板压机（含压板、模板）

6.1 热压机

成都立诚机械有限公司……35
哈尔滨林业机械厂……111
豪派［中国］机械……118
江苏龙在田机械有限公司……141
昆山市申花热压板厂……157
昆山市永茂机械制造有限公司……157
临沂市翔鹰机械制造有限公司……165
南通新世纪机电有限公司……183
青岛健隆机械有限公司……205
青岛鑫光正机械设备集团有限公司……228
上海捷成企业管理集团有限公司……250
四川东华机械集团有限公司……276
苏州康威机电有限公司……279
苏州林业机械厂有限公司……280
苏州市华翔木业机械有限公司……281
苏州伍得人造板设备有限公司……283
无锡柯玛不锈钢板业有限公司……296
盐城轻通机械有限公司……306

6.2 连续平压热压机

敦化市亚联机械制造有限公司……47
三门峡亿龙机械装备有限公司……242
上海捷成企业管理集团有限公司……250
上海人造板机器厂有限公司……254
中国福马机械集团有限公司……321

6.3 辊压机

敦化市亚联机械制造有限公司……47

6.4 贴面压机

豪派［中国］机械……118
临沂市翔鹰机械制造有限公司……165
上海秋林机械有限公司/山西秋林机械有限公司……254
苏州康威机电有限公司……279
温康纳(常州)机械制造有限公司……293

6.5 冷压机

成都立诚机械有限公司……35
豪派［中国］机械……118
江苏龙在田机械有限公司……141
昆山市永茂机械制造有限公司……157
青岛健隆机械有限公司……205
青岛鑫光正机械设备集团有限公司……228
山东省费县金轮机械厂……245
四川东华机械集团有限公司……276
苏州市华翔木业机械有限公司……281

6.6 绝缘板成型压机

上海秋林机械有限公司/山西秋林机械有限公司……254

6.7 蜂窝板成型压机、聚氨酯发泡成型压机

上海秋林机械有限公司/山西秋林机械有限公司……254

6.8 预压机

豪派［中国］机械……118

6.9 热压板

昆山申昆热压板有限公司……155
昆山市金茂热压板制造有限公司……156
昆山市润丰热压板有限公司……156
昆山市申花热压板厂……157
昆山市永茂机械制造有限公司……157

6.10 压机模板

南通新世纪机电有限公司……183
无锡柯玛不锈钢板业有限公司……296

Xinxieli (Suzhou) Group Co., Ltd. ········ 284

6. Panel Press

6.1 Hot Press

Chengdu Licheng Machinery Co., Ltd. ········ 35
Harbin Forestry Machinery Plant ········ 111
Haopao (China) Machinery Co., Ltd. ········ 118
Jiangsu Longzaitian Machinery Co.,Ltd. ········ 141
Kunshan Shenhua Hot Pressing Plate Factory ········ 157
Kunshan Yongmao Machinery Make Co., Ltd. ········ 157
Linyi Xiangying Machinery Manufacturing Co., Ltd. ········ 165
Nantong New Century ME Co., Ltd. ········ 183
Qingdao Jianlong Machinery Co., Ltd. ········ 205
Qingdao Xinguangzheng Machinery Group Co., Ltd. ········ 228
Shanghai Jiecheng Group Co., Ltd. ········ 250
Sichuan Donghua Machinery Group Co., Ltd. ········ 276
Suzhou Kingway Mechanical & Electrial Equipment Co., Ltd. ········ 279
Suzhou Forestry Machinery Factory Co., Ltd. ········ 280
Suzhou Huaxiang Woodworking Machinery Co., Ltd. ········ 281
Suzhou Wude Wood-based Panel Machinery Co., Ltd. ········ 283
Wuxi Kemar Stainless Steel Plate treatment Co., Ltd. ········ 296
Yancheng Qingtong Machinery Co., Ltd. ········ 306

6.2 Continuous Hot Press

Yalian Machinery Manufacturing Co., Ltd. ········ 47
Sanmenxia Yilong Machinery Co., Ltd. ········ 242
Shanghai Jiecheng Group Co., Ltd. ········ 250
Shanghai Wood-based Panel Machinery Co., Ltd. ········ 254
China Foma (Group) Co., Ltd. ········ 321

6.3 Roller Press

Yalian Machinery Manufacturing Co., Ltd. ········ 47

6.4 Laminating Machine

Haopao (China) Machinery Co., Ltd. ········ 118
Linyi Xiangying Machinery Manufacturing Co., Ltd. ········ 165
Shanghai Qiulin Machinery Co., Ltd./ Shanxi Qiulin Machinery Co., Ltd. ········ 254
Suzhou Kingway Mechanical & Electrial Equipment Co., Ltd. ········ 279
Wemhoener (Changzhou) Machineery Manufacturing Co., Ltd. ········ 293

6.5 Cold Press

Chengdu Licheng Machinery Co., Ltd. ········ 35
Haopao (China) Machinery Co., Ltd. ········ 118
Jiangsu Longzaitian Machinery Co.,Ltd. ········ 141
Kunshan Yongmao Machinery Make Co., Ltd. ········ 157
Qingdao Jianlong Machinery Co., Ltd. ········ 205
Qingdao Xinguangzheng Machinery Group Co., Ltd. ········ 228
Shandong Feixian Gold Tum Machinery Plant ········ 245
Sichuan Donghua Machinery Group Co., Ltd. ········ 276
Suzhou Huaxiang Woodworking Machinery Co., Ltd. ········ 281

6.6 Insulating Board Framing Press

Shanghai Qiulin Machinery Co., Ltd./ Shanxi Qiulin Machinery Co., Ltd. ········ 254

6.7 Honeycomb Board Framing Press, Polyurethane Blowing Framing Press

Shanghai Qiulin Machinery Co., Ltd./ Shanxi Qiulin Machinery Co., Ltd. ········ 254

6.8 Preforming Press

Haopao (China) Machinery Co., Ltd. ········ 118

6.9 Hot Pressboard

Kunshan Shenkun Hot Pressboard Co., Ltd. ········ 155
Kunshan Jinmao Reyaban Manufacturing Co., Ltd. ········ 156
Kunshan City Runfeng Hot Pressboard Co., Ltd. ········ 156
Kunshan Shenhua Hot Pressing Plate Factory ········ 157
Kunshan Yongmao Machinery Make Co., Ltd. ········ 157

6.10 Press Template

Nantong New Century ME Co., Ltd. ········ 183
Wuxi Kemar Stainless Steel Plate treatment Co., Ltd. ········ 296

6.11 三向竹地板压机
青岛鑫光正机械设备集团有限公司……228

6.12 三向弯曲木压机
青岛鑫光正机械设备集团有限公司……228

6.13 木门压机系列
上海秋林机械有限公司/山西秋林机械有限公司……254

7 木片生产设备
7.1 木片生产设备
镇江中福马机械有限公司……318

7.2 削片机
江苏保龙机电制造有限公司……136
江苏大唐机械有限公司……138
江苏维美轻工机械有限公司……143
镇江中福马机械有限公司……318

7.3 剥皮机
江苏保龙机电制造有限公司……136
江苏大唐机械有限公司……138
镇江中福马机械有限公司……318

7.4 刨片机
江苏保龙机电制造有限公司……136
江苏大唐机械有限公司……138
镇江中福马机械有限公司……316

7.5 打磨机
江苏保龙机电制造有限公司……136
江苏大唐机械有限公司……138
镇江中福马机械有限公司……316

7.6 木片水洗设备
桂林正东机械制造有限公司……103
江苏大唐机械有限公司……138

7.7 木片摇筛
江苏保龙机电制造有限公司……136
镇江中福马机械有限公司……318

7.8 再碎机
江苏保龙机电制造有限公司……136
江苏维美轻工机械有限公司……143

7.9 碎木机
桂林华德机械设备有限公司……102

8 其他人造板设备（含配件、辅料）
8.1 细木工板生产设备
安吉宇康机械有限公司……14
豪派［中国］机械……118
昆山大华机器制造有限公司……155
昆山云岭人造板机械有限公司……158
青岛恒春木工机械厂……197
上海福马木工机械设备有限公司……249
四川省青城机械有限公司……277
徐州凯林木业机械厂……303
盐城轻通机械有限公司……306

8.2 数控定心机
东北林业大学林业与木工机械工程技术中心……43

8.3 装卸板机
苏州市华翔木业机械有限公司……281

8.4 升降台
豪派［中国］机械……118
苏州林业机械厂有限公司……280
苏州市华翔木业机械有限公司……281

6.11 Three-Dimensional Bamboo Floor Press
Qingdao Xinguangzheng Machinery Group Co., Ltd. ······ 228
6.12 Three-Dimensional Bending Solid Wood Press
Qingdao Xinguangzheng Machinery Group Co., Ltd. ······ 228
6.13 Wood Door Press
Shanghai Qiulin Machinery Co., Ltd./ Shanxi Qiulin Machinery Co., Ltd. ······ 254
7. Woodchip Production Equipment
7.1 Woodchip Production Equipment
Zhenjiang Zhongfoma Machinery Co., Ltd. ······ 318
7.2 Shaving Machine
Jiangsu Baolong Electromechanical Manufacturing Co., Ltd. ······ 136
Jiangsu Datang Machinery Co., Ltd. ······ 138
Jiangsu Weimei Light Industry Machinery Co., Ltd. ······ 143
Zhenjiang Zhongfoma Machinery Co., Ltd. ······ 318
7.3 Peeling Machine
Jiangsu Baolong Electromechanical Manufacturing Co., Ltd. ······ 136
Jiangsu Datang Machinery Co., Ltd. ······ 138
Zhenjiang Zhongfoma Machinery Co., Ltd. ······ 318
7.4 Flaking Machine
Jiangsu Baolong Electromechanical Manufacturing Co., Ltd. ······ 136
Jiangsu Datang Machinery Co., Ltd. ······ 138
Zhenjiang Zhongfoma Machinery Co., Ltd. ······ 316
7.5 Grinding Machine
Jiangsu Baolong Electromechanical Manufacturing Co., Ltd. ······ 136
Jiangsu Datang Machinery Co., Ltd. ······ 138
Zhenjiang Zhongfoma Machinery Co., Ltd. ······ 316
7.6 Chip Washing Machine
Guilin Zhengdong Chemical Machinery Equipment Co., Ltd. ······ 103
Jiangsu Datang Machinery Co., Ltd. ······ 138
7.7 Wood Shake Sieve
Jiangsu Baolong Electromechanical Manufacturing Co., Ltd. ······ 136
Zhenjiang Zhongfoma Machinery Co., Ltd. ······ 318
7.8 Desintegrator
Jiangsu Baolong Electromechanical Manufacturing Co., Ltd. ······ 136
Jiangsu Weimei Light Industry Machinery Co., Ltd. ······ 143
7.9 Defibrator
Guilin Huade Mechanical Equipment Co., Ltd. ······ 102
8. Other Wood-Based Panel Equipment(Including Accessory)
8.1 Blockboard Production Equipment
Anji Yukang Machinery Co., Ltd. ······ 14
Haopao (China) Machinery Co., Ltd. ······ 118
Kunshan Dahua Wood-Based Panel Machinery Manufacturing Co., Ltd. ······ 155
Kunshan Yunling Man-made Board Machinery Co.Ltd., P.R.China ······ 158
Qingdao Hengchun Woodworking Machinery Factory ······ 197
Shanghai Fuma Woodworking M&E Co., Ltd. ······ 249
Sichuan Qingcheng Machinery Co., Ltd. ······ 277
Xuzhou Kailin Wood Machinery Factory ······ 303
Yancheng Qingtong Machinery Co., Ltd. ······ 306
8.2 NC Centering Machine
Forestry and Woodworking Machinery Engineering Center of Northeast Forestry University ······ 43
8.3 Panel Loader And Unloader
Suzhou Huaxiang Woodworking Machinery Co., Ltd. ······ 281
8.4 Raising Platform
Haopao (China) Machinery Co., Ltd. ······ 118
Suzhou Forestry Machinery Factory Co., Ltd. ······ 280
Suzhou Huaxiang Woodworking Machinery Co., Ltd. ······ 281

徐州凯林木业机械厂……303

8.5 载体炉
常州新区能源设备有限公司……34

8.6 散热器、热交换器
建湖县福马林业机械配件有限公司……136
苏州林机冷热交换器厂……280
苏州林业机械厂有限公司……280

8.7 制胶、调供胶设备
桂林华德机械设备有限公司……102
桂林市东林人造板设备有限公司……103
桂林正东机械制造有限公司……103
石家庄市新华方元机电设备厂……266

8.8 甲醛、结晶锅、过滤机
桂林华德机械设备有限公司……102
桂林市东林人造板设备有限公司……103
桂林正东机械制造有限公司……103

8.9 脱脂防腐设备、搅拌机设备
桂林华德机械设备有限公司……102

8.10 卸料阀
溧阳平陵林机有限公司……162

8.11 输送机
江苏大唐机械有限公司……138

8.12 翻板机
广州市番禺铁哥机械制造厂……101

8.13 除尘设备
成都玉成机器制造有限公司……37
佛山市林丰环保设备有限公司……49
桂林华德机械设备有限公司……102
桂林市东林人造板设备有限公司……103
江苏常净环保科技有限公司……137
溧阳平陵林机有限公司……162
溧阳市中净环保机械有限公司……163
临沂市翔鹰机械制造有限公司……165
临沂兴腾人造板机械有限公司……166
南通四通林业机械制造安装有限公司……183

8.14 叠加阀、板式阀、电磁电液换向阀、插装阀
海门市液压件厂有限责任公司……117

8.15 覆铜箔板
昆山大华机器制造有限公司……155
昆山云岭人造板机械有限公司……158

8.16 模具板
昆山市金茂热压板制造有限公司……156
昆山市润丰热压板有限公司……156

8.17 压力缸
昆山市永茂机械制造有限公司……157

8.18 硫化机
昆山市金茂热压板制造有限公司……156
昆山市申花热压板厂……157
青岛鑫光正机械设备集团有限公司……228

8.19 红外水分仪
上海英雷红外水份系统科技有限公司……258

8.20 导热油
上海燕森化工有限公司……257

8.21 润滑油、液压油
上海森帝润滑技术有限公司……255

Xuzhou Kailin Wood Machinery Factory……303

8.5 Transfer Material Heater
Changzhou Xinqu Energy Equipment Co., Ltd.……34

8.6 Radiators, Heat Exchangers
Jianhu Fuma Forestry Machinery Accessories Co., Ltd.……136
Suzhou Linji Cool-heat Exchanger Factory……280
Suzhou Forestry Machinery Factory Co., Ltd.……280

8.7 Extracting Collagen, Glue Dosing Equipment
Guilin Huade Mechanical Equipment Co., Ltd.……102
Guilin Donglin Wood-based Panel Equipment Co., Ltd.……103
Guilin Zhengdong Chemical Machinery Equipment Co., Ltd.……103
Shijiazhuang Xinhua Fangyuan Electromechanical Equipment Co., Ltd.……266

8.8 Formaldehyde, Crystallization Pot Filter
Guilin Huade Mechanical Equipment Co., Ltd.……102
Guilin Donglin Wood-based Panel Equipment Co., Ltd.……103
Guilin Zhengdong Chemical Machinery Equipment Co., Ltd.……103

8.9 Degreasing Anti-Corrosion Equipment, Mixers Equipment
Guilin Huade Mechanical Equipment Co., Ltd.……102

8.10 Discharge Valve
Liyang Pingling Forestry Machinery Co., Ltd.……162

8.11 Conveyor
Jiangsu Datang Machinery Co., Ltd.……138

8.12 Panel Turnover Machine
Guangzhou Panyu Tiege Machinery Manufacturing Co., Ltd.……101

8.13 Dust Removing Equipment
Chengdu Yucheng Machinery Manufacturing Co., Ltd.……37
Foshan Linfeng Environmental Protection Equipment Co., Ltd.……49
Guilin Huade Mechanical Equipment Co., Ltd.……102
Guilin Donglin Wood-based Panel Equipment Co., Ltd.……103
Jiangsu Changjing Science & Tectnology Environmental Protection Co., Ltd. ……137
Liyang Pingling Forestry Machinery Co., Ltd.……162
Liyang Zhongjing Environment Protection Machinery Co., Ltd.……163
Linyi Xiangying Machinery Manufacturing Co., Ltd.……165
Linyi Xingteng Wood-based Panel Machinery Co., Ltd. ……166
NTST Forestry Machine Manufacture Installation Co., Ltd.……183

8.14 Modular Valves, Plate Valves, Electro-Hydraulic Solenoid Valve, Plug Valve
Haimen Hydraulic Component Factory Co., Ltd.……117

8.15 Copper-Clad Laminate
Kunshan Dahua Wood-Based Panel Machinery Manufacturing Co., Ltd.……155
Kunshan Yunling Man-made Board Machinery Co.Ltd., P.R.China ……158

8.16 Mould
Kunshan Jinmao Reyaban Manufacturing Co., Ltd.……156
Kunshan City Runfeng Hot Pressboard Co., Ltd.……156

8.17 Pressure Cylinder
Kunshan Yongmao Machinery Make Co., Ltd.……157

8.18 Vulcanizing Machine
Kunshan Jinmao Reyaban Manufacturing Co., Ltd.……156
Kunshan Shenhua Hot Pressing Plate Factory……157
Qingdao Xinguangzheng Machinery Group Co., Ltd.……228

8.19 Infrared Moisture Meter
Shanghai Infrared Moisture Technology Co., Ltd.……258

8.20 Conduction Oil
Shanghai Yansen Chemical Industry Co., Ltd.……257

8.21 Lubricating Oil, Hydraulic Oil
Shanghai Synnex Oil Technology Co., Ltd.……255

上海燕森化工有限公司……257
苏州尚合润滑油有限公司……281

8.22 人造板设备配件

江西昌大三机科技有限公司……144
江西星达机械有限公司……146
昆山市润丰热压板有限公司……156
上海琳杰林业机械有限公司……252
中国福马林业机械上海有限公司……321
中国林业机械广州公司……322

8.23 自动化设备

毕孚自动化设备贸易（上海）有限公司……29
漳州捷龙自动化技术有限公司……312

9 各种人造板

佛山市顺德区添龙木业有限公司……72
福建中福实业股份有限公司……88
江苏福马木业有限公司……139
昆明新飞林人造板有限公司……154
洛阳人造板厂……170
三门峡亿龙机械装备有限公司……242
万华生态板业股份有限公司……290

木工刀具

（圆锯片，木工带锯条，钢管锯，粉碎刀，刨刀，盘铣刀，柄铣刀，旋切刀 ，成型刀，镂铣刀，指接刀，齿轮滚刀，拉刀，铣刀片，剃齿刀，座铰刀，液压轴套，切削油）

北京豪迈永信木工机械有限公司……21
北京怡好思建筑科技发展有限公司……28
常州机械刀片有限公司……33
常州市润德工具有限公司……33
成都市壹佰刀具有限公司……36
重庆派斯克刀具制造股份有限公司……39
大连经济技术开发区森港机械刀片有限公司……41
佛山市南海永泰锯业有限公司……50
佛山市顺德区赛锐工具有限公司……71
佛山市正笙贸易有限公司……85
哈尔滨二工具科技有限责任公司木工刀具厂……109
哈尔滨工具厂第一分厂……109
哈尔滨正德科技开发有限公司……116
杭州和源精密工具有限公司……118
河南省临颍县木工机械厂……121
金石木机电工业（天津）有限公司……149
九江市长江木工机械有限公司……150
钧锐木工机械厂……151
昆明康发机械有限公司……153
蓝帜(南京)工具有限公司……160
乐成木工刀具配件……161
乐客精密工具（太仓）有限公司……161
马鞍山市环球机械刀片有限公司……171
南京锐帜机械有限公司……177
南京卓迈机械有限公司……179
青岛坚德利刀具有限公司……204
青岛西特机械制造有限公司……227
日照龙特机械刀具有限公司……239
山西省太行锯条厂……247
上海爱凯思机械刀片有限公司……248
上海戈士林业机械有限公司……249
上海金田工具有限公司……251
上海美雷带工贸有限公司……252
上海牡联木工机械有限公司……253
上海帅川（晔川）机械刀片有限公司……255
上海西普贸易发展有限公司……255
上海威加利机械刀片有限公司……256
深圳市鑫运祥精密刀具有限公司……264
顺德区伦教太皓木工机械店……276

Shanghai Yansen Chemical Industry Co., Ltd. ······ 257
Suzhou S.H Lubricants Co., Ltd. ······ 281

8.22 Wood-Based Panel Machine Accessory
Jiangxi Changda Sanji Science&Technology Co., Ltd. ······ 144
Jiangxi Xingda Machine Co., Ltd. ······ 146
Kunshan City Runfeng Hot Pressboard Co., Ltd. ······ 156
Shanghai Linjie Forestry Machinery Co., Ltd. ······ 252
China National Forestry Machinery Shanghai Co., Ltd. ······ 321
China Forestry Machinery Guangzhou Co., Ltd. ······ 322

8.23 Automation Equipment
Beckhoff (Shanghai) New Automation Technology Co., Ltd. ······ 29
Zhangzhou Jielong Automation Technology Co., Ltd. ······ 312

9. Wood-Based Panels
Foshan TianLong Woodworking Co., Ltd. ······ 72
Fujian Zhongfu Industrial Co., Ltd. ······ 88
Jiangsu Foma Wood Co., Ltd. ······ 139
Kunming Xinfeilin Wood-based Panel Co., Ltd. ······ 154
Luoyang Wood-Based Panel Factory ······ 170
Sanmenxia Yilong Machinery Co., Ltd. ······ 242
Wanhua Ecoboard Co., Ltd. ······ 290

Woodworking Blade

(Including Circular Saw Blades, Woodworking Band Saw Blades, Steel Saws, Grinding Knives, Planer, Disc Cutter, Shank Cutters, Peeling Knife, Molding Knives, Engraving Cutter, Finger-Knives, Gear Hobs, Broaches, Milling, Shaving Cutter, Reamer Seat, Hydraulic Bushings, Cutting Oil)

Beijing Haomaiyongxin Woodwork Machinery Co., Ltd ······ 21
Beijing E-house Building Science & Technology Development Co., Ltd. ······ 28
Changzhou Machinery Blade Co., Ltd. ······ 33
ChangZhou Runde Tool Co., Ltd. ······ 33
Chengdu Yibai Cutting Tools Co., Ltd. ······ 36
Chongqing PACIFICTOOL Industrial Co., Ltd. ······ 39
Dalian ETDZ Sengang Machinery Blade Co., Ltd. ······ 41
Foshan Nanhai Yongtai Saw Co., Ltd. ······ 50
Foshan Shunde Surrey Tool Co., Ltd. ······ 71
Foshan Zheng Sheng Trading Co., Ltd. ······ 85
Woodworking Blade Factory, Harbin No. 2 Tools Technology Limited Liability Company ······ 109
Harbin Instrument Factory ······ 109
Harbin Zhengde Science& Technology Development Co., Ltd. ······ 116
Hangzhou Wagen Precision Tooling Co., Ltd ······ 118
Henan Linying Woodworking Machinery Plant ······ 121
Stone-wood Machinery and Tools (Tianjin) Co., Ltd. ······ 149
Jiujiang Changjiang Woodworking Machinery Co., Ltd. ······ 150
Junrui Woodworking Machinery Factory ······ 151
Kunming Hong Fat Machinery Co., Ltd. ······ 153
Leitz Tooling Systems (Nanjing) Co., Ltd. ······ 160
Lecheng Woodworking Cutter Accessories ······ 161
LEUCO Precision Tooling (Taicang) Co., Ltd ······ 161
Ma' anshan Huanqiu Machinery Blade Co., Ltd. ······ 172
Nanjing Racetools Machine Co., Ltd. ······ 177
Nanjing Zmake Machinery Co., Ltd. ······ 179
Qingdao Jiandeli Cutting Tools Co., Ltd. ······ 204
Cater Tools Supply Inc. ······ 227
Longte Mechanical Knives Co., Ltd. ······ 239
Shanxi Province Taihang Saw Blade Factory ······ 247
Shanghai IKS Mechanical Blade Co., Ltd. ······ 248
Shanghai Geshi Forestry Machinery Co., Ltd. ······ 249
Shanghai Jintian Tool Co., Ltd. ······ 251
Shanghai Meileidai Industry & Trading Co., Ltd. ······ 252
Shanghai Mulian Woodworking Machinery Co., Ltd. ······ 253
Shanghai SAITRE Machinery Blade Co.,Ltd. ······ 255
Shanghai West Trading Development Co., Ltd. ······ 255
Shanghai Weijiali Mechanical Blade Co., Ltd. ······ 256
Shenzhen INVT Electric Co., Ltd. ······ 264
Shunde District Taihao Woodworking Machinery Store ······ 276

四川省林丰园林建设工程有限公司……276
台州市意利欧机械有限公司……287
天津林业工具厂……288
天津市凯扬达工贸有限公司……289
伟志豪木工机械有限公司……292
温州希科机器附件有限公司（新肯）……294
占雄木业工具厂……311
郑州华源超硬材料工具有限公司……319
中国林业机械哈尔滨猎枪弹具公司……323

竹材加工机械

（竹砧板，竹汁饮料，竹帘，竹地毯，竹凉席，竹筷，竹签机械，涂装设备，自动双端铣，精铣机，涂胶机，修边机，竹胶板编织机械，重竹地板成型材专用液压机,精密裁板机，干燥机，宽带砂光机，线条机，粗、精刨机，涂装机，磨刀机，刨篾机，包装机，砂光机，破竹机，拉丝机，精刨机，粗刨机，涂布机，加热流平机，芯板压(穿)线机）

安徽农业大学……3
安吉德迈竹木机械有限公司……5
安吉东山编织机械制造厂……5
安吉富康竹木机械厂……6
安吉吉泰机械有限公司……6
安吉建林机械厂……7
安吉劲马竹木机械厂……7
安吉金马竹木机械厂……8
安吉瑞源竹木机械设备厂……8
安吉天工机械有限公司……9
安吉天友竹木机械制造厂……9
安吉县德威机械有限公司……10
安吉县金通竹木机械厂……11
安吉县青达竹木刀具机械有限公司……11
木机械行业协会……12
安吉响铃竹木机械有限公司……12
安吉杏荣竹木机械制造厂……13
安吉永丰竹木刀具厂……13
安吉宇康机械有限公司……14
安吉跃武机械配件厂……14
安吉正丰竹木机械厂……15
福建农林大学……87
固安金鹏机械有限公司……92
广东省广宁县亚达实业有限公司……95
广宁龙门竹木机械设备厂……99
广宁南雄牙签机械设备专业制造厂……99
贵州东亮竹木机械制品有限公司……104
国际竹藤网络中心……104
国家林业局竹子研究开发中心……106
湖南恒盾集团有限公司……125
湖南省林业科学院……126
江西金丰竹木机械厂……145
江西省林业科学院……146
四会市风帆竹制品机械厂……278
温岭市竹木机械厂……293
西南林业大学……294
翔捷竹木机械设备有限公司……298
浙江安吉良峰竹木机械配件供应站……312
浙江安吉上锋机械制造有限公司……313
浙江顶峰机械有限公司……314
浙江华奔机械制造有限公司……314
浙江省林业科学院……315
浙江雪强竹木家居用品有限公司……315
浙江诸暨市光裕竹业有限公司……316
中南林业科技大学……326
诸暨市金竹笑武道用品有限公司……326
诸暨市顺满红竹木制品有限公司……327

Sichuan Linfeng Bamboo & Wood Machinery Co., Ltd. ······276
Taizhou Evok Machinery Co.,Ltd. ······287
Tianjin Forestry Tool Works ······288
Tianjin Kaiyangda Industry & Trading Co., Ltd. ······289
Weizhihao Machinery Co., Ltd. ······292
Wenzhou Sankq Machinery Co., Ltd. ······294
Zhanxiong Wood Tool Factory ······311
Zhengzhou Huayuan Super Hard Material Cutting Tools Co., Ltd. ······319
China Forestry Machinery Harbin Hunting Rifles and Ammunition Company ······323

Bamboo Processing Machinery

(Bamboo Boards, Bamboo Juice, Bamboo Curtain, Bamboo Carpet, Bamboo Mat, Bamboo Chopsticks, Bamboo Machinery, Painting Equipment, Automatic Double–Milling, Precision Milling Machines, Coating Machines, Trimmer, Bamboo Weaving Machinery, Bamboo Flooring Into Sections For Hydraulic Machine, Precision Panel Machine, Dryer, Wide Belt Sander, Line Machine, Crude, Refined Planing Machine, Coating Machine, Sharpener, Bamboo Planing Machines, Packaging Machines, Sanding Machines, Drawing Machine, Fine Planing Machine, Rough Planing Machine, Coating Machine, Heating Leveling Machines, Core Press (Wear) Machine)

Anhui Agricultural Univrsity ······3
Anji Demai Bamboo & Wood Machinery Co., Ltd. ······5
Anji Dongshan Knitting Machinery Manufacturing Factory ······5
Anji Fukang Bamboo & Wood Machinery Factory ······6
Anji Jitai Machinery Co., Ltd. ······6
Anji Jianlin Machinery Factory ······7
Anji Jinma Bamboo–wood Working Machinery Factory ······7
Anji Jinma Bamboo–wood Working Machinery Factory ······8
Anji Ruiyuan Bamboo & Woodworking Machinery Factory ······8
Anji Tiangong Machinery Co., Ltd. ······9
Anji Tianyou Bamboo & Wood Machinery Co., Ltd. ······9
Anji Dewei MachineryFacturing Co., Ltd. ······10
Anji Jintong Bamboo & Wood Machinery Factory ······11
Anji Qingda Bamboo–Wood Reamer & Machine Co., Ltd. ······11
Anji Bamboo & Wood Machine Association ······12
Anji Xiangling Bamboo & Wood Working Machinery Co., Ltd. ······12
Anji Xingrong Bamboo & Wood Machinery Factory. ······13
Anji Yongfeng Bamboo Blade Factory ······13
Anji Yukang Machinery Co., Ltd. ······14
Anji Yuewu Mechanical Parts Factory ······14
Anji Zhengfeng Bamboo & Wood Machinery Factory ······15
Fujian Agriculture and Forestry University ······87
Guan Jinpeng Machinery Co., Ltd. ······92
Guangning Yada Industrial Co., Ltd. ······95
Guangning Longmen Bamboo Machinery Factory ······99
Guangning Nanxiong Toothpick Machinery Manufacturing Factory ······99
Guizhou Dongliang Bamboo Machinery Co., Ltd. ······104
International Network Center for Bamboo and Rattan ······104
China National Bamboo Research Center ······106
Hunan Hengdun Group Co., Ltd. ······125
Hunan Province Academy of Forestry ······126
Jiangxi Jinfeng Bamboo Machinery Factory ······145
Jiangxi Academy of Forestry ······146
Sihui Fengfan Bamboo Machinery Factory ······278
Wenling Bamboo Machinery Factory ······293
Southwest Forestry University ······294
Xiangjie Bamboo & Woodworking Machinery Co., Ltd. ······298
Liangfeng Bamboo & Wood Machine Component Supply Department ······312
Anji Shangfeng Machinery Facturing Co., Ltd ······313
Zhejiang Dingfeng Machinery Co., Ltd. ······314
Zhejiang Huaben Machinery Manufacturing Co., Ltd. ······314
Zhejiang Academy of Forestry ······315
Zhejiang Lingfeng Machinery Factory ······315
Zhejiang Zhuji Guangyu Bamboo Co., Ltd. ······316
Central South University of Forestry and Technology ······326
Zhuji Jinzhuxiao Budokan Products Co., Ltd. ······326
Zhuji Shunmanhong Bamboo Products Co., Ltd. ······327

小型动力机械

（灭火机，消防水泵，瞭望塔，消防车，多功能车，特种车辆，高尔夫球车，汽油机，发电机，发动机，微型汽车发动机缸盖，进水管，风扇垫块，气缸盖，曲轴箱后端盖，调温器盖，凸轮轴位置传感器座）

富世华全能（常州）机械有限公司……90
黑龙江省东京城林业机械厂……122
柳州市猛狮动力机械有限公司……140
江苏联海动力机械有限公司……140
江苏林海动力机械集团公司……141
江苏林海雅马哈摩托有限公司……143
江苏苏美达林海动力机械有限公司……167
泰州市玉林动力机械有限公司……287

营林机械

（森防机械，喷雾机，挖坑机，植树机，起苗机，切条机，插苗机，开沟机，深松机，掘根机，冻土钻，播种机，喷灌机械）

北京丰茂植保机械有限公司……20
北京京汽汽车服务有限责任公司……23
赤峰市赤田农林机械制造厂……38
东北林业大学林业与木工机械工程技术中心……43
广西田园生化股份有限公司……100
国家林业局哈尔滨林业机械研究所……105
哈尔滨护林森防装备有限公司……110
哈尔滨灭火森防科技开发有限公司……112
哈尔滨森林防火装备有限公司……113
哈尔滨天龙森林消防装备有限公司……114
河南海力特机电制造有限公司……120
河南佳多科工贸公司……121
江苏省高邮市高鹏机械厂……142
林海股份有限公司……163
柳州索罗小型动力机械厂……167
南京林业大学机械电子工程学院……175
南通市广益机电有限责任公司……182
内蒙古通辽神鹰通用航空有限公司……184
山东华盛中天机械集团股份有限公司……244
山东临沂三禾永佳动力有限公司……245
陕西创伟机电有限责任公司……247
陕西西北林业机械股份有限公司……248
深圳市隆瑞科技公司……264
泰州市玉林动力机械有限公司……287
通辽市工铧农林机械制造有限责任公司……290
镇江五洲机械制造有限公司……317
中国兵器装备集团北京北机机电工业有限责任公司消防器材分公司……320
淄博吉孚消防科技有限公司……327

采伐运输机械

（集材机，装载机，拖拉机，挖掘机，平地机，压路机，锅炉）

北海庞赛贸易有限公司……17
北华大学交通建筑工程学院……18
常林股份有限公司……30
常州常林机械有限公司……32
东北林业大学机电工程学院……43
哈尔滨松江拖拉机有限公司……113
黑龙江省绥化林业机械厂……123
柳州威罗动力机械有限公司……168
南京林业大学科技发展总公司……176
中国龙江森林工业（集团）总公司机电局……324

园林机械

1 草坪机械

（草坪播种机械，草皮移植机械，植生带生产设备，草坪修剪机械，草坪通气机械，草坪整理机械，特殊草坪养护机械，高尔夫机械）

爱可机械（深圳）有限公司……2
安德烈斯蒂尔动力工具（青岛）有限公司……3

Small Power Machinery

(Extinguishers, Fire Pumps, Watchtowers, Fire, Utility Vehicles, Special Vehicles, Golf Carts, Gasoline Engines, Generators, Engines, Mini-Car Engine Cylinder Head, Inlet, Fan Pad, Cylinder Head, Crankcase Backend Cover, Thermostat Cover, Camshaft Position Sensor Seat)

Komastu Zenoah (Changzhou) Machine Co., Ltd. ··· 90
Heilongjiang Dongjingcheng Forestry Machinery Factory ··· 122
Liuzhou City Menshy Motive Machinery Co., Ltd. ··· 140
Jiangsu Lianhai Power Machinery Co., Ltd. ··· 140
Jiangsu Linhai Power Machinery Group Corporation ··· 141
Jiangsu Linhai-Yamaha Motor Co., Ltd. ··· 143
Jiangsu Sumec-Linhai Power Machinery Co., Ltd. ··· 167
Taizhou Yulin Power Machinery Co., Ltd. ··· 287

Silvicultural Machinery

(Including Forest Protection Machinery, Sprayers, Digging Machines, Planting Machines, Lifter Machine, Cutting Machine, Cutting Branches Machine, Ditching Machine, Subsoiler, Stubbing Machine, Permafrost Drill, Planter, Irrigation Equipment)

Beijing Fengmao Plant Protection Machinery Co., Ltd. ··· 20
Beijing Jingqi Car Service Co., Ltd. ··· 23
Inner Mongolia Chifeng Chitian Agri-Forestry Machinery Manufacturing Factory ··· 38
Forestry and Woodworking Machinery Engineering Center of Northeast Forestry University ··· 43
Guangxi Tianyuan Biochemical Co., Ltd. ··· 100
Harbin Research Institute of Forestry Machinery, State Forestry Administration ··· 105
Haibin Hulin Forestry Protection Equipment Co., Ltd. ··· 110
Harbin Forest Fire Protection Science and Technology Development Co., Ltd. ··· 112
Harbin Forest Fire Equipment Co., Ltd. ··· 113
Harbin Tianlong Forest Fire Equipment Co., Ltd. ··· 114
Henan High Power Special Electromechanical Manufacture Co., Ltd ··· 120
Henan Jiaduo Science Industry And Trade Co., Ltd. ··· 121
Gaoyou Gaopeng Machinery Factory ··· 142
Jiangsu Linhai Group ··· 163
Liuzhou Suoluo Small Power Machinery Factory ··· 167
Nantong Guangyi Electromechanical Co., Ltd. ··· 175
Inner Mongolia Tongliao Gening General Aviation Co., Ltd. ··· 182
Shandong Huasheng Zhongtian Machinery Group Co., Ltd. ··· 184
Linyi Sanhe Yongjia Power Co., Ltd ··· 244
Shaanxi Chuangwei Electrical Co., Ltd. ··· 245
Shaanxi Northwest Forestry Machinery Co., Ltd. ··· 247
Shenzhen Longray Technology Co.,Ltd ··· 248
Taizhou Yulin Power Machinery Co., Ltd. ··· 264
Gonghua Agri-Forestry Machinery Manufacturing Co., Ltd. ··· 287
Zhenjiang Wuzhou Machinery Manufacturing Co., Ltd. ··· 290
Fire Equipment Branch, Beijing Beiji Machinery and Electronics Industries Co., Ltd., ··· 317
China South Industries Group Corporation ··· 320
Zibo Jifu Fire Science and Technology Co., Ltd. ··· 327

Logging and Transporting Machinery

(Skidders, Loaders, Tractors, Excavators, Graders, Rollers, Boiler)

Beihai Ponsse Trading Co., Ltd. ··· 17
College of Transportation and Civil Engineering, Beihua University ··· 18
Changlin Co., Ltd. ··· 30
Changlin Machinery Co., Ltd. ··· 32
College of Mechanical & Electronical Engineering, Northeast Forestry University ··· 43
Harbin Songjiang Tractor Co., Ltd. ··· 113
Heilongjiang Suihua Forestry Machinery Factory ··· 123
Liuzhou Weiluo Motive Power Machinery Co., Ltd. ··· 168
Science & Technology Development Company of Nanjing Forestry University ··· 176
Electromechanical Bureau, China Longjiang Forestry Industry (Group) Co., Ltd. ··· 324

Garden Machinery

1. Lawn Machinery

(Lawn Seeding Machinery, Turf Transplant Machinery, Raw Plant With Production Equipment, Lawn Mowing Machinery, Mechanical Ventilation Lawn, Lawn Finishing Machinery, Special Turf Maintenance Machinery, Mechanical Golf)

Echo Machinery (Shenzhen) Co., Ltd. ··· 2
ANDREAS STIHL Power Tools (Qingdao) Co., Ltd ··· 3

北京晋亿福马环境科技有限责任公司……22
北京林业大学工学院……24
富世华全能（常州）机械有限公司……90
福州绿邦农林机械有限公司……90
广东风华环保设备有限公司……93
广东金之星绿化设备有限公司……94
国家林业局哈尔滨林业机械研究所……105
淮安中绿园林机械制造有限公司……127
利欧集团股份有限公司……162
林海股份有限公司……163
绿友机械集团股份有限公司……170
南京林业大学机械电子工程学院……175
山东华盛中天机械集团股份有限公司……244
陕西西北林业机械股份有限公司……248
上海宜园电器销售有限公司……258
扬州维邦园林机械有限公司……307
永康市兴虎动力机械有限公司……309

2 乔灌木栽植与养护机械

（挖坑机，树木移植机，树木整枝机，绿篱修剪机，枝桠粉碎削片机）

爱可机械（深圳）有限公司……2
安德烈斯蒂尔动力工具（青岛）有限公司……3
北海庞赛贸易有限公司……17
北京晋亿福马环境科技有限责任公司……22
北京林业大学工学院……24
赤峰市赤田农林机械制造厂……38
富世华全能（常州）机械有限公司……90
福州绿邦农林机械有限公司……90
国家林业局哈尔滨林业机械研究所……105
淮安中绿园林机械制造有限公司……127
黑龙江省绥化林业机械厂……123
江苏联海动力机械有限公司……140
利欧集团股份有限公司……162
柳州威罗动力机械有限公司……168
绿友机械集团股份有限公司……170
马鞍山市绿之友机械制造有限公司……171
南京林业大学机械电子工程学院……175
南通市广益机电有限责任公司……182
山东华盛中天机械集团股份有限公司……244
陕西西北林业机械股份有限公司……248
上海宜园电器销售有限公司……258
四川省林业物资供销总公司……277
通辽市工铧农林机械制造有限责任公司……290
扬州维邦园林机械有限公司……307
永康市兴虎动力机械有限公司……309
浙江中马园林机器有限公司……318

3 园林工程机械

（园林保洁机械，园林灌溉设备，喷泉工程装备，造园工程机械与装备）

北京晋亿福马环境科技有限责任公司……22
北京林业大学工学院……24
常林股份有限公司……30
常州常林机械有限公司……32
赤峰市赤田农林机械制造厂……38
富世华全能（常州）机械有限公司……90
广东金之星绿化设备有限公司……94
国家林业局哈尔滨林业机械研究所……105
哈尔滨松江拖拉机有限公司……113
黑龙江省东京城林业机械厂……122
江苏联海动力机械有限公司……140
江苏林海动力机械集团公司……140
江苏林海雅马哈摩托有限公司……141
江苏苏美达林海动力机械有限公司……143
利欧集团股份有限公司……162
绿友机械集团股份有限公司……170
山东高密交运工程机械有限公司……244

J.Y. Forma Envirtech Co.,Ltd······22
School of Technology, Beijing Forestry University······24
Komastu Zenoah (Changzhou) Machine Co., Ltd.······90
Fuzhou Lvbang Agriculture and Forestry Machine Co., Ltd.······90
Guangdong Fenghua Environment Protection Machinery Co., Ltd.······93
Guangdong Golden Star Garden Equipment Co., Ltd. ······94
Harbin Research Institute of Forestry Machinery, State Forestry Administration······105
Huai' an Zhonglu Garden Machinery Co., Ltd.······127
Zhengjiang LEO Co., Ltd.······162
Jiangsu Linhai Group······163
Beijing Greenman Machinery Company······170
Liuzhou Suoluo Small Power Machinery Factory College of Mechanical & Electrical Engineering, Nanjing Forestry University······175
Shandong Huasheng Zhongtian Machinery Group Co., Ltd. ······244
Shaanxi Northwest Forestry Machinery Co., Ltd.······248
YAT Electric Appliance Co., Ltd.······258
Yangzhou Weibang Garden Machinery Co., Ltd.······307
Xing Tiger Power Machine Co., Ltd.······309

2. Trees and Shrubs Planting Machine and Maintenance Machinery
(Digging Machine, Machine Transplanting Trees, Pruning Trees, Hedge Trimmers, Crushing Branches Chipper)

Echo Machinery (Shenzhen) Co., Ltd.······2
ANDREAS STIHL Power Tools (Qingdao) Co., Ltd······3
Beihai Ponsse Trading Co., Ltd.······17
J.Y. Forma Envirtech Co.,Ltd······22
School of Technology, Beijing Forestry University······24
Inner Mongolia Chifeng Chitian Agri-Forestry Machinery Manufacturing Factory······38
Komastu Zenoah (Changzhou) Machine Co., Ltd.······90
Fuzhou Lvbang Agriculture and Forestry Machine Co., Ltd.······90
Harbin Research Institute of Forestry Machinery, State Forestry Administration······105
Huai' an Zhonglu Garden Machinery Co., Ltd.······127
Heilongjiang Suihua Forestry Machinery Factory······123
Jiangsu Lianhai Power Machinery Co., Ltd.······140
Zhengjiang LEO Co., Ltd.······162
Liuzhou Weiluo Motive Power Machinery Co., Ltd.······168
Beijing Greenman Machinery Company······170
Ma' anshan Green Friend Machine Manufacturing Co., Ltd.······171
Liuzhou Suoluo Small Power Machinery Factory, College of Mechanical & Electrical Engineering, Nanjing Forestry University······175
Nantong Guangyi Electromechanical Co., Ltd.······182
Shandong Huasheng Zhongtian Machinery Group Co., Ltd.······244
Shaanxi Northwest Forestry Machinery Co., Ltd.······248
YAT Electric Appliance Co., Ltd.······258
Sichuan Forestry Materials Supply & Sales Corporation······277
Gonghua Agri-Forestry Machinery Manufacturing Co., Ltd.······290
Yangzhou Weibang Garden Machinery Co., Ltd.······307
Xing Tiger Power Machine Co., Ltd.······309
Zhejiang Zomax Garden Machinery Co.,Ltd.······318

3. Garden Engineering Machine
(Garden Cleaning Machinery, Garden Irrigation Equipment, Fountain Engineering Equipment, Construction Machinery And Equipment Gardening)

J.Y. Forma Envirtech Co.,Ltd······22
School of Technology, Beijing Forestry University······24
Changlin Co., Ltd.······30
Changlin Machinery Co., Ltd.······32
Inner Mongolia Chifeng Chitian Agri-Forestry Machinery Manufacturing Factory······38
Komastu Zenoah (Changzhou) Machine Co., Ltd.······90
Guangdong Golden Star Garden Equipment Co., Ltd. ······94
Heilongjiang Dongjingcheng Forestry Machinery Factory······105
Harbin Research Institute of Forestry Machinery, State Forestry Administration······113
Harbin Songjiang Tractor Co., Ltd.······122
Jiangsu Lianhai Power Machinery Co., Ltd.······140
Jiangsu Linhai Power Machinery Group Corporation······140
Jiangsu Linhai-Yamaha Motor Co., Ltd.······141
Jiangsu Sumec-Linhai Power Machinery Co., Ltd.······143
Zhengjiang LEO Co., Ltd.······162
Beijing Greenman Machinery Company······170
Shandong Gaomi Transportation Engineering Machinery Co., Ltd.······244

山东华盛中天机械集团股份有限公司……244
泰州市玉林动力机械有限公司……287
通辽市工铧农林机械制造有限责任公司……290
扬州维邦园林机械有限公司……307
永康市兴虎动力机械有限公司……309
浙江余姚市易润园艺灌溉厂……316

生物质生产设备

北方重工集团有限公司工程成套分公司……17
北京宝粒特木煤机械制造有限公司……19
北京泛欧瑞得科技有限公司……19
国家林业局哈尔滨林业机械研究所……105
鸿泰伟业（青岛）新型设备有限公司……124
江苏青山机械有限公司……142
溧阳平陵林机有限公司……162
山东百圣源集团有限公司……243

科研院所与高等院校

安徽农业大学……3
安徽农业大学林学与园林学院……4
北京林业大学……24
北京林业大学工学院……24
东北林业大学……42
东北林业大学机电工程学院……43
东北林业大学林业与木工机械工程技术中心……43
福建农林大学……87
福州木工机床研究所……91
国际竹藤网络中心……104
国家林业局北京林业机械研究所……105
国家林业局哈尔滨林业机械研究所……105
国家林业局林产工业规划设计院……106
国家林业局竹子研究开发中心……106
国家林业局森林病虫害防治总站……107
华南农业大学……127
江苏大学……138
江西省林业科学院……146
南京林业大学材料科学与工程学院……175
南京林业大学机械电子工程学院……175
南京林业大学家具与工业设计学院……176
南京农业大学……177
南京森林警察学院……178
农业部南京农业机械化研究所……184
西南林业大学……294
徐州农用航空站……303
浙江省林业科学院……315
中国兵器工业集团北方通用电子集团有限公司西安电子工程研究所……320
中国林业科学研究院木材工业研究所……323
中国林业科学研究院森林生态环境与保护研究所……324
中国民用航空总局第二研究所……325
中南林业科技大学……326

Shandong Huasheng Zhongtian Machinery Group Co., Ltd. ······244
Taizhou Yulin Power Machinery Co., Ltd. ······287
Gonghua Agri-Forestry Machinery Manufacturing Co., Ltd. ······290
Yangzhou Weibang Garden Machinery Co., Ltd. ······307
Xing Tiger Power Machine Co., Ltd. ······309
Zhejiang Yuyao Yirun Garden Sprayer Factory ······316

Biomass Production Equipment

Northen Heavy Industries Group Co., Ltd. EPC Company ······17
Beijing Baolite Wood Pellet Fuel Machinery Manufacturing Co., Ltd. ······19
Beijing Riverland S&T Co., Ltd. ······19
Harbin Research Institute of Forestry Machinery, State Forestry Administration ······105
Hongtai Great (Qingdao) Advanced Machinery Co., Ltd. ······124
Jiangsu Qingshan Machinery Co., Ltd. ······142
Liyang Pingling Forestry Machinery Co., Ltd. ······162
Shandong Baishengyuan Group Co., Ltd. ······243

Research Institutes and Universities

Anhui Agricultural University ······3
College of Forestry and Garden, Anhui Agricultural University ······4
Beijing Forestry University ······24
School of Technology, Beijing Forestry University ······24
Northeast Forestry University ······42
College of Mechanical & Electronical Engineering, Northeast Forestry University ······43
Forestry and Woodworking Machinery Engineering Center of Northeast Forestry University ······43
Fujian Agriculture and Forestry University ······87
Fuzhou Research Institute of Woodworking Machinery ······91
International Network Center for Bamboo and Rattan ······104
Beijing Research Institute of Forestry Machinery, State Forestry Administration ······105
Harbin Research Institute of Forestry Machinery, State Forestry Administration ······105
Planning & Design Institute of Forestry Product Industry, State Forestry Administration ······106
China National Bamboo Research Center ······106
Pest Control Station, State Forestry Administration ······107
South China Agriculture University ······127
Jiangsu University ······138
Jiangxi Academy of Forestry ······146
College of Materials Science and Engineering, Nanjing Forestry University ······175
College of Mechanical & Electrical Engineering, Nanjing Forestry University ······175
College of Furniture and Industrial Design, Nanjing Forestry ······176
Nanjing Agricultural University ······177
Nanjing Forest Police College ······178
Nanjing Institute of Agricultural Mechanization, Ministry of Agriculture of the People' s Republic of China Southwest Forestry University ······184
Southwest Forestry University ······294
Xuzhou Agricultural Airport ······303
Zhejiang Academy of Forestry ······315
Xian Electronic Engineering Research Institute, North General Electronics Group Co., Ltd., China South Industries Group Corporation ······320
Research Institute of Wood Industry, Chinese Academy of Forestry ······323
ute of Forest Ecological Environment and Protection, Chinese Academy of Forestry ······324
The Second Research Institute of CAAC ······325
Central South University of Forestry and Technology ······326

目录

基本信息

A

阿酷（北京）科技发展有限公司……2
爱可机械（深圳）有限公司……2
安德烈斯蒂尔动力工具（青岛）有限公司……3
安徽农业大学……3
安徽农业大学林学与园林学院……4
安徽同兴科技发展有限责任公司……4
安吉德迈竹木机械有限公司……5
安吉东山编织机械制造厂……5
安吉富康竹木机械厂……6
安吉吉泰机械有限公司……6
安吉建林机械厂……7
安吉金马竹木机械厂……7
安吉劲马竹木机械厂……8
安吉瑞源竹木机械设备厂……8
安吉天工机械有限公司……9
安吉天友竹木机械制造厂……9
安吉威隆机械有限公司/九洲机械……10
安吉县德威机械有限公司……10
安吉县金通竹木机械厂……11
安吉县青达竹木刀具机械有限公司……11
安吉县竹木机械行业协会……12
安吉响铃竹木机械有限公司……12
安吉杏荣竹木机械制造厂……13
安吉永丰竹木刀具厂……13
安吉宇康机械有限公司……14
安吉跃武机械配件厂……14
安吉正丰竹木机械厂……15
安珍（个人会员）……15

B

百胜木材干燥设备有限公司……16
包学耕（个人会员）……16
北方重工集团有限公司工程成套分公司……17
北海庞赛贸易有限公司……17
北华大学交通建筑工程学院……18
北京安佳木工机械贸易有限公司……18
北京宝粒特木煤机械制造有限公司……19
北京泛欧瑞得科技有限公司……19
北京泛斯机床有限公司……20
北京丰茂植保机械有限公司……20
北京豪迈永信木工机械有限公司……21
北京吉隆昌木工机械厂……21
北京金建经济技术服务公司……22
北京晋亿福马环境科技有限责任公司……22
北京京汽汽车服务有限责任公司……23
北京联中联木工机械有限公司……23
北京林业大学……24
北京林业大学工学院……24
北京铭龙天同科技有限公司……25
北京凝华科技有限公司……25
北京市恒达利五金机械有限责任公司……26
北京市凯华顺五金机械有限责任公司……26
北京鑫中林木工机械有限公司……27
北京雅展展览服务有限公司……27
北京怡好思建筑科技发展有限公司……28
北京友兴友五金机电有限公司……28
北京玉正缘商贸有限公司……29
毕孚自动化设备贸易（上海）有限公司……29

C

长春市宏泰木工机械经销有限公司……30
常林股份有限公司……30

Contents

Member Info.

A

Arkoo (Beijing) Science & Technology Development Co., Ltd.······2
Echo Machinery (Shenzhen) Co., Ltd.······2
ANDREAS STIHL Power Tools (Qingdao) Co., Ltd······3
Anhui Agricultural University······3
College of Forestry and Garden, Anhui Agricultural University······4
Tongxing Technology Development Co., Ltd.······4
Anji Demai Bamboo & Wood Machinery Co., Ltd.······5
Anji Dongshan Knitting Machinery Manufacturing Factory······5
Anji Fukang Bamboo & Wood Machinery Factory······6
Anji Jitai Machinery Co., Ltd.······6
Anji Jianlin Machinery Factory······7
Anji Jinma Bamboo-wood Working Machinery Factory······7
Anji Jinma Bamboo-wood Working Machinery Factory······8
Anji Ruiyuan Bamboo & Woodworking Machinery Factory······8
Anji Tiangong Machinery Co., Ltd.······9
Anji Tianyou Bamboo & Wood Machinery Co., Ltd.······9
Anji Yuehao Machinery Co., Ltd.······10
Anji Dewei MachineryFacturing Co., Ltd.······10
Anji Jintong Bamboo & Wood Machinery Factory ······11
Anji Qingda Bamboo-Wood Reamer & Machine Co., Ltd.······11
Anji Bamboo & Wood Machine Association······12
Anji Xiangling Bamboo & Wood Working Machinery Co., Ltd.······12
Anji Xingrong Bamboo & Wood Machinery Factory.······13
Anji Yongfeng Bamboo Blade Factory······13
Anji Yukang Machinery Co., Ltd. (Anji Tianli Bamboo & Wood Machinery Factory)······14
Anji Yuewu Mechanical Parts Factory······14
Anji Zhengfeng Bamboo & Wood Machinery Factory······15
An Zhen (Personal Member)······15

B

Baisheng Timber-drying Equipment Co., Ltd······16
Bao Xuegeng (Personal Member)······16
Northen Heavy Industries Group Co., Ltd. EPC Company······17
Beihai Ponsse Trading Co., Ltd.······17
College of Transportation and Civil Engineering, Beihua University······18
Beijing Anjia Woodworking Machinery Trade Co., Ltd.······18
Beijing Baolite Wood Pellet Fuel Machinery Manufacturing Co., Ltd.······19
Beijing Riverland S&T Co., Ltd······19
Beijing Fanch Machinery Co.,Ltd.······20
Beijing Fengmao Plant Protection Machinery Co., Ltd.······20
Beijing Haomaiyongxin Woodwork Machinery Co., Ltd······21
Beijing Jilongchang Woodworking Machinery Factory······21
Beijing Jinjian Economic & Technological Service Company······22
J.Y. Forma Envirtech Co.,Ltd.······22
Beijing Jingqi Car Service Co., Ltd.······23
Beijing Lianzhonglian Woodworking Machinery Co., Ltd.······23
Beijing Forestry University······24
School of Technology, Beijing Forestry University······24
Artisman Technology Corp.······25
Beijing Ninghua Science & Technology Co., Ltd.······25
Beijing Hengdali Hardware & Machinery Co., Ltd.······26
Beijing Kaihuashun Hardware Machinery Co., Ltd.······26
Beijing Xinzhonglin Woodworking Machinery Company······27
Beijing Yazhan Exhibition Services Ltd.······27
Beijing E-house Building Science & Technology Development Co., Ltd.······28
Beijing Youxingyou Hardware & Machinery Co., Ltd.······28
Goldmax Co., Ltd.······29
Beckhoff (Shanghai) New Automation Technology Co., Ltd.······29

C

Changchun Hongtai Woodworking Machinery Sales Co., Ltd.······30
Changlin Co., Ltd.······30

目录

基本信息

锠盛木工机械厂……31
常熟市翔鹰人造板机器制造有限公司……31
常熟市兴力恒木业机械有限公司……32
常州常林机械有限公司……32
常州机械刀片有限公司……33
常州市润德工具有限公司……33
常州新区能源设备有限公司……34
常州益林机械有限公司……34
成都华快木工机械有限公司……35
成都立诚机械有限公司……35
成都前顺科技有限公司……36
成都市壹佰刀具有限公司……36
成都玉成机器制造有限公司……37
成业机械制造有限公司……37
赤峰市赤田农林机械制造厂……38
重庆林工机械设备有限公司……38
重庆派斯克刀具制造股份有限公司……39

D

大连北方豪迈木业机械有限公司……39
大连诚汇机械设备有限公司……40
大连恒喆木工机械制造有限公司……40
大连经济技术开发区森港机械刀片有限公司……41
大连中铭木业机械有限公司……41
鼎业实业有限公司……42
东北林业大学……42
东北林业大学机电工程学院……43
东北林业大学林业与木工机械工程技术中心……43
东莞金田豪迈木工机械贸易有限公司……44
东莞市广龙木工机械有限公司……44
东莞市南兴家具装备制造股份有限公司……45
东台市巨轮木工机械有限责任公司……45
东台市唐洋带锯机械有限责任公司……46
敦化市拜特科技有限公司……46
敦化市亚联机械制造有限公司……47

F

佛山市东历机电有限公司……47
佛山市格唯贸易有限公司……48
佛山市豪伟德机械有限公司……48
佛山市昊扬木工机械制造有限公司……49
佛山市林丰环保设备有限公司……49
佛山市南海区盐步嘉欣荣机械厂……50
佛山市南海永泰锯业有限公司……50
佛山市南海珠江减速机有限公司……51
佛山市千色海文化传播有限公司……51
佛山市森柏斯木工机械制造有限公司……52
佛山市顺德区博硕机械制造有限公司……52
佛山市顺德区创旗机械有限公司……53
佛山市顺德区伦教大辉木工机械厂……53
佛山市顺德区德顺木工机械厂……54
佛山市顺德区恩特机械制造有限公司……54
佛山市顺德区富豪木工机械制造有限公司……55
佛山市顺德区光头木工机械有限公司……55
佛山市顺德区豪隆机械有限公司……56
佛山市顺德区豪城强木工机械有限公司……56
佛山市顺德区豪尔德木工机械制造有限公司……57
佛山市顺德区恒杰达机械制造有限公司……57
佛山市顺德区泓信机械制造有限公司……58
佛山市顺德区厚积数控设备有限公司……58
佛山市顺德区华顺电机实业公司……59
佛山市顺德区集新机械制造有限公司……59
佛山市顺德区骏泓成机械制造有限公司……60

Contents

Member Info.

Changsheng Woodworking Factory······31
Changshu Xiangying Wood Based Panel Machinery Factory······31
Changshu Xingliheng Wood Machinery Co., Ltd.······32
Changlin Machinery Co., Ltd.······32
Changzhou Machinery Blade Co., Ltd.······33
ChangZhou Runde Tool Co., Ltd.······33
Changzhou Xinqu Energy Equipment Co., Ltd.······34
Changzhou Yilin Machinery Co., Ltd.······34
Chengdu Huakuai Woodworking Machinery Co., Ltd······35
Chengdu Licheng Machinery Co., Ltd.······35
Chengdu Qianshun Technologies Co., Ltd.······36
Chengdu Yibai Cutting Tools Co., Ltd.······36
Chengdu Yucheng Machinery Manufacturing Co., Ltd.······37
Chengye Machinery Machinery Manufacturing Co., Ltd.······37
Inner Mongolia Chifeng Chitian Agri–Forestry Machinery Manufacturing Factory······38
Chongqing Lingong Machinery Co., Ltd.······38
Chongqing PACIFICTOOL Industrial Co., Ltd.······39

D

Dalian Northern Haomai Woodworking Machinery Co., Ltd.······39
Dalian Chenghui Machine & Equipment Co., Ltd.······40
Dalian Hengzhe Woodworking Machinery Manufacturing Co., Ltd.······40
Dalian ETDZ Sengang Machinery Blade Co., Ltd.······41
Dalian Zhongming Wood Industry Machinery Co., Ltd.······41
Dingye Shiye Co., Ltd.······42
Northeast Forestry University······42
College of Mechanical & Electronical Engineering, Northeast Forestry University······43
Forestry and Woodworking Machinery Engineering Center of Northeast Forestry University······43
Dongguan Homag Woodworking Machinery Trade Co., Ltd.······44
Guanglong Woodworking Machinery Co., Ltd.······44
Nanxing Furniture Machinery & Equipment Co., Ltd.······45
Dongtai Julun Woodworking Machinery Co., Ltd.······45
Dongtai Tangyang Bandsawing Machine Co., Ltd.······46
Dunhua City Baite Technology Co., Ltd.······46
Yalian Machinery Manufacturing Co., Ltd.······47

F

Foshan City Tung Lee Electrical Co., Ltd.······47
Foshan Geweinn Trade Co., Ltd.······48
Foshan Hold Machine Co., Ltd.······48
Haoyang Woodworking Machinery Manufacturing Co.,Ltd.······49
Foshan Linfeng Environmental Protection Equipment Co., Ltd.······49
Foshan Nanhai Yanbu Jiaxinrong Machinery Factory······50
Foshan Nanhai Yongtai Saw Co., Ltd.······50
Zhujiang Reduction Gear Co., Ltd······51
Qiansehai Media Co., Ltd.······51
Surpass Woodworking Machinery Manufacture Co., Ltd.······52
Richfruits Machinery Manufacturing Co., Ltd.······52
Foshan Shunde Chuangqi Machine Co., Ltd.······53
Fuhui Woodworking Machinery Factory······53
Foshan City Shunde Dist. Deshun Woodworking Machinery Factory······54
Ente Woodworking Machinery Co., Ltd.······54
V-hold Woodworking Machinery Co., Ltd.······55
Bald Woodworking Machinery Co., Ltd.······55
Haolong Woodworking Machinery Co., Ltd.······56
Haochengqiang Woodworking Machinery Co., Ltd.······56
Haoerde Woodworking Machinery Co., Ltd.······57
Foshan Shunde Hengjieda Machinery Manufacturing Co., Ltd.······57
Foshan Shunde Hope-sun Machinery Manufacturing Co., Ltd.······58
Foshan Shunde Houji CNC Euipment Co., Ltd.······58
Foshan Shunde Huashun Electrical Machinery Co., Ltd.······59
Jixin Machinery Manufacturing Co., Ltd.······59
Joinsmart Machinery Manufacturing Co., Ltd.······60

目录

基本信息

佛山市顺德区俊联鸿徽机械制造有限公司……60
佛山市顺德区伦教诚牌机械厂……61
佛山市顺德区伦教精美达木工机械制造厂……61
佛山市顺德区力腾机械制造有限公司……62
佛山市顺德区伦教利洋木工机械有限公司……62
佛山市顺德区伦教铭鑫伟机械厂……63
佛山市顺德区伦教威州机械厂……63
佛山市顺德区伦教沃克尼奥机械厂……64
佛山市顺德区伦教先豪木工机械厂……64
佛山市顺德区伦教新基力永富机械制造有限公司……65
佛山市顺德区伦教鑫利豪达机械厂……65
佛山市顺德区伦教永强木工机械厂……66
佛山市顺德区伦教裕匠木工机械厂……66
佛山市顺德区菱美自动化设备贸易有限公司……67
佛山市顺德区明鑫皓木工机械有限公司……67
佛山市顺德区品信机械制造有限公司……68
佛山市顺德区普力登机械配件有限公司……68
佛山市顺德区普南气动科技有限公司……69
佛山市顺德区普瑞特机械制造有限公司……69
佛山市顺德区容桂亨达机械厂……70
佛山市顺德区锐匠机械制造有限公司……70
佛山市顺德区赛锐工具有限公司……71
佛山市顺德区上锐机械有限公司……71
佛山市顺德区实德力机械制造有限公司……72
佛山市顺德区添龙木业有限公司……72
佛山市顺德区铁人鑫威木工机械制造有限公司……73
佛山市顺德区同安木工机械制造有限公司……73
佛山市顺德区同凯源机械制造有限公司……74
佛山市顺德区锐豪机械有限公司……74
佛山市顺德区旺泰机械设备有限公司……75
佛山市顺德区伟泓机械有限公司……75
佛山市顺德区玮嘉琦机械有限公司……76
佛山市顺德区伟志宏机械有限公司……76
佛山市顺德区新基宏业机械设备有限公司……77
佛山市顺德区新鲁木工机械制造有限公司……77
佛山市顺德区新马木工机械设备有限公司……78
佛山市顺德区兴德亿机械制造有限公司……78
佛山市顺德区一哥数控机械有限公司……79
佛山市顺德区意力特木工机械有限公司……79
佛山市顺德区永翔盛木工机械有限公司……80
佛山市顺德区震帮电业制造厂……80
佛山市顺德区志俊达机械制造有限公司……81
佛山市顺德区志洋木工机械制造有限公司……81
佛山市新鸿葳机械实业有限公司……82
佛山市新年华机械实业有限公司……82
佛山市意利欧机械有限公司……83
佛山市友力帮机械有限公司……83
佛山市驭骏木工机械有限公司……84
佛山市正大机电配套有限公司……84
佛山市正笙贸易有限公司……85
佛山市中豪兴木工机械有限公司……85
佛山市准达机械制造有限公司……86
佛山泰上机械有限公司……86
福建华大电机有限公司……87
福建农林大学……87
福建省闽侯县联翔木工机械厂……88
福建中福实业股份有限公司……88
福马振发（北京）新能源科技有限公司……89
富宁木工机械有限公司……89
富世华全能（常州）机械有限公司……90
福州绿邦农林机械有限公司……90
福州木工机床研究所……91
福州三森机械有限公司……91

Contents

Member Info.

Junlian Wood Industry Machinery Factory······60
Foshan Shunde Lunjiao Chengpai Machinery Factory······61
Foshan Lunjiao Jingmeida Woodworking Machinery Co., Ltd.······61
Liton Machinery Manufacturing Co., Ltd.······62
Foshan Shunde Lunjiao Liyang Woodworking Machinery Co., Ltd.······62
Foshan Shunde Lunjiao Mingxinwei Machinery Factory······63
Foshan Weizhou Machine Co., Ltd.······63
Foshan Xianhao Woodworking Machinery Factory······64
Foshan Xianhao Woodworking Machinery Factory······64
Jili (Yongfu) Woodworking Machinery& Equipment Factory······65
Foshan Shunde Lunjiao Xinli Haoda Machinery Factory······65
Yongqiang Woodworking Machinery Factory······66
Foshan Shunde Lunjiao Yujiang Woodworking Machinery Factory······66
Lingmei Electric and Automatic Equipment Co., Ltd. ······67
Foshan Mingxinhao Woodworking Machinery Co., Ltd.······67
Pinxin Woodworking Machinery Co., Ltd.······68
Protean Machine Industry Co.,Ltd.······68
Foshan Punan Pneumatic Science & Technology Co., Ltd······69
Foshan ShundePurete Machinical Co., Ltd.······69
Foshan Ronggui Hengda Machinery Factory······70
Foshan Shunde Lunjiao Ruijiang Woodworking Machinery Factory······70
Foshan Shunde Surrey Tool Co., Ltd.······71
Shangrui Machinery Co., Ltd.······71
Foshan Shunde Shideli Machinery Manufacturing Co., Ltd.······72
Foshan TianLong Woodworking Co., Ltd.······72
Foshan Shunde Tieren Xinwei Woodworking Machinery Manufacturing Co., Ltd.······73
Shunde Lunjiao Tong'an Woodworking Machinery Factory······73
Tokeny Machinery Manufacturing Co., Ltd.······74
Foshan Shunde Ruihao Woodworking Machinery Factory······74
Foshan Shunde Wangtai Machinery Plant Co., Ltd.······75
Foshan Weihong Machine Co., Ltd.······75
Foshan Shunde Weijiaqi Woodworking Machinery Co., Ltd.······76
Weizhihong Machinery Co.,Ltd.······76
Foshan Shunde Xinjiye Woodworking Machinery & Equipment Factory······77
Xinlu Woodworking Machinery Manufacturing Co., Ltd.······77
New Mas Woodworking Machinery&Equipment Co., Ltd.······78
Foshan Xingdeyi Machine Manufacturing Co., Ltd······78
Yige CNC Machinery Co., Ltd······79
Foshan Shunde Yilite Woodworking Machinery Co., Ltd.······79
Foshan YXC Woodworking Machinery Co., Ltd.······80
Foshan Shunde Zunbon Electronic Manufactory······80
Foshan Shunde Zhijunda Woodworking Machinery Manufacturing Co., Ltd.······81
Foshan Shunde Zhiyang Woodworking Machinery Manufacturing Co., Ltd.······81
Foshan Simhoway Machinery Co., Ltd.······82
Foshan District Xinnianhua Machienry Industrey Co., Ltd.······82
Foshan EVOK Machinery Co., Ltd.······83
Foshan Youlibang Machine Co., Ltd.······83
Foshan City Yujun woodworking machinery Co., Ltd.······84
Foshan Zhengda Mechanical & Electrical Group Co., Ltd.······84
Foshan Zheng Sheng Trading Co., Ltd.······85
Foshan Zhonghaoxing Woodworking Machinery Co., Ltd.······85
Foshan City Zhunda Machinery Manufacturing Co., Ltd.······86
Guangdong Taisan Machinery Co., Ltd.······86
Fujian Huada Motor Co., Ltd.······87
Fujian Agriculture and Forestry University······87
Fujian Minhou Lianxiang Woodworking Machinery Factory······88
Fujian Zhongfu Industrial Co., Ltd.······88
Foma Trading Co., Ltd.······89
Funing Woodworking Machinery Co., Ltd.······89
Komastu Zenoah (Changzhou) Machine Co., Ltd.······90
Fuzhou Lubang Agriculture and Forestry Machine Co., Ltd.······90
Fuzhou Research Institute of Woodworking Machinery······91
Sansen Machinery Co., Ltd.······91

目录

基本信息

G

高要市金汇机械有限公司……92
固安金鹏机械有限公司……92
广东风华环保设备有限公司……93
广东高新凯特精密机械股份有限公司……93
广东金之星绿化设备有限公司……94
广东科豪木工机械有限公司……94
广东锐亚机械有限公司……95
广东省广宁县亚达实业有限公司……95
广东顺德昊裕机械制造有限公司……96
广东顺德铭安机械制造有限公司……96
广东顺德正锐机械有限公司……97
广东威德力机械实业股份有限公司……97
广东先达数控机械有限公司……98
广美源包装机械经营部……98
广宁龙门竹木机械设备厂……99
广宁南雄牙签机械设备专业制造厂……99
广西田园生化股份有限公司……100
广州弘亚数控机械股份有限公司……100
广州七喜工控科技有限公司……101
广州市番禺铁哥机械制造厂……101
广州威恒机械有限公司……102
桂林华德机械设备有限公司……102
桂林市东林人造板设备有限公司……103
桂林正东机械制造有限公司……103
贵州东亮竹木机械制品有限公司……104
国际竹藤网络中心……104
国家林业局北京林业机械研究所……105
国家林业局哈尔滨林业机械研究所……105
国家林业局林产工业规划设计院……106
国家林业局竹子研究开发中心……106
国家森林局病虫害防治总站……107
国家木工机械质量监督检验中心……107

H

哈尔滨傲世木材干燥设备制造有限公司……108
哈尔滨东大林业技术装备有限公司……108
哈尔滨二工具科技有限责任公司木工刀具厂……109
哈尔滨工具厂第一分厂……109
哈尔滨护林森防装备有限公司……110
哈尔滨华意木材干燥设备有限公司……110
哈尔滨京沪林机械有限责任公司……111
哈尔滨林业机械厂……111
哈尔滨凌志机电技术有限责任公司……112
哈尔滨灭火森防科技开发有限公司……112
哈尔滨森林防火装备有限公司……113
哈尔滨松江拖拉机有限公司……113
哈尔滨天龙森林消防装备有限公司……114
哈尔滨兴林伟业人造板设备有限公司……114
哈尔滨亚特木材干燥设备制造有限公司……115
哈尔滨宇达电子技术有限公司……115
哈尔滨正德科技开发有限公司……116
哈尔滨中意干燥设备制造有限公司……116
海门市液压件厂有限责任公司……117
海阳市长川电机有限公司……117
杭州和源精密工具有限公司……118
豪派［中国］机械……118
河北春风银星胶辊有限公司……119
河北九顺机械制造有限公司……119
河北瑞福祥机械制造有限公司……120
河南海力特机电制造有限公司……120
河南佳多科工贸公司……121

Contents

Member Info.

G

Jinhui Machinery (Gaoyao) Co., Ltd. ··· 92
Guan Jinpeng Machinery Co., Ltd. ··· 92
Guangdong Fenghua Environment Protection Machinery Co., Ltd. ··· 93
Guangdong Gaoxin Height Precision Machine Co. Ltd. ··· 93
Guangdong Golden Star Garden Equipment Co., Ltd. ··· 94
Guangdong Keenman Woodworking Co.,Ltd. ··· 94
Reignmac Machinery Co., Ltd. ··· 95
Guangning Yada Industrial Co., Ltd. ··· 95
Guangdong Shunde Haoyu Woodworking Machine Manufacturing Co., Ltd. ··· 96
Guangdong Shunde Ming'an Machinery Manufacturing Co., Ltd. ··· 96
Guangdong Shunde Zhengrui Machinery Co., Ltd. ··· 97
Weili Machinery Industrial Co. Ltd. ··· 97
Sandar-Well Machinery Co., Ltd. ··· 98
Guangmeiyuan Machinery Business Department ··· 98
Guangning Longmen Bamboo Machinery Factory ··· 99
Guangning Nanxiong Toothpick Machinery Manufacturing Factory ··· 99
Guangxi Tianyuan Biochemical Co., Ltd. ··· 100
Guangzhou KDT Machinery Co., Ltd. ··· 100
Guangzhou Hedy Industrial Co., Ltd. ··· 101
Guangzhou Panyu Tiege Machinery Manufacturing Co., Ltd. ··· 101
Guangzhou Weiheng Machinery Co., Ltd. ··· 102
Guilin Huade Mechanical Equipment Co., Ltd. ··· 102
Guilin Donglin Wood-based Panel Equipment Co., Ltd. ··· 103
Guilin Zhengdong Chemical Machinery Equipment Co., Ltd. ··· 103
Guizhou Dongliang Bamboo Machinery Co., Ltd. ··· 104
International Network Center for Bamboo and Rattan ··· 104
Beijing Research Institute of Forestry Machinery, State Forestry Administration ··· 105
Harbin Research Institute of Forestry Machinery, State Forestry Administration ··· 105
Planning & Design Institute of Forestry Product Industry, State Forestry ··· 106
China National Bamboo Research Center ··· 106
Pest Control Station, State Forestry Administration ··· 107
China National Center for Quality Supervision and Test of Woodworking Machinery ··· 107

H

Harbin Aoshi Wood Drying Equipment Manufacture Co., Ltd. ··· 108
Harbin Dongda Forestry Technique Equip Co., Ltd. ··· 108
Woodworking Blade Factory, Harbin No. 2 Tools Technology Limited Liability Company ··· 109
Harbin Instrument Factory ··· 109
Haibin Hulin Forestry Protection Equipment Co., Ltd. ··· 110
Harbin Huayi Wood Drying Equipment Co., Ltd. ··· 110
Harbin Jinghulin Machinery Co., Ltd. ··· 111
Harbin Forestry Machinery Plant ··· 111
Harbin Lingzhi Mechanical & Electrical Technology Co., Ltd. ··· 112
Harbin Forest Fire Protection Science and Technology Development Co., Ltd. ··· 112
Harbin Forest Fire Equipment Co., Ltd. ··· 113
Harbin Songjiang Tractor Co., Ltd. ··· 113
Harbin Tianlong Forest Fire Equipment Co., Ltd. ··· 114
Harbin Xinglinweiye Panel Equipment Co., Ltd. ··· 114
Harbin Hyatt Wood Drying Equipment Manufacturing Co., Ltd. ··· 115
Harbin Yuda Electronic Technology Co., Ltd. ··· 115
Harbin Zhengde Science& Technology Development Co., Ltd. ··· 116
Harbin Zhongyi Wood-drying Equipment Co., Ltd. ··· 116
Haimen Hydraulic Component Factory Co., Ltd. ··· 117
Haiyang Changchuan Motor Co., Ltd. ··· 117
Hangzhou Wagen Precision Tooling Co., Ltd. ··· 118
Haopao (China) Machinery Co., Ltd. ··· 118
Hebei Jizhou Chunfeng Yinxing Rubber Roller Co., Ltd. ··· 119
Hebei Shuntong Mechanical Manufacturing Co., Ltd. ··· 119
Hebei Ruifuxiang Machinery Manufacturing Co., Ltd. ··· 120
Henan High Power Special Electromechanical Manufacture Co., Ltd ··· 120
Henan Jiaduo Science Industry And Trade Co., Ltd. ··· 121

目录

基本信息

河南省临颍县木工机械厂 ……121
贺威尔特机械有限公司 ……122
黑龙江省东京城林业机械厂 ……122
黑龙江盛合机电设备有限公司……123
黑龙江省绥化林业机械厂 ……123
亨特木工机械厂 ……124
鸿泰伟业（青岛）新型设备有限公司 ……124
红森木工机械经营部……125
湖南恒盾集团有限公司 ……125
湖南省林业科学院 ……126
华汉国际会议展览(上海)有限公司 ……126
华南农业大学……127
淮安中绿园林机械制造有限公司……127

J

吉力佳机械有限公司 ……128
基力木工机械有限公司 ……128
吉林市双赢木工机械有限公司……129
即墨鸿森豪迈木业机械设备厂……129
即墨市鑫昌达机械厂……130
济南嘉亚经贸发展有限公司……130
济南金胜星机械设备有限公司……131
济南快克数控机械有限公司 ……131
济南锐捷机械设备有限公司 ……132
济南若泰数控科技有限公司……132
济南速雕数控机械有限公司 ……133
济南星辉数控机械科技有限公司……133
济南一铭数控机械有限公司……134
济南展鸿图机械设备有限公司……134
嘉艺木工机械有限公司……135
建达木业机械厂……135
建湖县福马林业机械配件有限公司……136
江苏保龙机电制造有限公司……136
江苏贝斯特数控机械有限公司……137
江苏常净环保科技有限公司……137
江苏大唐机械有限公司……138
江苏大学……138
江苏福马木业有限公司……139
江苏江佳机械有限公司 ……139
江苏联海动力机械有限公司……140
江苏林海动力机械集团公司……140
江苏林海雅马哈摩托有限公司 ……141
江苏龙在田机械有限公司 ……141
江苏青山机械有限公司……142
江苏省高邮市高鹏机械厂……142
江苏苏美达林海动力机械有限公司……143
江苏维美轻工机械有限公司……143
江西昌大三机科技有限公司……144
江西昌大三机中兴木工机械有限公司……144
江西金丰竹木机械厂……145
江西上高县振宏机械有限公司……145
江西省林业科学院……146
江西星达机械有限公司 ……146
金华强劲木工机械有限公司……147
金华市富强木工机床制造厂……147
金华市强宏板式家具机械有限公司……148
金华市新强力机械有限公司 ……148
金石木机电工业（天津）有限公司 ……149
金鑫机械有限公司 ……149
晋江市神工机械制造有限公司……150
九江市长江木工机械有限公司……150
钧锐木工机械厂……151
俊锋木工机械有限公司 ……151

Contents

Member Info.

Henan Linying Woodworking Machinery Plant······121
Heweier Machinery Co., Ltd.······122
Heilongjiang Dongjingcheng Forestry Machinery Factory ······122
Heilongjiang Sinohope Mechanical and Electrical Equipment Co., Ltd.······123
Heilongjiang Suihua Forestry Machinery Factory······123
Hengte Woodworking Machiney Equipment Factory······124
Hongtai Great (Qingdao) Advanced Machinery Co., Ltd.······124
Shunde Mingjing Machine Fittings Co., Ltd.······125
Hunan Hengdun Group Co., Ltd.······125
China International Exhibition (Shanghai) Co., Ltd.······126
Hunan Province Academy of Forestry······126
South China Agriculture University······127
Huai'an Zhonglu Garden Machinery Co., Ltd.······127

J

Foshan Jilijia Machine Co., Ltd.······128
Jili Woodworking Machinery Co., Ltd.······128
Jilin Shuangying Woodworking Machinery Co., Ltd.······129
Hongsen Haomai (Qingdao) Woodworking Machinery & Equipment Co., Ltd.······129
Xinchangda Machinery Factory······130
Jinan Jaya International Trade and Development Co., Ltd.······130
Jinan Jinshengxing Machinery Manufacture Co., Ltd.······131
Quick CNC Router Co., Ltd.······131
Jinan Ruijie Digital Science & Technology Co., Ltd.······132
Roctech Machinery Co.,Ltd.······132
Jinan Sudiao CNC Router Co., Ltd.······133
Jinan Excitech CNC Technology Co., Ltd.······133
Jinan Yiming CNC Machinery Co., Ltd.······134
Jinan Soar Woodworking Machinery Co., Ltd.······ 134
Jiayi Machinery Co., Ltd.······135
Jianda Woodworking Machinery Factory······134
Jianhu Fuma Forestry Machinery Accessories Co., Ltd.······136
Jiangsu Baolong Electromechanical Manufacturing Co., Ltd. ······136
Jiangsu Best CNC-Machinery Co., Ltd.······137
Jiangsu Changjing Science & Tectnology Environmental Protection Co., Ltd. ······137
Jiangsu Datang Machinery Co., Ltd.······138
Jiangsu University······138
Jiangsu Foma Wood Co., Ltd.······139
Jangja Machinery Co., Ltd. ······139
Jiangsu Lianhai Power Machinery Co., Ltd.······140
Jiangsu Linhai Power Machinery Group Corporation······140
Jiangsu Linhai-Yamaha Motor Co., Ltd.······141
Jiangsu Longzaitian Machinery Co.,Ltd. ······141
Jiangsu Qingshan Machinery Co., Ltd.······142
Gaoyou Gaopeng Machinery Factory······142
Jiangsu Sumec-Linhai Power Machinery Co., Ltd.······143
Jiangsu Weimei Light Industry Machinery Co., Ltd.······143
Jiangxi Changda Sanji Science&Technology Co., Ltd.······144
Jiangxi Zhongxing Woodworking Machinery Co., Ltd.······144
Jiangxi Jinfeng Bamboo Machinery Factory······145
Jiangxi Shanggao Zhenhong Machinery Co., Ltd.······145
Jiangxi Academy of Forestry······146
Jiangxi Xingda Machine Co., Ltd.······146
Jinhua Qiangjing Woodworker Machine Tool Co., Ltd.······147
Jinhua Fuqiang Woodworking Machinery Manufactory ······147
Jinhua Powerful Woodworker Co., Ltd.······148
Jinhua City XinQiangLi Woodworking Machinery Co., Ltd.······148
Stone-wood Machinery and Tools (Tianjin) Co., Ltd.······149
Jinxin Machine Co., Ltd.······149
Fujian Jinjiang Shengong Machinery Manufacturing Co., Ltd.······150
Jiujiang Changjiang Woodworking Machinery Co., Ltd.······150
Junrui Woodworking Machinery Factory······151
Junfeng Woodworking Machinery Co., Ltd.······151

目录

基本信息

K

凯鸿翔机械设备有限公司……152
凯隆伟业木工机械商行……152
快奥金和机械有限公司……153
昆明康发机械有限公司……153
昆明人造板机器厂……154
昆明新飞林人造板有限公司……154
昆山大华机器制造有限公司……155
昆山申昆热压板有限公司……155
昆山市金茂热压板制造有限公司……156
昆山市润丰热压板有限公司……156
昆山市申花热压板厂……157
昆山市永茂机械制造有限公司……157
昆山云岭人造板机械有限公司……158

L

莱州富林机械有限公司……158
莱州市金宏数控设备有限公司……159
兰溪市智腾机械设备制造有限公司……159
蓝帜(南京)工具有限公司……160
廊坊金兰人造板机械有限公司……160
乐成木工刀具配件……161
乐客精密工具（太仓）有限公司……161
利欧集团股份有限公司……162
溧阳平陵林机有限公司……162
溧阳市中净环保机械有限公司……163
林海股份有限公司……163
临海市华洲机械有限公司……164
林守训(个人会员)……164
临沂市翔鹰机械制造有限公司……165
临沂市新天力机械有限公司……165
临沂兴腾人造板机械有限公司……166
临沂振邦国际贸易有限公司……166
柳州市猛狮动力机械有限公司……167
柳州索罗小型动力机械厂……167
柳州威罗动力机械有限公司……168
伦教红丹机械商行……168
伦教劲马木工机械经营部……169
伦教木工机械商会……169
洛阳人造板厂……170
绿友机械集团股份有限公司……170

M

马鞍山市环球机械刀片有限公司……171
马鞍山市绿之友机械制造有限公司……171
孟庆午（个人会员）……172
明鑫盛（青岛）机械制造有限公司……172
牡丹江木工机械(厂)有限责任公司……173

N

南京帝鼎数控科技有限公司……173
南京海威机械有限公司……174
南京林业大学……174
南京林业大学材料科学与工程学院……175
南京林业大学机械电子工程学院……175
南京林业大学家具与工业设计学院……176
南京林业大学科技发展总公司……176
南京农业大学……177
南京锐帜机械有限公司……177
南京森林警察学院……178
南京威克曼科技实业有限公司……178
南京新方达数控有限公司……179
南京卓迈机械有限公司……179

Contents

K

Kaihongxiang Machinery Equipment Co., Ltd. ······ 152
Kailongweiye Woodworking Machine Co., Ltd. ······ 152
Jinhe Wood Machinery Factory ······ 153
Kunming Hong Fat Machinery Co., Ltd. ······ 153
Kunming Wood Based Panel Machinery Plant ······ 154
Kunming Xinfeilin Wood-based Panel Co., Ltd. ······ 154
Kunshan Dahua Wood-Based Panel Machinery Manufacturing Co., Ltd. ······ 155
Kunshan Shenkun Hot Pressboard Co., Ltd. ······ 155
Kunshan Jinmao Reyaban Manufacturing Co., Ltd. ······ 156
Kunshan City Runfeng Hot Pressboard Co., Ltd. ······ 156
Kunshan Shenhua Hot Pressing Plate Factory ······ 157
Kunshan Yongmao Machinery Make Co., Ltd. ······ 157
Kunshan Yunling Man-made Board Machinery Co.Ltd., P.R.China ······ 158

L

Laizhou Fulin Machinery Co., Ltd. ······ 158
Laizhou JinHong CNC Equipment Co.,Ltd. ······ 159
Lanxi Zhiteng Machinery & Equipment Co., Ltd. ······ 159
Leitz Tooling Systems (Nanjing) Co., Ltd. ······ 160
Langfang Jinlan Man-made Board Machinery Co., Ltd. ······ 160
Lecheng Woodworking Cutter Accessories ······ 161
LEUCO Precision Tooling (Taicang) Co., Ltd ······ 161
Zhengjiang LEO Co., Ltd. ······ 162
Liyang Pingling Forestry Machinery Co., Ltd. ······ 162
Liyang Zhongjing Environment Protection Machinery Co., Ltd. ······ 163
Jiangsu Linhai Group ······ 163
Zhejiang Linhai Huazhou Machinery Co., Ltd. ······ 164
Lin Shouxun (Personal Member) ······ 164
Linyi Xiangying Machinery Manufacturing Co., Ltd. ······ 165
Linyi Xintianli Machinery Co., Ltd. ······ 165
Linyi Xingteng Wood-based Panel Machinery Co., Ltd. ······ 166
Linyi Woodchian Trading Co., Ltd. ······ 166
Liuzhou City Menshy Motive Machinery Co., Ltd. ······ 167
Liuzhou Suoluo Small Power Machinery Factory ······ 167
Liuzhou Weiluo Motive Power Machinery Co., Ltd. ······ 168
Lunjiao Hongdan Machinery Firm ······ 168
Jinma Woodworking Machinery Co., Ltd. ······ 169
Lunjiao Woodworking Machinery Chmaber of Commerce ······ 169
Luoyang Wood-Based Panel Factory ······ 170
Beijing Greenman Machinery Company ······ 170

M

Ma' anshan Huanqiu Machinery Blade Co., Ltd. ······ 171
Ma' anshan Green Friend Machine Manufacturing Co., Ltd. ······ 171
Meng Qingwu (Personal Member) ······ 172
Mingxinsheng (Qingdao) Machinery Manufacturing Co., Ltd. ······ 172
Mudanjiang Woodworking Machinery Works Co., Ltd. ······ 173

N

Nanjing Diding Numerical Control Technology Co., Ltd. ······ 173
Harvey Manufacturing (Nanjing) Co., Ltd. ······ 174
Nanjing Forestry University ······ 174
College of Materials Science and Engineering, Nanjing Forestry University ······ 175
College of Mechanical & Electrical Engineering, Nanjing Forestry University ······ 175
College of Furniture and Industrial Design, Nanjing Forestry ······ 176
Science & Technology Development Company of Nanjing Forestry University ······ 176
Nanjing Agricultural University ······ 177
Nanjing Racetools Machine Co., Ltd. ······ 177
Nanjing Forest Police College ······ 178
Nanjing Viccam Technology Enterprise Co., Ltd. ······ 178
Nanjing XFD CNC Equipment Co., Ltd. ······ 179
Nanjing Zmake Machinery Co., Ltd. ······ 179

目录

南通大富士木工机械制造有限公司……180
南通国全木工机械制造有限公司……180
南通凯迪自动机械有限公司……181
南通茂溢机床有限公司……181
南通欧科数控设备有限公司……182
南通市广益机电有限责任公司……182
南通四通林业机械制造安装有限公司……183
南通新世纪机电有限公司……183
内蒙古通辽神鹰通用航空有限公司……184
农业部南京农业机械化研究所……184

P

品瑞良木工机械制造有限公司……185
平度市豪迈木工机械配件厂……185

Q

青岛爱科机械有限公司……186
青岛奥兰德机械制造有限公司……186
青岛奥硕数控机械有限公司……187
青岛百美橡胶有限公司……187
青岛长安木工机械厂……188
青岛长江木工机械有限公司……188
青岛创宇木业机械有限公司……189
青岛德森木业设备有限公司……189
青岛德众伟业机械有限公司……190
青岛富伦特木工机械有限公司……190
青岛福瑞德机械制造有限公司……191
青岛高鼎机械技术有限公司……191
青岛高仕达木工机械有限公司……192
青岛国森机械有限公司……192
青岛海富友机械设备有限公司……193
青岛海斯特轴承有限公司……193
青岛海涌机械制造有限公司……194
青岛豪达豪木业机械制造有限公司……194
青岛豪迈隆木业机械有限公司……195
青岛豪润佳木工机械有限公司……195
青岛昊润木业设备有限公司……196
青岛豪中豪木工机械有限责任公司……196
青岛恒春木工机械厂……197
青岛恒发机械有限公司……197
青岛恒润祥木工机械有限公司……198
青岛宏盛发涂装设备有限公司……198
青岛红强伟业机械有限公司……199
青岛鸿祥润丰木工机械有限公司……199
青岛厚达机械制造有限公司……200
青岛华承天机械制造有限公司……200
青岛华春木业机械有限公司……201
青岛华顺昌木工机械制造有限公司……201
青岛皇源木工机械有限公司……202
青岛汇诚木业设备有限公司……202
青岛吉隆昌机械设备有限公司……203
青岛即墨市精工机械厂……203
青岛佳克木机械制造有限公司……204
青岛坚德利刀具有限公司……204
青岛健隆机械有限公司……205
青岛建诚伟业机械制造有限公司……205
青岛金方圆机械有限公司……206
青岛金海佳木工机械有限公司……206
青岛金岭电器有限公司……207
青岛金三木木工机械有限公司……207
青岛金盛林木工机械有限公司……208
青岛金源盛机械制造有限公司……208
青岛金裕丰机械设备有限公司……209

Contents

Member Info.

Nantong Dafushi Woodworking Machinery Manufacturing Co., Ltd.······180
Nantong Guoquan Woodworking Machinery Manufacturing Co., Ltd.······180
Nantong KD Automatic Machinery Co., Ltd.······181
Nantong Maoyi Machine Tool Co., Ltd.······181
Nantong Ouke NC Equipment Co., Ltd.······182
Nantong Guangyi Electromechanical Co., Ltd.······182
NTST Forestry Machine Manufacture Installation Co., Ltd.······183
Nantong New Century ME Co., Ltd.······183
Inner Mongolia Tongliao Gening General Aviation Co., Ltd.······184
Nanjing Institute of Agricultural Mechanization, Ministry of Agriculture of the······184

P

Guangdong Foshan Shunde Pin–liang Woodworking Machinery Manufacture Co., Ltd.······185
Pingdu Haomai Woodworking Machinery Accessory Factory······185

Q

Qingdao Aike Machinery Co., Ltd.······186
Qingdao Aolande Machinery Manufacturing Co., Ltd.······186
Qingdao Aoshuo CNC Router Co., Ltd.······187
Qingdao Baimei Rubber Ind. Belt Co., Ltd.······187
Qingdao Changan Woodworking Machinery Factory······188
Qingdao Changjiang Woodworking Machinery Co., Ltd.······188
Qingdao Chuangyu Wood Machinery Co., Ltd.······189
Qingdao Desen Woodworking Equipment Co., Ltd.······189
Qingdao Dawnsun Weiye Machinery Co., Ltd.······190
Qingdao Fulunte Woodworking Machienry Co., Ltd.······190
Qingdao Friend Woodworking Machinery Manufacturing Co., Ltd.······191
Qingdao GODN Mechanical Technology Co., Ltd.······191
Qingdao Gaoshida Machinery Co., Ltd.······192
Qingdao Guosen Machinery Co., Ltd.······192
Qingdao Haifuyou Machinery Co.,Ltd.······193
Qingdao Haisite Bearing Co., Ltd.······193
Tsingdao Haiyong Machinery Manufacturing Co., Ltd.······194
Qingdao Jimo Haodahao Woodworking Machinery Manufacturing Co., Ltd.······194
Qingdao Haomailong Woodworking Machinery Co., Ltd.······195
Qingdao Haorunjia Woodworking Machinery Co., Ltd. ······195
Qingdao Haorun Woodworking Equipment Co., Ltd.······196
Qingdao Haozhonghao Woodworking Machinery Co., Ltd. ······196
Qingdao Hengchun Woodworking Machinery Factory······197
Qingdao Hengfa Machinery Co., Ltd.······197
Qingdao Hengrunxiang Woodworking Machinery Co., Ltd.······198
Qingdao Hongshengfa Coating Equipment Co., Ltd.······198
Qingdao Hongqiang Weiye Machinery Co.,Ltd.······199
Qingdao Hongxiangrunfeng Woodworking Machinery Co., Ltd.······199
Qingdao Houda Machinery Manufacturing Co., Ltd.······200
Qingdao Chint Machinery Manufacturing Co., Ltd.······200
Qingdao Huachun Woodworking Machinery Co., Ltd.······201
Qingdao Huashunchang Woodworking Machinery Manufacturing Co., Ltd.······201
Qingdao Huangyuan Woodworking Machinery Co.,Ltd.······202
Qingdao Huicheng Woodworking Machinery Co.,Ltd.······202
Qingdao Jilongchang Woodworking Machine Co., Ltd.······203
Qingdao Jimo Precision Machinery Factory······203
Qingdao Jiakemu Machinery Manufacture Co., Ltd.······204
Qingdao Jiandeli Cutting Tools Co., Ltd.······204
Qingdao Jianlong Machinery Co., Ltd.······205
Qingdao Giantway Equipment Co., Ltd.······205
Qingdao Jinfangyuan Woodworking Machinery Co., Ltd.······206
Qingdao Jinhaijia Woodworking Machinery Co., Ltd.······206
Qingdao Capital Resource Electric Co.,Ltd.······207
Qingdao Jinsanmu Woodworking Machinery Co., Ltd.······207
Qingdao Jinshenglin Woodworking Machinery Co., Ltd.······208
Qingdao Jinyuansheng Machinery Manufacturing Co., Ltd.······208
Qingdao Jingyufeng Machinery Co., Ltd.······209

目录

青岛经纬线涂装净化设备有限公司……209
青岛凯迪气动工程有限公司……210
青岛凯旋木工设备有限公司……210
青岛肯特木工机械厂……211
青岛利旺达机械有限公司……211
青岛林泽木工机械有限公司……212
青岛罗蕾来电气有限公司……212
青岛齐青商地木工机械制造有限公司……213
青岛千川木业设备有限公司……213
青岛千川鑫机械制造有限公司……214
青岛荣鸿翔木工机械有限公司……214
青岛锐杰自动化技术有限公司……215
青岛锐奇木工机械有限公司……215
青岛润德恒丰国际贸易有限公司……216
青岛三山碳素有限公司……216
青岛森林木业机械有限公司……217
青岛山水机械设备有限公司……217
青岛盛福机械制造有限公司……218
青岛晟森木工机械有限公司……218
青岛世东鸿巢机械有限公司……219
青岛施耐森木工机械有限公司……219
青岛市木工机械协会……220
青岛市中琳宏益木工机械厂……220
青岛顺恒达木业机械制造厂……221
青岛顺鑫伟业机械有限公司……221
青岛顺泽木工机械厂……222
青岛松川木工机械有限公司……222
青岛松泰伟业木工机械制造有限公司……223
青岛速霸数控设备有限公司……223
青岛泰科尔机械有限公司……224
青岛天普伦进出口有限公司……224
青岛通力信木工机械有限公司……225
青岛皖南电机销售有限公司……225
青岛威尔特自动化设备技术有限公司……226
青岛威特动力木业机械有限公司……226
青岛西城伟业机械设备有限公司……227
青岛西特机械制造有限公司……227
青岛欣大荣数控机器有限公司……228
青岛鑫光正机械设备集团有限公司……228
青岛欣琦机械有限公司……229
青岛鑫恒发机械有限公司……229
青岛欣江机械有限公司……230
青岛鑫泰木业设备厂……230
青岛欣鑫数控精密机械有限公司……231
青岛新兴顺风机有限公司……231
青岛信永利木工机械有限公司……232
青岛弈天环保设备有限公司……232
青岛永成伟业机械有限公司……233
青岛永富轴承有限公司……233
青岛永强木工机械有限公司……234
青岛永旺机械设备有限公司……234
青岛宇达木业设备有限公司……235
青岛驭顺机械设备有限公司……235
青岛振业胶辊有限公司……236
青岛政田机械有限公司……236
青岛智力涂料有限公司……237
青岛中鼎机械有限公司……237
秋道机械配件商行……238

R

任丘永茂木工机械有限公司……238
日照龙特机械刀具有限公司……239
荣豪木工机械厂……239

Contents

Member Info.

Qingdao Jingwei Coating & Purification Equipment Co., Ltd. ······ 209
Qingdao Kaidi Pneumatic Engineering Co., Ltd. ······ 210
Qingdao Kaisun Woodworking Machinery Co., Ltd. ······ 210
Qingdao Kent Machinery Co., Ltd. ······ 211
Qingdao Liwangda Mchinery Co., Ltd. ······ 211
Qingdao Linze Woodworking Machinery Co., Ltd. ······ 212
Qingdao Lorelei Electric Co., Ltd. ······ 212
Qingdao Qiqing Commercial Land Woodworking Machinery Co., Ltd. ······ 213
Qingdao Qianchuan Woodworking Machinery Co., Ltd. ······ 213
Qingdao Qianchuan Machinery Manufacturing Co.,Ltd. ······ 214
Qingdao Ronghongxiang Woodworking Machinery Co.,Ltd. ······ 214
Qingdao Ruijie Automatics Co., Ltd. ······ 215
Qingdao Ruiqi Woodworking Machine Co., Ltd. ······ 215
Qingdao Runde Hengfeng International Trade Co., Ltd. ······ 216
Sanshan Carbon Star Co., Ltd. ······ 216
Qingdao Forest Woodworking Machinery Co., Ltd. ······ 217
Qingdao Shanshui Machine Facility Co., Ltd. ······ 217
Qingdao Sunup Machinery Manufactue Co., Ltd. ······ 218
Qingdao SOSN Machinery Co., Ltd. ······ 218
Qingdao H&C Woodworking Machinery Co., Ltd. ······ 219
Qingdao Schnell Woodworking Machinery Co., Ltd. ······ 219
Qingdao Woodworking Machinery Association ······ 220
Qingdao Zhonglinhongyi Woodworking Machinery Factory ······ 220
Qingdao Shunhengda Woodworking Machinery Manufacturing Co., Ltd. ······ 221
Qingdao Shunxin Weiye Machinery Co., Ltd. ······ 221
Qingdao Shunze Woodworking Machinery Factory ······ 222
Qingdao Songchuan Woodworking Machinery Co., Ltd. ······ 222
Qindao Songtai Weiye Woodworking Machinery Manufacturing Co., Ltd. ······ 223
Qingdao SUBA CNC-Equipment Co.,Ltd. ······ 223
Qingdao Teco Woodworking Machinery Co., Ltd. ······ 224
Qingdao Tianpulun International Trade Co., Ltd. ······ 224
Qingdao Tonglixin Woodworking Machinery Co., Ltd. ······ 225
Qingdao Wannan Motor Sales Co., Ltd. ······ 225
Qingdao Welter Automated Machinery Co., Ltd. ······ 226
Qingdao New Motivity Woodworking Machinery Co., Ltd. ······ 226
Qingdao Xicheng Weiye Machinery Equipment Co., Ltd. ······ 227
Cater Tools Supply Inc. ······ 227
Daron CNC Machine Tool (Qingdao) Co., Ltd. ······ 228
Qingdao Xinguangzheng Machinery Group Co., Ltd. ······ 228
Qingdao Xinqi Machinery Co., Ltd. ······ 229
Qingdao Xinhengfa Machinery Co., Ltd. ······ 229
Qingdao Xinjiang Machinery Co., Ltd. ······ 230
Qingdao Xintai Wood Industry Equipment Factory ······ 230
Qingdao Xinxin CNC Presion Machine Co., Ltd. ······ 231
Qingdao Xinxingshun Blower Co., Ltd. ······ 231
Qingdao Yongxinli Woodworking Machinery Co., Ltd. ······ 232
Qingdao Yitian Enviornmental Protection Equipment Co., Ltd. ······ 232
Qingdao Yongchengweiye Machinery Co., Ltd. ······ 233
Qingdao Yongfu Bearing Co., Ltd. ······ 233
Qingdao Yongqiang Woodworking Machinery Co., Ltd. ······ 234
Qingdao Yongwang Machinery & Equipment Co., Ltd. ······ 234
Qingdao Yuda Wood Machine co., Ltd. ······ 235
Qingdao Yushun Machinery & Equipment Co., Ltd. ······ 235
Qingdao Zhenyejiaogun Co., Ltd. ······ 236
Qingdao Zhengtian Machinery Co., Ltd. ······ 236
Qingdao Firstlady Present Flower Co., Ltd. ······ 237
Qingdao Zhongding Machinery Co., Ltd. ······ 237
Qiudao Machinery Accessories Trading Company ······ 238

R

Renqiu Yongmao Woodworking Machinery Co., Ltd. ······ 238
Longte Mechanical Knives Co., Ltd. ······ 239
Ronghao Woodworking Machinery Factory ······ 239

目录

瑞安通德传动机械有限公司……240
锐佳机械制造有限公司……240
锐诺数控设备(顺德)有限公司……241

S

三集机械制造有限公司……241
三门峡亿龙机械装备有限公司……242
三能木工机械厂……242
山东百圣源集团有限公司……243
山东晨灿机械有限公司……243
山东高密交运工程机械有限公司……244
山东华盛中天机械集团股份有限公司……244
山东临沂三禾永佳动力有限公司……245
山东省费县金轮机械厂……245
山东华达机械工具有限公司……246
山东通佳机械有限公司……246
山西省太行锯条厂……247
陕西创伟机电有限责任公司……247
陕西西北林业机械股份有限公司……248
上海爱凯思机械刀片有限公司……248
上海福马木工机械设备有限公司……249
上海戈士林业机械有限公司……249
上海黄海磨片有限公司……250
上海捷成企业管理集团有限公司……250
上海金田工具有限公司……251
上海精啄贸易有限公司……251
上海琳杰林业机械有限公司……252
上海美雷带工贸有限公司……252
上海铭隽机械设备有限公司……253
上海牡联木工机械有限公司……253
上海秋林机械有限公司/山西秋林机械有限公司……254
上海人造板机器厂有限公司……254
上海森帝润滑技术有限公司……255
上海帅川（晔川）机械刀片有限公司……255
上海威加利机械刀片有限公司……256
上海西普贸易发展有限公司……256
上海燕森化工有限公司……257
上海烨恒木业机械有限公司……257
上海宜园电器销售有限公司……258
上海英雷红外水份系统科技有限公司……258
上海跃通木工机械设备有限公司……259
韶关市美景工业有限公司……259
邵武市振达机械制造有限责任公司……260
沈阳宝山木工设备厂……260
沈阳带锯机械有限公司……261
沈阳东泰木工机械厂……261
沈阳隆利得木工机械有限公司……262
沈阳新华电机有限公司……262
深圳市纪兴源涂装设备有限公司……263
深圳市嘉汇海实业有限公司……263
深圳市隆瑞科技公司……264
深圳市鑫运祥精密刀具有限公司……264
石家庄灿高高频机械有限公司……265
石家庄开发区纪元电气有限公司……265
石家庄市新华方元机电设备厂……266
双飞木业机械有限公司……266
顺德区博速润滑油有限公司……267
顺德区昶盛机械制造有限公司……267
顺德区成威木工机械厂……268
顺德区东星新机械制造有限公司……268
顺德区干胜宝干燥设备有限公司……269
顺德区精达机械有限公司……269
顺德区伦教峰瑞刀具配件店……270

Contents

Member Info.

Ruian Tongde Driving Mechanical Co., Ltd. ···240
Ruijia Woodworking Machinery Co., Ltd. ···240
Ruinuo (Shunde) CNC Machinery Co., Ltd. ···241

S

Sanji Woodworking Machinery Factory ···241
Sanmenxia Yilong Machinery Co., Ltd. ···242
Sanneng Woodworking Machinery Factory ···242
Shandong Baishengyuan Group Co., Ltd. ···243
Shandong Chencan Machine Co., Ltd. ···243
Shandong Gaomi Transportation Engineering Machinery Co., Ltd. ···244
Shandong Huasheng Zhongtian Machinery Group Co., Ltd. ···244
Linyi Sanhe Yongjia Power Co., Ltd ···245
Shandong Feixian Gold Tum Machinery Plant ···245
Shandong Huada Machienry Tooling Co., Ltd. ···246
Shandong Tongjia Machinery Co., Ltd. ···246
Shanxi Province Taihang Saw Blade Factory ···247
Shaanxi Chuangwei Electrical Co., Ltd. ···247
Shaanxi Northwest Forestry Machinery Co., Ltd. ···248
Shanghai IKS Mechanical Blade Co., Ltd. ···248
Shanghai Fuma Woodworking M&E Co., Ltd. ···249
Shanghai Geshi Forestry Machinery Co., Ltd. ···249
Shanghai Huanghai Grinding Pieces Co., Ltd. ···250
Shanghai Jiecheng Group Co., Ltd. ···250
Shanghai Jintian Tool Co., Ltd. ···251
Shanghai Jingzhuo Trade Co., Ltd. ···251
Shanghai Linjie Forestry Machinery Co., Ltd. ···252
Shanghai Meileidai Industry & Trading Co., Ltd. ···252
Shanghai Mingjuan Machinery & Equipment Co., Ltd. ···253
Shanghai Mulian Woodworking Machinery Co., Ltd. ···253
Shanghai Qiulin Machinery Co., Ltd./ Shanxi Qiulin Machinery Co., Ltd. ···254
Shanghai Wood-based Panel Machinery Co., Ltd. ···254
Shanghai Synnex Oil Technology Co., Ltd. ···255
Shanghai SAITRE Machinery Blade Co.,Ltd. ···255
Shanghai Weijiali Mechanical Blade Co., Ltd. ···256
Shanghai West Trading Development Co., Ltd. ···256
Shanghai Yansen Chemical Industry Co., Ltd. ···257
Shanghai Yeheng Woodworking Machinery Co., Ltd. ···257
YAT Electric Appliance Co., Ltd. ···258
Shanghai Infrared Moisture Technology Co., Ltd. ···258
Shanghai Yuetong Woodworking Machinery & Equipment Co., Ltd. ···259
Shaoguan Meijing Industry Co., Ltd. ···259
Shaowu Zhen-Da Machine Manufactory Co., Ltd. ···260
Shenyang Baoshan Woodworking Machinery Factory ···260
Shenyang Band Saw Machine Co., Ltd., ···261
Shenyang Dongtai Woodworking Machine Works ···261
Shenyang Lead Woodworking Machinery Co., Ltd. ···262
Shenyang Xinhua Electric Co., Ltd. ···262
Shenzhen Jixingyuan Painting Equipment Co., Ltd. ···263
Shenzhen K&H Industries Co., Ltd. ···263
Shenzhen Longray Technology Co.,Ltd ···264
Shenzhen INVT Electric Co., Ltd. ···264
Shijiazhuang Cangao High Frequency Machinery Co.,Ltd. ···265
Shijiazhuang Development Zone Jiyuan Electric Co., Ltd. ···265
Shijiazhuang Xinhua Fangyuan Electromechanical Equipment Co., Ltd. ···266
Shuangfei Woodworking Machinery Co., Ltd. ···266
Shunde Bosu Lubricants Co., Ltd. ···267
Shunde Changsheng Machine Facturing Co., Ltd. ···267
Foshan Chengwei Woodworking Machinery Factory ···268
Shunde District Dongxingxin Machinery Manufacturing Co., Ltd. ···268
Shunde Ganshengbao Drying Equipment Co., Ltd. ···269
Shunde District Jingda Machinery Co., Ltd. ···269
Shunde District Lunjiao Fengrui Woodworking Tools and Assecceries Store ···270

目录

基本信息

顺德区伦教锦迪木工机械厂……270
顺德区伦教久枫恒机电商行……271
顺德区伦教太皓木工机械店……271
顺德区伦教永达金辉木工机械厂……272
顺德区伦教政霖木工机械厂……272
顺德区顺崇机械制造有限公司……273
顺德区威荣木工机械有限公司……273
顺德区新力亚机械有限公司……274
顺德区仲达贸易有限公司……274
顺德区卓华峰机械有限公司……275
顺力兴机械制造厂……275
四川东华机械集团有限公司……276
四川省林丰园林建设工程有限公司……276
四川省林业物资供销总公司……277
四川省青城机械有限公司……277
四川省新岷江人造板机器有限责任公司……278
四会市风帆竹制品机械厂……278
苏州工业园区三达机械有限公司……279
苏州康威机电有限公司……279
苏州林机冷热交换器厂……280
苏州林业机械厂有限公司……280
苏州尚合润滑油有限公司……281
苏州市华翔木业机械有限公司……281
苏州苏福马机械有限公司……282
苏州维茨-益维高设备有限公司……282
苏州威玛盛木业机械有限公司……283
苏州伍得人造板设备有限公司……283
苏州新协力集团有限公司……284
穗嘉盛木工机械厂……284

T

泰安市展鸿木业机械有限公司……285
泰能机械制造有限公司……285
泰州精刃机械有限公司……286
台州百丰电机厂……286
台州市意利欧机械有限公司……287
泰州市玉林动力机械有限公司……287
天津拉米诺木工机械有限公司……288
天津林业工具厂……288
天津市津孚木工机械有限公司……289
天津市凯扬达工贸有限公司……289
通辽市工铧农林机械制造有限责任公司……290

W

万华生态板业股份有限公司……290
王育民（个人会员）……291
王兆伍（个人会员）……291
威海齐全木工机械有限公司……292
伟志豪木工机械有限公司……292
温康纳(常州)机械制造有限公司……293
温岭市竹木机械厂……293
温州希科机器附件有限公司……294
武汉理想新世纪工贸发展有限公司……294
吴江双电程控有限公司……295
无锡大和田精密机械制造有限公司……295
无锡柯玛不锈钢板业有限公司……296
无锡市豪象机械有限公司……296
无锡市盛金机械有限公司……297

X

西南林业大学……297
喜胜木工机械厂……298
翔捷竹木机械设备有限公司……298
新标五金有限公司……299

Shunde Lunjiao Jindi Woodworking Factory······270
Shunde District Lunjiao Jiufengheng Mechanical & Electrical Firm······271
Shunde District Taihao Woodworking Machinery Store······271
Shunde Lunjiao Yongda Jinhui Woodworking Machinery Factory······272
Shunde Lunjiao Zhenglin Woodworking Machinery Factory······272
Shunde District Shunchong Machienry Manufacturing Co., Ltd.······273
Weirong Woodworking Machinery Co., Ltd.······273
Xinliya Woodworking Machinery Co., Ltd.······274
Shunde Zhongda Trade Co., Ltd.······274
Shunde Zhuohuafeng Machinery Co., Ltd. ······275
Shunlixing Machinery Factory······274
Sichuan Donghua Machinery Group Co., Ltd.······276
Sichuan Linfeng Bamboo & Wood Machinery Co., Ltd. ······276
Sichuan Forestry Materials Supply & Sales Corporation······277
Sichuan Qingcheng Machinery Co., Ltd.······277
Sichuan Xinminjiang Wood-based Panel Machine Co., Ltd.······278
Sihui Fengfan Bamboo Machinery Factory······278
Suzhou Sanda Machinery Co., Ltd.······279
Suzhou Kingway Mechanical & Electrial Equipment Co., Ltd.······279
Suzhou Linji Cool-heat Exchanger Factory······280
Suzhou Forestry Machinery Factory Co., Ltd.······280
Suzhou S.H Lubricants Co., Ltd.······281
Suzhou Huaxiang Woodworking Machinery Co., Ltd.······281
Suzhou Sufoma Machinery Co., Ltd.······282
Suzhou Vits-Imaco Equipment Co., Ltd.······282
Wearmer Woodworking Machinery Co.,Ltd.······283
Suzhou Wude Wood-based Panel Machinery Co., Ltd.······283
Xinxieli (Suzhou) Group Co., Ltd.······284
Suijiasheng Woodworking Machinery Factory······284

T

Taian Zhanhong Woodworking Machinery Co., Ltd.······285
Taineng Woodworking Machinery Co., Ltd.······285
Taizhou Jingren Machinery Co., Ltd.······286
Taizhou Baifeng Electrical Machinery Plant······286
Taizhou Evok Machinery Co.,Ltd.······287
Taizhou Yulin Power Machinery Co., Ltd.······287
Tianjin Laminuo Woodworking Machinery Co., Ltd.······288
Tianjin Forestry Tool Works······288
Tianjin Jinfu Woodworking Machinery Co., Ltd.······289
Tianjin Kaiyangda Industry & Trading Co., Ltd.······289
Gonghua Agri-Forestry Machinery Manufacturing Co., Ltd.······290

W

Wanhua Ecoboard Co., Ltd.······290
Wang Yumin (Personal Member) ······291
Wang Zhaowu (Personal Member)······291
Weihai Qiquan Woodworking Machinery Co., Ltd.······292
Weizhihao Machinery Co., Ltd.······292
Wemhoener (Changzhou) Machineery Manufacturing Co., Ltd. ······293
Wenling Bamboo Machinery Factory······293
Wenzhou Sankq Machinery Co., Ltd.······294
Wuhan Lixiang New Century Industry and Trade Development Co., Ltd.······294
Wujiang Shuangdian Program Control Co., Ltd.······295
Dahetian (Wuxi) Exact Machine Co., Ltd.······295
Wuxi Kemar Stainless Steel Plate treatment Co., Ltd.······296
Haoxiang Machinery Co., Ltd.······296
Wuxi Shengjin Machinery Co., Ltd.······297

X

Southwest Forestry University······297
Xisheng Woodworking Machinery Factory······298
Xiangjie Bamboo & Woodworking Machinery Co., Ltd.······298
Xinbiao Metals Co., Ltd.······299

目录

基本信息

鑫长胜豪迈木工机械厂……299
鑫富辉木工机械有限公司……300
鑫科木工机械有限公司……300
鑫荣恒业机械设备有限公司……301
信阳合众人造板机械有限公司……301
信阳木工机械有限责任公司……302
徐州丰展机械有限公司……302
徐州凯林木业机械厂……303
徐州农用航空站……303

Y

亚洲工友（威海）有限公司……304
烟台黄海木工机械有限责任公司……304
烟台市牟平区和风机械有限公司……305
烟台市牟平区金利机械制造有限公司……305
烟台勇士机械有限公司……306
盐城轻通机械有限公司……306
扬州凯士力数控设备科技有限公司……307
扬州维邦园林机械有限公司……307
银泓木工机械厂……308
盈建木工机械厂……308
永康市兴虎动力机械有限公司……309
永兴木工机械设备厂……309
玉环圣弘法数控雕刻设备有限公司……310
于建国 （个人会员）……310
源恒工贸有限公司……311

Z

占雄木业工具厂……311
漳州捷龙自动化技术有限公司……312
浙江安吉良峰竹木机械配件供应站……312
浙江安吉上锋机械制造有限公司……313
浙江百得机械制造有限公司……313
浙江顶峰机械有限公司……314
浙江华奔机械制造有限公司……314
浙江省林业科学院……315
浙江雪强竹木家居用品有限公司……315
浙江余姚市易润园艺灌溉厂……316
浙江诸暨市光裕竹业有限公司……316
镇江市东兴机械有限公司……317
镇江五洲机械制造有限公司……317
镇江中福马机械有限公司……318
浙江中马园林机器有限公司……318
正一昌刀具贸易有限公司……319
郑州华源超硬材料工具有限公司……319
中国兵器工业集团北方通用电子集团有限公司西安电子工程研究所……320
中国兵器装备集团北京北机机电工业有限责任公司消防器材分公司……320
中国福马机械集团有限公司……321
中国福马林业机械上海有限公司……321
中国林业出版社林业科技图书出版中心……322
中国林业机械广州公司……322
中国林业机械哈尔滨猎枪弹具公司……323
中国林业科学研究院木材工业研究所……323
中国林业科学研究院森林生态环境与保护研究所……324
中国龙江森林工业（集团）总公司……324
中国民用航空总局第二研究所……325
中国木机商贸网……325
中南林业科技大学……326
诸暨市金竹笑武道用品有限公司……326
诸暨市顺满红竹木制品有限公司……327
淄博吉孚消防科技有限公司……327

Contents

Xinchangsheng Haomai Woodworking Machine Factory······299
Xinfuhui Woodworking Machinery Co., Ltd.······300
Think Woodworking Machinery Co., Ltd.······300
Xinrong Hengye Woodworking Machine & Equipment Co., Ltd.······301
Xinyang Hezhong Panel Machinery Co., Ltd······301
Xinyang Woodworking Machinery Co., Ltd.······302
Xuzhou Fengzhan Machinery Co., Ltd.······302
Xuzhou Kailin Wood Machinery Factory······303
Xuzhou Agricultural Airport······303

Y

Asia GongYou (WeiHai) Co., Ltd.······304
Shandong Yantai Huanghai Woodworking Machinery Co., Ltd.······304
Yantai Muping Hefeng Machinery Co., Ltd.······305
Yantai Muping Jinli Machinery Making Co., Ltd.······305
Yantai Warrior Machinery Co., Ltd.······306
Yancheng Qingtong Machinery Co., Ltd.······306
Yangzhou Castaly NC Machinery Co., Ltd.······307
Yangzhou Weibang Garden Machinery Co., Ltd.······307
Yinhong Glass Machinery Co., Ltd······308
Yingjian Woodworking Machinery Factory······308
Xing Tiger Power Machine Co., Ltd.······309
Yongxing Woodworking Machinery Equipment Factory······309
Yuhuan Shenghongfa NC Carving Machinery Co., Ltd.······310
Yu Jianguo (Personal Member)······310
YuanHeng Ind. & Trade Co., Ltd.······311

Z

Zhanxiong Wood Tool Factory······311
Zhangzhou Jielong Automation Technology Co., Ltd.······312
Liangfeng Bamboo & Wood Machine Component Supply Department······312
Anji Shangfeng Machinery Facturing Co., Ltd······313
Zhejiang Bettn Machinery Manufacturing Co., Ltd.······313
Zhejiang Dingfeng Machinery Co., Ltd.······314
Zhejiang Huaben Machinery Manufacturing Co., Ltd.······314
Zhejiang Academy of Forestry······315
Zhejiang Lingfeng Machinery Factory······315
Zhejiang Yuyao Yirun Garden Sprayer Factory······316
Zhejiang Zhuji Guangyu Bamboo Co., Ltd.······316
Zhenjiang Dongxing Machinery Co., Ltd.······317
Zhenjiang Wuzhou Machinery Manufacturing Co., Ltd.······317
Zhenjiang Zhongfoma Machinery Co., Ltd.······318
Zhejiang Zomax Garden Machinery Co.,Ltd.······318
Foshan Shunde Zhengchang Manufacturing Tools Co., Ltd.······319
Zhengzhou Huayuan Super Hard Material Cutting Tools Co., Ltd.······319
Xian Electronic Engineering Research Institute, North General Electronics Group Co., Ltd.,China South Industries Group Corporation···320
Fire Equipment Branch, Beijing Beiji Machinery and Electronics Industries Co., Ltd., China South Industries Group Corporation···320
China Foma (Group) Co., Ltd.······321
China National Forestry Machinery Shanghai Co., Ltd.······321
Forestry Science & Technology Publishing Center, China Forestry Press······322
Chian Forestry Machinery Guangzhou Co., Ltd.······322
China Forestry Machinery Harbin Hunting Rifles and Ammunition Company······323
Research Institute of Wood Industry, Chinese Academy of Forestry······323
Institute of Forest Ecological Environment and Protection, Chinese Academy of Forestry······324
Electromechanical Bureau, China Longjiang Forestry Industry (Group) Co., Ltd.······324
The Second Research Institute of CAAC······325
China Woodworking Machinery Trade Website······325
Central South University of Forestry and Technology······326
Zhuji Jinzhuxiao Budokan Products Co., Ltd.······326
Zhuji Shunmanhong Bamboo Products Co., Ltd.······327
Zibo Jifu Fire Science and Technology Co., Ltd.······327

中国林业机械协会
China National Forestry Machinery Association

会员单位基本信息 （排名不分先后）
Member Information (In no particular order)

A

阿酷（北京）科技发展有限公司

Arkoo (Beijing) Science & Technology Development Co., Ltd.

地址：北京市朝阳区安立路56号1号楼2707（100012）
Add: Rm.2707 Building 1, No.56, Anli Rd., Chaoyang District, Beijing 100012, P. R. China.
Tel: 010-84856397
Fax: 010-84856397
E-mail: arkoohr@126.com
Website: www.arkoo.com

主要产品：
农业、林业、园林机械、机具及其相关零部件。
Main Products:
Agriculture, forestry, garden machinery, equipment and related accessories.

爱可机械（深圳）有限公司

Echo Machinery (Shenzhen) Co., Ltd.

地址： 深圳市宝安区前进二路臣田宝田工业区53栋（518126）
Add: No.53 Chentianbaotian Ind. Area, Qianjinerlu Rd, Baoan Dist, Shenzhen City, Guangdong Province 518126, P. R. China.
Tel: 0755-2745522 8
Fax: 0755-27455111
E-mail: info@echo-china.com
Website: www.yamabiko-corp.co.jp

主要产品：
农业、林业、园林机械、机具及其相关零部件。
Main Products:
Agriculture, forestry, garden machinery, equipment and related accessories.

A

安德烈斯蒂尔动力工具（青岛）有限公司

ANDREAS STIHL Power Tools (Qingdao) Co., Ltd

地址：青岛市城阳区河套出口加工区（266113）
Add: Qingdao Export Processing Zone, Chengyang Dist., Qingdao, Shandong 266113, P. R. China.
Tel: 0532-87902038, 87923868
Fax: 0532-87902081
Website: www.stihl.cn

主要产品：
汽油动力链锯，电动链锯，动力　工具，园林机械，林木机械及相关产品，配件。
Main Products:
Gasoline-engine/electric driven saw, Power tool, Garden machinery, Woodworking machine & accessories, After-sale services (Products fully exported).

安徽农业大学

Anhui Agricultural University

地址：安徽省合肥市长江西路130号（230036）
Add: No.130 Changjiang West Rd., Hefei, Anhui, 230036, P. R. China.
Tel: 0551-5786518
E-mail: liusq@ahau.edu.cn
Website: www.ahau.edu.cn

主要产品：农用竹醋液高效制剂制备技术、丛生竹种竹叶主要化学成分研究，对竹材化学工艺及产品进行了深入研究。另外对竹地板、竹木复合集装箱底板有较深入的研究

主要服务：
农用竹醋液高效制剂制备技术、丛生竹种竹叶主要化学成分研究，对竹材化学工艺及产品进行了深入研究。另外对竹地板、竹木复合集装箱底板有较深入的研究。
Main Services:
Efficient preparation of agricultural vinegar preparation techniques, tufted main chemical constituents of bamboo leaves, bamboo chemical processes and products for in-depth study. In addition to the bamboo flooring, bamboo and wood composite container floor has a more in-depth study.

A

安徽农业大学林学与园林学院

College of Forestry and Garden, Anhui Agricultural Univrsity

地址：合肥市长江西路130号（230036）
Add: No.130 Changjiang W. Rd., Hefei City, Anhui Province 230036, P. R. China.
Tel: 0551-65786211
E-mail: xbzh01@163.com
Website: www.ahau.edu.cn

简介：
林学与园林学院前身为安徽大学森林系，创办于1936年， 2004年起更为现名。目前，学院下设林学、林产工业、风景园林、城市规划4个系和实验中心。
Introduction:
School of Forestry and Landscape Architecture, established in 1994, was named as School of Forestry Utilization of Anhui University until 2004. Currently, the school comprises of Dept. of Forestry, Dept. of Landscape Architecture, Dept. of Forestry Industry, Dept. of urban planning, and experimental center.

安徽同兴科技发展有限责任公司

Tongxing Technology Development Co., Ltd.

地址：安徽省合肥市双凤工业区凤麟路(230001)
Add: Fenglin Rd., Shuangfeng Industrial Park, Hefei City, Anhui 230001, P. R. China.
Tel: 0551-6370744
Fax: 0551-6370733
E-mail: sale@txgm.com
Website: www.txgm.com

主要产品：
生产制造数控雕刻机，数控木工加工中心，数控激光金属切割机，数控模具雕铣机。
Main Products: Manufacturing CNC engraving machine, CNC woodworking processing centers, CNC laser metal cutting machine, CNC mold engraving and milling machine.

安吉德迈竹木机械有限公司

Anji Demai Bamboo & Wood Machinery Co., Ltd.

地址：浙江省安吉县阳光工业二区4号路2号（313300）
Add: No. 2, No. 4 Rd., 2nd Sunlight Ind. Park, Anji County, Zhejiang 313300, P. R. China.
Tel: 0572-5302315, 5303981
Fax: 0572-5302429
E-mail: demai@cndemai.com
Website: www.cndemai.com

主要产品：
木线砂光机，边缘仿型砂光机，平面砂光机，双面刨木机，竹材加工机械。
Main Products:
Moulding sanders, Copy edge sanders, Flat sanders, Double-sided planers. Machinery for bamboo processing

安吉东山编织机械制造厂

Anji Dongshan Knitting Machinery Manufacturing Factory

地址：浙江安吉孝丰东山（加油站对面）（313000）
Add: Dongshan (Opposite to gas station), Xiaofeng Town, Anji County, Zhejiang 313000, P. R. China. Tel: 0572-5520128
Fax: 0572-5520128
E-mail: anji@dsbzjx.com
Website: www.dsbzjx.com

主要产品：
竹凉席、窗帘编织机（平织机、提花机、特制的编织机），编织机配套机械。
Main Products:
Bamknitting machines for bamboo mat and bamboo curtain (flat knitting machines, jacquard machines, tailor-made knitting machines), affiliated machines for knitters.

A

安吉富康竹木机械厂

Anji Fukang Bamboo & Wood Machinery Factory

地址：浙江安吉县孝丰镇城东路75号（313301）
Add: No. 75, Chengdong Rd., Xiaofeng Town, Anji County, Zhejiang 313301, P. R. China.
Tel: 0572-5055818
Fax: 0572-5051429
E-mail: zhenglia-139@163.com, fukang-machine@163.com
Website: www.fukang-machine.com

主要产品：
竹工机械（竹木地板、竹筷、竹签、竹凉席成套机械，竹木地板UV涂装线）； 木工机械（砂光机，磨刀机，MB-高速压刨，多轴木工四面刨床，地板双端铣床，精密裁板锯，塑封包装机）；竹木机械配件。
Main Products:
Bamboo working machines (Equipment for bamboo & wood flooring, bamboo chopsticks, bamboo sticks, bamboo mats, UV coaters for bamboo & wood flooring), Woodworking machines (Sanders, Knife Grinders, MB-high speed pressing planers, Multi-spindle four-sided planers, Double-sided milling machines for flooring, Precision panel saws, Plastic packing machines), Parts for bamboo & wood machines.

安吉吉泰机械有限公司

Anji Jitai Machinery Co., Ltd.

地址：浙江省安吉县孝丰镇工业园区（313301）
Add: Ind. Park, Xiaofeng Town, Anji Vil., Zhejiang 313301, P. R. China.
Tel: 0572-5052655, 5520169
Fax: 0572-5051852, 5520169
E-mail: tianfujx@tianfuchina.com, tianfu@tianfuchina.com
Website: www.tianfuchina.com

主要产品：
竹木地板、合板、组立式家具木器、平面涂装整厂设备；宽幅竹凉席、竹地毯油漆线设备，竹木百叶窗油漆线设备，自动双端铣，竹片精铣机，双面涂胶机，双边直线修边机。
Main Products:
Equipment for bamboo & wood flooring, Plywood, Furniture carpentry, Surface coaters, Painting lines for bamboo mats, bamboo carpets and bamboo blinds, Automatic double-ended milling machines, Finish milling machines for bamboo strip, Double-sided glue spreaders, Double-edged straight-line edge trimmers.

安吉建林机械厂

Anji Jianlin Machinery Factory

地址：浙江省安吉县天荒坪白水湾（313300） Add: Baishui Bay, Tianhuangping, Anji County, Zhejiang 313300, P. R. China.
Tel: 0572-5045104
Fax: 0572-5245700
E-mail: yjl0086@jom.com
Website: www.zgzmjx.com

主要产品：
竹木制品加工机械。
Main Products:
Processing machines for bamboo & wood products.

安吉金马竹木机械厂

Anji Jinma Bamboo-wood Working Machinery Factory

地址：浙江省安吉县孝丰镇东山工业园区（313301）
Add: Dongshan Ind. Park, Xiaofeng Town, Anji County, Zhejiang 313301, P. R. China.
Tel: 0572-5520636

主要产品：
竹胶板编织机械。
Main Products: Bamboo forming machine.

A

安吉劲马竹木机械厂

Anji Jinma Bamboo-wood Working Machinery Factory

地址：浙江省安吉县孝丰镇东门大桥头（313300）
Add: Near The Dongmen Bridge, Xiaofeng Town, Anji County, Zhejiang 313300, P. R. China.
Tel: 0572-5057728
Fax: 0572-5057728
E-mail: webmaster@jingmamachine.com
Website: www.jingmamachine.com

主要产品：
竹筷、竹签、竹条机，木工机械。
Main Products:
Machines for bamboo chopsticks, bamboo sticks, bamboo strips, Woodworking machines.

安吉瑞源竹木机械设备厂

Anji Ruiyuan Bamboo & Woodworking Machinery Factory

地址：浙江省安吉县孝丰东门大桥（313301）
Add: Xiaofengdongmen Bridge.Anji, Zhejiang 313301, P. R. China.
Tel: 0572-5521618
Website: www.ajruiyuan.cn

主要产品：竹木机械、竹筷成套机械、牙签成套机械、刨篾机、包装机、竹地板成套设备、竹凉席成套设备、砂光机、破竹机、拉丝机、精刨机、带节双生筷机械、天削筷机械、摇蔑机。
Main Products:
Wood and bamboo machinery, complete sets of machinery chopsticks, toothpicks sets of machinery, bamboo planing machines, packaging machines, equipment bamboo flooring, bamboo mat equipment, sanding machine, Pozhu machine, drawing machine, fine planing machine with twin festival chopsticks machinery, day cut chopsticks machinery, shake smear machine.

安吉天工机械有限公司

Anji Tiangong Machinery Co., Ltd.

地址：浙江省安吉县孝丰镇竹产业工业园区（313300）
Add: High-tech Business Incubator of Bamboo Ind. Park, Xiaofeng Town, Anji County, Zhejiang 313300, P. R. China.
Tel: 0572-5520038
Fax: 0572-5520048
E-mail: info@zjtgjx.com
Website: www.zjtgjx.com

主要产品：
竹木地板、家具板材、油漆涂装、竹制品加工设备。
Main Products:
Machines for bamboo & wood flooring, furniture board, Painting machines, Bamboo products processing machines.

安吉天友竹木机械制造厂

Anji Tianyou Bamboo & Wood Machinery Co., Ltd.

地址：浙江省安吉县孝丰镇东山工业园区（313300）
Add: Dongshan Ind. Park, Xiaofeng Town, Anji County, Zhejiang 313300, P. R. China.
Tel: 0572-5055338
Fax: 0572-5055338
E-mail: anji@zjtianyou.com
Website: www.zjtianyou.com

主要产品：
竹筷、牙签、竹地板、竹凉席成套设备；刨篾机，包装机，砂光机，破竹机，拉丝机，精刨机。
Main Products:
Equipment for bamboo chopsticks, toothpick, flooring and mats. Bamboo strip cutters, packing machines, Sanders, Bamboo cutting machines, Drawing machines, Precision planers.

安吉威隆机械有限公司/九洲机械

Anji Yuehao Machinery Co., Ltd.

地址：浙江省安吉县孝丰镇城西路76号（313300）
Add: No. 76, W. Rd., Xiaofeng Town, Anji County, Zhejiang 313300, P. R. China.
Tel: 0572-5056985
Fax: 0572-5056450
E-mail: yuehaojixie@wood365.cn
Website: yuehaojixie.jiaomai.com

主要产品：
双端圆锯机，砂光机；超精密型双滚涂布机，三灯UV干燥机，淋幕机，磨刀机。
Main Products:
Double-ended circular saws, sanders, super exactitude double axes coating machines, three-lighted UV dryers, paint curtain coaters, knife grinders.

安吉县德威机械有限公司

Anji Dewei MachineryFacturing Co., Ltd.

地址：浙江省安吉县孝丰镇缸窑岭（313300）
Add: Gangyao Hill, Xiaofeng Town, Anji County, Zhejiang 313300, P. R. China.
Tel: 0572-5520708, 7725929
Fax: 0572-5520709
E-mail: chaiguof@126.com
Website: www.dewei.com

主要产品：
干燥机，全精密型双滚涂布机，加热流平机，竹条五轴精刨机，竹条粗刨机，芯板压(穿)线机，双端铣。
Main Products:
Dryers, Precision double-roller coaters, Leveling machines, Five-spindle bamboo strip fine planers, Bamboo strip jack planers, Line pressing machines for block board, Double-ended mills.

安吉县金通竹木机械厂

Anji Jintong Bamboo & Wood Machinery Factory

地址：浙江省安吉县孝丰镇东山工业园区（313300）
Add: Dongshan Ind. Park, Xiaofeng Town, Anji County, Zhejiang 313300, P. R. China.
Tel: 0572-5051999
Fax: 0572-5520298
E-mail: wq@jintongmachine.com
Website: www.jintongmachine.com

主要产品：
锯竹剖竹开片机，竹条及刮青拉丝一次成型机，磨刀机，竹筷成型及往复式操光机，精度圆锯机。
Main Products:
Bamboo saws, Bamboo cutters, Bamboo splitting machines, Bamboo strip drawing machines, Knife grinders, Bamboo chopsticks processing machines, Reciprocating bamboo polishing machines, Precision circular saws.

安吉县青达竹木刀具机械有限公司

Anji Qingda Bamboo-Wood Reamer & Machine Co., Ltd.

地址：安吉县递铺镇城南青山工业园区（313300）
Add: Qingshan Ind. Park, Dipu Town, Anji County, Zhejiang 313300, P. R. China.
Tel: 0572-5045088
Fax: 0572-5245655
E-mail: lyf@chinaqingda.com
Website: www.chinaqingda.com

主要产品：
自动双端铣床，精密裁板机，UV干燥机，宽带砂光机，线条机，粗、精刨机，涂装机，磨刀机。
Main Products:
Automatic double-ended milling machines, Precision panel saws, UV dryers, Wide belt sanders, Moulding machines, Planers, Coaters, Knife grinders.

A

安吉县竹木机械行业协会

Anji Bamboo & Wood Machine Association

地址：安吉县孝丰镇工商所三楼（313301）
Add: 3F, Commerce Office, Xiaofeng Town, Anji County, Zhejiang 313301, P. R. China.
Tel: 0572-5521389
Fax: 0572-5521389
E-mail: jxxh5521389@163.com
Website: www.zgzmjx.com

基本情况：
由安吉县范围内从事竹制品加工机械、木材加工机械、竹木机械刃具及行业有关的生产、加工、流通领域的法人和自然人自愿联合组成的地方性、非营利性、行业性社会团体。
Introduction：
This is a local, professional, nonprofit, and voluntary association that consists of companies of bamboo & wood processing machinery, Blade for bamboo & wood processing machinery and other relatives.

安吉响铃竹木机械有限公司

Anji Xiangling Bamboo & Wood Working Machinery Co., Ltd.

地址：浙江省安吉县递铺镇胜利西路范潭工业园（313300）
Add: Fantan Ind. Park, Shengli West RD, Dipu Town, Anji County, Zhejiang 313300, P. R. China.
Tel: 0572-5053898, 5520915
Fax: 0572-5056222
E-mail: anji@xianglingjixie.com, info@xiangling.com
Website: www.xianglingjixie.com

主要产品：
竹木地板成套设备，竹胶板、竹凉席、竹签类成套设备；BS6-A砂光机系列、双端铣床、四面刨床、磨刀机等木工机械。
Main Products:
Complete set of equipment for bamboo & wood flooring, bamboo plywood bamboo mats and sticks, BS6-A sanders, Double-ended milling machines, Four-sided planers and Knife grinders.

安吉杏荣竹木机械制造厂

Anji Xingrong Bamboo & Wood Machinery Factory.

地址：浙江安吉孝丰东山路出口(老公管所)（313301）
Add: Dongshan Rd., Xiaofeng, Anji County, Zhejiang 313301, P. R. China.
Tel: 0572-5057085
Fax: 0572-5057085

主要产品：
竹筷机械，竹地板机械，竹签机械，建筑模板，竹凉席，竹工艺品。
Main Products:
Machines for bamboo chopsticks, bamboo flooring, bamboo sticks, Construction templates, Bamboo mats, Bamboo products.

安吉永丰竹木刀具厂

Anji Yongfeng Bamboo Blade Factory

地址：浙江省安吉县孝丰镇工业园区（313300）
Add: Xiaofeng Town Industrial Park, Anji, Zhejiang 313300, P. R. China.
Tel: 0572-550005

主要产品：
竹木刀具（拉丝刀，弧刀，平刀），竹地板刀，筷子削尖刀，高速精刨刀等。
Main Products:
Bamboo blade(drawing knives, knife arc, flat knife), bamboo floor blade, chopsticks cutting knives, high-speed precision planer, etc.

A

安吉宇康机械有限公司

Anji Yukang Machinery Co., Ltd. (Anji Tianli Bamboo & Wood Machinery Factory)

地址：浙江省安吉县孝丰镇东山工业园区（313300）
Add: Dongshan Ind. Park, Xiaofeng Town, Anji County, Zhejiang 313300, P. R. China
Tel: 0572-5057343
Fax: 0572-5520098
E-mail: lg@zjajtl.com
Website: www.zjajtl.com

主要产品：
液压机系列（重竹地板、竹胶板、竹凉席、普竹地板、菜板、单板、胶合板、细木工板、竹木刨切板、刨花板、塑胶板、绝缘纸板、平板硫化机、金属打包机压机），竹木机械系列（竹筷、竹签、牙签、竹凉席、竹窗帘、竹地板、竹胶板）。
Main Products:
Hydraulic press series products (strand woven bamboo floor, bamboo plywood, bamboo mats,bamboo floor, chopping board,veneer, plywood, block board, particle board, bamboo veneer, plastic board, insulating cardboard, press vulcanizer,strapping machine and other press)Bamboo & wood processing machinery series (bamboo chopsticks, bamboo toothpick, bamboo wats, bamboo blind, bamboo floor and bamboo plywood)

安吉跃武机械配件厂

Anji Yuewu Mechanical Parts Factory

地址：浙江省安吉县孝丰镇赤坞（313301） Add: Chiwu, Xiaofeng Town, Anji County, Zhejiang 313301, P. R. China.
Tel: 0572-5068985
E-mail: info@chinabamboonet.com
Website: www.zgzmjx.com

主要产品：
竹木制品加工机械。
Main Products:
Processing machines for bamboo & wood products.

A

安吉正丰竹木机械厂

Anji Zhengfeng Bamboo & Wood Machinery Factory

地址：浙江省安吉县孝丰镇(孝丰交警队对面)（313300）
Add: (Opposite to Xiaofeng Traffic Police brigade) Xiaofeng Town, Anji County, Zhejiang 313300, P. R. China.
Tel: 0572-5052717
Fax：0572-5052717
E-mail: webmaster@chinazhengfeng.com
Website: www.chinazhengfeng.com

主要产品：
竹木地板机械，竹条机，竹筷机，木工机械，刀具。
Main Products:
Bamboo & wood flooring processing machines, Machines for bamboo strip, bamboo chopsticks. Wood working machines, Cutting tools.

安珍（个人会员）

An Zhen (Personal Member)

单位：内蒙古农业大学材料科学和艺术设计学院
Material Science and Art Design College, Inner Mongol Agricultural University
地址：内蒙古呼和浩特昭乌达路306号（010018） Add: No. 306, Zhaowuda Rd., Hohhot, Inner Mongolia 010018, P. R. China.
Tel: 0471-4306367
E-mail: anzhen58@sohu.com
Website: www.imau.edu.cn

基本情况：
主持国家自然基金、林业局重大课题、内蒙古自治区攻关课题，参加他人科研课题10余项；获内蒙古自治区科技进步二等奖1项，参编高等教育通用教材2部；发表学术论文20余篇。
Introduction:
He is the project cooperater of Fund of Nature, other major projects of Forestry Bureau and Inner Mongolia Autonomous Region. Also, he took part in more than 10 other projects, won second prize of advance in Inner Mongolia Autonomous Region. In education, He published about 20 papers and he is one of the editors of 2 teaching materials of higher education.

B

百胜木材干燥设备有限公司

Baisheng Timber-drying Equipment Co., Ltd

地址：广东省佛山市顺德区龙江镇生力大道13号（528318）
Add: No.13 Shengli Street, Longjiang Town, Shende Dist., Foshan City, Guangdong 528318, P. R. China.
Tel: 0757-23883222
Fax: 0757-23369883
E-mail: info@gdbsgz.com
Website: www.gdbsgz.com

主要产品：
木材干燥设备。
Main Products:
Timber Drying Equipment

包学耕（个人会员）

Bao Xuegeng (Personal Member)

东林大林产工业学院人造板教研室
Wood-based Panel Department, School of Forestry, Northeast Forestry University
地址：上海市汶水东路459弄23号202室（200434）
Add: Rm. 202, No. 23, Lane 459, Wenshui E. Rd., Shanghai 200434, P. R. China.
Tel: 021-65611426
Fax: 021-65611426

北方重工集团有限公司工程成套分公司

Northen Heavy Industries Group Co., Ltd. EPC Company

地址：辽宁省沈阳经济技术开发区开发大路16号（110141）
Add: No.16 Kaifadalu RD, Economic& Technological Development Area, Shenyang, Liaoning 110141, P. R. China
Tel: 024-25802793 Fax: 024-25802626
E-mail: 13478152007@163.com .
Website: www.china-nhi.com

主要产品：
农业生物质秸秆人造板生产线成套设备，刨花板及定向刨花板生产线成套设备，高密度纤维板、高密度模压门皮板生产线成套设备。
Main Products:
Wood-based panel production line, flakeboard & MDF line, High density fiberboard line.

北海庞赛贸易有限公司

Beihai Ponsse Trading Co., Ltd.

地址： 广西省北海市合浦工业园港湾路1号（536100）
Add: No.1 Gangwan Rd, Hepu Industrial Park, Beihai City, Guangxi 536100, P. R. China.
Tel: 0779-7201872
Fax: 0779-7200432
E-mail: yuchao.shi@ponsse.com
Website: www.ponsse.com

主要产品：
采伐机，集材机，采伐机头，信息控制系统，林机附具及配件。
Main Products:
Harvestor, forwarder, hanvester head, opti control, forestry attachment and accessories.

B

北华大学交通建筑工程学院
College of Transportation and Civil Engineering, Beihua University

地址：吉林省吉林市华山路3999号
Add: No. 3999, Huashan Rd., Jilin, Jilin City, 132013, P. R. China.
Tel: 0432-4640029
Fax: 0432-4671884
E-mail: zhshch2000@163.com，zab7310@126.com
Website: www.beihua.edu.cn

主要服务：
木工机械研究。
Major Services:
Reserch on Woodworking Machinery.

北京安佳木工机械贸易有限公司
Beijing Anjia Woodworking Machinery Trade Co., Ltd.

地址：北京市朝阳区成寿寺路199号（100078）
Add: No.199, Chengshou Rd., Chaoyang Dist., Beijing 100078, P. R. China.
Tel: 010-51312184
Fax: 010-52028231
E-mail: ajmg2008888@126.com

主要产品：
冷、热压机，封边、修边机，推台锯，镂铣机，双端、单端立铣，带锯机，刃具与工具。
Main Products:
Cold presses, Hot presses, Edge bonders, Edge trimming machines, Sliding table saws, Routers, Double/single-ended vertical mills, Band saws, Blades and tools.

B

北京宝粒特木煤机械制造有限公司

Beijing Baolite Wood Pellet Fuel Machinery Manufacturing Co., Ltd.

地址： 北京市通州区潞城镇武兴路5号（101100）
Add: No.5 Wuxing Rd., Lucheng Town, Tongzhou District, Beijing 101100, P. R. China.
Tel： 010-61529688
Fax： 010-61529546
E-mail： 18301459392@126.com
Website： www.pelletwood.com.cn

主要产品：
木煤----生物质成型燃料机械（切碎机、三转子锤刨机、木煤压块机、木煤制粒机）及其成套设备。
Main Products:
Wood Pellet Fuel, Biomass Wood Coal Briquette Machine (Shredder, Three Rotor Hammer Planing Machine, Wood Pellet Fuel Briquetting Machine, Wood Coal Pellet Mill) And Its Equipment.

北京泛欧瑞得科技有限公司

Beijing Riverland S&T Co., Ltd.

地址：北京市通州区潞城镇武兴路5号（佳合产业基地内）（101100）
Add: Jiahe Industrial Basement, No. 5, Wuxing Rd., Lucheng Town, Tongzhou Dist., Beijing 101100, P. R. China.
Tel: 010-61529655, 61529688, 61529636
Fax: 010-61529546
E-mail: guyuto@vip.sina.com
Website: www.cwood.com.cn, www.pelletwood.com.cn

主要产品：
木煤颗粒燃料成套设备，中密度纤维板、刨花板、胶合板单机和全套进口设备。
Main Products:
Complete set of equipment for wood-pellet fuel, Machines for MDF, Particle board, Plywood and complete set of imported equipment.

B

北京泛斯机床有限公司

Beijing Fanch Machinery Co.,Ltd.

地址：北京市通州区工业开发区云杉南路17号(101113)
Add: No.17 Yunshan S. Rd., Industrial Development Zone of Tongzhou Dist., Beijing 1001113, P. R. China.
Tel: 010-61517282
Fax: 010-61517282
E-mail: fanch@fanchcnc.com
Website: www.fanch.cn

主要产品：
木工雕刻机、激光雕刻机、广告雕刻机、等离子切割机、数控加工中心。
Main Products:
Wood Engraving Machine, Laser Engraving Machines, Advertiement Engraving Machines, Plasma Engraving Machines, CNC machine center.

北京丰茂植保机械有限公司

Beijing Fengmao Plant Protection Machinery Co., Ltd.

地址：北京市怀柔区雁栖经济开发区雁栖北三街15号（101407）
Add: No.15 Xianxi 3rd North Rd., Xianxi Economic Development Zone, Huairou District， Beijing 101407, P. R. China.
Tel: 010-61669885
E-mail: bjfmco@163.com
Website: www.sprayerchina.com

主要产品：
喷雾机、喷粉机。
Main Products:
Sprayer, duster.

北京豪迈永信木工机械有限公司

Beijing Haomaiyongxin Woodwork Machinery Co., Ltd

地址：北京经济技术开发区文化园西路8号院1号楼2014室（100176）
Add: No.2014 of No.1 Building, No.8 Yard, Wenhuayuan West RD, Economic& Technological Development Zone, Beijing 100176, P. R. China.
Tel: 010-67606327, 57578252, 51578238
Fax: 010-67948839
E-mail: bjyxmg@aliyun.com
Website: www.yoxn.com.cn

主要产品：
木工机械、木工刀具、木工机械配件、木工机械维修。
Main Products:
Woodworking machine, woodworking cutter, woodworking machinery parts, woodworking machine repairing.

北京吉隆昌木工机械厂

Beijing Jilongchang Woodworking Machinery Factory.

地址：北京市朝阳区十里河天海龙5号北京吉隆昌木工机械厂门市（100050）
厂址：北京房山区窦店镇交道三街村南（102434）
Add (Office): Rm. 1037-1039, No.120, Tai Feng Hui Zhong Da Sha, Zhu Shi Kou West Street, Xuanwu Dist., Beijing 100050, P. R. China.
Add (Factory): Southe of Jiaodaosanjie Village, Doudian Town, Fangshan Dist., Beijing 102434, P. R. China.
Tel: 010-67477710、67346621、80316693
Fax: 010-67346621
E-mail: jilongchang@sohu.com
Website: www.jlcjx.com

主要产品：
半自动、全自动封边机。
Main Products:
Edge Bonding Machine.

B

北京金建经济技术服务公司

Beijing Jinjian Economic & Technological Service Company

地址：北京东城区安定门东大街28号雍和大厦D座808室（100007）
Add: Rm. 808, Cell D, Yonghe Plaza, No. 28, Andingmen E. Str., Dongchen Dist., Beijing 100007, P. R. China.
Tel: 010-64097590, 64097539
Fax: 010-64097385
E-mail:zzxclw@sina.com
Website: www.cbh-jj.com

主要服务：
展览、展示，技术交流，经济技术咨询服务。
Main Products:
Exhibition, display, technology exchange, economic technology consulting service.

北京晋亿福马环境科技有限责任公司

J.Y. Forma Envirtech Co.,Ltd

地址：北京海淀区苏州街18号院长远天地大厦A2-1708室（100080）
Add: Rm. A2-1708, Chang Yuan Tian Di Building, No.18, Suzhou Str., Haidian Dist., Beijing 100080, P. R. China.
Tel: 010-82608468
Fax: 010-82608440/41
E-mail: network@hc360.com
Website: www.jygroup-hk.com

主要产品：
修剪、养护设备，木工机械，路面设备，液压设备。
Main Products:
Trimmers, Maintenance equipment, Woodworking equipment, RD equipment, Hydraulic equipment.

北京京汽汽车服务有限责任公司

Beijing Jingqi Car Service Co., Ltd.

地址：北京市崇文区清华街37号（100062）
Add: No.37 Qinghua Rd., Chongwen District, Beijing 100062, P. R. China.
Tel: 010-67023411

主要产品：
主营销售汽车及配件，摩托车及配件。
Main Products:
Main sales of motor vehicles and parts, motorcycles and accessories.

北京联中联木工机械有限公司

Beijing Lianzhonglian Woodworking Machinery Co., Ltd.

地址：北京市丰台区新宫村明德行（100076）
Add: Mingdehang, Xingong Village, Fengtai Dist., Beijing 100076, P. R. China.
Tel: 010-67914882，67914883
Fax: 010-87301676，67911722
E-mail: lzl@chinalzl.com
Website: www.chinalzl.com

主要产品：
木工机械产品。
Main Products:
Woodworking Machinery Products.

B

北京林业大学

Beijing Forestry University

地址：北京市海淀区清华东路35号（100083）
Add: No.35 Qinghua East Rd., Haidian District, Beijing 100083, P. R. China.
Tel: 010-62338279
E-mail: service@bjfu.edu.cn
Website: www.bjfu.edu.cn

主要产品：
森林消防车、便携式森林消防泵、森林火灾监测系统。
Main Products:
Forest fire truck, forest portable fire pumps, forest fire monitoring systems.

北京林业大学工学院

School of Technology, Beijing Forestry University

地址：北京市海淀区清华东路35号（100083）
Add: No. 35, Qinghua E. Rd., Haidian Dist., Beijing 100083, P. R. China.
Tel: 010-62343037
Fax: 010-62343029

基本情况：
学院下设4个系，5个本科专业和专业方向；有森林工程、机械设计及理论2个博士学位授予权学科和森林工程、车辆工程、机械电子工程、机械设计及理论、控制理论与控制工程5个硕士学位授予权学科，其中机械设计及理论学科为部级重点学科。
Introduction:
It has 4 departments and 5 undergraduate courses. It also has 2 doctor programs (Forestry engineering and Mechanical design and theory) and 5 master programs (Forestery engineering, Vehicle engineering, Mechanical desigh and theory, Control theory and control engineering and Mechanical-electronic engineering)

北京铭龙天同科技有限公司

Artisman Technology Corp.

地址：北京市顺义区李遂工业园遂太路2号（101313）
Add: No.2 Suitai Rd., Lisui Industry Park, Shunyi, Beijing 101313, P. R. China.
Tel: 010-89484021
Fax: 010-89481416
E-mail: liuyunxiang@artisman.cn Website: www.artisman.cn

主要产品：铭龙主要产品有智慧工匠一体机，智能多头机，加工中心，雕刻机，激光切割机等。
Main Products:
CADM the wisdom of craftsman, machining centers, engraving machines, laser cutting machines, etc.

北京凝华科技有限公司

Beijing Ninghua Science & Technology Co., Ltd.

地址：北京市门头沟区石龙开发区平安路1号(102308)
Add：No.1 Pingan Rd., Shilong Development Zone, Mentougou District, Beijing City 102308, P .R. China.
Tel: 010-60804673
Fax: 010-60804985
E-mail: market@ninghua.com.cn
Website: www.ninghua.com.cn

主要产品：
火花机，雕铣机，线切割机，超硬材料（PCD)加工设备等电加工产品，技术服务和加工工艺整体解决方案提供商。
Main Products:
Sparks machines, engraving and milling machine, cutting machine, superhard materials (PCD) processing equipment and other electronic processing products, technical services and processing technology solution provider.

北京市恒达利五金机械有限责任公司

Beijing Hengdali Hardware & Machinery Co., Ltd.

地址：北京市朝阳区十里河居然之家后街（100018）
Add:Backstreet of Easyhome, Chaoyang Dist., Beijing 100018, P.R.China
Tel: 010-65416268
Fax: 010-67344431、65416508
E-mail: hdl@bjhengdali.cn, hengdali12345@sina.com
Website: www.bjhengdali.cn

B

主要产品：
经营范围：布袋吸尘机，单片锯，镂铣机，可推台单轴，双轴铣床，万能磨刀机，立式单轴木工铣床，木工平、压刨床，裁板机，细木工带锯机，砂带磨光机，立卧式砂光机，开榫机，真空贴膜机，自动雕花机，圆锯机。
Main Products:
Bag-type dust removers, Single-rip saws, routers, Single-spindle sliding table milling machines, duplex milling machine, Multi-purposed knife grinders, Vertical single-spindle milling machines, Double-spindle sliding table milling machines, Woodworking flat planers, Woodworking thicknessers, Woodworking veneer cutting machines, Block board band saws, tenoner, vacuum applicators, Automatic carving machines, Woodworking circular saw.

北京市凯华顺五金机械有限责任公司

Beijing Kaihuashun Hardware Machinery Co., Ltd.

地址： 北京市朝阳区十里河天海龙30号（100021）
Add: No.30 Tianhailong Shilihe，Chaoyang Dist, Beijing 100021, P. R. China.
Tel: 010-67330038
Fax: 010-67330038
E-mail: khspanhua@sina.com
Website: www.kaihuashun.com

主要产品：
木工设备、五金交电。
Main Products:
Woodworking machine, Hardware.

B

北京鑫中林木工机械有限公司

Beijing Xinzhonglin Woodworking Machinery Company

地址：北京市丰台区花乡银地家园4号楼3号底商（100070）
Add: No. 3 Shop, No.4 Building, Huaxiang Yindi Jiayuan, Fengtai Dist., Beijing 100070, P. R. China.
Tel: 010-83721977, 83721978
Fax: 010-83722530, 83727185
E-mail: 13901020160@163.com
Website: www.zhonglinjixie.cn

主要产品：
封边机、排钻、锯切系列木工机械及配件。
Main Products:
Edge bonders, Multi-ranged drills, Sawing machines, Woodworking machinery parts.

北京雅展展览服务有限公司

Beijing Yazhan Exhibition Services Ltd.

地址：北京市朝阳区北三环东路6号中国国际展览中心1号馆4层312室（100028）
Add: Rm. 312,4th floor, China International Exhibition Centre, No.6, 3rd north ring RD East, Xibahe Nanlu., Chaoyang Dist., Beijing 100028, P. R. China.
Tel: 010-51293366
Fax: 010-84602816
E-mail: info@bj.adsale.com.hk
Website: www.adsale.com.hk

主要服务：
展览。
Main Products:
Exhibition service.

B

北京怡好思建筑科技发展有限公司

Beijing E-house Building Science & Technology Development Co., Ltd.

地址：北京市大兴区魏善庄镇前苑上村工业园区临8号（102600）
Add: No.8 Qianyuanshangcun Industrial Park, Weishanzhuang Town, Daxing District., Beijing 102600, P. R. China.
Tel: 010-89237071
Fax: 010-89237091
E-mail: ehouse@bjehouse.com
Website: www.bjehouse.com

主要产品：
强化复合地板、实木地板的金刚石刀具，金刚石锯片及涨紧套。
Main Products:
Diamond cutters and blades for intensive composite flooring and solid wood flooring, Tensional cover.

北京友兴友五金机电有限公司

Beijing Youxingyou Hardware & Machinery Co., Ltd.

地址：北京市朝阳区十里河宝佳市场南100米（100021）
Add: Baojia Market, Shilihe, Chaoyang Dist., Beijing 100021, P. R. China.
Tel: 010-67314348
Fax: 010-67311478
E-mail: yuanjuan1987@163.com
Website: www.yuan.com

主要产品：
木工机械，五金配件，及板式、实木加工成套设备。
Main Products:
Woodworking machines, Hardware parts, Board/solid wood processing machines.

北京玉正缘商贸有限公司

Goldmax Co., Ltd.

地址：北京市朝阳区朝阳路8号朗廷大厦A座1117室（100024）
Add: Rm. 1117，A Building, Langting Business Center, Chaoyang Dist., Beijing 100024, P. R. China.
Tel: 010-85869330
Fax: 010-85869335
E-mail: goldmax-000@163.com

主要产品：
销售进口、国产木工机械及零配件。
Main Products:
Selling imported and domestic woodworking machines and parts.

毕孚自动化设备贸易（上海）有限公司

Beckhoff (Shanghai) New Automation Technology Co., Ltd.

地址：上海市江场三路163号5楼（市北工业园区）（200435）
Add: Building 5 No. 163, Jiangchangsan Rd., Shanghai 200435, P. R. China.
Tel: 021-66312666
Fax: 021-66315696
E-mail: info@beckhoff.com.cn
Website: www.beckhoff.com.cn

主要产品：
公司始终以基于PC的自动化新技术作为发展理念，所生产的工业PC、现场总线模块、驱动产品和TwinCAT自动化软件构成了一套完整的、相互兼容的控制系统，可为各个工控领域提供开放式自动化系统和完整的解决方案。
Main Products:
Based on PC new automation technology, Beckhoff produces industrial PC, current-fieldbus box, drives and TwinCAT automation software, which constitute a complete set of mutually compatible control system, and provide open automation systems and complete solutions for various industrial fields.

长春市宏泰木工机械经销有限公司

Changchun Hongtai Woodworking Machinery Sales Co., Ltd.

地址：吉林省长春市南关区东天街8号（130041）
Add: No. 8, Dongtian Str., Nanguan Dist., Changchun, Jilin 130041, P. R. China.
Tel: 0431-88720504
Fax: 0431-88748674
E-mail: hongtai930318@126.com
Website: www.cchongtai.com

主要产品：
经营木工机械、五金配件、电动工具、木工刃具。
Main Products:
Woodworking machines, Hardward parts, Electric tools, Woodworking blades.

常林股份有限公司

Changlin Co., Ltd.

地址：江苏省常州市黄河西路898号（213136）
Add: No.898 Huanghe W. Rd., Changzhou, Jiangsu 213136, P. R. China.
Tel: 0519-86751888
Fax: 0519-86750025, 86753838
E-mail：sales@changlin.com.cn
Website: www.changlin.com.cn

主要产品：
装载机、压路机、平地机三大系列主导产品，并有特种车辆，路面养护机械，小型多功能机械产品，已形成铲运机械、道路机械、汽车改装三大板块数十个品种的产业链。
Main Products:
Mainly at Shovel loaders, RD rollers, Land scrapers, it also has Pavement Maintenance machinery，minitype multifunctional machinery and an Industry chain which include 3 category (Machinery for shovel and transportation, machinery for RD works and car modifying) and varities kinds of products.

锠盛木工机械厂

Changsheng Woodworking Factory

地址：广东省佛山市伦教羊额工业区永安路24号（528308）
Add: No. 24 Yongan RD, Yange Ind. Dist., Lunjiao Town, Foshan City, Guangdong 528308, P. R. China
Tel: 0757-27731802、 27758375 Fax: 0757-27731802
E-mail: cs3388@21cn.com
Website: www.cs3388.com

主要产品：
实木家具整厂生产设备。
Main Products:
The Whole Plant Equipmen of Solid Wood Furniture

常熟市翔鹰人造板机器制造有限公司

Changshu Xiangying Wood Based Panel Machinery Factory

地址：江苏省常熟市苏常路88号（215556）
Add: No.88, Suchang Rd., Changshu, Jiangsu 215556, P. R. China.
Tel: 0512-52457888, 52458778
Fax: 0512-52457888
E-mail: xiangying@xiang-ying.com
Website: www.xiang-ying.com

主要产品：
四辊筒涂胶机，辊筒式高速纵横锯边机，多层网带式、辊筒式单板干燥机。
Main Products:
Four-roller glue spreaders, High-speed roller-type longitudinal & transversal edge saws, Multi-layer belts, Roller-type veneer dryers.

C

常熟市兴力恒木业机械有限公司

Changshu Xingliheng Wood Machinery Co., Ltd.

地址：江苏省常熟市海虞镇虞南村（215517）
Add: Yunan Village, Haiyu Town, Changshu, Jiangsu 215517, P. R. China.
Tel: 0512-52596277
Fax: 0512-52597239
E-mail: lhzhougang@126.com
Website: www.csliheng.com

主要产品：
两层、三层网带式单板干燥机，辊筒式干燥机，网带辊筒复合式单板干燥机，旋切机，剪切刀片刃磨机，双缸液压升降台等产品。
Main Products:
Veneer dryers, rollers tumble dryer, mesh belt roller composite veneer dryer, peeling machine, cutting blade sharpening machine, twin snorkels.

常州常林机械有限公司

Changlin Machinery Co., Ltd.

地址：常州市新北区黄河西路898号（213136）
Add: No.898 Huanghe W. Rd., Xinbei District, Changzhou, Jiangsu 213136, P. R. China.
Tel: 0519-86781259
Fax: 0519-86757111
E-mail: zhuwenying@changlin.com.cn
Website: www.changlinjx.com

主要产品：
为工程机械配套的高压胶管，电器线束。
Main Products:
Accessory for construction machinery. (High-pressure hose, wiring harness)

常州机械刀片有限公司

Changzhou Machinery Blade Co., Ltd.

地址：江苏省常州市横山桥镇省庄村（213119）
Add: Shengzhuang Village, Henshanqiao Town, Changzhou, Jiangsu 213119, P. R. China.
Tel: 0519-88600482, 88612250, 88352449
Fax: 0519-88609668
E-mail: info@czmbf.com
Website: www.czmbf.com

主要产品：
木工行业的旋切刀、刨切刀、削片刀、压尺、剪板刀等各类机械刀片；印刷包装行业的切纸刀，甩刀；其它行业的粉碎机刀片，刮冰刀。
Main Products:
Rotary cutters, Planing cutters, Chipper knives, Pressure bars, Veneer clippers; Paper cutters and swing knives for printing and packing industry; Blades of crusher and ice scrapers for other industry.

常州市润德工具有限公司

ChangZhou Runde Tool Co., Ltd.

地址：江苏省常州市新北区西夏墅镇浦河南街118号（213181）
Add: No.118 Puhe South Rd., , Changzhou, Jiangsu 213181, P. R. China.
Tel: 0519-83461149
Fax: 0519-83461403
E-mail: czlygjtools@163.com
Website: www.rundetools.com

主要产品：
木材、石材金属切削工具的制造、加工；五金、交电、普通机械及零部件、电器机械及器材、仪器仪表、金属材料销售；自营和代理各类商品及技术的进出口业务。
Main Products:
Metal cutting tools, hardware, electrical, general machinery and parts, electrical machinery and equipment, instruments, metal materials.

C

常州新区能源设备有限公司

Changzhou Xinqu Energy Equipment Co., Ltd.

地址：江苏省常州市新北区新桥镇新安路238号（213032）
Add: No.238, Xin'an Rd., Xinqiao Town, Xinbei Dist., Changzhou, Jiangsu 213032, P. R. China.
Tel: 0519-85910398, 85911111, 85910103
Fax: 0519-5910398
E-mail: xqnysb@ 163.com
Website: www.xqnysb.cn

主要产品：
燃煤、燃油（气）、电加热、废气余热有机热载体炉； CCS 标准的船用炉；燃煤、燃油（气）的熔盐炉，石油管道炉，热能中心。
Main Products:
Coal-fired boilers, Oil(Gas)-fired boilers, Electric-heated boiler, Waste heat organic heat carriers for exhaust gas, CCS standard marine boilers, Coal-fired/oil (gas)-fired melting salt boilers, Petroleum pipe boilers, Heat engery centers.

常州益林机械有限公司

Changzhou Yilin Machinery Co., Ltd.

地址： 江苏省溧阳市天目湖工业集中区悦朋路6号 （213333）
Add: No.6 Yuepeng Rd., Tianmuhu Industrial Park, Liyang, Jiangsu 213333, P. R. China.
Tel： 0519-80896689
Fax： 0519-87962336
E-mail： zhaoli_1968@163.com
Website： www.yilinmac.com

主要产品：
林业、木材加工、制浆造纸、环保、矿山、输送、建筑工程用机械及成套设备的研发、制造、销售、安装，自营和代理各类商品及技术的进出口业务。
Main Products:
Forestry, timber processing, pulp and paper, environmental protection, mining, transportation, construction machinery and equipment research and development, manufacturing, sales, installation, and agent all kinds of goods and technology import and export business.

成都华快木工机械有限公司

Chengdu Huakuai Woodworking Machinery Co., Ltd

地址：成都双流元瑞县家具材料城7幢6-24号（61000）
Add: Rm.24, No.6, Build 7, Yuanrui Furniture Machinery City, Shuangliu, Chengdu 610000, P.R.China.
Tel: 028-61910231
Fax: 028-61910232
E-mail: huakuai@263.net, 2214769658@qq.com
Website: www.cdhuakuai.com

主要产品：
木工机械及配件。
Main Products:
Woodworking machinery and accessories.

成都立诚机械有限公司

Chengdu Licheng Machinery Co., Ltd.

地址：成都市高新区芳草东街93号801（600041）
Add: Rm 801, No.93 Fangcao E. Rd, Gaoxin Dist, Chengdu city, Sichuan Province 610041, P. R. China.
Tel: 028-85595538,85592678
Fax: 028-85592678
E-mail: cdlcjx@126.com
Website: www.cdlcjx.com

主要产品：
年产3-8万立方米刨花板成套设备生产线，年产5-10万立方米中密度纤维板成套生产设备 ，年产8-60万套模压套装门的门扇皮和门套皮成套生产线、各种规格的与热压机、冷压机与特殊用途压机。
Main Products:
MDF production line and particle board production line, molded doors leather production lines, molar wheel production lines, door blanks combination of production line, refers to access material hot pressing stitching board production line, building templates hot pressing handling production line, bamboo wood crushing production line, hollow particle board equipment and hotcold press

C

成都前顺科技有限公司

Chengdu Qianshun Technologies Co., Ltd.

地址：成都双流元瑞县家具材料城7幢6-24号（610091）
Add: Ind. Park of Huayan Village, Wenjia Township, Qingyang, Chengdu, Sichuan 610091, P. R. China.
Tel: 028-87071886
Fax: 028-87071650
E-mail: hzchen@cdqianshun.com Website: www.cdqianshun.com

主要产品：
“亿兴”牌系列家具喷漆房，汽车喷、烤漆房，各类非标、普通喷漆房和高温烤房；喷漆房专用风机，燃烧器，打磨台。
Main Products:
“Yixing” spray painting booth, Automobile spray painting equipment, Spray-baking booth, Non-standard and traditional spray painting booth and high-temperature baking Rm, Blowers for spray painting booth, Burners, Grinding tables.

成都市壹佰刀具有限公司

Chengdu Yibai Cutting Tools Co., Ltd.

地址： 成都市双流九江元瑞国际家居材料城10栋8-14号（610000）
Add: No.8-14 Block 10 Jiujiang Yuanrui International Building Material Mall, Shuangliu, Chengdu, Sichuan 610000, P. R. China.
Tel: 028-61914332
Fax: 028-85027709
E-mail: sale@ybtool.com
Website: www.ybtool.com

主要产品：
木工刀具、锯片、成型刀、镂铣刀、指接刀、木工配件。
Main Products:
Woodworking cutting tool, Saw, Cutter, Milling cutter, Woodworking accessories.

成都玉成机器制造有限公司

Chengdu Yucheng Machinery Manufacturing Co., Ltd.

地址：四川省成都市簇桥乡三河村十组（航空四站侧）（610043）
Add: Group 10, Sanhe Vil., Cuqiao Township, Wuhou Dist., Chengdu, Sichuan 610043, P. R. China.
Tel: 028-85195055, 85190035, 8519040
Fax: 028-85173002
E-mail: cdycgy@126.com
Website: www.cdycjq.com

主要产品：
中（高）密度纤维板设备、刨花板设备、人造板深加工设备、除尘设备；边条（再生纤维）、粉尘回收利用系统，再生纤维板生产线。
Main Products:
Equipment for MDF/HDF board, particle board, wood based panel deep processing. Dust removal machines, Regenerated fibre, Dust recycling utilization system, Regenerated fibre production line.

成业机械制造有限公司

Chengye Machinery Machinery Manufacturing Co., Ltd.

地址：广东省佛山市顺德区国际木工机械商城成业楼（528308）
Add: Chengye Building, International Woodworking Machinery Mall, Shunde Dist, Foshan City, Guangdong Province 528308, P. R. China.
Tel: 0757-27758629, 27733863
Fax: 0757-27720878
E-mail: chengye@cymj.com
Website: www.cymj.com

主要产品：
梳齿接木生产线、实木家具设备。
Main Products:
Finger joint continuous production line, Solid wood furniture and equipment.

C

赤峰市赤田农林机械制造厂

Inner Mongolia Chifeng Chitian Agri-Forestry Machinery Manufacturing Factory

地址：内蒙赤峰市红山经济开发区南园区赤田路1号（024000）
Add: No.1Chitian Rd., Hongshan Industrial District, Chifeng, Inner Mongolia 024000, P. R. China.
Tel: 0476-8369319
Fax: 0476-2224875、8660660
E-mail: zhhao505@163.com
Website: www.ymfst.com、www.tfjj.com、www.chitian.com

主要产品：
挖坑机，液压通用植树机，大苗植树机，灌木植树机，起大苗机，床式起苗机，切条机，插苗机，新型链式开沟机，深松机，冻土钻，掘根机，颗粒施肥播种器。
Main Products:
Hole diggers, Hydraulic tree planning machines, Large seeding planting machines, Shrub planting machines, Seeding lifters, Bed-type plant lifters, Strip cutting machines, Seed planting machines, New-type chain ditchers, Soil loosening machines, Drills of frozen soil, Root pullers, Seed and fertilizer drills.

重庆林工机械设备有限公司（林江竹木）

Chongqing Lingong Machinery Co., Ltd.

地址：重庆市沙坪坝区马家岩大川建材市场C栋1-1楼（400038）
Add: 1F, C Building, Majiayan Dachuang Building Material Market, Shapingba Dist., Chongqing, Sichuan 400038, P. R.China.
Tel: 023-65485928
Fax: 023-65486893, 65485190
E-mail: cqljjs429@yahoo.com.cn

主要产品：
竹、木制品加工设备。
Main Products:
Processing Machinery for wood and bamboo.

重庆派斯克刀具制造股份有限公司

Chongqing PACIFICTOOL Industrial Co., Ltd.

地址：重庆市南岸区茶园工业园茶花路3号（401336）
Add: No.3 Chahua Rd., Chayuan Industrial Park. Nanan District, Chongqing 401336, P. R. China.
Tel: 023-62452218
Fax: 023-62452388
E-mail: sale@cq-pacific.com Website: www.cq-pacific.com

主要产品：
生产、销售各类木工机用直刃刨刀，手持式电动刨刀，机夹刨刀，离心刨刀，可换面刀片等。
Main Products:
Woodworking machinery straight edge planer, hand-held electric planer, planer machine folder, centrifugal planer, interchangeable blades and other surfaces

大连北方豪迈木业机械有限公司

Dalian Northern Haomai Woodworking Machinery Co., Ltd

地址：辽宁大连市甘井子区西南路57号（116033）
Add: No.57, Xinan Rd., Ganjingzi Dist., Dalian, Liaoning 116031, P. R. China.
Tel: 0411-86561866, 86605300
Fax: 0411-86605300, 86606098
E-mail: beifanghaomai@163.com
Website: www.mugongjixie.com

主要产品：
木工刨类、钻床、锯切机械，铣齿、镂铣机械，涂胶机，热压机，剪切、拼板、封边、后成型机械，涂漆生产线，干燥窑，真空覆膜机，刀具。
Main Products:
Woodworking planers, Drills, Sawing machines, Gear milling machines, Routers, Glue spreaders, Hot presses, Shearing machines, Clamp carriers, Edge bonders, Post-forming machines, Paint curtain machines, Drying kilns, Vacuum membrane machines, Cutters.

D

D

大连诚汇机械设备有限公司

Dalian Chenghui Machine & Equipment Co., Ltd.

地址：大连市甘井子区西南路芳茗园977-5号15-16轴（116031）
Add: No.15-16 of No.977-5 Fangmingyuan Yard, Xinan RD, Ganjingzi Dist., Dalian City, Liaoning 116031, P. R. China.
Tel: 0411-86730120
Fax: 0411-86730130 E-mail: djmhz@163.com Website: www.jianmingwood.cn

主要产品：
机械设备及配件、五交化商品、家具、木材销售、机械设备现场维修、货物、技术进出口
Main Products:
Machines, Equipment and Parts, hardware, electrical and chemical equipments, Furniture, Timber Sales, Equipment Maintenance, International Trades.

大连恒喆木工机械制造有限公司

Dalian Hengzhe Woodworking Machinery Manufacturing Co., Ltd.

地址： 辽宁省大连开发区保灵街1号(116600)
Add: No.1 Baoling Rd., Dalian Economic Development Zone, Liaoning 116600, P. R. China.
Tel： 0411-87394399
Fax： 0411-87394399
E-mail： gswhui@gmail.com
Website： dlhengzhe.com

主要产品：
平面家具，板式橱柜，木门，地板及PVC扣板等产品的水性与UV涂装设备的研发制造，并根据客户产品专业定制特殊设备。
Main Products:
Plane furniture, panel cabinets, wooden doors, flooring and PVC panel products such as water-based and UV coating equipment R & D and manufacturing, and professional customized products based on customer special equipment.

大连经济技术开发区森港机械刀片有限公司

Dalian ETDZ Sengang Machinery Blade Co., Ltd.

地址：大连开发区铁山东路96号（116000）
Add:No.96 Tieshan E. Rd, Development Zone, Dalian City, Liaoning Province 116000, P. R. China
Tel: 0411-87346060, 87617033, 87340372
Fax: 0411-87633797, 87340304
E-mail: lin@sgknife.com
Website: www.sgknife.com

主要产品：
胶合板旋切刀、刀夹体、卫生筷子旋切刀、压尺、全钢削片刀、剪切刀；切纸刀；刨切机、磨刀机。
Main Products:
Rotary cutters for plywood, Knife holders, Rotary cutters for chopsticks, Pressure bars, All-steel chipper knives, Shearing machines, Paper cutters, Veneer slicers, Knife grinders.

大连中铭木业机械有限公司

Dalian Zhongming Wood Industry Machinery Co., Ltd.

地址：大连市庄河开发区工业园碧水路678号（116400） Add: No. 678, Bishui Rd., Ind. Park of Zhuanghe Development Zone, Dalian, Liaoning 116400, P. R. China.
Tel: 0411-89375818, 89375828
Fax: 0411-89375838
E-mail: zhongming@dlzm.com
Website: www.dlzm.com

主要产品：
精密裁板锯，单双排钻床，铣刨床，冷压机，梳齿机。
Main Products:
Precision panel saws, Single/double-ranged drills, Milling planers, Cold presses, Routers.

D

鼎业实业有限公司

Dingye Shiye Co., Ltd.

地址：广东省佛山市顺德区伦教工业大道路口（528300）
Add: Gongye Street, Lunjiao Town, Foshan City, Guangdong 528308, P. R. China
Tel: 0757-22617800
Fax: 0757- 27887761
Website: www.fsdingye.cn

主要产品：
木工机械配件。
Main Products:
Woodworking Machine Accessories.

东北林业大学

Northeast Forestry University

地址：黑龙江省哈尔滨市香坊区和兴路26号（150040）
Add：No.26, Hexing Rd. Xiang Fang Dist. Harbin, Heilongjiang Provience,150040, P.R. China.
Tel: 0451-82191406
Fax: 0451-82190399
E-mail: zdhcj@126.com
Website: www.nefu.edu.cn

基本情况：
以林科为优势，以林业工程为特色，农、理、工、经、管、文、法相结合的多科性大学，是国家“211工程”重点建设学校。
Major Services:
He is graduated from Northeast Forestry University. Northeast Forestry University is advanced in forestry and forestry engineering. It is a multiversity which consists of agriculture, science, technology, economy, management, literature and school of law. It also a member of 211 works of the key universities.

D

东北林业大学机电工程学院

College of Mechanical & Electronical Engineering, Northeast Forestry University

地址：哈尔滨市和兴路26号310信箱（150040）
Add: P.O box 310, No. 26, Hexing Rd., Harbin, Heilongjiang 150040, P. R. China.
Tel: 0451-82192088
Fax: 0451-82192063
E-mail: wshy8818@yahoo.com
Website: www.nefu.edu.cn

基本情况：
设有机械设计制造及其自动化、电气工程及其自动化、自动化、通信工程、工业设计等本科专业。
Main Products:
The College offers undergraduate major of machine design, manufacture and automation, Electrical engeneering and automation, Automation, Communication engineering, Ind. design.

东北林业大学林业与木工机械工程技术中心

Forestry and Woodworking Machinery Engineering Center of Northeast Forestry University

地址：哈尔滨市和兴路26号206信箱（150040） Add: No.26, Hexing Rd., Haerbin, Heilongjiang 150040, P.R.Chian
Tel: 0451-82190009
Fax: 0451-82192772
E-mail: myan@vip.163.com
Website: lmj.nefu.edu.cn

主要服务：
数控沙发扶手生产线，数控定心机，木片压缩打包机，欧式普及型木窗生产线研究，全自动生态植树机，微米木纤维新型人造板，重组木生产线的研究。
Main Productss:
Production Line of Numerical Control Sofa Handrail, Numerical Control Centering Machine, Spil Compression Packer, Research of European Popular Style Timber Window Production line, Full Automaticity Ecological Tree Planter, Micron Wooden Fiber New Type Hard Board

D

东莞金田豪迈木工机械贸易有限公司

Dongguan Homag Woodworking Machinery Trade Co., Ltd.

地址：广东省东莞市厚街镇双岗家俱大道218号
Add: No.218 Shuanggang Furniture Street, Houjie Town, Dongguan, Guangdong 523948, P. R. China.
Tel: 0769-85924138
Fax: 0769-85898940
E-mail: info@homagchinagf.com
Website: www.homagchinagf.com

主要产品：
销售木工机械及配件、配套软件及提供售后服务
Main Products:
Woodworking machinery, accessories, and supporting software

东莞市广龙木工机械有限公司

Guanglong Woodworking Machinery Co., Ltd.

地址：广东省东莞市沙田镇齐沙村福隆工业区（523997）
Add: Fulong Ind. Park, Qisha Vil., Shatian town, Dongguan, Guangdong 523997, P. R. China.
Tel: 0769-85898930
Fax: 0769-85898940
E-mail: sales@dgguanglong.com, wenbai-18@163.com
Website: www.dgguanglong.com

主要产品：
全自动封边机、电脑锯、往复锯、多排钻。
Main Products:
Full-automatic edge sealing machine, CNC saw, reciprocating saw, double-row drill.

东莞市南兴家具装备制造股份有限公司

Nanxing Furniture Machinery & Equipment Co., Ltd.

地址：广东省东莞市厚街镇双岗村家具大道侧（523948）
Add: Furniture Boulevard, Shuanggang Village, Houjie Town, Dongguan, Guangdong 523948, P. R. China.
Tel: 400-888-2033, 0769-85827789
Fax: 0769-85910399
E-mail: info@nanxing.com.cn
Website: www.nanxing.com.cn

主要产品：
全自动封边机、多排钻、推台锯。
Main Production:
Automatic edge banding machine, multi-drilling, sliding table saw.

东台市巨轮木工机械有限责任公司

Dongtai Julun Woodworking Machinery Co., Ltd.

地址：江苏省东台市安丰镇安琼路15号（224221）
Add: No.15, Anqiong Rd., Anfeng Town, Dongtai, Jiangsu 224221, P. R. China.
Tel: 0515-85561362
Fax: 0515-85561544
E-mail: djchly@sina.com
Website: www.dtjl.com

主要产品：
旋切机，跑车木工带锯机，剪板机，卷板机。
Main Products:
Rotary cutting machines, Woodworking band saws for carriage, Shearing machines, Veneer reeling device.

东台市唐洋带锯机械有限责任公司

Dongtai Tangyang Bandsawing Machine Co., Ltd.

地址：江苏省东台市唐洋镇心红全民创业园16号（224233）
Add: No. 16, Xinhongquanmin Business Park, Tangyang Town, Dongtai, Jiangsu 224233, P. R. China.
Tel: 0515-85651187, 85651028, 69989788
Fax: 0515-85651503, 69989787
E-mail: dtdjjxc@126.com, dtmengjianhua@163.com
Website: www.chinatangyang.com

主要产品：
木工立式、卧式（移动）带锯机、原木多片锯及各类全(半)自动跑车、手推跑车、磨锯机，辊压机、焊接机、开齿机。
Main Products:
Wood working band sawing machine (vertical& horizontal type), multi blade saw for logs, full-automatic/ semi-automatic carriage, platfoRm carriage, saw sharpening machine, calendar press, welding machine, saw-tooth punch.

敦化市拜特科技有限公司

Dunhua City Baite Technology Co., Ltd.

地址：吉林省敦化市经济开发区宏大路88号（133700）
Add: No.88 Hongda Rd., Dunhua Development Zone, Dunhua, Jilin 133700, P. R. China.
Tel: 0433-5072002
E-mail: 15834940870@126.com
Fax: 0433-5072001
Website: www.yalianjx.cn

主要产品：
经营范围为高强度不锈钢生产、高精度带材加工。
Main Products:
High strength stainless steel， High-precision strip machining.

敦化市亚联机械制造有限公司

Yalian Machinery Manufacturing Co., Ltd.

地址：吉林省敦化市开发区康平大街华瑞东路（133700）
Add: Huarui E. Rd., Kangping Str., Dunhua Development Zone, Dunhua, Jilin 133700, P. R. China.
Tel: 0433-6346788, 010-52332817
E-mail: guoxiqiang1218@126.com
Fax: 0433-6346766, 010-52332917
Website: www.yalianjx.cn

主要产品：
连续辊压机，双钢带平压机，中密度、刨花板成型段生产线及全线成套设备。
Main Products:
Continuous rolling presses, Double-steel band flat presses, Forming line and complete set of equipment for MDF/particle board.

佛山市东历机电有限公司

Foshan City Tung Lee Electrical Co., Ltd.

地址：佛山市南海区大沥桂丹路谢叠大桥旁（528000）
Add: Xiedie Bridge, Guidan Rd., Dali, Nanhai Dist., Foshan City, Guangdong 528000, P. R. China.
Tel: 0757-81093009
Fax: 0757-81093007
E-mail: 582925127@qq.com
Website: www.dljd168.com

主要产品：
机械传动、控制配件。
Main Products:
Mechanical transmission, control accessories.

F

佛山市格唯贸易有限公司
Foshan Geweinn Trade Co., Ltd.

地址：佛山市顺德区伦教木工机械交易中心A02A
Add: A02A Lunjiao Exhibition Centre, Lunjiao Shunde Foshan, Guangdong province, P.R.China
Tel: 0757-29832212
Fax: 0757-29832216
Website: www.gewinn.com.cn

主要产品：
经营和代理各类商品及技术的进出口业务。
Main Products:
Import and export business and agents of all types of goods and technology

佛山市豪伟德机械有限公司（原豪德）
Foshan Hold Machine Co., Ltd.

地址：佛山市顺德区伦教工业区新熹二路北（528308）
Add: Xiakunwei Ind. Area, Yangda RD, Lunjiao Town, Shunde Dist., Foshan City, Guangdong 528308, P. R. China.
Tel:0757-286651222, 27735117 Fax:0757-27737976 E-mail: fshold@126.com
Website: www.fs-hold.com

主要产品：
砂光机、精密推台锯。
Main Products:
Sander, sliding table saws

佛山市昊扬木工机械制造有限公司

Haoyang Woodworking Machinery Manufacturing Co.,Ltd.

地址：广东省顺德市伦教镇国际木工机械城B座10-12号（528308）
Add: Place B, 10th, 11th, 12th, Lunjiao International Woodworking Machinery Cente, Shunde Zone, Foshan city, Guangdong 528308, P. R. China.
Tel: 0757-27751179, 27752179
Fax: 0757-27737710
E-mail: xhq9988@126.com
Website: www.xinfar.com

主要产品：
送材机、水洗喷漆台、布袋吸尘机。
Main Products:
Feeding machine, washing spray units, bag vacuum cleaners.

佛山市林丰环保设备有限公司

Foshan Linfeng Environmental Protection Equipment Co., Ltd.

地址：佛山市顺德区伦教荔村虾坤工业区（528000）
Add: Xiakun Industrial Park, Licun, Lunjiao, Shunde Dist., Foshan City, Guangdong 528000, P. R. China.
Tel: 0757- 22818555
Fax: 0757- 22818108
Website: www.belino.cc

主要产品：
砂带清洗机、机械设备、石材加工。
Main Products:
Belt cleaning machines, mechanical equipment, stone processing.

F

佛山市南海区盐步嘉欣荣机械厂（源盛）

Foshan Nanhai Yanbu Jiaxinrong Machinery Factory

地址：广东佛山市南海盐步镇隔海工贸区21号（528247）
Add: No.21 Gehai Industry & Trade Zone, Yanbu Town, Nanhai Dist., Foshan City, Guangdong 528247, P. R. China.
Tel: 0757-85789233, 27725965
Fax: 0757-85751801Website: www.gdfsnhys.cn

主要产品：
木工机械。
Main Products:
Woodworking Machine.

佛山市南海永泰锯业有限公司

Foshan Nanhai Yongtai Saw Co., Ltd.

地址：广东省佛山市南海区狮山镇官窑村工业开发区（528237）
Add: Ind. Development Zone, Guanyao Vil., Shishan Town, Nanhai Dist., Foshan, Guangdong 528237, P. R. China.
Tel: 0759-85803392
Fax: 0759-85802268
E-mail: yongtaisaw@126.com
Website: www.yongtaisaw.com

主要产品：
特殊规格硬质合金圆锯片，锯片翻新和修磨。
Main Products:
Designing and manufacturing special standard circular saw blade of hard alloy, Renovating, trimming and grinding steel blades.

佛山市南海珠江减速机有限公司

Zhujiang Reduction Gear Co., Ltd

地址：广东省佛山市南海区狮山工业园北区兴业北路（528225）
Add: Xingye N. RD. Shishan Ind. Area, Nanhai Dist., Foshan City, Guangdong 528225, P. R. China.
Tel: 0757-86772275-226
Fax: 0757-86783598
E-mail: qiangzhu@qiangzhu.cn
Website: www.qiangzhu.cn

主要产品：
加工、产销减速机入五金杂件。
Main Products:
Hardware for reducer.

佛山市千色海文化传播有限公司

Qiansehai Media Co., Ltd.

地址：广东省佛山市顺德区伦教花园西路金碧豪庭15号（528308）
Add: No.15 Jinbihaoting, Huayuan W. RD., Lunjiao Shunde Dist., Foshan City, Guangdong 528308, P. R. China.
Tel: 0757-27727122、 27739636、 27739686
Fax: 0757-27739600
E-mail: job@qiansehai.com
Website: www.qiansehai.com

主要服务：
编辑《木工机械采购指南》。
Main Services:
Woodworking Machinery Buyer's Guide

F

佛山市森柏斯木工机械制造有限公司
Surpass Woodworking Machinery Manufacture Co., Ltd.

地址：佛山市顺德区伦教羊大路霞石工业区1号（528308）
Add: No.1 Xiashi Industrial Park, Yangda Rd., Lunjiao Town, Foshan City, Guangdong 528308, P. R. China
Tel: 0757-27330088
Fax: 0757-27838099
E-mail: sps99@126.com
Website: www.fssurpass.com

主要产品：
卧式带锯机、拼接机。
Main Products:
Horizontal Band Sawing Machine, Joining Machine.

佛山市顺德区博硕机械制造有限公司
Richfruits Machinery Manufacturing Co., Ltd.

地址：广东省佛山市顺德区伦教工业区一横路北侧（528308）
Add: North Side of Yiheng Road,Industrial Area of Shunde district, Foshan City, Guangdong 528308, P. R. China.
Tel: 0757-27721959，, 27721115
Fax: 0757-27721919, 27736003
E-mail: cnrf2003@hotmail.com
Website: www.richfruits.com

主要产品：
平面砂光机、自动喷漆、涂装线。
Main Products:
Sander, Automatic spray coating line..

佛山市顺德区创旗机械有限公司

Foshan Shunde Chuangqi Machine Co., Ltd.

地址：广东省佛山市顺德区伦教街道荔村村委会工业区龙州路段（528308）
Add: Longzhou Rd, Licun Industrial Area, Shunde Dist., Foshan City, Guangdong 528308, P. R. China.
Tel: 0757-27336865, 28621160 Fax: 0757-26151598
E-mail: bicheyizu@163.com
Website: www.sdcqjx.com

主要产品：
涂装、油漆设备。
Main Products:
Painting Equipments.

佛山市顺德区德顺木工机械厂

Foshan City Shunde Dist. Deshun Woodworking Machinery Factory

地址：广东省佛山市顺德区勒流江村工业区东五路3号（528308）
Add：No.3 East 5 Rd, Leliujiang Village Ind. Area, Lunjiao Town, Foshan City, Guangdong 528308, P. R. China
Tel: 0757-27733659, 27758659
Fax: 0757-25526556
E-mail: info@deshun.cn
Website: www.deshun.cn

主要产品：
实木家具整厂生产设备。
Main Products:
The Whole Plant Equipment of Solid Wood Furniture.

F

佛山市顺德区恩特机械制造有限公司

Ente Woodworking Machinery Co., Ltd.

地址：佛山市顺德区伦教霞石工业区1号（528308）
Add: No.1 Xiashi Ind. Area, Shunde Dist., Foshan City, Guangdong 528308, P. R. China.
Tel: 0757-27726666, 25669382
Fax: 0757-25523998
E-mail: sales@China-ente.com
Website: www.china-ente.com

主要产品：
木工排钻
Main Products:
Drilling machine.

佛山市顺德区富豪木工机械制造有限公司

V-hold Woodworking Machinery Co., Ltd.

地址：佛山市顺德区北滘镇顺江居委会环镇东路1号A区（528308）
Add: Sanhongqi Bridge South, Beihai Vil, Lunjiao, Shunde, Foshan, Guangdong 528308, P. R. China.
Tel: 0757-277339968, 27732836
Fax: 0757-27732547
E-mail: vhold@v-hold.cn
Website: www.v-hold.com.cn

主要产品：
四面刨、双端铣。
Main Products:
Moulders, double end milling.

F

佛山市顺德区光头木工机械有限公司

Bald Woodworking Machinery Co., Ltd.

地址：佛山市顺德区伦教集约工业区工业大道南侧（528308）
Add: South of Ind. RD, Jiyue Ind. Park, Lunjiao Town, Shunde Dist, Foshan 528308, P. R. China.
Tel: 0757-27758846， 27727505
Fax: 0757-27727505， 27750648
E-mail: sales@zhongguoguangtou.cn
Website: www.baldwoodworking.com

主要产品：
梳齿接木生产线、V槽机系列。
Main Products:
Finger joint continuous production line, "V" groove machine

佛山市顺德区豪隆机械有限公司

Haolong Woodworking Machinery Co., Ltd.

地址：顺德区伦教立交桥南侧（528308）
Add: South of Lunjiao Overpass, Foshan, Guangdong 528308, P. R. China.
Tel: 0757-27754574, 27758471 Fax: 0757-27884688
E-mail: admin@hggng.com
Website:www.yahoosme.com

主要产品：
木材干燥设备、木工机械
Main Products:
Dryer, Woodworking machine.

佛山市顺德区豪城强木工机械有限公司

Haochengqiang Woodworking Machinery Co., Ltd.

地址：广东省佛山市顺德区伦教镇霞石工业区成业路（528308）
Add: Xiashi Ind. RD, Lunjiao Town, Shunde Dist., Foshan City, Guangdong 528308. China
Tel: 0757-27736586, 27758489
Fax: 0757-27735607
E-mail: kenny_zhan@yahoo.com.cn
Website: www.hqsander.com

主要产品：
砂光机。
Main Products:
Sander.

佛山市顺德区豪尔德木工机械制造有限公司

Haoerde Woodworking Machinery Co., Ltd.

地址：广东省佛山市顺德区北滘西海二支工业区（528311）
Add: Beijiaoxihaierzhi Ind. Area, Shunde Dist., Foshan City, Guangdong 528311, P. R. China.
Tel: 0757-26391282
Fax: 0757-26391283
E-mail: hed@haoerde.com
Website: www.haoerde.com

主要产品：
封边机。
Main Products:
Edge Banding Machine.

佛山市顺德区恒杰达机械制造有限公司

Foshan Shunde Hengjieda Machinery Manufacturing Co., Ltd.

地址： 佛山市北滘镇槎涌工业大路西侧1号 （ 528308）
Add: No.1 Chayong Industrial Street, Beijiao Town, Foshan, Guangdong 528308, P. R. China.
Tel： 0757-23272328
Fax： 0757-23272330
E-mail： hengjieda.@163.com
Website： www.hengjieda.cn

主要产品：
四面刨，双端铣，双面刨，多片锯。
Main Products:
Four-sided planer, double end milling machine, double-sided planer, Multi-blade saw.

佛山市顺德区泓信机械制造有限公司

Foshan Shunde Hope-sun Machinery Manufacturing Co., Ltd.

地址：佛山市顺德区伦教集约工业区兴荔中路（528308）
Add: Central Xingli Rd., Jiyue Ind. Park, Lunjiao, Shunde, Foshan, Guangdong 52308, P. R. China.
Tel: 0757-27728448Fax: 0757-27728223
E-mail: hox@hope-sun.com.cn, huangamy@126.com
Website: www.hope-sun.com.cn

主要产品：
钻、锯、刨、铣系列产品。
Main Products:
Drillers, Saws, Planers, Milling machines.

F

佛山市顺德区厚积数控设备有限公司

Foshan Shunde Houji CNC Euipment Co., Ltd.

地址：佛山市顺德区乐从镇大墩工业区32号（528000）
Add: No.32 Dadun Industrial Park, Lecong Town, Shunde, Foshan, Guangdong 528000, P. R. China.
Tel: 0757-28782775
Fax: 0757-28782775
Website: www.hou-ji.com

主要产品：
自动喷涂设备。
Main Products:
Automatic spraying equipment.

佛山市顺德区华顺电机实业公司

Foshan Shunde Huashun Electrical Machinery Co., Ltd.

地址：广东佛山市顺德区乐从镇三乐路良村工业区（528315）
Add: Liangcun Ind. Park, Sanle Rd., Lecong Town, Shunde City, Guandong 528315, P. R. China.
Tel: 0757-28866999, 28860255
Fax: 0757-28869738 E-mail: balancing@china.com
Website: www.hua-shun.com.cn

主要产品：
平衡机系列。
Main Products:
Equilibrator

佛山市顺德区集新机械制造有限公司

Jixin Machinery Manufacturing Co., Ltd.

地址：佛山市顺德区伦教常教居委会大成工业区（528300）
Add: Dacheng District, Changjiao, Lunjiao, Shunde District, Foshan City, Guangdong 528300, P. R. China.
Tel: 0757-27880000 Fax: 0757-27882046
E-mail: 32836100@qq.com
Website: www.sdjixin.com

主要产品：
木工机械、锯类、铣类、梳齿等。
Main Products:
Woodworking machinery, saws, milling class, comb.

佛山市顺德区骏泓成机械制造有限公司

Joinsmart Machinery Manufacturing Co., Ltd.

地址：广东佛山市顺德伦教工业区兴荔中路（528308）
Add: Xingli M. Rd., Lunjiao Ind. Park, Shunde District, Foshan City, Guangdong 528308, P. R. China.
Tel: 0757-27730609, 27754609
Fax: 0757-27730609
E-mail: joinsmart@sina.com
Website: www.joinsmart.net

主要产品：
生产龙门锯、卧式带锯。
Main Products:
Production gantry saws, horizontal band saw.

佛山市顺德区俊联鸿徽机械制造有限公司

Junlian Wood Industry Machinery Factory

地址：广东省佛山市顺德伦教北海工业区（528308）
Add: Beihai Ind. Estale,Lunjiao,Shunde Zone,Foshan Guangdong 528308, P. R. China.
Tel: 0757-27882283, 27752788
Fax: 0757-27885683E-mail: jl@jun-lian.cn
Website: www.jun-lian.cn

F

主要产品：
全自动背刀车床。
Main Products:
Full-automatic back knife lathe.

佛山市顺德区伦教诚牌机械厂

Foshan Shunde Lunjiao Chengpai Machinery Factory

地址：佛山市顺德区伦教羊额村工业区（528308）
Add: Yange Village Industrial Park, Lunjiao, Shunde Dist., Foshan City, Guangdong 528308, P. R. China.
Tel: 0757-26158400
Fax: 0757- 27888014
Website: www.fsvoting.com

主要产品：
制造机械及配件。
Main Products:
Machinery and accessory.

佛山市顺德区伦教精美达木工机械制造厂（步精）

Foshan Lunjiao Jingmeida Woodworking Machinery Co., Ltd

地址：上海市奉贤区光明第三工业园区大亭公路4889号（201400） Add: No.4889 Dating Rd., Guangming No.3 Industrial Park, Fengxian District, Shanghai 528308, P. R. China.
Tel: 0757-27733664
Fax: 0757-27882774 E-mail: bujing@smpgd.com
Website: www.smpgd.com

主要产品：
木工机械。
Main Products:
Woodworking Machine.

佛山市顺德区力腾机械制造有限公司

Liton Machinery Manufacturing Co., Ltd.

地址：佛山市顺德区伦教第一工业区兴业路（528308）
Add: Xingye RD, 1st Ind. Park, Lunjiao Town, Shunde Dist, Foshan 528308, P. R. China.
Tel: 0757-27721888, 27721033
E-mail: liton888@163.com
Website: www.litonchina.com

主要产品：
梳齿接木生产线、砂光机。
Main Products:
Rack shaper, Sander.

F

佛山市顺德区伦教大辉木工机械厂

Fuhui Woodworking Machinery Factory

地址：广东佛山市顺德伦教国际木工机械城银晶楼首座（528308）
Add: Yinjinglou Building, International Woodworking Machinery Mall, Shunde Dist., Foshan City, Guangdong 528308, P. R. China.
Tel: 0757-27730999、 27735519
Fax: 0757-27732519
E-mail: dahuimachinery@126.com
Website: www.cnfuhui.com

主要产品：
平面曲面砂光机，油漆涂装、自动喷漆系列产品。
Main Products:
Sander, Paint Coating Machine, Automatic Paint-spraying Machine.

佛山市顺德区伦教利洋木工机械有限公司

Foshan Shunde Lunjiao Liyang Woodworking Machinery Co., Ltd.

地址：广东省佛山市顺德区羊额工业区（528308）
Add:Yange Industrial Park, Shunde, Foshan, Guangdong 528308, P. R. China.
Tel: 0757-26198585
Fax: 0757-29826758
E-mail: liyang@126.com

主要产品：
万向摇臂锯、门锁机、木线机。
Main Products:
Universal radial saw, Lock machine.

佛山市顺德区伦教铭鑫伟机械厂

Foshan Shunde Lunjiao Mingxinwei Machinery Factory

地址：佛山市顺德伦教旧广珠路东边厂房之四（528300）
Add: No.4 East of Guangzhu Rd., Lunjiao, Shunde Dist., Foshan City, Guangdong 528300, P. R. China.
Tel: 0757-22815063
Fax: 2013-12-22 10:09:37
E-mail: 13715527208@163.com
Website: www.mxwjx.com

主要产品：
木工机械及配件制造.
Main Products:
Woodworking machine accessories.

佛山市顺德区伦教威州机械厂

Foshan Weizhou Machine Co., Ltd.

地址：广东佛山顺德区伦教三洲丰产围木材市场（528308）
Add: Sanzhou Fengchan Town Wood Market, Shunde Dist., Foshan, Guangdong 528308, P. R. China.
Tel: 0757-27883735
Fax: 0757-27885136
E-mail: weizhoujixie@alibaba.com.cn
Website: www.weizhoujixie.cn

主要产品：圆锯机、手拉锯。
Main Products:
Circular saw, Hand saw and other universal machines.

F

佛山市顺德区伦教沃克尼奥机械厂

Foshan Xianhao Woodworking Machinery Factory

地址：佛山市顺德区伦教熹涌工业区龙威路10号（528300）
Add: No.10 Longwei Rd., Lunjiao Yongxi Industrial Park, Shunde Dist., Foshan City, Guangdong 528300, P. R. China.
Tel: 0757-27339706
E-mail: lwwyellow@163.com
Website: www.sdvolcano.com

主要产品：
单片纵锯机、上轴纵锯机、下锯机、双面刨木机。
Main Products:
Single vertical saw, vertical shaft saw, saw under sided planer, sided planer.

佛山市顺德区伦教先豪木工机械厂

Foshan Xianhao Woodworking Machinery Factory

地址：广东省佛山市顺德区伦教世龙集约工业区（528308）
Add: Shilong Jiyue Ind. Area, Lunjiao Town, Shunde Dist., Foshan City, Guangdong 528308, P. R. China.
Tel: 0757-27887666
Fax: 0757-27885966
Website: www.fsxianhao.com.cn

主要产品：
封边机、木工机械配件。
Main Products:
Bander, Woodworking Machine Accessory.

佛山市顺德区伦教新基力永富机械制造有限公司

Jili (Yongfu) Woodworking Machinery& Equipment Factory

地址：广东省佛山市顺德区伦教镇熹涌工业区西环5路5号（528308）
Add: No.5 Xihuan, Xiyong Ind. Area, Lunjiao Town, Shunde Dist., Foshan City, Guangdong 528308, P. R. China.
Tel: 0757-26156287, 23622090
Fax: 0757-23622090
E-mail: jlyf@jiliyongfu.cn
Website: xinjiliyongfu.com

主要产品：
梳齿机、接木机、砂布机。
Main Products:
Rack Shaper, Grafting machine, Emery Cloth Machine.

佛山市顺德区伦教鑫利豪达机械厂

Foshan Shunde Lunjiao Xinli Haoda Machinery Factory

地址：伦教镇新塘工业区世龙大道三号B（528300）
Add: No.3B Shilong Street, Xintang Industrial Park, Lunjiao Town, Shunde Dist., Foshan City, Guangdong 528300, P. R. China.
Tel: 0757- 29300065
Fax: 0757- 29300065
Website: www.x1hdjx.com

主要产品：
木工机械、五碟出榫机、立式木工铣床。
Main Products:
Woodworking machinery, dish out five tenon machines, vertical milling machine woodworking.

F

佛山市顺德区伦教永强木工机械厂
Yongqiang Woodworking Machinery Factory

地址：佛山市顺德区伦教工业区（528308）
Add: Ind. Park of Lunjiao, Shunde, Foshan, Guangdong 528308, P. R. China.
Tel: 0757－27732313，27752233
Fax: 0757－27732313
E-mail: yq@gdyongqiang.com
Website: www.gdyongqiang.com

主要产品：
全自动梳齿、涂胶、齿接生产线。
Main Products:
Full-automatic glue P.C., full –automatic toe joint P.C., Flexproof production line

佛山市顺德区伦教裕匠木工机械厂
Foshan Shunde Lunjiao Yujiang Woodworking Machinery Factory

地址：佛山市顺德区伦教集约工业区D12-1号（528308）
Add: No. 1-D12, Jiyue Ind. Park, Lunjiao Town, Shunde, Foshan, Guangdong 528308, P. R. China.
Tel: 0757-27736008, 23626138, 27737028, 23626081
Fax: 0757-23626088
E-mail: info@a-yuj.com
Website: www.a-yuj.com

主要产品：
铰链钻、多轴群钻。
Main Products:
Hinge drilling, multi-axis drilling.

F

佛山市顺德区菱美自动化设备贸易有限公司

Lingmei Electric and Automatic Equipment Co., Ltd.

地址：佛山市顺德区大良凤山西路25号4楼（528308）
Add: Block 4 No.25 Fengshan W. Rd., Daliang, Shunde, Foshan, Guangdong 528308, P. R. China.
Tel: 0757-22212042
Fax: 0757-22212152
E-mail: liang@fszdh.com
Website: www.fszdh.com

主要产品：
工控产品。
Main Products:
Industry control products.

佛山市顺德区明鑫皓木工机械有限公司

Foshan Mingxinhao Woodworking Machinery Co., Ltd.

地址：广东省佛山市顺德区伦教镇伦教工业区科技西路广珠公路三洪奇桥南侧（528308）
Add:Sanhongqi Bridge, Guangzhu Rd, Keji W. Rd. Lunjiao Industrial Area, Shunde Dist., Foshan City, Guangdong 528308, P. R. China.
Tel: 0757-26158560, 27727566
Fax: 0757-27727566
Website: www.china-minghao.com

主要产品：
木工排钻、吸音板钻孔机。
Main Products:
Woodworking Dowelling Jig, Abatvoix Drill.

F

佛山市顺德区品信机械制造有限公司

Pinxin Woodworking Machinery Co., Ltd.

地址：广东省佛山市顺德区伦教永丰工业区北路（528478）
Add: Yongfeng Ind. Area N.RD.Lunjiao Town, Shunde, Foshan, Guangdong 528478, P. R. China.
Tel: 0757-27883075
Fax: 0757-27337871
E-mail: pxjxoyfq2008@126.com
Website: www.pinxinmj.com

主要产品：
生产木工机械、压刨系列产品。
Main Products:
Woodworking Machine, Thicknesser.

佛山市顺德区普力登机械配件有限公司

Protean Machine Industry Co.,Ltd.

地址：顺德区伦教熹涌解放东路南侧工业区F号地（528300）
Add: No.F Jiefang Rd., Xiyong, Lunjiao Town, Shunde, Foshan, Guangdong 528300, P. R. China.
Tel: 0757-27888890 Fax: 0757-27888891
E-mail: pulideng@foxmail.com
Website: www.protean.tw

主要产品：
可调式多轴钻孔头，固定式排钻式钻孔头、铰链式钻孔头。
Main Products:
Adjustable multi-axis drilling head, fixed row drilling drilling head, hinged drilling head.

佛山市顺德区普南气动科技有限公司

Foshan Punan Pneumatic Science & Technology Co., Ltd

地址：广东省顺德区伦教镇振兴路永兆楼16、17号（528308）
Add: No.16-17 Yongzhaolou Zhenxing RD, Lunjiao Town, Shunde, Foshan, Guangdong 528308, P. R. China.
Tel: 0757-27727110 Fax: 0757-27885966
Website:www.gdpunan.com

主要产品：
气动元件、液压元件、机械配件。
Main Products:
Pneumatic Component, Hydraulic Component, Machinery Accessories.

佛山市顺德区普瑞特机械制造有限公司

Foshan ShundePurete Machinical Co., Ltd.

地址：佛山市顺德区北滘镇黄涌工业区南路10号（528308）
Add: No.10 South Rd., Huangyong Industrial Park, Beijiao Town, Shunde District, Foshan City, Guangdong 528308, P. R. China.
Tel: 0757-27758000
Fax: 0757-27754233
E-mail:gdcoating@163.com
Website: www.gdcoating.net

主要产品：
滚涂、淋涂、喷涂设备。
Main Products:
Roller coating, Curtain coating and Spraying equipment.

F

佛山市顺德区容桂亨达机械厂

Foshan Ronggui Hengda Machinery Factory

地址：广东省佛山市顺德区容桂国家高新技术开发区高黎朝光路25号（528306）
Add: No.25 Gaoli Chaoguang Rd., Ronggui National High-tech Development Zone, Shunde, Foshan, Guangdong 528306, P. R. China.
Tel: 0757-26163961
Fax: 0757-26163991, 28887718
E-mail: hd@gdhengda.com.cn
Website: www.gdhengda.com.cn

主要产品：
木工机械及配件。
Main Products:
Woodworking Machine and Accessories.

佛山市顺德区锐匠机械制造有限公司

Foshan Shunde Lunjiao Ruijiang Woodworking Machinery Factory

地址：广东佛山市顺德区伦教霞石工业区东路7号（528308）
Add: No. 7 E. Rd, Xiashi Ind. Park, Shunde Town, Foshan City, Guangdong 528308. P. R. China.
Tel: 0757-26156988
Fax: 0757-27336844 E-mail: rui-jiang@163.com
Website: www.chinaruijiang.com

主要产品：
实木木工机械设备。
Main Products:
Woodworking machinery equipment.

佛山市顺德区赛锐工具有限公司

Foshan Shunde Surrey Tool Co., Ltd.

地址：广东佛山市顺德区伦教镇国际木工机械商城23号（528308）
Add: No.23, Lunjiao International Woodworking Machinery Center, Shunde, Foshan, Guangdong 528308, P. R. China.
Tel: 0757-27883748, 27739213
Fax: 0757-27739132
E-mail: webmaster@surrey.com.cn
Website: www.surrey.com.cn

主要产品：木工刀具、锯片。
Main Products:
Woodworking cutting tools, Saw.

佛山市顺德区上锐机械有限公司

Shangrui Machinery Co., Ltd.

地址：广东省佛山市顺德区伦教镇羊额工业区（528305）
Add: Yange Ind. Area, Lunjiao Town, Shunde Dist., Foshan City, Guangdong 528305, P. R. China.
Tel: 0757-23629696, 22132203
Fax: 0757-23629696
Fax: 0757-23629696
Website: www.gdshangrui.com

主要产品：
冷压机、开榫机、圆盘锯。
Main Products:
Cold-press, Tenoner, Disk Saw

F

佛山市顺德区实德力机械制造有限公司
Foshan Shunde Shideli Machinery Manufacturing Co., Ltd.

地址：顺德伦教北海工业区兴业路南3号（528000）
Add: No.3 Xomgue Rd., Beihai Industrial Park, Lunjiao, Shunde, Foshan, Guangdong 528000, P. R. China.
Tel: 0757-27888999
Fax: 0757-27335433
E-mail: 1003295696@qq.com
Website: www.sluny.cn

主要产品：
砂带床、出榫机、镂机、压刨、拉锯、打眼机。
Main Products:
Belt bed, a tenon machines, engraving machines, planing, see-saw, drill machine.

佛山市顺德区添龙木业有限公司
Foshan TianLong Woodworking Co., Ltd.

地址：佛山市顺德区乐从镇水藤北围工业区（528315）
Add: Shuiteng N. Ind. Area, Lecong Town, Shunde, Foshan, Guangdong 528315, P. R. China.
Tel: 0757-28972997, 28080268, 28828326
Fax: 0757-28828036, 28972996
E-mail: info@jinhuilong.com

主要产品：
刨花板、砂光板。
Main Products:
Panels.

F

佛山市顺德区铁人鑫威木工机械制造有限公司

Foshan Shunde Tieren Xinwei Woodworking Machinery Manufacturing Co., Ltd.

地址：顺德区伦教熹涌村委会伦教集约工业区E04-1-04块地之3（528308） Add: Lunjiao Jiyue Ind. Park, Xiyong, Shunde, Foshan, Guangdong 528308, P. R. China.
Tel: 0757-27733229
Fax: 0757-27733229
Website: www.fstierenxinwei.com

主要产品：
木工冷压机、热压机、门框组合机、升降台、拼板机、涂胶机、排钻、异形压机。
Main Products:
Woodworking cold press, hot press, door frames combination of machines, lifts, puzzle machine, coating machine, Pai drilling, profiled press.

佛山市顺德区同安木工机械制造有限公司

Shunde Lunjiao Tong' an Woodworking Machinery Factory

地址：广东省佛山市顺德区伦教工业区工业大道7号（528308）
Add: No.7 Industrial Rd., Lunjiao Ind. Park, Shunde, Foshan, Guangdong 528308, P. R. China.
Tel: 0757-27752182、 27330838
Fax: 0757-27730892、 27330828
E-mail: shundetongan@163.com
Website: www.tong-an.cn

主要产品：
液压式冷热压机系列，对接机。
Main Products:
Hydraulic hot and cold press series, docking machine

F

佛山市顺德区同凯源机械制造有限公司

Tokeny Machinery Manufacturing Co., Ltd.

地址：广东省佛山市顺德区伦教工业大道熹涌工业区（528308）
Add:Xiyong Industrial Zone, Lunjiao Industrial Street, Shunde Dist., Foshan, Guangdong 528308, P. R. China.
Tel: 0757-27720058
Fax: 0757-27728595
E-mail: tokeny@tokeny.cn
Website: www.tokeny.cn

主要产品：
铰链钻、电子数控裁板锯。
Main Products:
Hinge drill, CNC panel saw.

佛山市顺德区锐豪机械有限公司

Foshan Shunde Ruihao Woodworking Machinery Factory

地址：广东省佛山市顺德区伦教永丰工业区南路（528308）
Add: Yongfeng Industrial Zone S. Rd, Shunde Dist., Foshan City, Guangdong 528308, P. R. China.
Tel: 0757-23626136
Fax: 0757-23626135
E-mail: info@fsruihao.com.cn
Website: www.fsruihao.com.cn

主要产品：
精密裁板锯、梳齿接木机。
Main Products: Cut-to-size saw, Grafting machine.

佛山市顺德区旺泰机械设备有限公司

Foshan Shunde Wangtai Machinery Plant Co., Ltd.

地址：佛山市顺德区伦教第一集约（三洪奇）工业区03-04号地（528308）
Add:No.03-04 Sanhongqi Industrial Zone, Lunjiao, Foshan, Guangdong 528308, P. R. China.
Tel: 0757-27739765
Fax: 0757-27739715
E-mail: wangtailyl@163.com
Website: www.chinawangtai.com

主要产品：
木材干燥设备。
Main Products:
Wood dryer.

佛山市顺德区伟泓机械有限公司

Foshan Weihong Machine Co., Ltd.

地址：广东省佛山市顺德区伦教荔村工业区（528308）
Add: Licun Ind. Area, Shunde Dist., Foshan, Guangdong 528308, P. R. China.
Tel: 0757-26968619
Fax: 0757-27336478
E-mail: whgrinder@163.com
Website:www.w-hone.com

主要产品：磨刀机。
Main Products:
Blade Sharpening Machine

佛山市顺德区玮嘉琦机械有限公司

Foshan Shunde Weijiaqi Woodworking Machinery Co., Ltd.

地址：广东省佛山市顺德区伦教熹涌工业区龙威路（528308）
Add: Lingwei RD, Xichong Ind. Park, Lunjiao, Shunde, Foshan, Guangdong 528308, P. R. China.
Tel: 0757-27336029、26156036
Fax: 0757-26158400
E-mail:fsweijiaqi@126.com
Website: www.weikaqi.cn

主要产品：
双端钻、双头圆锯机附立铣。
Main Products: Double end drill, Twin circular saw with endmilling.

佛山市顺德区伟志宏机械有限公司

Weizhihong Machinery Co.,Ltd.

地址：佛山市顺德区伦教常教居委会科技西路1号（528300）
Add: No.1 Keji West Rd., Changjiao, Lunjiao, Shunde, Foshan, Guangdong 528308, P. R. China.
Tel: 0757-22815949 Fax: 0757-23626684
E-mail:fsweijiaqi@126.com
Website: www.fswzhjx.com

主要产品：
封边机。
Main Products:
Bander.

佛山市顺德区新基宏业机械设备有限公司
Foshan Shunde Xinjiye Woodworking Machinery & Equipment Factory

地址：广东省佛山市顺德区伦教熹涌村羊大路2号（528308）
Add: No.2 Yangda Rd., Xiyong Village, Lunjiao, Shunde, Foshan, Guangdong 528303, P. R. China.
Tel: 0757-27730988
Fax: 0757-27733112
E-mail: info@xinjihongye.com
Website: www.xinjihongye.com

主要产品：
框锯机，拼板机；复合及实木地板，百叶窗片，单板复合门，铰链机，排钻，万能倾斜锯，包边机。
Main Products:
Frame Saw, Puzzle Machine, Composite And Solid Wood Flooring, Blinds Piece Veneer Composite Door Hinge Machine, Platoon Drill, Universal Tilt Saws, Edge Banding Machines

佛山市顺德区新鲁木工机械制造有限公司
Xinlu Woodworking Machinery Manufacturing Co., Ltd.

地址：广东省佛山市顺德区伦教广珠公路国际木工机械城（528308）
Add: Lunjiao International Woodworking Machinery Cente, Shunde Zone, Foshan city, Guangdong 528308, P. R. China.
Tel: 0757-27755663、27881099
Fax: 0757-27881097
E-mail: mjmgjx@126.com
Website: www.sd-luban.com

主要产品：
压刨系列。
Main Products:
Planing machine

佛山市顺德区新马木工机械设备有限公司

New Mas Woodworking Machinery&Equipment Co., Ltd.

地址：佛山市顺德区市伦教北海工业区科技西路（528308）
Add: Beihai Ind. Park, Keji West Rd. Lunjiao, Shunde, Foshan, Guangdong 528308, P. R. China.
Tel: 0757-27332434, 27750267
Fax: 0757-27332751
E-mail: info@mas.com.cn, mas@mas.com.cn
Website: www.mas.com.cn

主要产品：
实木、板式家具成套设备。
Main Products:
Furniture machinery.

佛山市顺德区兴德亿机械制造有限公司

Foshan Xingdeyi Machine Manufacturing Co., Ltd

地址：广东省佛山市顺德区伦教羊额工业区（528305）
Add: Yange Ind. Area, Shunde, Foshan, Guangdong 528308, P. R. China.
Tel: 0757-23605300, 28625568 Fax: 0757-23605298
E-mail: xingdeyimg@163.com
Website: www.xingdeyi.com

主要产品：
实木、板式家具机械。
Main Products:
Furniture Machine.

佛山市顺德区一哥数控机械有限公司（骏杰）

Yige CNC Machinery Co., Ltd

地址：广东省佛山市顺德区伦教镇霞石工业东路31号（528308）
Add: No. 31 Xiashi Industrial E. Rd., Lunjiao Town, Shunde Dist., Foshan City, Guangdong 528308, P. R. China.
Tel: 0757-27731299, 27738588
Fax: 0757-27753732
E-mail: sd-junjie@163.com
Website: www.yigecnc.com

主要产品：
自动背刀车床系列。
Main Products:
Automatic back tool turning machine.

佛山市顺德区意力特木工机械有限公司（原佛山市顺德区班益木工机械有限公司）

Foshan Shunde Yilite Woodworking Machinery Co., Ltd.

地址：广东省佛山市顺德区伦教羊大路荔村虾坤围工业区（528308）
Add: Xiakunwei Industrial Park, Licun Village, Yangda Rd., Shunde Dist., Foshan City, Guangdong 528308, P. R. China.
Tel: 0757-26988221
Fax: 0757-29300108
E-mail:952980530@qq.com
Website: www.eldamgjx.com

主要产品：
精密裁板锯。
Main Products:
Precision board cutting saw.

F

佛山市顺德区永翔盛木工机械有限公司

Foshan YXC Woodworking Machinery Co., Ltd.

地址：广东省佛山市顺德区伦教羊额世龙工业区新印染厂旁（528308）
Add: Yange Shilong Ind. Area Lunjiao, Shunde, Foshan, Guangdong 528308, P. R. China.
Tel: 0757-27737539, 27751439
Fax: 0757-27883079 E-mail: yongsheng@sdyongsheng.cn Website: www.sdyongsheng.cn

主要产品：
实木家具整厂生产设备。
Main Products:
The Whole Plant Equipment of Solid Wood Furniture

佛山市顺德区震帮电业制造厂

Foshan Shunde Zunbon Electronic Manufactory

地址：广东省佛山市顺德区陈村镇广隆南三路9号（528308）
Add: No.7 Xingye RD, Guanglong Ind. Park, Chen Village, Shunde Dist., Foshan City, Guangdong 528308, P. R. China.
Tel: 0757-23358986, 27726490
Fax: 0757-23818286 E-mail: zunbon@zunbon.com.cn Website: www.zunbon.com

主要产品：
全自动封边机、裁板锯。
Main Products:
Full automatic edge bonding machine, Cut-to-size saw.

佛山市顺德区志俊达机械制造有限公司

Foshan Shunde Zhijunda Woodworking Machinery Manufacturing Co., Ltd.

地址：佛山市顺德区伦教工业区振华中路（528308）
Add: Zhenhua M. Rd., Lunjiao Industrial Park, Shunde District, Foshan, Guangdong 528308, P. R. China.
Tel：0757-27836831
Fax：0757-27836831
E-mail：32605855@qq.com
Website：zjmgjx.com

主要产品：
卧式带锯机，龙门锯。
Main Products:
Horizontal band saw machine, gantry saws.

佛山市顺德区志洋木工机械制造有限公司

Foshan Shunde Zhiyang Woodworking Machinery Manufacturing Co., Ltd.

地址：佛山市顺德区伦教集约工业区工业大道尾新熹二路北（528308）
Add: Weixinxierlu North, Gongye Rd., Jiyue Ind. Park, Lunjiao Town, Shunde, Foshan, Guangdong 528308, P. R. China.
Tel: 0757-27881960
Fax: 0757-27881965
E-mail: mh@zhiyang-china.com
Website: www.zhiyang-china.com

主要产品：
卧式带锯机，开榫指接机，液压拼板机，单板拼接机，冷、热压机。
Main Products:
Horizontal band saws, Finger Jointers, Hydraulic clamp carriers, Veneer splicers, Cold/hot presses.

F

佛山市新鸿葳机械实业有限公司

Foshan Simhoway Machinery Co., Ltd.

地址：广东省佛山市顺德区伦教霞石工业区东路27号（528308）
Add: No.27 East RD, Xiashi Ind. Area, Shunde Dist., Foshan City, Guangdong 528308, P. R. China.
Tel: 0757-27732037, 27732182 Fax: 0757-27730882 E-mail: xhd@xinhuada.com
Website: www.xinhuada.com

主要产品：
全自动电子往复裁板锯。
Main Products:
Full Automatic electric shuttle conveyer cut-to-size saw.

佛山市新年华机械实业有限公司

Foshan District Xinnianhua Machienry Industrey Co., Ltd.

地址：佛山市顺德区伦教霞石工业区东路27号（528308）
Add: No.27 East Rd. of Xiashi Industrial Park, Lunjiao Town, Shunde District, Foshan, Guangdong 528308, P. R. China.
Tel： 0757-27738132
Fax： 0757-23620683
E-mail： xinnianhua@188.com
Website： www.xinnianhua.cc

主要产品：
机械设备、机电产品及配件。
Main Products:
Machinery & equipment, mechanical and electrical products and accessories.

佛山市意利欧机械有限公司

Foshan EVOK Machinery Co., Ltd.

地址：广东省佛山市顺德区伦教镇广珠公路东侧木工机械城内（528308）
Add: International Woodworking Machinery Mall, Guangzhu Rd., Shunde Dist., Foshan City, Guangdong 528308, P. R. China.
Tel: 0757-27758151
Fax: 0757-27758252

主要产品：
木工机械。
Main Products:
Woodworking machine.

佛山市友力帮机械有限公司

Foshan Youlibang Machine Co., Ltd.

地址：广东省佛山市顺德区勒流镇江村工业区东四路（528322）
Add: Dongsi RD, Jiang Village Ind. Area, Leliu Town, Shunde Dist., Foshan City, Guangdong 528322, P. R. China.
Tel: 0757-26912858 Fax: 0757-25522198 E-mail: gdylbjx@yeah.net
Website: www.ylbjx.com

主要产品：
木工机械、五金机械。
Main Products:
Woodworking Machine, Hardware Machine.

佛山市驭骏木工机械有限公司

Foshan City Yujun woodworking machinery Co., Ltd

地址：广东省佛山市顺德区伦教羊额周地工业区（528308）
Add: Yange Zhoudi Ind. Area, Lunjiao Town, Shunde Dist., Foshan City, Guangdong 528308, P. R. China.
Tel: 0757-27722335, 27726666
Fax: 0757-27720655
E-mail: Sales@yu-jun.com
Website: yu-jun.com

主要产品：
木工多排钻系列。
Main Productss:
Woodworking Multi-row Drill

佛山市正大机电配套有限公司

Foshan Zhengda Mechanical & Electrical Group Co., Ltd.

地址： 佛山市顺德区伦教镇多喜中心二层212号 （528308）
Add: No.212 Floor 2 of Duoxi Center, Lunjiao Town, Shunde District, Foshan, Guangdong 528308, P. R. China.
Tel： 0757-27727341
Fax： 0757-27727342
E-mail： zd.sd@office.zdjd.com
Website： www.zdjd.com

主要产品：
代理木工机械专用电机，减变速机。
Main Products:
Agent woodworking machinery motor, reduction gearbox.

佛山市正笙贸易有限公司

Foshan Zheng Sheng Trading Co., Ltd.

地址：广东省佛山市顺德区伦教国际木工机械城伦教展览馆二楼（528308）
Add: Floor 2, Lunjiao International Woodworking Machinery Exhibition Hall, Lunjiao, Foshan, Guangdong 528308, P. R. China.
Tel: 0757-27339058
Fax: 0757-27339758
E-mail: service@zstrading.com
Website: www.zstrading.com

主要产品：
刀具系列。
Main Products:
Wood Cutting Tool

佛山市中豪兴木工机械有限公司

Foshan Zhonghaoxing Woodworking Machinery Co., Ltd.

地址：佛山市顺德区勒流江村工业大道西五路4号（528308）
Add:No.5 West 5 Rd., Industrial Street of Leliujiang Village, Shunde, Foshan, Guangdong 528308, P. R. China.
Tel: 0757-23669948
E-mail: zhonghaoxingjixie@163.com
Website: www.zhxing.com.cn

主要产品：
木工锯床系列和木工刨床系列。
Main Products:
Woodworking sawing and planer.

佛山市准达机械制造有限公司

Foshan City Zhunda Machinery Manufacturing Co., Ltd.

地址： 佛山市顺德区伦教三洲振兴路18号第8仓厂房 （528308）
Add: No.8 Warehouse, No.18 Sanzhouzhenxing Rd., Lunjiao Town, Shunde District, Foshan, Guangdong 528308, P. R. China.
Tel： 0757-27735008
Fax： 0757-27880231
E-mail： info@gd-guangyi.com
Website： www.gd-guangyi.com

主要产品：
压机，推台锯。
Main Products:
Press, sliding table saw.

佛山泰上机械有限公司

Guangdong Taisan Machinery Co., Ltd.

地址：佛山市三水区乐平工业园C区61号
Add: No.61 Section C, Leping Industrial Park, Sanshui District, Guangdong 528000, P. R. China.
Tel: 0757- 87263301
Fax: 0757- 87263300
Website: www.cntaisan.com

主要产品：
生产VV淋涂、VV辊涂、VV自动生产线。
Main Products:
VV curtain coating, VV roller coating, VV automatic production line.

福建华大电机有限公司

Fujian Huada Motor Co., Ltd.

地址：福建省福安市溪柄镇田坂村工业区（355000）
Add: gTianban Village Industrial Park, Xibing Town, Fuan City, Fujian Province 355000, P. R. China.
Tel: 0593-6313388
Fax: 0593-6579498E-mail: 21huada@163.com

主要产品：
高温风机，高温电机
Main Products:
High temperature fans, high-temperature motors.

福建农林大学

Fujian Agriculture and Forestry University

地址：福州市辖区建新镇金山（230036）
Add: Jinshan, Jianxin Town, Fuzhou, Fujian 230036, P. R. China.
Tel: 0591-83789495
E-mail: fjxieyq@hotmail.com
Website: www.fafu.edu.cn

主要产品：
竹材硫酸盐浆低污染ECF漂白技术、竹木复合结构长材、竹纤维设备、竹复合材料制作及材性研究。
Main Products:
ECF bleaching technology, wood composite structure longs, bamboo fiber equipment, bamboo and wood composite materials research bamboo kraft pulp pollution.

F

福建省闽侯县联翔木工机械厂
Fujian Minhou Lianxiang Woodworking Machinery Factory

地址：福建省闽侯县荆溪镇港头村（350101）
Add: Jingxi Town, Minhou County, Fujian 350101, P. R. China.
Tel:0591-22623888, 22623881, 22616133 Fax: 0591-22623882
E-mail: sales@dachuan.net, jsheng0610@163.com
Website: www.dachuan.net

主要产品：
拼板机，接木机，多电锯，多层刨压机，四面刨，梳齿机。
Main Products:
Clamp carriers, Finger jointers, Comb machines, matcher, multilayer thicknesser, multiple blade saws.

福建中福实业股份有限公司
Fujian Zhongfu Industrial Co., Ltd.

地址：福建省福州市五四路159号世界金龙大厦23层（350007）
Add: Floor 23 Jinlong Mall, No.159 Wusi Rd., Fuzhou, Fujian 350007, P. R. China.
Tel: 0591-87871990 Fax: 0591-87383288
E-mail: maoshlu@163.com

主要产品：
中高密度纤维板、强化复合地板、刨花板。
Main Products:
High-density fiberboard, laminate flooring, particleboard.

福马振发（北京）新能源科技有限公司

Foma Zhenfa (Beijing) New Energy Technology Co., Ltd.

地址：北京市朝阳区安苑路20号世纪兴源大厦301室（100029）
Add: Shijixingyuan Building, No. 20, Anyuan Str., Chaoyang Dist., Beijing 100029, P. R. China.
Tel: 010-63537132、63537131
Fax: 010-63537132、63537131
E-mail: tianyoufa2008@yahoo.cn
Website: www.chinafoma.com

主要产品：
刨花板、水泥刨花板、胶合板、中密度纤维板成套设备，工程机械，小动力机械，刀具刃具。
Main Products:
Complete set of equipment for particle board, cement particle board, plywood, and MDF. Engeneering machines, Mini-type motive power, Cutters and blades.

富宁木工机械有限公司

Funing Woodworking Machinery Co., Ltd.

地址：广东省佛山市顺德区伦教街道仕版工业区奋扬路（528308） Add: Fenyang RD, Shiban Ind. Area, Lunjiao Shunde Dist., Foshan City, Guangdong 528308, P. R. China.
Tel: 0757-27751167, 27332798
Fax: 0757-27332798
E-mail: funing@fu-ning.cn
Website: www.fu-ning.cn

主要产品：
实木、板式家具整厂生产设备
Main Products:
The Whole Plant Equipmen of Wood Furniture

F

富世华全能（常州）机械有限公司

Komastu Zenoah (Changzhou) Machine Co., Ltd.

地址：江苏常州新北区黄河西路366号（213125）
Add: No. 366, Huanghe W Rd., Xinbei Dist., Changzhou, Jiangsu 213125, P. R. China.
Tel: 021-59159629、0519-89857511、85103888
Fax: 021-59153364、0519-85137187
E-mail: xiqing.yue@husqvarna.cn
Website: www.husqvarnagroup.com

主要产品：
割灌机，绿篱机，2冲程小型发动机，油锯，喷雾喷粉机，水泵，树枝粉碎机等用于园林绿化、市政道路的手提式小型机械。
Main Products:
Hand-held small machinery like Brush cutters, Hedge trimmers, Two-stroke mini-type engines, Chain saws, Sprayers, Pumps and Chipper shredders that related to landscaping and RD building.

福州绿邦农林机械有限公司

Fuzhou Lvbang Agriculture and Forestry Machine Co., Ltd.

地址：福建省福州市仓山区洋洽坊兜2号（350008）
Add: No. 2, Yangqia Fangdou, Cangshan Dist., Fuzhou, Fujian 350008, P. R. China.
Tel: 0591-83441426、 83597707
Fax: 0591-83441426
E-mail: lbc333@163.com
Website: www.irano.com.cn

主要产品：
草坪机，草坪割草机，草坪梳草机，高枝油锯，割灌割草机、碎枝机，园艺工具，配件。
Main Products: Lawn machines, Lawn movers, Lawn combers, Chain saws, Brush cutters, Chipper shredders, Garden machines.

F

福州木工机床研究所

Fuzhou Research Institute of Woodworking Machinery

地址：福建省福州市鼓楼区六一中路115号（350005） Add: No. 115, Liuyi Zhonglu, Gulou Dist., Fuzhou, Fujian 350005, P. R. China.
Tel: 0591-83359727, 83361121
Fax: 0591-83361121
E-mail: mgjc115@126.com

主要服务：
木工机床新产品(包括锯、车、刨、钻、磨、铣、开榫及刀具修磨)的试验研究与设计。
Main Products:
Experimental research and design of woodworking machines (saws, lathes, planers, drills, grinders, mills, tenoners, knife grinders)

福州三森机械有限公司

Sansen Machinery Co., Ltd.

地址：福州市仓山区建新南路151号（350007）
Add: No.151 Jianxinnan RD, Cangshan Dist., Fuzhou City, Fujian 350007, P. R. China.
Tel: 0591-83843171
Fax: 0591-83843183
E-mail: 21792220@qq.com
Website: www.3sjx.com

主要产品：
有卡旋切机、无卡旋切机、数控剪板机等30多个品种的胶合板设备。可根据不同客户的需求，提供方案设计、设备制造、安装调试、售后指导等一系列专业服务。
Main Products:
Plywood Machines, peeling machine, CNC cutting machine.

高要市金汇机械有限公司

Jinhui Machinery (Gaoyao) Co., Ltd.

地址：广东省高要市金渡镇世纪大道 （526108）
Add: Century Road, Jindu Town, Gogyao City, Guangdong Province 526108, P. R. China.
Tel: 0758-8516600
Fax: 0758-8516482
E-mail: jinhui167@21cn.com
Website: www.jinhui138.com

主要产品：
单片纵锯机系列、多片纵锯系列、双面刨系列、单面刨系列、磨刀机系列、方眼机系列、纵锯配件系列；生产、销售：普通机械设备、五金工具配件
Main Products:
Monolithic vertical sawing machine series, multi-chip sawn series, sided planing series, Tool grinding machines, side eye Machine, sawn parts series, etc. production and sales: general machinery and equipment, hardware tools and accessories, etc.

固安金鹏机械有限公司

Guan Jinpeng Machinery Co., Ltd.

地址：河北省固安县106国道西侧南关东路38号（065500）
Add: No.38 Nanguan East Rd., State Road 106, Guan, Hebei 06550, P. R. China.
Tel: 0316-6269531

主要产品：
多功能竹材弧形重组高频拼板机、CGPB-65SP多功能竹材弧形重组高频拼板机等。
Main Products:
Reorganization of the high-frequency arc versatile bamboo puzzle, CGPB-65SP versatile bamboo high frequency arc restructuring puzzle.

G

广东风华环保设备有限公司（原梅州市风华喷雾喷灌机械设备有限公司）

Guangdong Fenghua Environment Protection Machinery Co., Ltd.

地址：广东省梅州市梅正路78号（514031）
Add: No.78 Meizheng Road, Meizhou City, Guangdong Province 514031, P. R. China.
Tel: 0753-2233255
E-mail: mzfh@21cn.com
Website: www.fenghua001.com

主要产品：
园林喷雾车和风送喷雾机。
Main Products:
Garden sprayers, breeze sprayer.

广东高新凯特精密机械股份有限公司

Guangdong Gaoxin Height Precision Machine Co. Ltd.

地址：广东省江门市新会区会城北安北路19号（529100）
Add: No.19 Beian North Rd., Huicheng, Xinhui District, Jiangmen City, Guangdong 529100, P. R. China.
Tel: 0750-6693778
Fax: 0750-6319860
E-mail: dg@htpm.com.cn
Website: www.htpm.com.cn

主要产品：
滚柱导轨，滚球导轨，木工机械专用高密封防尘导轨。
Main Products:
Roller guides, ball guides, woodworking machinery for high dust seal rail.

广东金之星绿化设备有限公司

Guangdong Golden Star Garden Equipment Co., Ltd.

地址：广东省广州市东风东路726号省机械大楼五楼（510080）
Add: F5, Machine Building, No.726 Dongfeng Donglu, Guangzhou, Guangdong 510080, P. R. China.
Tel: 020-87768983、87651338、87609213
Fax: 020-87678235
E-mail: cngoldenstar@cngmg.com, heguohua@cngmg.com
Website: www.cngoldenstar.com

主要产品：
喷灌设备，高尔夫球车，运动场草坪养护设备，园林绿化喷灌设备，园艺产品及草肥。
Main Products:
Irrigation equipment, Golf carts, Lawn maintenance machines, Garden greening and irrigation machines, Gardening products, Weed fertilizer.

广东科豪木工机械有限公司

Guangdong Keenman Woodworking Co.,Ltd.

地址：广东省佛山市顺德区伦教国际木工机械商城展览馆后（528308）
Add: Behind the Exhibition Hall of the Lunjiao International Woodworking Machinery Trade Town, Shunde, Foshan, Guangdong 528308, P. R. China.
Tel: 0757-27733237, 27735738
Fax: 0757-27733272
E-mail: keenman@woodworking.com.cn
Website: www.woodworking.com.cn

主要产品：
二手木工设备及林业机械。
Main Products:
Second-hand woodworking & forestry machinery.

广东锐亚机械有限公司

Reignmac Machinery Co., Ltd.

地址：广东省顺德勒流富安工业区富安大道17号（528322）
Add：No.17 Fuan AV, Fuan Ind. Park, Leliu Town, Foshan City, Guangdong 528308， P. R. China.
Tel: 0757-23663383
Fax: 0757-23663335
E-mail: reignmac@reignmac.com, reignmac6@reignmac.com
Website: www.reignmac.com

主要产品：
四面木工刨床和双端齐边开榫机。
Main Products:
4-side woodworking thickness planer, Double endtenoning machine.

广东省广宁县亚达实业有限公司

Guangning Yada Industrial Co., Ltd.

地址：广东广宁县南街镇东乡街113号（526300）
Add: No.113 Dongxiang Street, Nanjie Town, Guangning, Guangdong 526300, P. R. China.
Tel: 0758-8651888, 8651138
E-mail: gnzyjx@qq.com
Website: www.gnyd.com.cn

主要产品：
锯竹机、双头破竹机、竹子开片机、竹签成型机、拉丝机、竹签磨尖机、竹签磨光机、竹子加工机械设备等。
Main Products:
Bamboo sawing machine, bamboo open machine, bamboo molding machine, drawing machine, machine sharpened bamboo sticks, bamboo grinder, bamboo processing machinery and equipment.

G

广东顺德昊裕机械制造有限公司

Guangdong Shunde Haoyu Woodworking Machine Manufacturing Co., Ltd.

地址：顺德区伦教大成工业区（顺德立交桥往龙江方向800米）（528300）
Add: (800m to Long River from Shunde Overpass) Dacheng Ind. Park, Lunjiao, Foshan city, Guangdong 528300, P. R. China.
Tel: 0757-27721088, 27736878
Fax: 0757-27721078
E-mail: hy-jixie@163.com
Website: www.sdhaoyujixie.com

主要产品：
木工机械及配件。
Main Products:
Woodworking machine & accessories.

广东顺德铭安机械制造有限公司

Guangdong Shunde Ming'an Machinery Manufacturing Co., Ltd.

地址：佛山市顺德区伦教镇羊额工业区永安北路A3座（528000）
Add: No.A3 Yongan North Rd., Yange Industrial Park, Shunde, Foshan City, Guangdong Province 528000, P. R. China.
Tel: 0757-22818602
Fax: 0757-22818603
E-mail: 1240029865@99.com
Website: www.minganmugongjixie.com

主要产品：
裁板锯、推台锯、往复锯、砂光机、封边机、排钻。
Main Products: Panel saw, table saw, reciprocating saws, sanders, edge banding machine, drilling.

G

广东顺德正锐机械有限公司

Guangdong Shunde Zhengrui Machinery Co., Ltd.

地址：广东省佛山市顺德区伦教街道仕版工业区（528308）
Add: Shiban Ind. Park, Lunjiao Town, Shunde Dist., Foshan City, Guangdong 528308, P. R. China.
Tel: 0757-27337250
Fax: 0757-27337559
E-mail: sd@sdzhengrui.com.cn
Website: www.sdzhengrui.com.cn

主要产品：
通用木工机械。
Main Products:
Woodworking Machine.

广东威德力机械实业股份有限公司

Weili Machinery Industrial Co. Ltd.

地址：广东省佛山市顺德区伦教工业大道中路（528300）
Add: Gongye Rd, Guangzu Rd., Lunjiao, Shunde, Guangdong 528300, P. R. China.
Tel: 0757-27330180
Fax: 0757-27330170
E-mail: main@weili-china.com
Website: www.weili-china.com

主要产品：
指接、拼板、框架组合、涂胶、热压、冷压、曲木成形、锯切、刨削、砂光、喷漆、镂铣及吸尘设备。
Main Products:
Finger joint, gluing machine, the frame assembly, coating, hot press, cold press, bentwood forming, sawing, planing, sanding, painting, engraving, milling and cleaning equipment.

G

广东先达数控机械有限公司

Sandar-Well Machinery Co., Ltd.

地址：广东省佛山市顺德区伦教北海工业区兴业路3号（528308）
Add: No.3 Xingye Rd, Beihai Industrial Zone, Lunjiao Town, Shunde Dist., Foshan City, Guangdong 528308, P. R. China.
Tel: 0757-27332698
Fax: 0757-27736262
E-mail: info@sandarwell.com
Website: www.fssandar.com

主要产品：
代理国外机械。
Main Products:
Agency of foreign woodworking machinery.

广美源包装机械经营部（广培）

Guangmeiyuan Machinery Business Department

地址：广东省佛山市顺德伦教木工机械城展览馆前（528308）
Add: Near Woodworking Machinery Mall, Shunde Dist., Foshan City, Guangdong 528308, P. R. China.
Tel: 0757-27754383
Fax: 0757-27754383

主要产品：
包装机械、捆扎机、封切机。
Main Products:
Packing Machinery, Binding Machine

广宁龙门竹木机械设备厂

Guangning Longmen Bamboo Machinery Factory

地址：广东肇庆广宁县南街镇东乡桥头侧01 (526300)
Add: No.1 Dongxiang, Nanjie Town, Guangning, Zhaoqing, Guangdong 526300, P. R. China.
Tel: 0758-8651423
Website: http://longmen.co.sonhoo.com

主要产品：
竹签机、牙签机、筷子机、制香机、筷子冲坯机、制香抛光机、牙签磨尖机、竹签磨光机、竹子开片机、双头破竹机、筷子点数机、竹业机械等。
Main Products:
Bamboo machine, toothpick machine, chopsticks machine, incense machine, chopsticks punch blank machine, incense polishing machine, toothpick sharpening machine, grinder bamboo, bamboo opening film machine, double Pozhu machine, chopsticks points machine, bamboo industry, machinery, etc.

广宁南雄牙签机械设备专业制造厂

Guangning Nanxiong Toothpick Machinery Manufacturing Factory

地址：广东省广宁县东乡街113号（526300）
Add: No.113 Dongxiang Street, Guangning, Guangdong 526300, P. R. China.
Tel: 0758-8650000

主要产品：
竹签截料机、竹木成型机、竹制水果叉成型机、竹签机、筷子点数机、牙签磨光机、牙签磨尖机、竹签磨光机、竹木四面精刨机、筷子自动平头机、开片机、破竹机等。
Main Products:
Feeder cut bamboo, wood molding machines, bamboo fruit fork machine, bamboo machine, chopsticks points machine, grinder toothpick, toothpick sharpening machines, bamboo grinder, surrounded by fine wood planing machine, chopsticks automatic flat head machine, a machine, etc.

广西田园生化股份有限公司

Guangxi Tianyuan Biochemical Co., Ltd.

地址：南宁市高新区科园大道创新西路一号（530007）
Add: No.1 Chuangxin West Rd., Keyuan Street, Gaoxin District, Nanning, Guangxi 530007, P. R. China.
Tel: 0771-2311313
E-mail: gxtygxty@126.com
Website: www.gxty.com

主要产品：
农药。
Main Products:
Pesticide.

广州弘亚数控机械股份有限公司

Guangzhou KDT Machinery Co., Ltd.

地址：广州市萝岗区云埔工业区云开路3号（510530）
Add: No.3 Yunkai Rd., Yunpu Industrial Park, Luogang Dist.., Guangzhou, Guangdong 510660, P. R. China.
Tel: 020-82529888, 82528999
Fax: 020-82305995
E-mail: sales@kdtmachery.com
Website: www.kdtmachinery.com

主要产品：
全自动板式家具生产线成套设备包括封边机、自动送料机、多排钻、电子开料锯及自动化输送设备。
Main Products:
Professional Manufacture for Automatic Panel Furniture Equipment Line, Mostly for Edging, Cutting, Drilling and automatic conveyor system and so on.

广州七喜工控科技有限公司

Guangzhou Hedy Industrial Co., Ltd.

地址：广州市黄埔区云埔工业区埔南路63号（510760）
Add: No.63 Punan Rd., Yunpu Industrial Park, Huangpu District, Guangzhou, Guangdong 510760, P. R. China.
Tel: 020-32057373
Fax: 020-32021660
E-mail: iac-marketing@hedy.com.cn
Website: iac.hedy.com.cn

主要产品：
变频器及其配件的研究、开发、生产、销售。
Main Products:
Inverter and accessories.

广州市番禺铁哥机械制造厂

Guangzhou Panyu Tiege Machinery Manufacturing Co., Ltd.

地址：广州市番禺区沙湾镇草河工业区（511483） Add: Caohe Ind. Park, Shawan Town, Panyu Dist., Guangzhou, Guangdong 511483, P. R. China.
Tel: 020-22869521, 22869829, 22869830
Fax: 020-22869522
E-mail: sales@tiege.cn
Website: www.tiege.cn

主要产品：
贴纸机，贴面机，涂胶机，木皮无线拼缝机，V槽机推台锯，液压翻板机，涂布生产线；橡胶辊轮。
Main Products:
Paper-sticking machines, Film laminating machines, Coaters, Glue spreaders, Veneer jointing machines, V-block sliding table saws, Hydraulic board reversing machines, Coaters, Rubber rollers and wheels.

广州威恒机械有限公司

Guangzhou Weiheng Machinery Co., Ltd.

地址：广州市番禺区石基镇文边村文坑路南侧1号（511450）
Add: No.1, South Wenkeng Str., Wenbian Village, Shiji Town, Panyu Dist., Guangzhou, Guangdong 511450, P. R. China.
Tel: 020-34882218、 34882901
Fax: 020-34882329
E-mail: weiheng@gzweiheng.com
Website: www.gzweiheng.com

主要产品：
刨花板生产线成套设备.
Main Products:
Complete set of equipment for particle board.

桂林华德机械设备有限公司

Guilin Huade Mechanical Equipment Co., Ltd.

地址：桂林市临桂镇乐和工业园（541000）
Add: Lehe Industrial Park,Guilin City, Guangxi, 541000, P. R. China.
Tel: 0773-3660858, 3663956
Fax: 0773-3663858
E-mail: hdgs99@163.com
Website: www.glhuade.com

主要产品：
人造板制胶、调供胶设备，风送除尘、木材脱脂防腐设备，干燥机，碎木机；流动筛，螺旋，皮带运输机，成套水洗机设备；甲醛、结晶锅、过滤机等化工环保设备。
Main Products:
Panel Glue, Glue Equipment, Anticorrosive Equipment, Dryer, Defibrator, Screen, Rubber Belt Conveyer, Environmental Protection Equipment.

桂林市东林人造板设备有限公司

Guilin Donglin Wood-based Panel Equipment Co., Ltd.

地址：广西桂林市育才路6号（541004）
Add: No. 6, Yucai Rd., Guilin, Guangxi 541004, P. R. China.
Tel: 0773-5816989, 5812989
Fax: 0773-5848507
E-mail: gl.donglin@163.com
Website: www.gldonglin.com

主要产品：
不锈钢反应釜，除尘设备，甲醛设备，制胶设备，拌胶机，木材脱脂设备，调供胶设备，木材防腐设备。
Main Products:
Stainless steel reaction kettles, Dust removal equipment, Formaldehyde-making equipment, Glue-making equipment, Glue blending machines, Wood degreasing equipment, Glue preparing and dosing equipment, Anti-corrosion equipment.

桂林正东机械制造有限公司

Guilin Zhengdong Chemical Machinery Equipment Co., Ltd.

地址：桂林市七星区空明西路新建区五号小区留学人员创业园B405室（541004）
Add: Room B405 Overseas Students Pioneer Park, Xinjianqu No.5 Community, Kongming W. Rd., Qixing District, Guilin City, Guangxi Province 541004, P. R. China.
Tel: 0773-5856222
Fax: 0773-5815222
E-mail: glzhengdong@163.com Website: www.gl-zd.com

主要产品：
制胶设备、木片水洗设备、甲醛设备、搅拌机设备。
Main Products:
Glue equipment, chip washing equipment, formaldehyde equipment, mixers equipment

G

贵州东亮竹木机械制品有限公司

Guizhou Dongliang Bamboo Machinery Co., Ltd.

地址；贵阳都拉营中华南路149号(550017)
Add: No.149 Zhonghua South Rd., Dulaying, Guiyang, Guizhou 550017, P. R. China.
Tel: 0851-4861368
E-mail: xqcyq@xueqiang.com.cn
Website: http://guiyang049922.11467.com

主要产品：
销售竹木制品，竹木机械设备；生产竹凉席、竹席垫、竹地板等。
Main Products:
Bamboo and wood products, bamboo and wood machinery and equipment; production of bamboo mat, bamboo mat mat, bamboo flooring, etc.

国际竹藤网络中心

International Network Center for Bamboo and Rattan

地址：北京市朝阳区阜通东大街8号（100102）
Add: No.8 Futong East Rd., Chaoyang District, Beijing 100102, P. R. China.
Tel: 010-84789710
E-mail: fuwansi@126.com
Website: ztzx.forestry.gov.cn

主要产品：
竹藤资源培育与高附加值加工利用技术研究。
Main Products:
Bamboo and rattan resources cultivate and research of high value-added processing technology.

G

国家林业局北京林业机械研究所

Beijing Research Institute of Forestry Machinery, State Forestry Administration

地址：北京市朝阳区安苑路20号世纪兴源大厦7层（100029）
Add: No. 20, Anyuan Str., Shiji Xingyuan Building Floor 17th, Chaoyang Dist., Beijing 100029, P. R. China.
Tel: 010-84897458
Fax: 010-84896782
E-mail: bjs@woodguide.com.cn
Website: www.woodguide.com.cn

主要产品：
木材加工机械（人造板设备、家具机械和电子技术应用）的研究设计、产品开发、成果转化、标准化和信息技术研究。
Main Products:
Researching, designing, developing woodworking processing machines (wood based panel equipment, furniture machines, Electronic technology application)

国家林业局哈尔滨林业机械研究所

Harbin Research Institute of Forestry Machinery, State Forestry Administration

地址：哈尔滨市南岗区学府路374号（150086）
Add: No. 374, Xuefu Rd., Nangang Dist., Harbin, Heilongjiang 150086, P. R. China.
Tel: 0451-86666731
Fax: 0451-86677397
E-mail: lyldaq@163.com
Website: www.hrbljs.com

主要服务：
种苗工程技术装备、营造林技术装备、人工林培育和生产技术装备、采伐运输机械技术装备、木材干燥技术装备、森林火灾防御技术装备、森林病虫害防治技术装备、林业生物质资源利用技术装备等林业技术装备的研究与开发；林业机械与森林工程标准制定与体系等的研究：出版《林业机械与木工设备》、《林业劳动安全》。
Main Productss:
Seedlings engineering technology and equipment, afforestation technology and equipment, Platation cultivation and production technical equipment, Wood drying technical equipment, Forest fire prevention technical equipment, Forest pests and diseases control equipment, FoRmulation of forestry technical innovation system, Forestry Machinery and Woodworking Equipment, Forestry Labor Safety.

G

国家林业局林产工业规划设计院

Planning & Design Institute of Forestry Product Industry, State Forestry Administration

地址：北京市朝内大街130号（100010）
Add: No. 130, Chaonei Str., Beijing 100010, P. R. China.
Tel: 010-85128010
Fax: 010-85128008
E-mail: tqd@cfecc.com
Website: www.cfecc.com

主要服务：
林业和林产工业工程咨询、规划、设计；承担和参与行业规划、项目评估、行业标准、定额、规范的编制与管理。
Main Products:
Consultation, design of forestry and forestry product industry. Took part in compilation and management of industry development planning, project evaluation, industry standards, ration and rules.

国家林业局竹子研究开发中心

China National Bamboo Research Center

地址：浙江省杭州市文一路310号（310012）
Tel: 0571-88869215
E-mail: zzzxbgs@mail.hz.zj.cn
Website: www.cbamboo.cn

主要产品：
竹笋新型保鲜剂和绿色保鲜技术、鲜切竹笋保鲜技术、竹笋药效功能因子的开发研究、竹制原料及其加工剩余物制备竹炭、活性炭及其深加工产品在食用、药用方面的应用、高品质竹（木）酢液（粉）在医药和农业上的应用、竹材旋切超薄木及其复合技术、酒竹等特用竹种引进、竹层基材深度染色技术。
Main Products:
Preservatives and green shoots of new preservation techniques, fresh-cut bamboo preservation technology, research and development function shoots pharmacodynamic factors, raw materials and processing residues preparation bamboo charcoal, activated carbon and its deep processing products in the food, pharmaceutical aspects of the application, high quality bamboo (wood) vinegar (pink) applications in medicine and agriculture, bamboo and wood composite technology thin veneer, bamboo wine and other special kinds of imported bamboo, bamboo base layer depth staining techniques.

G

国家林业局森林病虫害防治总站

Forest Pest and Disease Control Station, State Forestry Administration

地址： 辽宁省沈阳市黄河北大街58号（110086）
Add: No.58 Huanghe North Rd., Shenyang, Liaoning Province 110086, P. R. China.
Tel: 024-86120231
E-mail: xcb@forestpest.org
Website: www.forestpest.org

介绍：
国家林业局森林病虫害防治总站是国家林业局直属的具有行政管理职能的事业单位。承担全国森林病虫害预测预报、森林植物检疫、森林病虫害药剂药械技术推广、严重森林病虫害工程治理的组织管理、森防行业技术培训及森林病虫害防治工作的督促指导等职能。
简介：
Forest Pest and Disease Control Station is an institution directly under the State Forestry Administration with administrative functions, undertake the functions of national forest pest forecasting, forest plant quarantine, forest pests pharmacy medical device technology promotion, project organization and management of serious forest pest management， forest protection industry technical training and supervision and guidance of forest pest and disease control, etc.

国家木工机械质量监督检验中心

China National Center for Quality Supervision and Test of Woodworking Machinery

地址：黑龙江省哈尔滨市和兴路26号（150040）
Add: No. 26, Hexing Rd., Harbin, Heilongjiang 150040, P. R. China.
Tel: 0451-82190427
Fax: 0451-82191768
E-mail: caoxg@nefu.edu.cn, 983825680@qq.com

主要服务：
木工机械产品质量监督检验、定期监督检验、新产品定型检验；木工机械安全认证检验、仲裁检验、验收检验。
Main Services:
Supervision and inspection of the quality of woodworking machines, Periodic supervision and inspection, new products approval inspection, certification and inspection of the safety of woodworking machines, Arbitration inspection, Acceptance inspection.

H

哈尔滨傲世木材干燥设备制造有限公司

Harbin Aoshi Wood Drying Equipment Manufacture Co., Ltd.

地址：黑龙江省哈尔滨市香坊区幸福靠河开发区9号（150038）
Add: No.9 Xingfukaohe Developemt Zone, Xiangfang Dist., Harbin City, Heilongjiang 150038, P. R. China.
Tel: 0451-82058123
Fax: 0451-82059077
E-mail: aoshi@asgz.cn
Website: www.asgz.cn

主要产品：
木材干燥设备及配件。
Main Products:
Woodworking drying equipment and accessories.

哈尔滨东大林业技术装备有限公司

Harbin Dongda Forestry Technique Equip Co., Ltd.

地址：哈尔滨市道外区景阳街14号8楼（150020）
Add: 8 Floor of No. 14, Jingyang Rd., Daowai, Harbin, Heilongjiang 150020, P. R. China.
Tel: 0451-88333648
Fax: 0451-88333649
E-mail: dongda@vip.163.com
Website: www.hljdongda.com

主要产品：
人造板机械。
Main Products:
Wood-based panel machinery.

哈尔滨二工具科技有限责任公司木工刀具厂

Woodworking Blade Factory, Harbin No. 2 Tools Technology Limited Liability Company

地址：哈尔滨开发区迎宾路集中区青山路17号（150078）
Add: No.17, Qingshan Rd., Jizhong Dist., Yingbin Rd., Development Zone, Harbin, Heilongjiang 150078, P. R. China.
Tel: 0451-86775139, 86775111, 86775135
Fax: 0451-86775135
E -mail: caofulian888888@163.com
Website: www.hayigong.com.cn, www.china-hyg.com

主要产品：
金切刀具（机用锯条、高速钢车刀、立铣刀、键槽铣刀、直镶齿三面刃铣刀）；机用木工刀具（硬质合金圆锯片、木工机用直刃刨刀、硬质合金单片指接铣刀、木工硬质合金成型铣刀、木工销孔钻）。
Main Products:
Metal cutting tools (Mechanical saw blades, HSS lathe cutters, End mills, Two-flute end mills, Staggered tooth side milling cutters). Woodworking cutting tools (Circular saw blade of hard alloy, Woodworking straight-edge plane irons, Single-disc mortise and finger joint milling cutters of hard alloy, Woodworking foRmed milling cutters of hard alloy, Woodworking dowel drills).

哈尔滨工具厂第一分厂

Harbin Instrument Factory

地址：哈尔滨市南岗区王岗新山路48号（150088）
Add: No. 48, Wanggang Xinshan Rd., Nangang Dist., Harbin, Heilongjiang 150088, P. R. China.
Tel: 0451-86701638
Fax: 0451-86700578
E-mail: cldj@hrbtool.net
Website: www.hrbtool.com

主要产品：
格里森铣刀，齿轮滚刀，拉刀，整体双盘铣刀片，双盘直齿铣刀片，锥齿轮铣刀片，径向剃齿刀，硬质合金气门座铰刀。
Main Products:
Woodworking milling cutters, Hobbing cutters, Scraping out cutters, Blades of milling cutters, Bevel gear cutter, Plunge shaving cutters, Value seat reamer of hard alloy.

H

哈尔滨护林森防装备有限公司

Haibin Hulin Forestry Protection Equipment Co., Ltd.

地址：黑龙江哈尔滨市香坊区延福街83号（150030）
Add: No.83 Yanfu Rd., Xiangfang District, Harbin, Heilongjiang 150030, P. R. China.
Tel: 0451-55609260
Website: www.slfh.cn

主要产品：
森防设备。
Main Products:
Forestry protection euipmement.

哈尔滨华意木材干燥设备有限公司

Harbin Huayi Wood Drying Equipment Co., Ltd.

地址：哈尔滨市香坊区团结路９号（150049）
Add: No. 9, Tuanjie Rd., Xiangfang Dist., Harbin 150049, P. R. China.
Tel: 0451-82923934, 82927134
Fax: 0451-82928514
E-mail: info@hrbhuayi.com
Website: www.hrbhuayi.com

主要产品：
顶风、 端风、 侧风干燥室, 组装式干燥室。
Main Product:
Different types of drying kilns.

哈尔滨京沪林机械有限责任公司

Harbin Jinghulin Machinery Co., Ltd.

地址：黑龙江省哈尔滨市道里区哈药路410号3单元1楼1室（150076）
Add: No. 306, Hayao Rd., Daoli Dist., Harbin, Heilongjiang 150076, P. R. China.
Tel: 0451-84605851, 84605742
Fax: 0451-84605742
E-mail: info@dqbiz.cn
Website: www.dqbiz.cnc_1_link_246251.html

H

主要产品：
人造板设备、木工机械、林业机械配件、电器机械、建材加工、园林机械工具、进口国产砂带、五金电料、修复热压板、橡胶制品、修复不锈钢板。
Main Products:
Man-made board equipment, woodworking machinery, accessories of forestry machinery, electric equipment, tools for particle board processing, garden machine, domestic sand belt and inward sand belt, hardware, hot pressboard reparing, rubber item stainless steel sheet and plates.

哈尔滨林业机械厂

arbin Forestry Machinery Plant

地址：黑龙江哈尔滨市香坊区通乡街191号（150046）
Add: No. 191, Tongxian Str., Xiangfang Dist., Harbin, Heilongjiang 150046, P. R. China.
Tel: 0451-82060714
Fax: 0451-82923953, 86047708
E-mail: www.711688.net/company_view.asp?regid=519

主要产品：
中高密度纤维板、刨花板、胶合板、水泥刨花板、二次饰面加工成套设备，非木质人造板成套设备，高压聚乙烯发泡、空心门、绝缘板热压机组。
Main Products:
Complete set of equipment for MDF, particle board, plywood, cement particle board, Facing board secondary processing machines, Complete set of equipment for non-wood based panel, Hot press units for PEF, Hollow door and insulation board.

哈尔滨凌志机电技术有限责任公司

Harbin Lingzhi Mechanical & Electrical Technology Co., Ltd.

地址：哈尔滨南岗区闽江路200-2号（龙悦大厦）A座501（150090）
Add: Rm. A501, Longyue Building, No. 200-2, Minjiang Rd., Nangang Dist., Harbin 150090, P. R. China.
Tel: 0451-82642291
Fax: 0451-82642291
E-mail: haerbinlingzhi@126.com
Website: www.lzgs.cn, www.hrblingzhi.com.cn

主要产品：
人造板单机及成套设备。
Main Products:
Machines and complete set of equipment for wood based panel.

哈尔滨灭火森防科技开发有限公司

Harbin Forest Fire Protection Science and Technology Development Co., Ltd.

地址：哈尔滨市平房区平房镇工业园区（150066）
Add: Pingfang Town Industrial Park, Pingfang District, Harbin, Heilongjiang 150066, P. R. China.
Tel: 0451-86682160，13946009380
Website: www.hljslsf.com

主要产品：
森林防火设备，森防设备。
Main Products:
Forest fire prevention equipment, forest protection equipment.

哈尔滨森林防火装备有限公司

Harbin Forest Fire Equipment Co., Ltd.

地址：哈尔滨市道外区大方里小区202-204栋（150020）
Add: 202-204 Dafangli Community, Daowai District, Harbin, Heilongjiang 150020, P. R. China.
Tel: 0451-82596477
E-mail: slfhzb@163.com
Website: www.fhzb.cn

主要产品：
森林防火设备。
Main Products:
Forest fire equipment.

哈尔滨松江拖拉机有限公司

Harbin Songjiang Tractor Co., Ltd.

地址：哈尔滨市道里区机场路319号（150070）
Add: No.319 Jichang Rd., Daoli Dist., Harbin, Heilongjiang 150070, P. R. China.
Tel: 0451-84363588, 84302108
Fax: 0451-84362200
E-mail: hst917@163.com
Website: www.hrbsongjing.com

主要产品：
大中型拖拉机及集材机。
Main Products: Large & medium-type tractors and skidders.

H

哈尔滨天龙森林消防装备有限公司

Harbin Tianlong Forest Fire Equipment Co., Ltd.

地址：哈尔滨南岗区第二方园里18号（150008）
Add: No.18 2nd Fangyuanli, Nangang District, Harbin, Heilongjiang 150008, P. R. China.
Tel: 0451-82645288
E-mail: tianlongsenfang@126.com

主要产品：
森林消防装备.
Main Products:
Forest Fire Equipment.

哈尔滨兴林伟业人造板设备有限公司

Harbin Xinglinweiye Panel Equipment Co., Ltd.

地址：哈尔滨南岗区西大直街400号B座1102室（150001）
Add: RM 1102, Building B, No.400 Xidazhi RD, Nangang Dist., Harbin, Heilongjiang 150001, P. R. China.
Tel: 0451-82815661, 82815663
Fax: 0451-82815663
E-mail: yj190808@126.com
Website: www.xinglin.net

主要产品：
刨花板钻石辊铺装机，MDF板坯表面喷水系统，刨花板及中密度板施胶系统，均质刨花板、中密度纤维板、OSB定向刨花板、模压门板生产线。
Main Products:
Panel spreading machine, MDF sprinkler system, Panel and MDF glue-flux system, Panel, MDF, OSB.

哈尔滨亚特木材干燥设备制造有限公司

Harbin Hyatt Wood Drying Equipment Manufacturing Co., Ltd.

地址：哈尔滨市南岗区红旗工业园（150089）
Add: Hongqi Industrial Park, Nangang District, Heilongjiang 150089, P. R. China.
Tel: 0451-87980055
Fax: 0451-87981990
E-mail: hrbyate@sohu.com
Website: www.hrbyate.com

主要产品：
木材干燥设备，蒸空干燥设备，配件。
Main Products:
Wood drying equipment, steam air drying equipment, accessories

哈尔滨宇达电子技术有限公司

Harbin Yuda Electronic Technology Co., Ltd.

地址：哈尔滨市中山路30-9号（150036）
Add: No.30-9 Zhongshan Rd., Harbin Development Zone, Heilongjiang 150036, P. R. China.
Tel: 0451-82131929
Fax: 0451-82120636
E-mail: yudadz@163.com
Website: www.yudadz.com

主要产品：
开发、研制、销售工业仪器仪表，购销电子元器件、五金交电、化工产品（不含易燃易爆危险品、剧毒品）、计算机软硬件（不含专项审揽产品）
Main Products:
Industrial instrumentation, electronic components, hardware, chemical products, computer hardware and software.

哈尔滨正德科技开发有限公司

Harbin Zhengde Science& Technology Development Co., Ltd.

地址：哈尔滨开发区哈平路集中区潍坊路6号（150060）
Add: No.6 Weifang RD Jizhongqu, Harbin Development Zone, Heilongjiang 150060, P. R. China.
Tel: 0451-88003018, 86810778 Fax: 0451-86810358, 86810228, 86810558 E-mail: as@hi-tek.net.cn
Website: www.hi-tek.net.cn

主要产品：
高档合金锯片、各种材质的刨刀、削片刀、切纸刀、成型刀、指接刀等几大类，并不断开发新的产品品种。
Main Products:
Planer Knife with Different Material,Corrugated Knife(HSS & Carbide), High Quality Carbide Tips Circular Saw Blade, Flake Knife, Chipper Knife, Peeling Knife, Veneer Knife, Paper Knife(HSS & TCT).

哈尔滨中意干燥设备制造有限公司

Harbin Zhongyi Wood--drying Equipment Co., Ltd.

地址：哈尔滨市道外区哈东路1号（150086）
Add: , Heilongjiang 150086, P. R. China.
Tel: 0451-86707838、57678687、57656598 Fax: 0451-86707838 E-mail: 1751429258@qq.com
Website: www.hrbzhongyi.com

主要产品：
木材干燥设备及配件，木材干燥设备咨询，工艺咨询。
Main Products:
Dryer and accessories.

海门市液压件厂有限责任公司

Haimen Hydraulic Component Factory Co., Ltd.

地址：江苏省海门市北海西路289号（226100）
Add: No. 289 beihai West Rd, Haimen, Jiangsu 226100, P. R. China.
Tel: 0513-82213428 Fax: 0513-82217928 E-mail: hmyjc@hm-hydraulic.com
Website: www.hm-hydraulic.com

主要产品：
叠加阀，板式阀，电磁电液换向阀，插装阀，液压控制系统。
Main Products:
Superposition valve, Plate valve, Electro-hydraulic valve solenoid, Cartridge inserted valve, Hydraulic control system.

海阳市长川电机有限公司

Haiyang Changchuan Motor Co., Ltd.

地址：山东省海阳市经济开发区工业园温州街8号（265100）
Add: No.8 Wenzhou Rd., Industrial Park of Haiyang Economic Development Zone, Haiyang City, Shandong 265100, P. R. China.
Tel: 0535-3205189 Fax: 0535-3205189
E-mail: rdwang02@126.com
Website: www.ccmotor.com

主要产品：
木工封边机变频高速电机，木工雕刻机变频高速电主轴，木材加工中心自动换刀电主轴，精密平面磨床直结主轴，雕刻机高速电主轴，加工中心主轴，镗铣床电主轴，研磨机高速主轴，直流伺服电机，直线电机，力矩电机（DD马达），XY十字滑台。
Main Products:
Woodworking edge banding machine inverter speed motor, wood engraving machine frequency high-speed spindle, wood processing center ATC spindle, precision surface grinder straight knot spindle engraving machine high-speed spindle, spindle machining centers, boring and milling machine spindle, high-speed grinder spindle, DC servo motors, linear motors, torque motors (DD motor), XY cross slide table.

杭州和源精密工具有限公司

Hangzhou Wagen Precision Tooling Co., Ltd.

地址：杭州市拱墅区沈半路488号（310022）
Add: No.488 Shenban RD, Gongshu Section Hangzhou, Zhejiang 310022, P. R. China.
Tel: 0571-88146615, 88141293-118 Fax: 0571-88146615 E-mail: ligd@ferrotec.com.cn Website: www.wagen.cc

主要产品：
硬质合金锯片（精密裁板锯锯片、双片划槽锯片、电子开料锯锯片、双端铣用槽锯片、实木纵截、修边锯、多片锯、刮刀锯、有机玻璃、铝合金用锯片），金刚石刀具系列（地板倒角预切刀、金刚石精修刀、金刚石刨刀、金刚石镂铣刀、金刚石V槽柄铣刀、金刚石锯片）。
Main Products:
Carbide-tipped Sawblade, Polycrystalline diamond tooling systems.

豪派［中国］机械

Haopao (China) Machinery Co., Ltd.

地址：广州市番禺区石楼镇石清路（亚运城旁）（511447）
Add: Shiqing Rd., Shilou Town, Panyu Dist., Guangzhou, Guangdong 511447, P. R. China.
Tel: 020-84845845
Fax: 020-84845844
E-mail: hp@haopao.com.cn
Website: www.haopao.com.cn

主要产品：
贴面热压机，木门热压机，三聚氰胺贴面热压机，蜂窝板热压机，木皮贴面成套设备，人造板、细木工板成套设备，冷压机，预压机，液压升降台，贴纸机，涂胶机，木线条包覆机，纵横裁边锯。
Main Products:
Veneer laminating presses, Wood door hot presses, Melamine veneer laminating hot presses, Hot presses for honeycomb panel, Veneer laminating machines, Complete set of equipment for wood based panel, block board, Cold presses, Pre-presses, Hydraulic lift tables, Paper-sticking machines, Glue spreaders, Wood moulding wrapping machines, Ripping edger vertically and horizontally.

河北春风银星胶辊有限公司

Hebei Jizhou Chunfeng Yinxing Rubber Roller Co., Ltd.

地址：河北省冀州市迎宾大街85号（053200）
Add: No.85, Yingbin str., Jizhou, Hebei 053200, P. R. China.
Tel: 0318-8629057、8612754、8616070
Fax: 0318-8613117
E-mail: sales@yinxing.net.cn, yinxingjiaogun@126.com
Website: www.yinxing.net.cn

主要产品：
“银星”牌印刷胶辊，办公设备胶辊，工业用辊产品。
Main Products:
“Yinxing” rollers for printing, office and industry.

河北九顺机械制造有限公司

Hebei Shuntong Mechanical Manufacturing Co., Ltd.

地址：河北省任县邢湾镇工业区（055151）
Add: Xingwan Industrial Park. Ren Town, Hebei Province 055151, P. R. China.
Tel: 0319-7585599
Fax: 0319-7582597
E-mail: business@heb-shuntong.com Website: www.heb-shuntong.com

主要产品：
旋切机及配套产品，胶合板成套设备的生产、研发和销售
Main Products:
Peeling machine and ancillary products, plywood equipment.

H

河北瑞福祥机械制造有限公司

Hebei Ruifuxiang Machinery Manufacturing Co., Ltd.

地址：河北省任县邢湾镇工业区10号（055151）
Add: No. 10, Ind. Park, Xingwan Town, Renxian County, Hebei 055151, P. R. China.
Tel: 0319-7585518
Fax: 0319-7585460
E-mail: ruifuxiang@rfxhe.sina.net
Website: www.rfxhe.com

主要产品：
带锯机，木工跑车，磨锯机，滚压机，旋切机。
Main Products:
Automatic gear grinding machine, Wleding machine, Calendar roller, Band –sawing machine, carrier, planer, noodle maker, linter, lathe.

河南海力特机电制造有限公司

Henan High Power Special Electromechanical Manufacture Co., Ltd

地址：中国郑州高新区瑞达路22号（450007）
Add: No.22 Ruida Rd., Gaoxin District,
Tel: 0371-67982119 67988119
E-mail: hpsmm@sina.com
Website: www.hpsmm.net

主要产品：
高压细水雾灭火系统、高压细水雾消防装备。
Main Products:
High pressure water mist extinguishing system, high pressure water mist fire protection equipment.

河南佳多科工贸公司

Henan Jiaduo Science Industry And Trade Co., Ltd.

地址：河南省鹤壁市海河路东段（458030）
Add: East of Haihe Road, Hebi City, Henan Province 458030. P. R. China.
Tel: 0392- 3352315
E-mail: zhgjiaduo@sohu.com
Website: Website: www.jiaduo.net

主要产品：
频振杀虫灯和测报灯。
Main Products:
Frequency trembler lamps, forecast lamp.

河南省临颍县木工机械厂

Henan Linying Woodworking Machinery Plant

地址：河南省临颍县繁城回族镇（462641） Add: Huizu Town, Fancheng, Linying County, Henan 462641, P. R. China.
Tel: 0395-8111050、8111273
Fax: 0395-8111273
E-mail: lymj666@126.com
Website: www.lymgjxc.com

主要产品：
木工带锯机，细木工带锯机，全自动带锯跑车，半自动跑车，手推跑车，自动带锯磨锯机，锯条辊压机，单面木工压刨床，木工平刨床。
Main Products:
Woodworking band saws, Block board band saws, Automatic band saw carriages, Semi-auto carriages, Manual tension carriages, Automatic band saw sharpeners, Saw blade rollers, Single-sided thicknessers, Woodworking flat planers.

H

贺威尔特机械有限公司（原贺泰机械厂）

Heweier Machinery Co., Ltd.

地址：广东省佛山市顺德区伦教羊额永安路3号（528308）
Add: No.3 Yongan Rd., Yange, Lunjiao, Shunde, Foshan, Guangdong 528308, P. R. China.
Tel: 0757-27337936, 27888868
Fax: 0757-27888312
E-mail:ying424502@163.com

主要产品：
吸尘机系列。
Main Products:
Suction machine

黑龙江省东京城林业机械厂

Heilongjiang Dongjingcheng Forestry Machinery Factory

地址：黑龙江宁安市东京城镇振兴路18号（157421）
Add: No.18, Zhenxing Rd., Dongjing Town, Ning'an City, Heilongjiang 157421, P. R. China.
Tel: 0453-7915926
Fax: 0453-7911162
E-mail: dljxsc@163.com
Website: www.lyjxc.diytrade.com

主要产品：
6MF-30A型风力灭火机、便携式森林消防水泵、森林防火了望塔、快速灭火装置、喷水式风水两用风力灭火机、林业消防洒水车。
Main Products:
6MF-30A series of wind power fire fighters, Portable fire-fighting pumps, Forest fire observation towers, Fast-Fire Extinguishers, Forest sprinkler, Wind (water) fire-extinguisher.

黑龙江盛合机电设备有限公司

Heilongjiang Sinohope Mechanical and Electrical Equipment Co., Ltd.

地址：哈尔滨市南岗区东大直街302号12层（150001）
Add: Floor 12, No.302 Dongdazhijie Rd., Nangang District, Harbin, Heilongjiang 150001, P. R. China.
Tel: 0451-86688007
Fax: 0451-86688009
E-mail: sinohope@163.com
Website: www.sinohope.net

主要产品：
人造板机械设备的研发开发、技术服务；进出口贸易；经销机电产品。定向刨花板生产线成套设备，秸秆板（定向秸秆板）成套设备，普通刨花板生产线成套设备。
Main Products:
Wood-based panel Machine, OSB line, straw board line, particleboard line.

黑龙江省绥化林业机械厂

Heilongjiang Suihua Forestry Machinery Factory

地址：黑龙江省绥化市东风街554号（152071）
Add: No. 554, Dongfeng Rd., Suihua, Heilongjiang 152071, P. R. China.
Tel: 0455-8704222、8701006
Fax: 0455-8235267
E-mail: shlyjxc@163.com
Website: shljc.com

主要产品：
农业机械；林业机械；木工设备；矿山机械；锅炉设备。
Main Products:
Agricultural machines, Forestry machines, Woodworking equipment, Mining equipment, Boilers.

亨特木工机械厂

Hengte Woodworking Machiney Equipment Factory.

地址：广东省顺德区伦教镇世龙大道新塘工业区（528308）
Add: Xintang Ind. Park Shilong RD Lunjiao Town， Shunde Dist. Guangdong 528308, P. R. China.
Tel: 0757-27721131
Fax: 0757-27735267
E-mail: henter@yeah.net
Website: www.hentermj.com

主要产品：
裁板锯。
Main Products:
Saw.

鸿泰伟业（青岛）新型设备有限公司

Hongtai Great (Qingdao) Advanced Machinery Co., Ltd.

地址：青岛市即墨大信镇陈家村鸿泰路（266229）
Add: Hongtai Rd., Chenjia Vil., Daxin Town, Jimo, Qingdao 266229, P. R. China.
Tel: 0532-83517656, 83517657
Fax: 0532-83517655
E-mail: HTS-china@vip.sina.com， master@hongtai-china.com
Website: www.hongtai-china.com

主要产品：
全电脑控制琴键宽带砂光机、全方位异型抛光机、油漆生产线砂光机、线条式砂光机、木粉挤饼机、浮雕钢刷机。
Main Products:
CNC piano type sander, wide-belt sander, omnibearing mechanical polisher, Paint Production line, Sander, Orbital sander,Sawdust briquetting press machine and Machinery for polishing and emboss etc.

红森木工机械经营部（名晶）

Shunde Mingjing Machine Fittings Co., Ltd.

地址：广东省佛山市顺德区伦教北海工业区建业路南1号（105国道伦教高架桥北面靠东）（528308）
Add: No.1 Jianye RD, Beihai Ind. Area, Lunjiao Town Shunde Dist. Guangdong 528308, P. R. China.
Tel: 0757-27735057, 27727234 Fax: 0757-27332277
Website: www.sdmingjing.com

主要产品：
经营国内外二手木工机械。
Main Products:
Second-hand woodworking machine.

湖南恒盾集团有限公司

Hunan Hengdun Group Co., Ltd.

地址： 湖南省湘潭市雨湖区北二环幸福路18号（411100）
Add: No.18 Xingfu Rd. 2nd Ring Road, Yuhu District, Xiangtan City, Hunan 411100, P. R. China.
Tel： 0731-58289666
Fax： 0731-58289666
E-mail： hengdun@hengdungroup.cm
Website： www.hengdungroup.com

主要产品：
竹砧板，竹汁饮料。
Main Products:
Bamboo Cutting Boards, Bamboo Juice.

H

湖南省林业科学院
Hunan Province Academy of Forestry

地址：湖南省长沙市韶山南路658号 （410004））
Add: No.658 Shaoshan S. Rd., Changsha City, Hunan 410004, P. R. China.
Tel：0731-85578784
Fax：0731-85578784
E-mail：dda848@163.com
Website：www.hnlky.cn

主要服务：
竹木机械研制及推广应用。
Main Products:
Woodworking machinery development, promotion and application.

华汉国际会议展览(上海)有限公司
China International Exhibition (Shanghai) Co., Ltd.

地址：上海市长宁区仙霞路320号鑫达大厦2402室（200336）
Add: No. 2402, Xianxia Building,No.320 Xianxia Rd., Changning Dist., Shanghai 200336, P. R. China.
Tel: 021-62087197
Fax: 021-62095210
E-mail: CIE @Chinaallworld.com
Website: www.Chinaallworld.com

主要服务：
承办“上海木工展”以及其他展览会。
Main Products:
Organizes “WoodMac China” and other fairs.

华南农业大学

South China Agriculture University

地址：广州市天河区五山华南农业大学工程学院（510642）
Add: College of Enginering, South China Agriculture University, Wushan, Tianhe District, Guangzhou, Guangdong 510642, P. R. China.
Tel: 020-85280221
E-mail: yangzhou@scau.edu.cn
Website: www.scau.edu.cn

主要产品：
水稻精量穴直播技术及机具、水田激光平地技术及机具、农业机械导航关键技术、粮食干燥理论和干燥技术及装备研究等。
Main Products:
Rice precision planting technology and machinery, paddy laser flatting technology and equipment, key technologies of agricultural machinery navigation, theory of grain drying, and drying technology and equipment research.

淮安中绿园林机械制造有限公司

Huai'an Zhonglu Garden Machinery Co., Ltd.

地址：江苏淮安市淮阴工业园纬三路3号（223300）
Add: No.3, Weisan Rd., Huai Yin Ind. Park, Huai'an, Jiangsu 223300, P. R. China.
Tel: 0517-84996181、0517-84996166
Fax: 0517-84996182
E-mail: Jiangcw@zhonglu-ha.com
Website: www.zhonglu-ha.com

主要产品：
系列草坪机（18"、20"、21"、22"），梳草机，打孔机，起草皮机、动力喷雾机、系列滚刀剪草机（20"、25"）、喷播机。
Main Products:
Lawn machines (18"/20"/21"/22"), Lawn combing machines, Hole diggers, Sod cutters，Power Sprayer, Series of Reel Mower (20", 25"), Hydroseeder.

吉力佳机械有限公司

Foshan Jilijia Machine Co., Ltd.

地址：佛山市顺德区大良新窖工业区鸿业路17号（528308）
Add: No.17 Hongye Rd., Daliangxinjiao Ind. Park, Shunde Dist. Guangdong 528308, P. R. China.
Tel: 0757-22221767, 27735334
Fax: 0757-22211767
E-mail: jiahua@gd-jili.com
Website: www.gd-jili.com

主要产品：
吉力牌砂光机。
Main Products: Sander.

基力木工机械有限公司

Jili Woodworking Machinery Co., Ltd.

地址：广东省佛山市顺德区伦教镇熹涌工业区西环5路（528308）
Add: No.5 Xihuan, Xiyong Ind. Park, Lunjiao Town Shunde Dist. Guangdong 528308, P. R. China.
Tel: 0757-27738948, 23622060
Fax: 0757-27731481 Website: www.ji-li.cn

主要产品：
封边机、涂胶机。
Main Products:
Edge bonding machine, Pasting machine.

吉林市双赢木工机械有限公司

Jilin Shuangying Woodworking Machinery Co., Ltd.

地址：吉林省吉林市珲春北街109号（132001）
Add: No.109 Hunchun North Rd., Jilin City, Jilin 132001, P. R. China.
Tel: 0432-62539822
Fax: 0432-62539822
E-mail: 13384405393@163.com
Website: www.jlsymgjx.com

主要产品：
生产雕刻机，打磨除尘机，烤漆房等。经销各种木工机械设备。
Main Products:
Engraving machine, dust removal machine, booths, woodworking machine.

即墨鸿森豪迈木业机械设备厂

Hongsen Haomai (Qingdao) Woodworking Machinery & Equipment Co., Ltd.

地址：青岛即墨市北安街道办事处卢家庄工业园即刘路168号（266200）
Add: No. 168, Jiliu Rd., Lujiazhuang Ind. Park, Bei'an Office, Jimo, Qingdao, Shandong 266200, P. R. China.
Tel: 0532-83570000
Fax: 0532-83536007
E-mail: qd-hongsen@163.com
Website: www.qd-hongsen.com

主要产品：
表面覆、贴、涂、烫、喷设备。
Main Products:
Coating machines, Film laminating machines, Coating machines, Hot printing machines, Spray-painting machines..

即墨市鑫昌达机械厂

Xinchangda Machinery Factory

地址：山东省青岛即墨市通济办事处阎家岭工业园（266228）
Add: No.266, Jiushuidong Rd., Licang Dist., Qingdao 266228, P.R. China.
Tel: 0532-82518038
Fax: 0532-82519628

主要产品：
各种轧车，木工机械各种碾子，橡胶压辊。
Main Products:
Padder, Roller, Rubber compression roller.

济南嘉亚经贸发展有限公司

Jinan Jaya International Trade and Development Co., Ltd.

地址：济南市历下区经十路19288号鲁商广场A611室（250002）
Add: Rm A611 Lushang Plaza, No19288 Jingshi Rd, Lixia Dist., Jinan, Shandong 250002, P. R. China.
Tel: 0531-82711060
Fax: 0531-82711016
E-mail: office@jayacn.com
Website: www.zicar.net

主要产品：
木工机械、木工多用机床、DIY木工机械及配件、胶合板设备。
Main Products:
Exporting woodworking machines, multi-purpose woodworking machine tools, DIY woodworking machines and parts, Plywood machinery.

济南金胜星机械设备有限公司

Jinan Jinshengxing Machinery Manufacture Co., Ltd.

地址：济南市天桥区大桥镇308国道大刘工业园（250000）
Add: Liu Industrial Park, State Road 308, Daqiao Town, Tianqiao District, Jinan City, Shandong Province 250000, P. R. China.
Tel: 0531-88269181
Fax: 0531-88269181
E-mail: yangcd88@163.com
Website: www.dkj.cn, www.cncrouter.cn

主要产品：
数控雕刻机。
Main Products:
CNC engraving machines

济南快克数控机械有限公司

Quick CNC Router Co., Ltd.

地址：山东省济南市腊山高新科技工业园腊山路18号（250033）
Add:No.18 Lashan Rd., , Lashan High-Tech Industrial Park， Jinan, Shandong 250033, P.R.China.
Tel: 0531-85709977
Fax: 0531-85709177
E-mail: kk-cnc@163.com, wangmingbo1975@163.com
Website: www.kk-cnc.com

主要产品：
数控机械相关技术的开发及咨询、雕刻机、木工机械的生产、销售、进出口业务、木工机械配件销售。
Main Products:
CNC technique development and consultation, Carving machine, Woodworking Machinery, Import and exports, Accessory for woodworking machinery.

J

济南锐捷机械设备有限公司

Jinan Ruijie Digital Science & Technology Co., Ltd.

地址：济南市天桥区大桥镇桥北工业园（250022）
Add: Qiaobei Ind. Park, Daqiao Town, Tianqiao Dist., Jinan, Shandong 250022, P. R. China.
Tel: 0531-88080666, 88971999, 88090666
Fax: 0531-88664188, 88090866
E-mail: webmaster@jnruijie.com, wrm@jnjhx.com
Website: www.jnruijie.com

主要产品：
木工镂铣机，雕刻机、广告雕刻机及玻璃雕刻机，激光切割机、激光印章机，电脑刻字机喷绘及写真机。
Main Products:
Woodworking routers, Engraving machines, Advertising engraving machines, Glass engraving machines, Laser cutting machines, Laser seals engravers, Carving & spraying machines, Pictorials machines.

济南若泰数控科技有限公司

Roctech Machinery Co.,Ltd.

地址：济南市市中区经一路88号明珠国际商务港201室（250001）
Add: Room 201,Mingzhu International Business Center,No.88 Jingyi Road,Jinan,Shandong 250001, P. R. China
Tel: 0531-61319788，86081990
Fax: 0531-62319688
E-mail: info@roc-tech.com
Website: www.roc-tech.com

主要产品：
木工雕刻机，石材雕刻机，四轴联动加工中心，五轴联动加工中心。
Main Products:
Woodworking engraving machine, stone engraving machine, Axis machining centers, five-axis machining center.

J

济南速雕数控机械有限公司

Jinan Sudiao CNC Router Co., Ltd.

地址：济南市历城区大桥路六号蒋家沟工业园（250100）
Add: Jiangjiagou Industrial Park, Licheng District, Jinan, Shandong 250100, P. R. China.
Tel: 0531-88664686
Fax: 0531-88664686
E-mail: 727366031@qq.com
Website: www.sudiao.com

主要产品：
木工雕刻机、木工数控加工中心、板式家具生产线、保丽龙加工中心、石材雕刻机、广告雕刻机。
Main Products:
Woodworking engraving machine, woodworking CNC machining centers, furniture production line, styrofoam machining centers, stone engraving machine, advertising engraving machine.

济南星辉数控机械科技有限公司

Jinan Excitech CNC Technology Co., Ltd.

地址：济南市高新开发区开拓路北首涵源大街东段（小鸭集团北临）（250013）
Add: Kaituo Rd. (North), Gaoxin Str., Jinan, Shandong 250013, P.R. China.
Tel: 0531-86972929, 82351079
Fax: 0531-86980023
E-mail: sbb@sh-cnc.com
Website: www.sh-cnc.com

主要产品：
数控加工中心、雕刻机、木工雕刻机及三维扫描仪。
Main Products:
CNC processing center, Engraving machines, Woodworking engraving machines, 3D laser scanners.

济南一铭数控机械有限公司

Jinan Yiming CNC Machinery Co., Ltd.

地址： 山东省济南市历城区临港经济开发区机场路7287号（ 250100）
Add: No.7287 Airport Rd., Lingang Economic Development Zone, Licheng District, Jinan, Shandong 250100, P. R. China.
Tel：0531-88083868
Fax：0531-88082898
E-mail：cncyiming004@yahoo.com
Website：www.cncyiming.com

主要产品：
五轴加工中心，保利龙加工中心，木工加工中心等。
Main Products:
Five-axis Processing Center, Expandable Polystyrene Processing Center, Woodworking Processing Center, etc.

济南展鸿图机械设备有限公司

Jinan Soar Woodworking Machinery Co., Ltd.

地址：济南市市中区腊山高新科技工业园18-3号（250022）
Add: No.18-3, Lashan New High-tech Ind. Park, Jinan, Shandong 250022, P. R. China.
Tel: 0531-87585188-803, 87582177, 87587188
Fax: 0531-87586677
E-mail: zhanhongtu888@vip.163.com
Website: www.muyejixie.cn

主要产品：
正负压压机，真空覆膜机，包覆机。
Main Products: Positive/negative pressure presses, Vacuum film laminating machines, Wrapping machines.

嘉艺木工机械有限公司

Jiayi Machinery Co., Ltd.

地址：广东省佛山市顺德区伦教工业区一横路（528308）
Add: Yiheng RD, Lunjiao Ind. Park, Shunde Dist., Foshan City, Guangdong 528308, P. R. China.
Tel: 0757-27759582, 27755205
Fax: 0757-27759582
E-mail: gdjiayi@yahoo.cn
Website: www.gdjiayi.cn

主要产品：
立式多轴木工钻床、音箱开孔钻床。
Main Products:
Vertical woodworking multi-axis drilling machine, Speaker openings drilling.

建达木业机械厂

Jianda Woodworking Machinery Factory

地址：广东省佛山市顺德区勒流光大工业区（528322）
Add: Leliuguangda Ind. Park, Shunde Town, Lunjiao Shunde Dist., Foshan City, Guangdong 528322, P. R. China.
Tel: 0757-25568168
Fax: 0757-25568168
E-mail: gx_y_f@163.com
Website: aa.8hy.cntemplets/MGJH1-KWS/

主要产品：
实木家具生产设备。
Main Products:
Solid wood furniture production equipment.

J

建湖县福马林业机械配件有限公司

Jianhu Fuma Forestry Machinery Accessories Co., Ltd.

地址：江苏省建湖县冠华工业园区（224700）
Add: Guanhua Ind. Park, Jianhu County, Jiangsu 224700, P. R. China.
Tel: 0515-86309606 Fax: 0515-86309160
E-mail: 1013616592@qq.com

主要产品：
烘干机用各种材料输送带、石墨轴套、散热器。林业机械有关配件、二手设备调剂。
Main Products:
Conveyor, Graphite bushing, Rradiator.

江苏保龙机电制造有限公司

Jiangsu Baolong Electromechanical Manufacturing Co., Ltd.

地址：江苏省溧阳市昆仑北路75号（213300）
Add: No 75 Kunlun N. Rd., Liyang, Jiangsu 213300, P. R. China.
Tel: 0519-87305803, 87302016
Fax: 0519-87301886
E-mail: baolongco@163.net
Website: www.jsbaolong.com

主要产品：
刨花板、中密度板、定向结构板（OSB）、制浆造纸生产线备料工段的全套设备：原木剥皮备料工段成套设备，刨花板干燥系统成套设备，原木剥皮机系列，盘式、鼓式削片机系列，木片摇筛、再碎机系列，刨片机、打磨机系列，料仓系列，人造板、制浆造纸工业中的各种输送设备。
Main Products:
Flakeboard, Mdf board, OSB, Machinery series、techniques and services for paper making and stock preparation. Flakeboard drying system, Drum peeler, Drum (Disc) chipper, screening machine and pulverizer of chip, chipper, sander , bunker, man-made board, and transportation facilities for pulping.

江苏贝斯特数控机械有限公司

Jiangsu Best CNC-Machinery Co., Ltd.

地址：江苏省东台市唐洋镇黄海南路99号（224233）
Add: No.99 Huanghai South Rd., Tangyang Town, Dongtai, Jiangsu 224233, P. R. China.
Tel：0515-85653278
Fax: 0515-85651391
E-mail: jsbest88@163.com Website: www.jsbest-88.com

主要产品：
磨刀机及磨刀机相关配件生产及维修服务。
Main Products:
Grinder and related accessories.

江苏常净环保科技有限公司

Jiangsu Changjing Science & Tectnology Environmental Protection Co., Ltd.

地址：溧阳市平陵西路1058号（213376）
Add: No.1058 Pingling W. RD, Liyang City, Jiangsu 213376, P. R. China.
Tel: 0519-87192599 Fax: 0519-87193889
E-mail: jscjhb@126.com Website: www.jscjhb.com

主要产品：
木工中央吸尘设备的设计研发制造安装，除尘器风机通风管道打磨台。
Main Products:
Dust collection equipment, Precipitators fan ventilation pipes polished table.

J

江苏大唐机械有限公司

Jiangsu Datang Machinery Co., Ltd.

地址：江苏省镇江市润州民营开发区镇句路东88号（212021）
Add: No.88 Zhenju RD E., Runzhou Minying Development Area, Zhenjiang City, Jiangsu 212021, P. R. China.
Tel: 0511-85621574
Fax: 0511-85621574
E-mail: thaoa@163.com
Website: www.jzdt.net

主要产品：
削片机、刨片机、打磨机、振动筛、料仓螺旋输送机、木片洗涤脱水机、剥皮机、链式拉木机及其他人造板备料机械设备。
Main Products:
Chipper, Flaker, Sander, Vibration sieve, Conveyor, Barker, etc.

江苏大学

Jiangsu University

地址：江苏省镇江市学府路301号（212013）
Add: No.301 Xuefu Rd., Zhenjiang, Jiangsu 212013, P. R. China.
Tel: 0511-88795989
E-mail: rnf@ujs.edu.cn
Website: www.ujs.edu.cn

主要产品：
南方水田机械、耕整地机械和收获机械、智能化温室及环境控制技术、静电喷雾植保机械。
Main Products:
Southern paddy field machinery, tillage machinery and harvesting machinery, intelligent greenhouse environmental control technology, and electrostatic spraying plant protection machinery.

江苏福马木业有限公司

Jiangsu Foma Wood Co., Ltd.

地址：宿迁市宿豫经济开发区漓江路99号（223800）
Add: No.99 Lijiang Rd., Suyu Economic Development Zone, Suqian City, Jiangsu 223800, P. R. China.
Tel: 0527-84430809
Fax: 0527-84430802
E- mail: jsfmmy@163.com

主要产品：
人造板及其衍生产品生产、销售，杨树种植、销售。
Main Products:
Product and sale of wood-based panel and its derivative products, Grow and sale of poplar.

江苏江佳机械有限公司

Jangja Machinery Co., Ltd.

地址：江苏省东台市头灶工业园区（224247）
Add: Industrial park, Touzao Town, Dongtai City, Jiangsu 224247, P. R. China.
Tel: 0515-85481046, 85481045
Fax: 0515-85481392
E-mail: jangja@jangja.com
Website: www.jangja.com

主要产品：
自动单片纵锯机、自动多片纵锯机、自动纵锯修边机、木材切断机、横向优选截锯机、纵向优选多片圆锯机、自动单面刨木机、自动双面刨木机、四面刨铣机、全自动梳齿指接生产线、CNC加工中心。
Main Products:
Automatic single rip sawing machine, Automatic rip sawing flat edge trimmer, Wood cut-off machine, selective preference trimmer saw machine, wood planing machine, Milling machine, comb finger jointed line, CNC machining center.

江苏联海动力机械有限公司

Jiangsu Lianhai Power Machinery Co., Ltd.

地址：江苏省泰州市经济开发区梅兰西路68号（225300）
Address: No.68 Meilan W. Rd., Economic Development Zone, Taizhou, Jiangsu 225300, P. R. China.
Tel: 0523-86551888, 86992609
Fax: 0523-86992612
E-mail: lh.tz@public.tz.js.cn
Website: www.linhai.cn

J

主要产品：
全地形越野车，全地形多用途车，高尔夫球场和园林特种车辆，动力机械，园林机械，配件。
Main Products:
All-terrain SUV, Multi-purposed all-terrain vehicles, Golf courts, Motive power machines, Special-purposed garden vehicles, Motive power machines, Garden machines and parts.

江苏林海动力机械集团公司

Jiangsu Linhai Power Machinery Group Corporation

地址：江苏省泰州市海陵区迎春西路199号（225300）
Add: No.199 Yingchun W. Rd, Hailing Dist, Taizhou City, Jiangsu Province 225300, P .R . China.
Tel: 0523-86551888, 86552680
Fax: 0523-86601839
E-mail: lh@linhaigroup.com, tzyuanw@sina.com
Website: www.linhaigroup.com

主要产品：
摩托车、摩托车发动机，特种车辆，小型汽油机，小型汽油发电机组，林业机械，消防机械。
Main Products:
Motors, Motor engines, Special-purpose vehicles, Mini-type gasoline engines, Forestry machines, Fire-fighting equipment.

J

江苏林海雅马哈摩托有限公司

Jiangsu Linhai-Yamaha Motor Co., Ltd.

地址：江苏省泰州市海陵区迎春西路199号（225300）
Add:No.199 Yingchun W. Rd, Hailing Dist, Taizhou City, Jiangsu Province 225300, P. R. China.
Tel: 0523-86555338
Fax: 0523-86555348
E-mail: jslhymc@126.com, 05236551888@vip.sina.com
Website: www.linhaigroup.com

主要产品：摩托车，摩托车发动机、电动自行车及零部件。
Main Products:
Motorcycles, Motorcycle engines，Electircal Bicycle and Parts.

江苏龙在田机械有限公司(原江苏大自然机械有限公司)

Jiangsu Longzaitian Machinery Co.,Ltd. (Jiangsu Nature Forestry Machinery Co., Ltd.)

地址：江苏省无锡市惠山经济开发区惠畅路9号（214177）
Add: No. 9, Huichang Rd., Huishan Economic Development Zone, Wuxi, Jiangsu 214177, P. R. China.
Tel: 0510-83767888, 83763888
Fax: 0510-83765888, 82605888
E-mail: ywd5888@263.net
Website: www.wxhljq.com

主要产品：
热压机，涂胶机，剪板机，冷压机， 锯边机，旋切机， 干燥机，拼接机。
Main Products:
Hot presses, Glue spreaders, Veneer cutting machines, Cold presses, Trimming saws, Rotary cutting machines, Dryers, Veneer splicers.

J

江苏青山机械有限公司

Jiangsu Qingshan Machinery Co., Ltd.

地址：江苏省金坛市电厂路1号（213200）
Add: No.1 Dianchang Rd., Jintan City, Jiangsu 213200, P. R. China.
Tel: 0519-82898881
Fax: 0519-82899993
E-mail: x@qingshanren.com
Website: www.qingshanren.com

主要产品：
人造板设备、造纸设备、太阳能设备、木煤新能源设备、自动化及智能化设备的制造、销售；自营和代理各类商品及技术的进出口业务。
Main Products:
Panel Equipment, paper making equipment, solar equipment, wood coal new energy equipment, automation and intelligent devices

江苏省高邮市高鹏机械厂

Gaoyou Gaopeng Machinery Factory

地址：江苏省高邮市高邮镇工业区志成路3号（225601）
Add: No. 3, Zhicheng Rd., Ind. Park, Gaoyou Town, Gaoyou, Jiangsu 225601, P. R. China.
Tel: 0514-84541588
Fax: 0514-84541688
E-mail: 13511733988@139.com
Website: www.gygpjx.com

主要产品：
国产、进口油锯链轮。
Main Products:
Domestic and imported chain saws and chain wheels.

J

江苏苏美达林海动力机械有限公司

Jiangsu Sumec-Linhai Power Machinery Co., Ltd.

地址：江苏省泰州市经济开发区梅兰西路（225300）
Add: Meilan W. Rd., Economic Development Zone, Taizhou, Jiangsu 225300, P. R. China.
Tel: 0523-86395510
Fax: 0523-86395506
E-mail: lh@linhaigroup.com
Website: www.linhaigroup.com

主要产品：
摩托车及摩托车发动机，小型汽油发电机组。
Main Products:
Motorc， Mator engines, Mini-type gasoline engine units.

江苏维美轻工机械有限公司

Jiangsu Weimei Light Industry Machinery Co., Ltd.

地址：江苏省溧阳市戴埠镇南工业区善庆南路88号（213331）
Add: No.88 Shanqing S. Rd, Zhennan Ind. Area, Daibu Town South, Liyang, Jiangsu 213331, P. R. China.
Tel: 0519-87909168, 87913588
Fax: 0519－87913588
E-mail: hgxpj@weimeijx.com
Website:www.weimeijx.com

主要产品：
原木剥皮备料工段成套设备，纸浆，造纸人造板备料工段成套设备，削片机摆动筛再碎机，输送设备。
Main Products:
Machinery series and services for log barking and stock preparation, Machinery series for paper making and man-made board making, chipper, vibrating screen, disintegrator and conveyer (handling) equipments.

J

江西昌大三机科技有限公司

Jiangxi Changda Sanji Science&Technology Co., Ltd.

地址：江西省宜春市上高县科技工业园锦绣路26号（336400）
Add: No. 26 Jinxiu Rd, Science and Technology Industrial Park of Shanggao County, Yichun City , Jiangxi 336400, P. R. China.
Tel: 0795-2519756
Fax: 0795-2511888
E-mail: jxsanji1958@163.com
Website: www.sanji1958.com

主要产品：
成套设备：含3000立方米、5000立方米、1000立方米、20000立方米的3*6英尺、4*6英尺、4*8英尺、4*12英尺胶合板生产线（无卡、有卡自动旋切生产线）及配件。2M69系列（800-7500MM）剪切刀片刃磨床、2MA6945剪切刀片刃磨床（重型、机械、数字伺服控制）。
Main Products:
Plywood Line with capacity of 3000m³, 5000m³, 10,000m³, 20,000m³in size of 3*6ft, 4*6ft, 4*12ft and assessrises, Shear blade edge grinder(Heavy, mechanical, digital servo control).

江西昌大三机中兴木工机械有限公司

Jiangxi Zhongxing Woodworking Machinery Co., Ltd.

地址：江西省上高县科技工业园锦绣路23号（336400）
Add: No. 23, Jinxiu Rd., Science & Technology Ind. Park, Shanggao County, Jiangxi 336400, P. R. China.
Tel: 0795-2505698, 2505519
Fax: 0795-2505698E-mail: jxzxmj@aliyun.com
Website: www.jxzxmj.wood365.cn

主要产品：
机械单卡、数控无卡旋切机，剪切刀片刃磨床。
Main Products:
Single-spindle/CNC spindleless rotary cutting machines, Shearing cutting blades, Blade grinding machines.

江西金丰竹木机械厂

Jiangxi Jinfeng Bamboo Machinery Factory

地址：江西省万载县鹅峰工业园（336100）
Add: Efang Industrial Park, Wanzai, Jiangxi 336100, P. R. China.
Tel: 0795-8913926
E-mail: 15179567888@139.com
Website: www.jfjixie.com

主要产品：
第四代原木多片锯、仿古浮雕拉丝机等。
Main Products:
The fourth-generation multi-chip sawing logs, antique embossed drawing machine, etc.

江西上高县振宏机械有限公司

Jiangxi Shanggao Zhenhong Machinery Co., Ltd.

地址：江西省上高县科技工业园翠霞路9号（336400）
Add: No. 9, Cuiwei Rd., Ind. Park, Shanggao County, Jiangxi 336400, P. R. China.
Tel: 0795-2505026, 2503903
Fax: 0795-2505026
E-mail: sgzhjx@163.com
Website: www.jiangxixuanqieji.cn

主要产品：
四、六、八、十、十一英尺胶合板旋切机、卷板机、剪板机，胶合板、竹胶板成套设备。
Main Products:
Rotary cutting machines, veneer reeling machines and shearing cutting machines for plywood (4’, 6’, 8’, 10’, 11’), Complete set of equipment for bamboo plywood.

J

江西省林业科学院

Jiangxi Academy of Forestry

地址：江西省南昌经济技术开发区枫林西大街1629号（330032）
Add: No.1629 Fenglin West Street, Nanchang Economic Development Zone, Jiangxi 330032， P. R. China.
Tel: 0791-3833728
E-mail: jxpaf@126.com
Website: www.jxlky.cn

主要产品：
在竹子培育、选育方面已取得30余项科技成果，引种栽培16属130余种竹种等。
Main Products;
In bamboo cultivation, breeding has made more than 30 scientific and technological achievements, introduction and cultivation of 16 genera and more than 130 species and other species of bamboo.

江西星达机械有限公司

Jiangxi Xingda Machine Co., Ltd.

地址：江西上高油籽洞工业园（336400）
Add: Wuliling Ind. Park, Shanggao, Jiangxi 336400, P. R. China.
Tel: 0795-2526048
Fax: 0795-2528698
E-mail: xingdadjh@163.com

主要产品：
BXQS18系列数控无卡轴旋切机； BQ11、BQ12、BQ13系列有卡轴旋切机；2M69系列磨刀机，旋切机改造及配件。
Main Products:
BXQS18-series of CNC spindleless rotary cutting machines, BQ11/12/13-series of spindle revolving cut machines, 2M69-series of knife grinding machines and parts.

金华强劲木工机械有限公司

Jinhua Qiangjing Woodworker Machine Tool Co., Ltd.

地址：广东省佛山市顺德区伦教国际木工机械城展览馆侧（528308）
Add: International Woodworking Machinery Lunjiao Side Gallery, Shunde Dist., Foshan City, Guangdong 528308, P. R. China.
Tel: 0757-26925817, 27337178
Fax: 0757-27337178
E-mail: admin@haajjssggng.com
Website: www.jhqj.cn

主要产品：
纵锯机、双面刨、四面刨。
Main Products:
Vertical saw, two-face planer, four-face planer.

金华市富强木工机床制造厂

Jinhua Fuqiang Woodworking Machinery Manufactory

地址：浙江省金华市李渔路1976号（321000）
Add: No.1976, Liyu Rd., Jinhua, Zhejiang 321000, P. R. China.
Tel: 0579-82394858
Fax: 0579-82373463
E-mail: fq@fqmj.com
Website: www.fqmj.com

主要产品：
重型宽带砂光机，高速自动压刨，双面压刨。
Main Products:
Heavy-duty wide belt sanders, Automatic high-speed thicknessers, Double-sided thicknessers.

金华市强宏板式家具机械有限公司

Jinhua Powerful Woodworker Co., Ltd.

地址：浙江金华市婺城区洋阜镇(马驿背)望江路8号（321083）
Add: No. 8, Wangjiang Rd., (Mayibei) Yangfu Town, Wucheng Dist., Jinhua, Zhejiang 321083, P. R. China.
Tel: 0579-82640680
Fax: 0579-82640619
E-mail: zgqj1977@126.com
Website: www.chinaqiangjin.cn

主要产品：
木工单面压刨床，木工斜口平刨床，封边机，木工单片纵锯机。
Main Products:
Woodworking single-sided thicknessers, Woodworking taper and flat planers, Edge bonders, Woodworking single-disc longitudinal saws.

金华市新强力机械有限公司

Jinhua City XinQiangLi Woodworking Machinery Co., Ltd.

地址：金华市婺城区金西开发区北区一号（321083）
Add: No.1 N. Dist. Jinxi Devleping Zone, Wucheng Disirict,Jinhua City, Zhejiang 321083, P. R. China.
Tel: 0579-82640898
Fax: 0579-82641162
E-mail: 1031922067@qq.com
Website: www.qianglijixie.com

主要产品：
木工机械，四面刨床，多面锯。
Main Products:
Woodworking machine, Four-face planer, Saw.

金石木机电工业（天津）有限公司

Stone-wood Machinery and Tools (Tianjin) Co., Ltd.

地址：天津经济技术开发区睦宁路59号（300457）
Add: No. 59, Muning Rd., Economic Development Zone, Tianjin 300457, P. R. China.
Tel: 022-25323981
Fax: 022-25323980
E-mail: ming@777f.net

主要产品：
锯片。
Main Products:
Saw blades.

金鑫机械有限公司

Jinxin Machine Co., Ltd.

地址：广东省佛山市顺德区伦教集约工业区（528308）
Add: Lunjiao Ind. Park, Lunjiao Town, Shunde Dist., Foshan, Guangdong 528308, P. R. China.
Tel: 0757-27880097, 27733358
Fax: 0757-27880095

主要产品：
V槽机。
Main Products:
V-bolded machine.

J

晋江市神工机械制造有限公司

Fujian Jinjiang Shengong Machinery Manufacturing Co., Ltd.

地址：福建泉州晋江市五里工业园区灵源街道英塘思源东路14号（362216）
Add: No.14 Yingtangsiyuan East Rd., Lingyuan Street, Jinjiang, Fujian 362216, P. R. China.
Tel: 0595-88172751, 88185725
Fax: 0595-88172751
E-mail: shengongjixie@163.com
Website: www.chinashengong.com

主要产品：
刨床，锯床，原木多片锯，上下自动多片锯。
Main Products:
Planers, Saws, Multiple blade saws, Automatic multiple blade saws.

九江市长江木工机械有限公司

Jiujiang Changjiang Woodworking Machinery Co., Ltd.

地址：九江市庐山区生态工业城顺发路3号（332000）
Add: No 3, Shengtai Ind. Park, Shunfa Rd., Lushan Dist., Jiujiang, Jiangxi 332000, P. R. China.
Tel: 0792-8994098
Fax: 0792-8326997
E-mail: cjmgjx.0792@163.com
Website: www.jjcjmgjx.com

主要产品：
JMY8-60型锯片磨刃机，MF2750万能磨刀机，MF256直刀自动磨刀机，MF222A简易万能磨刀机，MF1107带锯条自动磨齿机，MF126自动锯片磨刃机，MF2750A万能磨刀机，MF2760万能磨刀机，MF2510直刀自动磨刀机，MF223仿型磨刀机。
Main Products: JMY8-60 series of saw blade grinders, MF2750 Universal knife grinders, MF256 series of straight-edge knife grinders, MF222A series of simple universal grinders, MF1107 series of band saw blade grinders, MF126 series of automatic circular saw blade grinders, MF2750A, MF2760, MF2510 and MF223 Universal knife grinders.

钧锐木工机械厂

Junrui Woodworking Machinery Factory

地址：广东省佛山市顺德区伦教花园西路附近（528308） Add: Huayuan W. Rd, Lunjiao Town, Foshan City, Guangdong 528308, P. R. China.
Tel：0757-27732545，27736086
Fax：0757-27736086

主要产品：
万能磨刀机、木工刀具。
Main Products:
Sharpener, wood cutting tool.

俊锋木工机械有限公司

Junfeng Woodworking Machinery Co., Ltd.

地址：广东省佛山市顺德区伦教镇国际木工机械城B座8-9号（528308）
Add: No. 8-9, Block B, International Woodworking Machinery Center, Shunde, Foshan City, Guangdong 528308, P. R. China.
Tel: 0757-27752332， 27752138
Fax: 0757-27752138
E-mail: sd-junfeng@hotmail.com
Website: www.jun-feng.com

主要产品：
实木家具整厂生产设备。
Main Products:
The Whole Plant Equipmen of Solid Wood Furniture.

K

凯鸿翔机械设备有限公司

Kaihongxiang Machinery Equipment Co., Ltd.

地址：广东省佛山市顺德区勒流新明路61号（528300）
Add: No.61, Xinming Rd, Leliu Town, Shunde, Guangdong 528300, P. R. China.
Tel: 0757-25555299, 26190908
Fax: 0757-26190907
E-mail: sd13242104789@126.com
Website: www.kaihongmj.com

主要产品：
燕尾榫。
Main Products:
Swallowtail

凯隆伟业木工机械商行

Kailongweiye Woodworking Machine Co., Ltd.

地址：广东省佛山市顺德区伦教展览馆右侧（528308）
Add: Exhibition Hall, Lunjiao Town, Shunde Dist., Foshan City, Guangdong 528308, P. R. China.
Tel: 0757-27886900
Fax: 0757-27885100
E-mail: sd365@139.com
Website: www.kc-woodworking.com

主要产品：
新、旧木工机械及配件。
Main Productss:
Woodworking Machine and Accessories Sell.

快奥金和机械有限公司

Jinhe Wood Machinery Factory

地址：顺德伦教霞石工业区（528300）
Add: Xiashi Ind. Park, Lunjiao Town, Shunde Dist., Foshan City, Guangdong 528308, P. R. China.
Tel: 0757-27758449, 27751432
Fax: 0757-27758449
E-mail: jinhejixie@163.com Website: www.cn-jinhe.com

主要产品：
无卡轴旋切机、磨刀机。
Main Products:
Rotary trunk-layer stripping machine without clamper, Sharper.

昆明康发机械有限公司

Kunming Hong Fat Machinery Co., Ltd.

地址：云南省昆明市五华区黑林铺镇班庄村499号（650106）
Add: No. 499, Banzhuang Vil., Heilinpu Town, Wuhua Dist., Kunming, Yunnan 650106, P. R. China.
Tel: 0871-64619622， 64616695
Fax: 0871-64619618
E-mail: sales@kongfa.com， gavin.yan@hongfat.com
Website: www.hongfat.com

主要产品：
硬质合金新型木工刀具，指接系统，四面木工刨床，双端铣，气压式自动钻孔机，框锯机。
Main Products:
Woodworking cutting tools of hard alloy, Finger jointers, Four-sided woodworking planers, Double-ended milling machines, Automatic air-pressure hole drills, Frame saws.

k

昆明人造板机器厂（昆明民汇人造板机器有限公司）

Kunming Wood Based Panel Machinery Plant

地址：云南省昆明市龙泉路564号（650221）
Add: No.564, Longquan Rd., Kungming, Yunnan 650221, P. R. China.
Tel: 0871-65815381, 65815428
Fax: 0871-65810331, 65840025

主要产品：
人造板成套及单机设备，包括：刨花板生产线（PB）设备，中、高密度生产线（MDF、HDF）设备，定向刨花板生产线（OSB）设备及模压托盘生产线设备。
Main Products:
Machines and complete set of equipment for wood based panel which includes PB, MDF, HDF, OSB and Molded pallet.

昆明新飞林人造板有限公司

Kunming Xinfeilin Wood-based Panel Co., Ltd.

地址：云南省昆明市普吉路568号（650101）
Add: No. 568, Puji Rd., Kunming, Yunnan 650101, P. R. China.
Tel: 0871-8308509
Fax: 0871-8308098
E-mail: llm@kmxfl.com
Website: www.kmxfl.com

主要产品：
飞林牌环保防潮型刨花板，飞林牌三聚氰胺抗菌饰面板，飞林牌板式家具。
Main Products:
Dampproof particle board, Environmental friendly particle board, Dampproof & environmental friendly particle board, Anti-bacteria Melamine facing board, Board furniture.

昆山大华机器制造有限公司（达华）

Kunshan Dahua Wood-Based Panel Machinery Manufacturing Co., Ltd.

地址：江苏省昆山市巴城镇正仪（镇南公路）（215347）
Add: Southe Freeway, Zhengyi Town, Kunshan, Jiangsu 215347, P. R. China.
Tel: 0512-57895566, 50325877
Fax: 0512-57800289, 50325877
E-mail: ksdhjqzz@126.com, cj_0451@126.com
Website: www.ks-dhjq.com

主要产品：
中（高）密度板成套设备；刨花板成套设备：胶合板成套设备、实木复合地板胶压线；防火板线；低压短周期线；细木工板设备；建筑模板设备；夹板门设备；竹胶板设备；覆铜箔板设备。
Main Products:
MDF, HDF, Flake board, Veneer board, Engineered floor glued-compress production line, Fireproof Board production line, low-pressure and short cycle overlaying production line, Blockboard machinery, Building templates machinery, Plywood-faced door machinery, Bamboo plywood machinery and copper-clad laminate machinery.

昆山申昆热压板有限公司

Kunshan Shenkun Hot Pressboard Co., Ltd.

地址：江苏省昆山陆家镇黄巷村（215331）
Add: Huangxiang Village, Lujia Town, Kunshan, Jiangsu 215331, P.R.China.
Tel: 0512-57672765
Fax: 0512-57671680
E-mail:webmaster@jsshenkun.com Website:www.jsshenkun.com.cn

主要产品：
热压板。
Main Products:
Hot Pressboard.

k

昆山市金茂热压板制造有限公司

Kunshan Jinmao Reyaban Manufacturing Co., Ltd.

地址：江苏省昆山市千灯镇宏洋路338号（215341）
Add: No.338 Hongyang Rd., Qiandeng Town, Kunshan, Jiangsu 215341, P. R. China.
Tel: 0512-57285018
Fax: 0512-57282098
E-mail: jhl@jmryb.com
Website: www.jmryb.com

主要产品：
标准和非标准规格的热压板、模具板、橡胶平板硫化机。
Main Products:
Standard and non-standard hot pressing plates.Mould, Rubber flat vulcanizing machines.

昆山市润丰热压板有限公司

Kunshan City Runfeng Hot Pressboard Co., Ltd.

地址： 昆山市陆家镇陆丰东路2-28号（312国道43K+680M右侧）（215331）
Add: No. 2-28 Lufeng E. Rd., Lujia Town, Kunshan, Jiangsu 215331, P. R. China.
Tel: 0512-57878160
Fax: 0512-57283330
E-mail: kunshanrf@sina.com
Website: www.ksrfryb.com

主要产品：
制造热压板、模具板及人造板机器配件。
Main Products:
Hot pressboard, Mould, Panel machine accessories.

昆山市申花热压板厂

Kunshan Shenhua Hot Pressing Plate Factory

地址：江苏省昆山市陆家镇312国道旁（215331）
Add: Beside 312 National Highway, Lujia Town, Kunshan, Jiangsu 215331, P. R. China.
Tel: 0512-57670729
Fax: 0512-57670729

主要产品：
用于木材行业的热压机，橡胶行业平板硫化机的热压板。
Main Products:
Hot presses for wood industry, Hot pressing plates for rubber platen vulcanizing press.

昆山市永茂机械制造有限公司

Kunshan Yongmao Machinery Make Co., Ltd.

地址：江苏省昆山市玉山镇镇南公路519号（215347）
Add: No. 519, Zhennan Rd., Yushan Town, Kunshan, Jiangsu 215347, P. R. China.
Tel: 0512-57898348, 57897048
Fax: 0512-57890478
E-mail: syggys@vip.sina.com
Website: www.ks-ymjx.com

主要产品：
热压机，冷压机，数控无卡轴旋切机，机械单卡轴旋切机，电动剪板机，热压板，压力缸。
Main Products:
Hot presses, Cold presses, Spindleless CNC rotary cutting machines, Single-spindle revolving cut machines, Electric veneer clippers, Hot pressing plates, Pressure cylinders.

昆山云岭人造板机械有限公司

Kunshan Yunling Man-made Board Machinery Co.Ltd., P.R.China

地址：江苏省昆山市巴城镇正仪（镇南公路）（215347）
Add: Southe Freeway, Zhengyi Town, Kunshan, Jiangsu 215347, P. R. China.
Tel: 0512-57895566、50325877
Fax: 0512-57800289、 50325877
E-mail: ksdhjqzz@126.com,cj_0451@126.com
Website: www.ks-dhjq.com

主要产品：
中（高）密度板成套设备；刨花板成套设备：胶合板成套设备、实木复合地板胶压线；防火板线；低压短周期线；细木工板设备；建筑模板设备；夹板门设备；竹胶板设备；覆铜箔板设备。
Main Products:
MDF, HDF, Flake board, Veneer board, Engineered floor glued-compress production line, Fireproof Board production line, low-pressure and short cycle overlaying production line, Blockboard machinery, Building templates machinery, Plywood-faced door machinery, Bamboo plywood machinery and copper-clad laminate machinery.

莱州富林机械有限公司

Laizhou Fulin Machinery Co., Ltd.

地址：莱州市文昌路街道南五里工业园（261400）
Add: Nanwuli Ind. Park, Wenchang Rd., Laizhou, Shandong 261400, P. R. China.
Tel: 0535-2287676、 2287678
Fax: 0535-2287676
E-mail: lzfl@126.com
Website: www.fulinmachinery.cn

主要产品：
圆锯机，带锯机，立铣，砂光机；理石切割机。
Main Products:
Circular saws, Band saws, Vertical milling machines, Sanders, Marble cutting machines.

L

莱州市金宏数控设备有限公司

Laizhou JinHong CNC Equipment Co.,Ltd.

地址：莱州市文峰路街道南环路(南房村西)（261400）
Tel: 0535-2219987
Fax: 0535-2219987
E-mail: lzjhsk@163.com Website: www.cnc-jh.com

主要产品：
木业数控设备
Main Products:
Wood CNC equipment.

兰溪市智腾机械设备制造有限公司

Lanxi Zhiteng Machinery & Equipment Co., Ltd.

地址：浙江省兰溪市永昌工业区（321104）
Add: Yongchang Ind. Park, Lanxi, Zhejiang 321104, P. R. China.
Tel: 0579-88388991
Fax: 0579-88388222
E-mail: geetop@foxmail.com
Website: www.geetop.net

主要产品：
MB系列四面刨，单面压刨，平面刨床，MJ153B单片锯。
Main Products:
MB series of four-sided planers, Single-sided thicknessers, Flat planers, Single-rip saws.

L

蓝帜(南京)工具有限公司

Leitz Tooling Systems (Nanjing) Co., Ltd.

地址：江苏南京江宁区菲尼克斯路8号（211100）
Add: No.8, Phoenix Rd., Jiangning Dist., Nanjing, Jiangsu 211100, P. R. China
Tel: 025-52103111-811
Fax: 025-52103777, 52106376
E-mail: z.j.zhou@leitz.com.cn
Website: www.leitz.com.cn

主要产品：
圆锯片，粉碎刀，刨刀，盘铣刀，柄铣刀，钻头，刀片，液压轴套。
Main Products:
Circular saw blades, Crusher knives, Plane irons, Disk milling cutters, Shank milling cutters, Drill bits, Blades, Hydraulic controlled sleeve.

廊坊金兰人造板机械有限公司

Langfang Jinlan Man-made Board Machinery Co., Ltd.

地址：河北省廊坊市文安县工业园区（065801）
Add: Ind. Park, Wen'an County, Langfang, Hebei 065801, P. R. China.
Tel: 0316-5380937
Fax: 0316-5380700
E-mail: jinlan@jinlan.com.cn
Website: www.jinlan.com.cn

主要产品：
年产3万、5万、8万m3密度板、刨花板生产线设备，模压门板生产设备，胶合板生产设备，贴面板设备、 绝缘板设备等各类人造板设备。
Main Products:
Capacity: 30,000/50,000/80000 m3 per a year lines and equipments for density board, MDF, HDF, Laminate board machinery series, Molded door machinery, Veener board machinery, particle board, block board, faced board, Repelling board, Insulation board.

乐成木工刀具配件

Lecheng Woodworking Cutter Accessories

地址：广东省佛山顺德区伦教街道木工机械城配件街（528308）
Add: Accessories Rd, Woodworking Machine Park, Lunjiao, Shunde Dist., Foshan City, Guangdong 528308, P. R. China.
Tel: 0757-27730360 Fax: 0757-27730360

主要产品：
木工机械配件。
Main Products:
Woodworking machine accessories.

乐客精密工具（太仓）有限公司

LEUCO Precision Tooling (Taicang) Co., Ltd

地址： 江苏省太仓市上海东路105号外贸创业园A18幢 （215400））
Add: Block A18 Foreign Industry Park, No. 105 East Shanghai Road, Taicang, Jiangsu, 215400, P. R. China.
Tel: 0512-53595359-6205
Fax: 0512-53596676
E-mail: xiaoping.wu@leuco.com.cn
Website: www.leuco.com.cn

主要产品：
工模具（金刚石和硬质合金工具）。
Main Products:
Tool and mould (diamond & carbide tool), International trades (except distribution).

L

利欧集团股份有限公司

Zhengjiang LEO Co., Ltd.

地址：浙江省温岭市工业城中心大道（317503）
Add: Central Avenue of Ind. City, Wenling, Zhejiang 317503, P. R. China.
Tel: 0576-89988888、 89986666
Fax: 0576-89989898
E-mail: info@leogroup.cn
Website: www.leogroup.cn

主要产品：
花园潜水泵，自吸泵，喷泉泵，小型漩涡泵，离心泵，碎枝机，松土机，割草机，扫雪机，劈木机，微型水泵。
Main Products:
Garden submersible pumps, Self-priming pumps, Fountain pumps, Mini-type regenerative pumps, Centrifugal pumps, Branch crushers, Soil loosening machines, Lawn movers, Snowploughs, Wood splitting machines, Mini-type water pumps.

溧阳平陵林机有限公司

Liyang Pingling Forestry Machinery Co., Ltd.

地址：江苏省溧阳市新昌镇蒋店（213376）
Add: Jiangdian, Xinchang Town, Liyang City, Jiangsu 213376, P. R. China.
Tel: 0519-87190600, 87190700, 87190900
Fax: 0519-87190500
E-mail: pinglinglinji@126.com
Website: www.pingling.com

主要产品：
MQS5-54系列物料输送风机，CFM-51系列旋风脉冲袋式除尘器，BGD系列惯性脉冲袋式除尘器，RV系列卸料阀，PPB-25细木工芯板拼板机，BFC系列木粉方料仓。
Main Products:
MQS5-54 series material handling fan, CFM-51 series bag pressure pulse filter, BGD series bag pressure dust filter, RV series discharge valve, PPB-25 felt-board machine, BFC series wood meal hold.

溧阳市中净环保机械有限公司

Liyang Zhongjing Environment Protection Machinery Co., Ltd.

地址：江苏溧阳市新昌工业园区平陵西路1058号（213300）
Add: No. 1058, Pingling W. Rd., Xinchang Ind. Park, Liyang, Jiangsu 213300, P. R. China.
Tel: 0519-88302796
Fax: 0519-88302797
E-mail: lyl3901497939@126.com
Website: www.lyzhongjing.com

主要产品：
木工中央除尘系列产品。
Main Products:
Design, manufacture, installation and adjustment of central dust removal machines.

林海股份有限公司

Jiangsu Linhai Group

地址：江苏省泰州市海陵区迎春西路199号（225300）
Add: 199 Yingchun W. Rd, Hailing Dist, Taizhou City, Jiangsu Province 225300, P .R . China.
Tel: 0523-86551888, 86561192
Fax: 0523-86551403
E-mail: luzhonghua6551888@hotmail.com
Website: www.linhai.cn

主要产品：
林业、园林动力机械，喷灌机械；内燃机，摩托车，消防机械，微型汽车。
Main Products:
Forestry & garden motivity machines, Spraying & irrigation machines, Internal-combustion engines, Motorcycles, Fire-fighting machines, Mini-type vehicles.

L

临海市华洲机械有限公司

Zhejiang Linhai Huazhou Machinery Co., Ltd.

地址：浙江省临海市括苍镇小海门工业区（317027）
Add: Xiaohaimen Ind. Park, Kuocang Town, Linhai, Zhejiang 317027, P. R. China.
Tel: 0576-85860183, 85860888
Fax: 0576-85860088
E-mail: webmaster@yj183.com
Website: www.yj183.com

主要产品：
圆木多片锯系列；上下多片锯系列；多片纵锯机系列；纵锯修边机系列；单片纵锯机系列；四面刨床系列；仿型铣边机系列；自动仿削机系列。
Main Products:
Log Multi-chip Saw Series, Up and Down Multi-chip Saw Series, Multi-chip Vertical Sawing Machines Series, Vertical Sawing and Edge-trimming Machine Series, Single-chip Vertical Sawing Machine, Four-face Planning Machine Series, Exterior Edge Milling Machine Series, Automatic Copying Milling Machine Series.

林守训(个人会员)

Lin Shouxun (Personal Member)

地址：福建福州冶山路10号省林业厅宿舍3号楼405（350003）
Add: Rm 405 No.3 Dormitory, Forestry Department of Fujian Province, No. 10 of Yeshan Rd., Fuzhou, Fujian 350003, P. R. China.
Tel: 0591-7826537

L

临沂市翔鹰机械制造有限公司

Linyi Xiangying Machinery Manufacturing Co., Ltd.

地址：临沂市兰山区义堂镇堰西工业园（276000）
Add:Yanxi Ind. Park, Yitang Town, Lanshan Dist., Linyi, Shandong 276000, P.R. China
Tel: 0539-8023265
Fax: 0539-8295438
E-mail: 8295438@163.com
Website: www.rzbjxc.cn

主要产品：
人造板机械（刨花板生产线、密度板生产线、胶合板设备），环保除尘设备，贴面热压机。
Main Products:
Man-made board (Flakeboard production line, Fibreboard, veener board) Environmental dust removal plant, Veneer pressing machine.

临沂市新天力机械有限公司

Linyi Xintianli Machinery Co., Ltd.

地址：山东省临沂市兰山区义堂镇大葛庄工业园（276013）
Add: Dagezhuang Ind. Park, Yitang Town, Lanshan Dist., Linyi, Shandong 276013, P. R. Cina.
Tel: 0539-8292318, 8439988
Fax: 0539-8020709
E-mail: tljx@tianlijixie.com
Website: www.tianlijixie.com

主要产品：
胶合板、多层板成套设备、lVL生产线、刨花板生产线。
Main Products:
Plywood, Multilayer board complete sets of equipment, 1VL production line, Particleboard production line.

临沂兴腾人造板机械有限公司

Linyi Xingteng Wood-based Panel Machinery Co., Ltd.

地址：山东省临沂市兰山区南坊街道（276000）
Add: Nanfang Street,Lanshan Dist., Linyi, Shandong 276000, P. R. China.
Tel: 0539-8600289
Fax: 0539-8600266
E-mail: xingtengjixie@163.com
Website: www.xingtengjixie.com

主要产品：
中高密度纤维板自动化生产线，刨花板自动化生产线，能源工厂，多层压机、单层大副面压机，各种除尘设备，全自动切割线，短周期快速热压机，竹胶板自动化生产线，防火板自动化生产线，胶合板自动化生产线，各种自动化生产线电气控制配套。
Main Products:
MDF line, paticleboard line, energy plant, multi-press, mate surface single press, dust removal equipment, au tomatic cutting line, hot press, bamboo-made plywood line, firewood panel line, plywood line, electrical control kit.

临沂振邦国际贸易有限公司

Linyi Woodchian Trading Co., Ltd.

地址：临沂市兰山区城建时代广场0902号（276000）
Add: Rm 902, Chengjian Time Square, Beiyuan Rd.,Lanshan Dist., Linyi, Shandong 276000.
Tel: 0539-2801200
Fax: 0539-2800822
E-mail: manager@woodchina.net
Website: www.woodchina.net

主要产品：
胶合板生产全套机械，刨花板生产线。
Main Products:
Plywood production line, Particleboard production line, etc.

柳州市猛狮动力机械有限公司

Liuzhou City Menshy Motive Machinery Co., Ltd.

地址：广西区柳州市龙泉路5号（545005）
Add: No. 5, Longquan Rd., Liuzhou, Guangxi 545005, P. R. China.
Tel: 0772-3147517
Fax: 0772-3147281
E-mail: ms3139766@163.com
Website: www.lzsms.net.cn

主要产品：
“猛狮牌”YD85、YD72、MS287型等系列油锯，6MF-30型风力灭火器，6MFB-30型背负式风力灭火机，3WC-2.9型挖坑机，小型汽油机。
Main Products:
Mengshi YG-94/YD85/YD72/MS287 series of chain saws, 6MF-30 series of pneumatic extinguishers, 6MFB-30 series of knapsack pneumatic extinguishers, 3WC-2.9 series of diggers, Mini-type gasoline engines.

柳州索罗小型动力机械厂

Liuzhou Suoluo Small Power Machinery Factory

地址：广西省柳州市鸡喇路16号（545005）
Add: No.16 Jila Rd., Liuzhou, Guangxi 545005, P. R. China.
Tel: 0772-3150074

主要产品：
油锯
Main Products:
Chain saw.

柳州威罗动力机械有限公司

Liuzhou Weiluo Motive Power Machinery Co., Ltd.

地址：广西区柳州市鸡喇路16号（545005）
Add: No. 16, Jila Rd., Liuzhou, Guangxi 545005, P. R. China.
Tel: 0772-3960032, 3916098
Fax: 0772-3960032
E-mail: hl-lxz@163.com Website：www.lzwldl.com

主要产品：
油锯，风力灭火机，割灌机，微型汽车发动机缸盖，进水管，风扇垫块，气缸盖，曲轴箱后端盖，调温器盖，凸轮轴位置传感器座。
Main Products:
Mini-type gasoline engines, Mini-Type machinery and accessories, Motive power machines and parts, Power assistant of bicycles, Processing metal machines, tool design, manufacture and sell, Rental of house, Technical consultation, Mini-type machinery reparing.

伦教红丹机械商行

Lunjiao Hongdan Machinery Firm

地址：广东省佛山市顺德伦教广珠路北，国际木工机械商城18号（528308）
Add: No.18 International Woodworking Machinery Mall, Guangzhu RD, Lunjiao, Shunde Dist., Foshan City, Guangdong 528308, P. R. China.
Tel: 0757-27726864, 27882011
Fax: 0757-27726864
E-mail: hd333@163.com
Website: www.iwood.cn

主要产品：
经销国内木工机械及配件。
Main Products:
Woodworking machine and accessories.

伦教劲马木工机械经营部

Jinma Woodworking Machinery Co., Ltd.

地址：广东省佛山市顺德区伦教北海工业区兴业路南2号（528308）
Add: No. 2, south Xingye RD, Beihai Ind. area, Lunjiao town, Shunde Dist., Foshan city, Guangdong 528308, P. R. China.
Tel: 0757-27332749
Fax: 0757-27332747
E-mail: lima@lima.net.cn
Website: www.lima.net.cn

主要产品：
经营国内、外二手木工机械。
Main Products:
Second-hand woodworking Machine.

伦教木工机械商会

Lunjiao Woodworking Machinery Chmaber of Commerce

地址： 广东省佛山市顺德区105国道伦教段30号伦教商会大厦4楼 （528308）
Add: No.4 Lunjiao Chmaber of Commerce Mansion, No.30 State Road 105, Shunde Dist., Foshan City, Guangdong 528308, P. R. China
Tel: 0757-28609696, 23629988
Fax: 0757-23620025
E-mail: sd23629988@126.com
Website: www.ljwmcc.org.cn,

简介：
佛山市顺德区伦教木工机械商会成立于1997年4月25日，现有会员企业148家，是国内成立最早的木工机械行业商会之一，在国内外享有很高的知名度。商会的宗旨是：组织、团结全体会员，谋求发展。2006年6月，伦教被中国林机协会评为“中国木工机械重镇”。
Introduction:
Lunjiao Woodworking Machinery Chmaber of Commerce, established on April 25 of 1997, is one of the earlist woodworking machinery associations, with 148 members. The aim is to organize and unite all members, serve for their development. Lunjiao Town was award as “the Town of China Woodworking Machinery” in June, 2006.

L

洛阳人造板厂

Luoyang Wood-Based Panel Factory

地址：河南省洛阳市西工区王城路40号（471000）
Add: No. 40, Wangcheng Rd., Xigong Dist., Luoyang, Henan 471000, P. R. China.
Tel: 0379-63356491
Fax: 0379-63358705
E-mail: lyrzbc@163.com

主要产品：
建材市场。
Main Products:
Building materials market..

绿友机械集团股份有限公司

Beijing Greenman Machinery Company

地址：北京市顺义区赵全营镇兆丰产业基地兆丰一街28号绿友园
Add: Lvyou, No.28 Zhaofeng No.1 Rd., Zhaofeng Industrial Park, Quanying Town, Shunyi District, Beijing
Tel: 010-60442335, 60442336, 60442337
Fax: 010-60441533-281
E-mail: yujl@greenman.com.cn
Website: www.greenman.com.cn

主要产品：
绿友草坪修剪养护设备、美国约翰迪尔草坪修剪养护设备、亨特草坪灌溉设备、MTD园林机械设备、草蜢剪草设备、老熊枝叶粉碎设备、好玛克移树机销售及服务商。自行研发生产“绿友”系列草坪养护设备、非公路用电动车。
Main Products:
Sales of Greenman lawn maintenance equipment, John Deere lawn trim maintenance equipment, Hunter lawn irrigation equipment, MTD garden machinery equipment, Grasshopper mowing equipment, Bear Cat crushing equipment and HOLMAC tree transplanting machine with after-sale services. Greenman developed its own production of "Greenman" series lawn maintenance equipment, non-road electric vehicles.

马鞍山市环球机械刀片有限公司

Ma'anshan Huanqiu Machinery Blade Co., Ltd.

地址：安徽省马鞍山博望经济开发区2号（243131）
Add: No. 2, Bowang Economic Development Zone, Ma'anshan, Anhui 243131, P. R. China.
Tel: 0555-6767000
Fax: 0555-6761695
E-mail: huanqiuchina@163.com
Website: www.hqchina.com

主要产品：
刨切机、旋切机、削片机刀片及三面切书、切纸、皮革刀。
Main Products:
Planing cutters, Rotary cutters, Match knives, Chipper knives, Shear knives, Pressure bars.

马鞍山市绿之友机械制造有限公司

Ma'anshan Green Friend Machine Manufacturing Co., Ltd.

地址：马鞍山博望区博望镇平桥开发区（243131）
Add: Pingqiao Development Zone, Bowang District, Ma'anshan, Anhui Province 243131, P. R. China.
Tel: 0555-6761925
Fax: 0453-6761306
E-mail: info@cnlzy.com
Website: www.cnlzy.com

主要产品：
剪草机，高尔夫球场专用刀片、打孔针、梳草刀、割灌刀、旋刀，绿篱剪。
Main Products:
Grass cutting machines, Blades for golf course, Hole punchers, Lawn combers, Bush knives, Peeling knives, Hedge trimmers.

孟庆午（个人会员）

Meng Qingwu (Personal Member)

北华大学交通建筑工程学院
College of Transportation and Civil Engineering, Beihua University
地址：吉林省吉林市泰山路32号林学院住宅5-4-62号（132013）
Add: No. 5-4-26 forestry institute flat, No.32 Huashan Rd., Jilin, Jilin 132013, P. R. China.
Tel: 0432-4640029
Fax: 0432-4671884
Website: www.beihua.edu.cn

明鑫盛（青岛）机械制造有限公司

Mingxinsheng (Qingdao) Machinery Manufacturing Co., Ltd.

地址：青岛市高科园枣山东路117号（266000）
Add: No.117 Zaoshan East Rd., Hig-Tec Park, Qingdao, Shandong 266000, P. R. China.
Tel: 0532-88605008, 88701898
Fax: 0532-88701898
E-mail: mxs@qdmxs.com
Website: www.qdmxs.com

主要产品：
双砂架、三砂架精密型强力砂光机，双砂架、三砂架宽带砂光机，单砂架宽带砂光机， 水磨砂光机。
Main Products:
Double/triple-headed precision strong sanders, Double/triple-headed wide belt sanders, Single-headed wide belt sanders, Levigation sanders.

牡丹江木工机械(厂)有限责任公司

Mudanjiang Woodworking Machinery Works Co., Ltd.

地址：黑龙江省牡丹江市东七条路115号（157005）
Add: No.115, Qitiao E. Rd., Mudanjiang, Heilongjiang 157005, P. R. China.
Tel: 0453-5948957, 6685988
Fax: 0453-6483096, 8109005
E-mail: mgfhma@163.com
Website: www.mdjma.com

主要产品：
木工机床，板式家具生产线设备，人造板设备，集成材生产线设备，木材干燥设备，木工刃具刃磨设备。
Main Products:
Woodworking machine tools, Equipment for board furniture, wood based panel, insulated material, Wood dryers, and Woodworking blade grinders.

南京帝鼎数控科技有限公司

Nanjing Diding Numerical Control Technology Co., Ltd.

地址： 南京江宁谷里工业集中区庆兴路1号 （210000）
Add: No.1, Qinxin Rd., Guli Industrial Park, Jiangning District, NanJing, JiangSu 210000, P. R. China.
Tel： 025-86883315
Fax： 025-83682617
E-mail： njqianding@126.com
Website： www.dinglidk.com

主要产品： 木工机工中心，雕刻机。
Main Products: Woodworking center, engraving machine.

N

N

南京海威机械有限公司
Harvey Manufacturing (Nanjing) Co., Ltd.

地址：江苏省南京市江宁经济开发区苏源大道68号-10（211112）
Add: No.68-10 Suyuan Street, Jiangning Economic Development Park, Nanjing, Jiangsu 211112, P. R.China.
Tel: 025-57928869、57928021
Fax: 025-57928826
E-mail: harveysales@foxmail.com, wei.s@harvey.cn
Website: www.harvey.cn

主要产品：
精密木工台锯、双刀精密推台锯、细木工带锯、木工铣床。
Main Products:
Woodworking table saw, Two-Blade slide saw, Fine woodwork band saw, Wood milling machine.

南京林业大学
Nanjing Forestry University

地址：江苏省南京市龙蟠路159号（210037）
Add: No.159 Longpan Rd., Nanjing, Jiangsu 210037, P. R. China.
Tel: 025-85427206
Website: kjc.njfu.edu.cn

主要产品：
竹材多刀劈篾机、竹材重组材高频热压成型压机、竹材重组材高频热压成型机等。
Main Products:
Multi-knifed bamboo strips machine, bamboo scrimber high frequency compression molding press, bamboo scrimber high frequency compression molding machine.

南京林业大学材料科学与工程学院（原南京林业大学木材工业学院）

College of Materials Science and Engineering, Nanjing Forestry University

地址：江苏省南京市龙蟠路159号（210037）
Add: No.159, Longpan Rd., Nanjing, Jiangsu 210037, P. R. China.
Tel: 025-85427486、85427518
Fax: 025-85427517
E-mail: hdzhou@njfu.com.cn

简介：
南京林业大学材料科学与工程学院始建于1952年，历经学校院系调整，几度异名，2013年4月由木材工业学院更名为材料科学与工程学院。设有木材料学和工程系、环境化学系、木结构建筑系。
Introduction:
College of Materials Science and Engineering，founded in 1952, was renamed in April 2013. The College comprises of 7 departments: Dept. of Wood Science and Engineering, Dept. of Compound Materials, Dept. of Industrial Equipment and Automation, Dept. of Energy and Architectural Environment, Dept. of Packaging Engineering and Design, Dept. of Environmental Chemistry, and Dept. of Wood-structure Architecture.

南京林业大学机械电子工程学院

College of Mechanical & Electrical Engineering, Nanjing Forestry University

地址：南京市龙蟠路159号（210037）
Add: No. 159, Longpan Rd., Nanjing, Jiangsu 210037, P. R. China.
Tel: 025-85427765
Fax: 025-85415857
E-mail: mee@njfu.edu.cn
Website: www.njfu.edu.cn

简介：
机械电子工程学院于1958年招收第一届本科生，1960年建系，1994年1月成立机械工程学院，1997年7月更名为机械电子工程学院。学院下设林业机械系、机械制造工程系、自动化系、过程装备与控制工程系、测控技术系、机械电子工程系、工程图学教研室、力学教研室、机械基础实验中心、机械工程实验中心和自动化与测控技术实验中心。
Introduction:
College of Mechanical & Electrical Engineering, established in 1960, was renamed in July 1997. The college comprises of Dept. of Forestry Mechanical Engineering, Dept. of Mechanical Manufacturing Engineering, Automation, Dept. of Process Equipment and Control Engineering, Dept. of Control Technology, Dept. of Mechanical and Electronic Engineering, Dept. of Engineering Graphics, Dept. of Mechanics, Mechanical Basic Experiment Center, Mechanical Engineering Experimental Center, and Automation and Control Technology Center.

N

南京林业大学家具与工业设计学院

College of Furniture and Industrial Design, Nanjing Forestry

地址：江苏省南京市龙蟠路159号（210037）
Add: No.159, Longpan Rd., Nanjing, Jiangsu 210037, P. R. China.
Tel: 025-85427459
Fax: 025-85427459
E-mail: wzh550@sina.com
Website: jiaju.njfu.edu.cn

简介：南京林业大学家具与工业设计学院成立于2008年9月，现设有家具设计、家具与木制品工程、工业设计、设计技术四个系和一个实验中心。学院建有“江苏省家具家饰产品设计工程技术研究中心”、“家具与木制品工程研究所”、“家具设计研究中心”、“工业设计研究中心”、“古典家具与红木工艺研究所”、“人类工效学研究所”等校级研究机构，以及现代化程度较高的家具设计与工程实验中心（实验室），同时拥有面积近1000平方米的家具生产实训车间，有35个校外实习基地，在3家家具企业建立了博士后流动站工作点。学院主持编辑出版国家级《室内设计与装修》（中国室内建筑师协会会刊）杂志和参与编辑出版国家级《家具》杂志。

Introduction：College of Furniture and Industrial Design, established in September 200, comprises of Dept. of Furniture Design, Dept. of Furniture and Wood Products, Dept. of Industrial Design, Dept. of Design Techniques and an experimental center.The college has such research institutes as Institute of Furniture and Wooden Products, Research Center of Furniture Design, Research Center of Industrial Design, Institute of Classical Furniture and Padauk Crafts, Ergonomics institute, etc. The College takes charge of editing and publishing an Interior Design Construction Magazine-national (the Journal of CIID) and participates in editing and publishing a magazine Furniture.

南京林业大学科技发展总公司

Science & Technology Development Company of Nanjing Forestry University

地址：江苏省南京市龙蟠路159号（210037）
Add: No. 159, Longpan Rd., Nanjing, Jiangsu 210037, P. R. China.
Tel: 025-85427003
Fax: 025-85428832
E-mail: nlauto@163.com

主要产品：
经销园林机械；园林工程设计、施工、监理。
Main Products:
Selling garden machines; Design, construction and supervision of garden engineering.

南京农业大学

Nanjing Agricultural University

地址：江苏省南京市浦口区点将台路40号（210031）
Add: No.40 Dianjiangtai Rd., Pukou District, Nanjing, Jiangsu 210031, P. R. China.
Tel: 025-58606506
Website: www.pk.njau.edu.cn

主要产品：
新型农业机械、水田土壤力学、农村能源规划与利用、温室环境的计算机模拟控制及机器视觉与农业机器人。
Main Products:
New agricultural machinery, paddy soil mechanics, rural energy planning and utilization of computer simulations of greenhouse environment control and machine vision and robotics agriculture.

南京锐帜机械有限公司

Nanjing Racetools Machine Co., Ltd.

地址：南京市江宁区麒麟门麒东路99号（211135）
Add: No.99 Qilin E. Rd., Qilinmen, Jiangning District, Nanjing City, Jiangsu Province 211135, P. R. China.
Tel: 025-84359035
Fax: 025-84350635
E-mail: racetools@aliyun.com
Website: www.racetools.com.cn

主要产品：
木工刀具
Main Products:
Woodworking tools.

南京森林警察学院

Nanjing Forest Police College

地址：南京仙林大学城文澜路28号（210046）
Add: No.28 Wenlan Rd., Xianlin Higher Education Mega Center, Nanjing, Jiangsu 210046, P. R. China.
Tel: 025-85878712
Website: www.forestpolice.net/

主要产品：
“集成化林火动态监测与精确定位技术”948技术引进项目、 风力灭火机技术、用于耕翻防火线的悬挂式铧式犁。
Main Products:
"Integrated Forest Fire Dynamic Monitoring and Precise Positioning Technology" 948 Project, wind extinguishers technique, hanging plow.

南京威克曼科技实业有限公司

Nanjing Viccam Technology Enterprise Co., Ltd.

地址：南京市栖霞区马群科技园金马路6号（210049）
Add: No.6, Jinma Rd., Maqun Science & Technology Park, Nanjing, Jiangsu 210049, P. R. China.
Tel: 025-84362716
Fax: 025-84362730-801
E-mail: sales@viccam.cn
Website: www.viccam.cn

主要产品：
电脑雕刻机。
Main Products:
CNC engraving machines.

南京新方达数控有限公司

Nanjing XFD CNC Equipment Co., Ltd.

地址：江苏省南京市江宁开发区芳园西路6号1号楼（211102）
Add: Block 1, No.6 Fangyuan W. Rd., Jiangning, Nanjing 211102, P. R. China.
Tel: 025-84877770
Fax: 025-84877575, 84873350
E-mail: wn@xfdsk.com.cn, sell@xfdsk.com.cn
Website: www.xfdsk.com.cn

主要产品：
机床数控系统，木工机械数控系统，交流伺服驱动及自动化控制产品。
Main Products:
CNC system, CNC woodworking machines, AC servo drive system, Researching, manufacturing and selling automatic control products.

南京卓迈机械有限公司

Nanjing Zmake Machinery Co., Ltd.

地址：南京市溧水区石湫机场工业园（211222）
Add: Shiqiu Airport Industrial Park, Lishui District, Nanjing, Jiangsu 211222, P. R. China.
Tel: 025-57270008
Fax: 025-57270818
E-mail: 13585180588@139.com
Website: www.cn-zmake.com

主要产品：
林业机械及配件、刀具、模具、工具生产销售；人造板技术研发。
Main Products:
Forestry machinery and accessories, tools, dies, tools, production and sales; wood-based panel technology research and development.

南通大富士木工机械制造有限公司

Nantong Dafushi Woodworking Machinery Manufacturing Co., Ltd.

地址：南通启东市天汾工业一区3号（226200）
Add: No.3 Tianfen No.1 Industrial Park, Qidong, Nantong, Jiangsu 226200, P. R. China.
Tel: 0513-83290833
Fax: 0513-83292110
E-mail: 48776000@qq.com
Website: www.dafushi.cn

主要产品：
无尘喷漆房、打磨台。
Main Products:
Clean paint room, polishing units.

南通国全木工机械制造有限公司

Nantong Guoquan Woodworking Machinery Manufacturing Co., Ltd.

地址：江苏省南通市港闸区幸福镇（226012）
Add: Xingfu Town, Gangzha Dist., Nantong, Jiangsu 226012, P. R. China.
Tel: 0513-85575588
Fax: 0513-85575672
E-mail: ntguoquan@vip.163.com
Website: www.nt-guoquan.com

主要产品：
钻床，封边机，裁边锯，截断锯，镂铣机，砂光机，吸尘器，刃磨机。
Main Products:
Drilling machines, Edge bonders, Panel saws, Cutting-off saws, Routers, Sanders, Cleaners, Blade grinding machines.

南通凯迪自动机械有限公司

Nantong KD Automatic Machinery Co., Ltd.

地址： 江苏省南通市通州区平东凯迪大道2号（226361）
Add: No.2 Kaidi Rd., Pingdong Industrial Park, Tongzhou District, Nantong, Jiangsu 226361, P. R. China.
Tel： 0513-86710600
Fax： 0513-86710599
E-mail： whj5995@vip.163.com, kdzd@kdzd.com
Website： www.kdzd.com

主要产品：
公司主要生产幅宽4英尺、5英尺、6英尺、7英尺及8英尺浸胶线，设备主要用于人造板行业家俱用三聚氰胺贴面纸的浸渍干燥，强化地板用装饰纸、平衡纸、耐磨纸的浸渍干燥、防火板用装饰纸、底层纸的浸渍干燥，建筑模板用的酚醛胶膜纸的浸渍干燥。
Main Products:
The company mainly produces width 4 feet, 5 feet, 6 feet, 7 feet and 8 feet impregnation lines, mainly for impregnated drying for wood based panel furniture with melamine overlay paper, strengthen flooring with decorative paper, balance paper, resistancethe grinding paper, the fire board with decorative paper, the underlying paper, the architectural template phenolic film paper.

南通茂溢机床有限公司

Nantong Maoyi Machine Tool Co., Ltd.

地址：江苏省海安县墩头镇（226691）
Add: Duntou Town, Hai'an County, Jiangsu 226691, P. R. China.
Tel: 0513-8412108
Fax: 0513-8412104
E-mail: maoyi@pub.nt.jsinfo.net Website: www.huanxing-china.com

主要产品：
开式压力机、闭式压力机、液压机、跑车木工带锯机。
Main Products:
Open Type Power Press, Close Type Power Press, Hydraulic Press, Carriage Woodworking Band Saw Mill.

南通欧科数控设备有限公司

Nantong Ouke NC Equipment Co., Ltd.

地址：江苏省如皋市林梓镇红卫河东路8号（226500）
Add: No.8 Hongweihe East Rd., Linzi Town, Rugao City, Jiangsu 226500, P. R. China.
Tel: 0513-68770222
Fax: 0513-68765660
E-mail: 64080313@qq.com
Website: www.ntoksk.com

主要产品：
数控立体雕刻机、数控平面雕刻机、多工位木工车床及数控木工车雕一体机。
Main Products:
NC dimensional engraving machine, NC plane engraving machine, multi-site woodworking lathe, NC woodworking lathe and engraving machine

南通市广益机电有限责任公司

Nantong Guangyi Electromechanical Co., Ltd.

地址：江苏省海安县李堡镇包场北路11号（226631）
Add: No. 11, Baochang N. Rd., Libao Town, Hai'an County, Nantong, Jiangsu 226631, P. R. China.
Tel: 0513-88212809
Fax: 0513-88216128
E-mail: hacym@tom.com
Website: www.ntguangyi.com

主要产品：
脉冲、电热烟雾机，车载低量高射程喷雾机。
Main Products:
Pulse, electrical heating foggers. High range vehicle mounted sprayers.

南通四通林业机械制造安装有限公司

NTST Forestry Machine Manufacture Installation Co., Ltd.

地址：江苏省南通市平潮镇刘坝路（226361）
Add: Pingxi Village, Pingchao Town, Tongzhou Dist., Nantong, Jiangsu 226361, P. R. China.
Tel: 0513-86718599
Fax: 0513-86571400
E-mail: ntst@ntst.com.cn
Website: www.ntst.com.cn

主要产品：
卧式干燥机，液压升降机，除尘设备，浸渍机械设备。
Main Products:
Horizontal dryers, Hydraulic lift tables, Dust removal system, Impregnating machines.

南通新世纪机电有限公司

Nantong New Century ME Co., Ltd.

地址：江苏通州市平潮工业园A区2号（226361 ）
Add: No.2, Division A, Pingchao Ind. Park, Tongzhou Dist., Nantong, Jiangsu 226361, P. R. China.
Tel: 0513-86729999, 86729777
Fax: 0513-86720777
E-mail: xsj@xsjjd.com
Website: www.xsjjd.com

主要产品：
浸渍干燥机，短周期压机，防火板生产线设备，压机模板。
Main Products:
Impregnating and drying machines, Short cycle presses, Fire-proof board production line, Moulding board for press.

N

内蒙古通辽神鹰通用航空有限公司

Inner Mongolia Tongliao Gening General Aviation Co., Ltd.

地址：内蒙古通辽市西郊机场（028000）
Add: Xijiao Airport, Tongliao, Inner Mongolia 028000, P. R. China.
Tel: 0475-8859888
E-mail: shenyinghk@126.com
Website: www.sytyhk.com

主要服务：
飞机播种，飞机喷药，静电喷雾。
Main Services:
aerial seeding, aerial spraying, electrostatic spraying.

农业部南京农业机械化研究所

Nanjing Institute of Agricultural Mechanization, Ministry of Agriculture of the People's Republic of China

地址：南京市玄武区中山门外柳营100号（210014）
Add: No.100 Liuying, Zhongshanmenwai, Xuanwu District, Nanjing, Jiangsu 210014, P. R. China.
Tel: 025-84346208
E-mail: caosm@nriam.com
Website: www.nriam.com

主要产品：
3WZ系列自走式果园风送定向喷雾机、3WQD-1000型圆盘式果园仿形定向喷雾机及3WP-800多功能低量喷雾机。
Main Products:
3WZ self-propelled oriented sprayer, 3WQD-1000 disc type profile modeling sprayer, 3WP-800 multifunctional low-volume sprayer.

品瑞良木工机械制造有限公司

Guangdong Foshan Shunde Pin–liang Woodworking Machinery Manufacture Co., Ltd.

地址： 佛山市勒流镇江村工业区东二路8号（528308）
Add: No.8 East No.2 Rd., Jiangcun Industrial Park, Leliu Town, Foshan, Guangdong 528308, P. R. China.
Tel： 0757-26190258
Fax： 0757-26913919
E-mail： 925891870@qq.com
Website： www.pinliang.com.cn

主要产品：
实木家具成套设备。
Main Prodcuts:
Complete plant of solid wood furniture equipment.

平度市豪迈木工机械配件厂

Pingdu Haomai Woodworking Machinery Accessory Factory

地址：平度市华侨科技园世纪大道308号（266700）
Add: No.308 Shiji Rd., Huaqiao Science and Technology Park, Pingdu, Qingdao, Shandong 266700， P. R. China.
Tel: 0532-68085792
Fax: 0532-68085793

主要产品：
石墨布及石墨布相关产品。
Main Products:
Graphite cloth and related products.

Q

青岛爱科机械有限公司

Qingdao Aike Machinery Co., Ltd.

地址：青岛市李沧区青山路680号（266199）
Add: No.680 Qingshan Rd, Licang Dict., Qingdao, Shandong 266199, P. R. China.
Tel: 0532-87971277
Fax: 0532-87971277
E-mail: info@qdaike.com
Website: www.qdaike.com

主要产品：
砂光机。
Main Products:
Sander.

青岛奥兰德机械制造有限公司

Qingdao Aolande Machinery Manufacturing Co., Ltd.

地址：青岛市李沧区瑞金路19-34号
Add: No.19-34 Ruijin Rd., Licang District, Qingdao City, Shandong Province 266000, P. R. China.
Tel: 0532- 84915988
Fax: 0532- 84915977
E-mail: a8888888@qq.com
Website: www.qdald.com

主要产品：
各行业高难度辊筒。
Main Products:
Roll.

青岛奥硕数控机械有限公司

Qingdao Aoshuo CNC Router Co., Ltd.

地址： 即墨市通济街道办事处楼子疃 （266288）
Add: Louzituan, Tongji Street Office, Jimo, Qingdao, Shandong 266288, P. R. China.
Tel：0532-82518447, 66095696
Fax：0532-66095698
E-mail：yanghongbinh@126.com, qdaoshuo@163.com
Website：www.bl-cnc.com

主要产品：
电脑雕刻机，木工雕刻机，多头雕刻机，广告雕刻机，浮雕雕刻机，雕刻机，圆柱雕刻机，吉他雕刻机，数控木工雕刻机，数控多头雕刻机，电脑刻字机。
Main Products:
Computer engraving machine, wood engraving machine, multi-head engraving machine, advertising engraving machine, relief engraving machine, engraving machine, cylinder engraving machines, guitar engraving machine, CNC woodworking engraving machine, CNC multi-head engraving machine, computer cutting plotter, etc.

青岛百美橡胶有限公司(青岛宏昌源源工业皮带有限公司)

Qingdao Baimei Rubber Ind. Belt Co., Ltd

地址：即墨市通济办事处华桥村（266000）
Add: Huaqiao Village, Tongji, Jimo City, Qingdao, Shandong 266000, P. R. China.
Tel: 0532-89088555, 55551036/37/38/39
Fax: 0532-55551179
E-mail: qdbmxj@163.com
Website: www.qdbmxj.com

主要产品：
三角带、输送带、同步带、带轮、胶板密封件、塑料管、尼龙板带。
Main Products:
V-belts, conveyor belts, timing belts, pulleys, rubber seals, plastic tubes, nylon strip.

青岛长安木工机械厂

Qingdao Changan Woodworking Machinery Factory

地址：青岛即墨市通济办事处张家西城（266228）
Add: Zhangjiaxicheng, Tongji, Jimo, Qingdao, Shandong 266228, P. R. China.
Tel: 0532-82526387
Fax: 0532-82526387
E-mail: changanmugong@163.com
Website: www.qd-changan.com

主要产品：
宽带砂光机，木工圆锯机，喷漆水帘，液压式冷压机，布袋式吸尘机。
Main Products:
Wide belt sander, circular saw machine, paint curtain, hydraulic cold press, bag vacuum cleaners.

青岛长江木工机械有限公司

Qingdao Changjiang Woodworking Machinery Co., Ltd.

地址：青岛市四方区开封路21-1号（266042）
Add: No. 21-1, Kaifeng Rd., Sifang Rd., Qingdao, Shandong 266042, P. R. China.
Tel: 0532-84891928
Fax: 0532-84889601
E-mail: sales@cjwmchina.com, cj@cjwm22.com
Website: www.cjwmchina.com

主要产品：
砂光机，自动封边机，后成型包边机。
Main Products:
Sanders, Automatic edge bonders, Post-forming machines.

青岛创宇木业机械有限公司（创铭）

Qingdao Chuangyu Wood Machinery Co., Ltd.

地址：　山东省青岛市城阳区城金岭工业园　（266000）
Add: Jinling Industrial Park, Chengyang District, Qingdao, Shandong 266000, P. R. China.
Tel：0532-87869151
Fax：0532-87706848
E-mail：sales@qd-champ.com
Website：www.qd-champ.com

主要产品：
高分子门板成型机模具可加工定做，PVC木皮热转印，热压真空贴面成型机（正，负压），全自动、半自动真空覆膜机，雕刻机，冷压机，封边机等木工机械。
Main Products:
Customing and processing of polymer door molding machine, PVC veneer thermal transfer, vacuum veneer hot press forming machine (positive and negative pressure), automatic, semi-automatic vacuum laminating machine, engraving machine, cold press, edge banding machine, and other woodworking machinery.

青岛德森木业设备有限公司

Qingdao Desen Woodworking Equipment Co., Ltd.

地址：胶州市北关工业园广东路10号（266000）
Add: No.10 Guangdong Rd., Beiguan Industrial Park, Jiaozhou City, Shandong Province 266000, P. R. China.
Tel：0532-88206328
Fax：0532-88280909
E-mail: qddesen@126.com, 2628407607@qq.com
Website: www.qddesen168.com

主要产品：
砂光机。
Main Products:
Shears, sander.

Q

青岛德众伟业机械有限公司

Qingdao Dawnsun Weiye Machinery Co., Ltd.

地址：青岛市重庆北路37号（266108）
Add: No.37, Chongqing N. Rd., Qingdao, Shandong 266108, P. R. China.
Tel: 0532- 84818718、66918936
Fax: 0532-84814118
E-mail: office@qddzjx.com
Website: www.qddzjx.com

主要产品：磨刀机，纵向刨切机。
Main Products:
Knife grinding machines, Lengthways Veneer Slicers.

青岛富伦特木工机械有限公司

Qingdao Fulunte Woodworking Machienry Co., Ltd.

地址：青岛即墨市龙山街道办事处一级路北（266000）
Add: North of Yiji Rd., Longshan Street, Jimo, Qingdao City, Shandong Province 266000, P. R. China.
Tel: 0532-86592268
Fax: 0532-86592278
E-mail: symhsx@126.com
Website: www.qdfulunte.com

主要产品：
精密裁板锯、全自动封边机、排钻。
Main Products:
Precision panel saw, automatic edge banding machine, drilling row.

青岛福瑞德机械制造有限公司

Qingdao Friend Woodworking Machinery Manufacturing Co., Ltd.

地址：山东省青岛市胶州营海工业园一园（266318）
Add: Yinghai Industrial Park, Jiaozhou., Qingdao 266318, P. R. China.
Tel: 0532-85270998, 85270988
Fax: 0532-85270990
E-mail: zfh@qdfriend.cn
Website: www.qdfriend.com

主要产品：
BSG系列双面定厚宽带砂光机，全自动封边机，精密裁板锯，异型砂光机，板材表面腻平机。
Main Products:
BSG double-thick wide belt sander, bander, precision panel saw, shaped sander, flat plate surface greasy machine.

青岛高鼎机械技术有限公司

Qingdao GODN Mechanical Technology Co., Ltd.

地址：青岛市胶州市胶州湾工业园云溪路东段（266300）
Add: Yunxu Rd, Jiaozhougang Industrial Zone, Jiaozhou City , Qingdao, Shandong Province 266300, P. R. China.
Tel: 0532-87293097
Fax: 0532-87293097
E-mail: sale@godn.cn, godn@godn.cn
Website: www.godn.cn

主要产品：
自动喷漆机，自动喷涂干燥生产线，真空覆膜机，万能线条包覆机。
Main Products:
Automatic Spraying Machine, Rotory Spraying Machine, Profile Spraying Machine, Automatic Spraying and Drying Production Lines, Heating Tunnel, UV Dryer, Vacuum Press Machines, Profile Wrapping Machines.

Q

青岛高仕达木工机械有限公司

Qingdao Gaoshida Machinery Co., Ltd.

地址：青岛即墨龙山工业园（266000）
Add: Longshan Ind. Park, Jimo, Qingdao, Shandong 266000, P. R.China.
Tel: 0532-86589769
Fax: 0532-86589769
E-mail: 290725583@qq.com

主要产品：
各种型号精密推台锯
Main Products:
Precision sliding table saw.

青岛国森机械有限公司

Qingdao Guosen Machinery Co., Ltd.

地址：青岛市平度市华侨科技园经二路111号（266700）
Add: No. 111, Jinger Rd., Huaqiao Science Park, Pingdu, Qingdao, Shandong 266700, P. R. China.
Tel: 0532-88313105
Fax: 0532-88312555
E-mail: info@qdguosen.com
Website: www.qdguosen.com

主要产品：
厚重刨花板。
Main Products:
Thick particleboard.

青岛海富友机械设备有限公司

Qingdao Haifuyou Machinery Co.,Ltd.

地址：青岛市四方区郑州路5号戊（266000）
Add: No.5, Zhengzhou Rd., Sifang Dist., Qingdao, Shandong 266000, P.R.China.
Tel: 0532-84850360
Fax: 0532-84012918
E-mail: jsh539@163.com
Website: www.js539.cn

主要产品：
木工机械。
Main Products:
Woodworking Machine.

青岛海斯特轴承有限公司

Qingdao Haisite Bearing Co., Ltd.

地址：青岛市四方区人民路211号（266000）
Add: No.211 Renmin Rd., Sifang Dist., Qingdao, Shandong 266000, P. R.China.
Tel: 0532-83771688
Fax: 0532-83772199
E-mail: qdwtr@yahoo.cn, qd_hrb@163.com
Website: www.qdwtr.com

主要产品：
轴承。
Main Products:
Bearing.

Q

青岛海涌机械制造有限公司
Tsingdao Haiyong Machinery Manufacturing Co., Ltd.

地址：青岛胶州市胶北镇于家村
Add: Yujia Village, Jiaobei Town, Jiaozhou City, Qingdao, Shandong Province
Tel: 0532-83246888
Fax: 0532-83247888
E-mail: jzxiaozhi@163.com, haiyongjixie@yahoo.cn, hymachinery@haiyong.cc
Website: www.haiyong.cc

主要产品：
磨刀机 纵向刨切机 旋切机 薄木剪切机。
Main Products:
Grinder, vertical chipping machine, peeling machine, veneer cutting machine.

青岛豪达豪木业机械制造有限公司
Qingdao Jimo Haodahao Woodworking Machinery Manufacturing Co., Ltd.

地址：山东省青岛市即墨王村工业园（266200）
Add: Wangcun Industrial Park, Jimo, Qingdao, Shandong 266200, P. R. China.
Tel: 0532-86503003
Fax: 0532-86503003
E-mail: info@haoda-machine.com
Website: www.qdhaodahao.com

主要产品：
精密裁板锯，单排钻，防火板自动成型机，曲面真空覆膜机，自动封边机。
Main Products:
Precision panel saws, Single-ranged drills, Automatic forming machines for fireproof board, Curved vacuum film laminating machines, Automatic edge bonders.

Q

青岛豪迈隆木业机械有限公司

Qingdao Haomailong Woodworking Machinery Co., Ltd.

地址：山东省青岛市红岛经济区河套工业园（266113）
Add: Hetao Ind. Park, Hongdao Economic Zone, Qingdao, Shandong 266113, P. R. China.
Tel: 0532-87921155 Fax: 0532-87922288
E-mail: xinlong@qd-xinlong.com, haomailongjixie@sina.com
Website: www.haomailong.com

主要产品：
砂光机，封边机。
Main Products:
Sander, Edge bonding machine.

青岛豪润佳木工机械有限公司

Qingdao Haorunjia Woodworking Machinery Co., Ltd.

地址：青岛胶南市王台工业园（266425）
Add: Wangtai Ind. Park, Jiaonan City, Shandong 266425, P. R. China.
Tel: 0532-83131288
Fax: 0532-83131288
E-mail: qdhaorunjia@163.com

主要产品：
砂光机。
Main Products:
Sander.

Q

青岛昊润木业设备有限公司
Qingdao Haorun Woodworking Equipment Co., Ltd.

地址：青岛即墨市龙山办事处羊山夼村（266205）
Add: Yangshankuang Village, Longshan, Jimo, Qingdao, Shandong 266205, P. R. China.
Tel: 0532-86580001
Fax: 0532-86580001
E-mail: jianghaixia123@163.com
Website: shop.cnsb.cnlxfs-1192490.html

主要产品：
木工机械。
Main Products:
Woodworking Machinery.

青岛豪中豪木工机械有限责任公司
Qingdao Haozhonghao Woodworking Machinery Co., Ltd.

地址：山东省青岛市李沧区重庆中路971-11号（266043）
Add: No. 971-11, Chongqing Mid. Rd., Licang Dist., Qingdao, Shandong 266043, P. R. China.
Tel: 0532-84822177
Fax: 0532-84822277
E-mail: qdwoodworking@126.com, info@qdmj.com
Website: www.qdmj.com

主要产品：
BB1342/1335/1332系列立式刨切机，BB1135/BB1130单板刨切机，BJ1540/2210系列剪切机，BSG2313/2213/2316系列宽带砂光机、SFE/SY130/100/63系列宽带砂光机，磨刀机，精密裁板机。
Main Products:
BB1342/1335/1332 series of vertical veneer slicers, BB1135/ BB1130 Veneer slicers, BJ1540/2210 series of shearing machines, BSG2313/2213/2316series of wide belt sanders, SFE/SY130/100/63 series of wide belt sanders, Knife grinding machines, Precision panel saws.

青岛恒春木工机械厂

Qingdao Hengchun Woodworking Machinery Factory

地址：山东省胶南市王台镇东村（266425）
Add: East Vil., Wantai Town, Jiaonan, Qingdao, Shandong 266425, P. R. China.
Tel: 0532-83133047
Fax: 0532-83133147
E-mail: qdyongcheng@163.com
Website: www.qdyongcheng.com

主要产品：
MH-2600、MH-4600系列气压拼板和液压拼板机，细木工板芯板拼板机,还可气压、液压拼板机。
Main Products:
MH-2600/4600 series of air pressure clamp carriers, Hydraulic clamp carriers, Blockboard clamp carriers.

青岛恒发机械有限公司

Qingdao Hengfa Machinery Co., Ltd.

地址：青岛胶南市王台镇巨洋路5号（266000）
Add: No.5 Juyang Rd., Wangtai Town, Jiaonan, Qingdao, Shandong Province 266000, P. R. China.
Tel: 0532-83131030
Fax: 0532-83131030
E-mail: hfjx_1030@126.com
Website: www.qdhengfa.com

主要产品：
拼板机、封边机、精密裁板锯、排钻。
Main Products:
Blockboard core splicing machine, edge banding machine, precision panel saw, multi-drill.

Q

青岛恒润祥木工机械有限公司

Qingdao Hengrunxiang Woodworking Machinery Co., Ltd.

地址：青岛王台工业园（266000）
Add: Wangtai Industrial Zone, Jiaonan, Qingdao, Shandong 266000, P. R.China.
Tel: 0532-86943072
Fax: 0532-86943072
E-mail: www.qd-hrx.com
Website: www.qd-hrx.com

主要产品：
封边机、裁板锯、排钻。
Main Products:
Edge bonding machine, panel saw, boring machine.

青岛宏盛发涂装设备有限公司

Qingdao Hongshengfa Coating Equipment Co., Ltd.

地址： 青岛李沧区石沟工业园 （266000）
Add: Shigou Industrial Park, Licang District, Qingdao, Shandong 266000, P. R. China.
Tel： 0532-66877961
Fax： 0532-66877962
E-mail： hsf68982051@163.com
Website： www.hongshengfa.cn

主要产品：
专业DISK静电自动涂装机，BELL静电自动涂装机，悬空式输送线，台车式输送线。
Main Products:
DISK electrostatic automatic coating machine, BELL electrostatic automatic coating machine, suspended conveyor line, trolley conveyor line.

Q

青岛红强伟业机械有限公司

Qingdao Hongqiang Weiye Machinery Co.,Ltd.

地址：青岛胶南市王台镇驻地东村（266000）
Add: East Village Wangtai Town, Jiaonan City, Shandong 266000, P. R. China.
Tel: 0532-83130711
Fax: 0532-83130711, 83136637
E-mail: qdhongqiang@126.com
Website: www.qd-hongqiang.com

主要产品：
精密裁板锯、拼板机、封边机等木工机械
Main Products:
Precision panel saw, woodworking composer, edge banding machine,

青岛鸿祥润丰木工机械有限公司

Qingdao Hongxiangrunfeng Woodworking Machinery Co., Ltd.

地址：胶南市王台镇工业园（266000）
Add: Wangtai Town Ind. Park, Jiaonan City, Shandong 266000, P. R. China.
Tel: 0532-83132557, 83113758
Fax: 0532-83111113
E-mail: qdhongxiangrun@126.com
Website: www.hongxiangrun.com, www.qdhxr.com

主要产品：
精密推台裁板锯、R3全自动封边机、手动曲线封边机。
Main Products:
Precison slide saw, panel saw, R3 automatic edge bound machine, manual banding machine.

青岛厚达机械制造有限公司

Qingdao Houda Machinery Manufacturing Co., Ltd.

地址：青岛开发区太行山路537号
Add: No.537 Tanghangshan Rd., Development Zone of Qingdao, Shandong Province, P. R. China.
Tel: 0532-86999155
Fax: 0532-86999155
Website: www.chinahouda.com

主要产品：
精密推台锯、手动封边机、半自动封边机、全自动封边机、砂光机。
Main Products:
Pricise panel saw、manual edge banding machine、semi automatic edge banding machine、automatic edge banding machine、sander series.

青岛华承天机械制造有限公司

Qingdao Chint Machinery Manufacturing Co., Ltd.

地址：青岛市四方区金华路36号甲（266000）
Add: No. 36 A, Jinhua Rd., Sifang Dist., Qingdao, Shandong 266000.
Tel: 0532-84893819, 84899112
Fax: 0532-84895928
E-mail: hctjx@163.com
Website: www.qdhct.com

主要产品：
包覆机，覆膜机，正负压机，PVC切割机。
Main Products:
Wrapping machines, Film laminating machines, Negative-positive presses, PVC cutting machines.

青岛华春木业机械有限公司

Qingdao Huachun Woodworking Machinery Co., Ltd.

地址：山东省胶南市王台镇驻地（266425）
Add: Station of Wangtai Town, Jiaonan, Qingdao, Shandong 266425, P. R. China.
Tel: 0532-83131007, 83133909
Fax: 0532-83133909
E-mail: huachun@qdhuachun.com
Website: www.qdhuachun.com

主要产品：
拼扳机、细木工芯板拼扳机、接木机、冷压机、开齿机、裁板锯、A型双面液压拼扳机、组装机、单片锯、多片锯、双面刨、圆锯机。
Main Products:
Clamp carrier, Blockboard panel machine, Panel machine, Chilling press machine, Saw shaper, Precision panel saw, A-type double faced hydraulic panel machine, Assembly machine, Monolithic, Multi-blade saw, Double face planer, Circular saw machine.

青岛华顺昌木工机械制造有限公司

Qingdao Huashunchang Woodworking Machinery Manufacturing Co., Ltd.

地址：山东省青岛市城阳区夏庄工业区（266107）
Add: Xiazhuang Industrial Park, Chengyang Dist., Qingdao, Shandong 266107, P. R. China.
Tel: 0532-87878288, 87789520
Fax: 0532-87878738
E-mail: webmaster@qdwoodworking.com
Website: www.qdwoodworking.com

主要产品：
全自动直线封边机，电子往复开料锯，精密导向锯，木工排钻床，手动封边机，全自动后成型包边机，板式家具组合机。
Main Products:
Automatic edge banding machine, Woodworking Boring machines, Manual Edge Banding Machine, Woodworking Automatic Reciprocating Saws, Precise Dimension Saws, Automatic Post-forming Machine, Board Furniture Assembling Machine.

Q

青岛皇源木工机械有限公司

Qingdao Huangyuan Woodworking Machinery Co.,Ltd.

地址：青岛市李沧区下王埠308国道2670号（266000）
Add: No.2670, Xiawang Commercial port, Licang Dist., Qingdao, Shandong 266000, P.R.China.
Tel: 0532-87051177
Fax: 0532-87051987
E-mail: zghymgjx@163.com, xujinghui@126.com, pggzjd@163.com
Website: www.qdmgjx.net

主要产品：
封边机，砂光机。
Main Products:
Edge bound machine, Sander.

青岛汇诚木业设备有限公司

Qingdao Huicheng Woodworking Machinery Co.,Ltd.

地址：青岛市城阳区棘洪滩金岭工业园1号路（266000）
Add: No.1 Rd., Jinling Industrial Park, Jinhongtan, Chengyang District, Qingdao, Shandong 266000, P. R.China.
Tel: 0532－89652000, 89656868
Fax: 0532－89652233
E-mail: huichengshebei@163.com
Website: www.hcmchina.net

主要产品：
裁板锯，带锯机，框锯机；单面压刨，四面刨，镂铣机，开齿榫机，钻孔，封边机，包覆机，压机，拼板机，砂光机，磨刀机，双端铣，涂装，喷漆，单板加工，车削。
Main Products:
Panel saw, Band saw, Frame saw, Single sided planer, 4-sided planer, router, Tooth sharper, Drill, edge bound machine, wrapping machine, press, put plank together machine, sander, blade sharpening machine, 2-end mill, application, spray paint, circuit board processing machine, turning.

青岛吉隆昌机械设备有限公司

Qingdao Jilongchang Woodworking Machine Co., Ltd.

地址：青岛开发区红石崖工业园（266000）
Add: Hongshiya Ind. Park, Qingdao Development zone, Shandong 266000, P.R.China.
Tel: 0532-83112878
Fax: 0532-83167833
E-mail: jilongchang@126.com
Website: www.qdjilongchang.com

主要产品：
单板拼缝机、薄木剪切机、涂胶机、磨刀机、翻板机、拼板机、精密裁板锯。
Main Products:
Splicer, Shearing machine, Spreading machine, Blade sharpening machine, Panel turnover machine, Put plank tighter machine, Precision panel saw.

青岛即墨市精工机械厂

Qingdao Jimo Precision Machinery Factory

地址：山东省即墨市龙泉镇玉石头（266217）
Add: Yushitou, Longquan Town, Jimo, Qingdao, Shandong 266217, P. R. China.
Tel: 0532-85583738
Fax: 0532-86531688
E-mail: jinggong2007@126.com
Website: www.qdjinggong.cn

主要产品：
细木工带锯机、双轴圆锯机、移动工作台圆锯机、往复线锯机、卧、立式钻床、梳齿榫槽机、单面压刨床、立卧单轴铣床、双轴立铣、磨床、卧式双工作台磨床、MM2515手压砂光机、MM3010立式砂光机、MM3007立式砂光机、MQ8015-9组装系列。
Main Products:
Wood serrulate band saw, Biaxial circular saw machine, Traverse table circular saw machine, Reciprocating jigsaw, Vertical/Horizontal drilling machine Grea planing slot moister, Single sided thicknesser, Vertical/Horizontal single axis milling machine, Biaxial end milling, Gridding machine, Horizontal gridding machine with double tables, Sander.

S

青岛佳克木机械制造有限公司

Qingdao Jiakemu Machinery Manufacture Co., Ltd.

地址： 青岛即墨市闫家岭工业园天山二路西侧中石化南200米西侧（266200）
Add: West Of No.2 Tianshan Rd., Yanjialing Industrial Park, Jimo, Qingdao, Shandong 266200, P. R. China.
Tel： 0532-66095060
Fax： 0532-66095060, 82529139
E-mail： jiakemu@163.com, bonzixue@163.com
Website： www.jiakemu.com

主要产品：
木工机械。
Main Products:
Woodworking Machinery.

青岛坚德利刀具有限公司

Qingdao Jiandeli Cutting Tools Co., Ltd.

地址：山东省青岛市城阳区夏庄彭家台工业园（266000）
Add: Pengjiatai Industrial Park, Xia Village, Chengyang Dist., Qingdao, Shandong 266000, P.R.China.
Tel: 0532-84901912
Fax: 0532-84902830
E-mail: jdlzlm@163.com
Website: www.qdjdl.com, www.h-swit.com

主要产品：
木工铣刀、锯片、金刚石刀具、镂铣刀、钻头、指接刀片。
Main Products:
Carbide tipped router bits, saw bit, Dimond cutting tools, blade for router, Drilling bit, Blade for Finger-joint.

青岛健隆机械有限公司

Qingdao Jianlong Machinery Co., Ltd.

地址：山东省青岛市黄岛区红石崖办事处红柳河路637号（266000）
Add: No.637 Liuhe Rd., Hongshiya Street, Huangdao District, Qingdao, Shandong 266000, P. R. China.
Tel: 0532-83161015
Fax: 0532-83165272, 83165177
E-mail: info@qd-jianlong.com
Website: www.qd-jianlong.com

主要产品：
热压机，冷压机，剪切机，涂胶机，磨刀机，砂光机，拼板机，铣铆机，开榫机，四面刨，精密裁板锯。
Main Products:
Hot presses, Cold presses, Shearing machines, Glue spreaders, Knife grinding machines, Sanders, Clamp carriers, Milling & riveting machines, Tenoning machines, Four-sided planers, Precision panel saws.

青岛建诚伟业机械制造有限公司

Qingdao Giantway Equipment Co., Ltd.

地址：山东省青岛市城阳区棘洪滩金岭工业园12号路（266111）
Add: No. 12, Jinling Ind. Park, Jihongtan Town, Qingdao, Shandong 266111, P. R. China.
Tel: 0532-87908822
Fax: 0532-87909875
E-mail: sales.d@giantway.com
Website: www.giantway.com

主要产品：
砂光机系列。
Main Products:
Sanders, Flooring lacquering production lines and other woodworking machines.

S

青岛金方圆机械有限公司

Qingdao Jinfangyuan Woodworking Machinery Co., Ltd.

地址：山东省青岛经济技术开发区青黄高速王台出入口处（266426）
Add: Exit of Wangtai, Qinghuang Expressway, Economic Technology Development Zone, Qingdao, Shandong 266426, P. R. China.
Tel: 0532-83166977
Fax: 0532-83169788
E-mail: info@jfyqd.com
Website: www.jfyqd.com

主要产品：
宽带砂光机，涂胶机，精密裁板锯，磨刀机。
Main Products:
Wide belt sanders, Glue spreaders, Precision panel saws, Knife grinding machines.

青岛金海佳木工机械有限公司

Qingdao Jinhaijia Woodworking Machinery Co., Ltd.

地址：青岛胶南市王台工业园（266000）
Add: Wangtai Ind. Park, Jiaonan City, Shandong 266000, P. R. China.
Tel: 0532-83136058
Fax: 0532-83136058
E-mail: qdjhj@sina.com

主要产品：
木工机械。
Main Products:
Woodworking machinery.

青岛金岭电器有限公司

Qingdao Capital Resource Electric Co.,Ltd.

地址：青岛市株洲路155号（266101）
Add: No.155, Zhuzhou Rd., Qingdao, Shandong 266101, P.R.China.
Tel: 0532-88703457， 88701542
Fax: 0532-88701938
E-mail: marketing@qcr.com.cn
Website: www.qcrtools.com

主要产品：
平压刨、裁板锯、立铣、带锯、台锯、木工车及其它。
Main Products:
Flat planing, panel saw, milling, band saw, table saw, woodworking and other vehicles.

青岛金三木木工机械有限公司

Qingdao Jinsanmu Woodworking Machinery Co., Ltd.

地址：山东省青岛市黄岛区红石崖经济开发区（266000）
Add: Hongshiya Economic Development Zone, Huangdao Dist., Qingdao, Shandong 266000, P. R.China.
Tel: 0532-83167791
Fax: 0532-83167791
E-mail: 948587680@qq.com
Website: www.qdjinsanmu.com

主要产品：
精密裁板锯，往复锯，全自动封边机，涂胶机，薄木剪切机。
Main Products:
Precision panel saw, Reciporcate saw, Automatic edge bound machine, Spreading machine, Shearing machine.

S

青岛金盛林木工机械有限公司

Qingdao Jinshenglin Woodworking Machinery Co., Ltd.

地址：青岛胶南王台工业园（266000）
Add: Wangtai Industrial Park, Jiaonan, Qingdao, Shandong 266000, P. R. China.
Tel: 0532-83130339, 83112486 Fax: 0532-83111887
E-mail: jsl@qd-jsl.com, qdjinshenglin@qd-jsl.com
Website: www.qd-jsl.com

主要产品：
封边机，裁板锯，涂胶机，剪切机，磨刀机，拼板机。
Main Products:
Edge bonders, Panel saws, Glue spreaders, Shearing machines, Knife grinding machines, Clamp carriers.

青岛金源盛机械制造有限公司

Qingdao Jinyuansheng Machinery Manufacturing Co., Ltd.

地址：青岛市高科园园艺二场工业园
Add: Horticultural 2 Park, Qingdao Hi-tech Park, Qingdao, Shandong Province 266000, P. R. China.
Tel: 0532-87637305
Fax: 0532-87725438
E-mail: qdjysh@163.com
Website: www.qdjinyuansheng.cn

主要产品：
砂光机。
Main Products:
Sander.

S

青岛金裕丰机械设备有限公司

Qingdao Jingyufeng Machinery Co., Ltd.

地址：青岛经济技术开发区红石崖工业园（266000）
Add: Hongshiya Industrial Park, Economic and Technological Development Zone, Qingdao, Shandong 266000, P.R.China.
Tel: 0532-83113185
Fax: 0532-83113185
E-mail: info@qd-jinyufeng.com
Website: www.qd-jinyufeng.com

主要产品：
移动工作台、精密裁板锯、封边机、配件系列。
Main Products:
Traverse table, Precision panel saw, Edge bound machine, etc.

青岛经纬线涂装净化设备有限公司

Qingdao Jingwei Coating & Purification Equipment Co., Ltd.

地址：青岛市四方区洛阳路1号（266000）
Add: No.1 Luoyang Rd., Sifang District, Qingdao City, Shandong Province 266000
Tel: 0532-84961353
Fax: 0532-84891353、84867211
E-mail: qdjwx-tz@163.com
Website: www.qdjwx.com

主要产品：
家具喷烤漆房、打磨房、高亮光喷漆房、打磨净化器。
Main Products:
Furniture spray paint room, grinding room, high light painting rooms, polished purifier.

青岛凯迪气动工程有限公司

Qingdao Kaidi Pneumatic Engineering Co., Ltd.

地址：青岛市城阳区西元庄万兴国际五金城2区2016
AddNo.2-2016,International Hardware City,Xiyuan Village,Chegnyang District,Qingdao, Shandong Province, P. R. China.
Tel：0532－55551143 55551145
Fax：0532－55551144
Website：www.cyhqidong.com

Q

主要产品：
气动元件（气缸、电磁阀、气源处理件、管接头等）
Main Products:
Power supply components,Mechanical control valve

青岛凯旋木工设备有限公司（原青岛朗威自动化技术有限公司）

Qingdao Kaisun Woodworking Machinery Co., Ltd.

地址：青岛市即墨由和工业园由和大道8号（266000）
Add: No. 8 Youhe Street, Youhe Industrial Zone, Jimo, Qingdao, Shandong 266000, P.R.China.
Tel: 0532-83552666
Fax: 0532-83552777
E-mail: kaisun@qdkaisun.com
Website: www.qdkaisun.com

主要产品：
半自动封边机、全自动封边机、排钻、精密裁板锯等系列板式家具生产设备。
Main Products:
Semi-automatic edge bound machine, Automatic edge bound machine, Gang drill, Precision panel saw series and other furniture manufacturing machineries.

青岛肯特木工机械厂

Qingdao Kent Machinery Co., Ltd.

地址：青岛市城阳区惜福镇后庄工业园（266106）
Add: Houzhuang Industrial Park, Xifu Town, Chengyang District, Qingdao, Shandong 266106, P. R. China.
Tel: 0532-81159367
Fax: 0532-81159368
E-mail: qdkent@126.com
Website: www.qdkent.com

主要产品：
各类砂光机。
Main Products:
Sanders.

青岛利旺达机械有限公司

Qingdao Liwangda Mchinery Co., Ltd.

地址：山东省青岛市开发区保税区逄猛张工业园（266000）
Add:Fengmengzhang Industrial Park, Bonded Qingdao Development Zone, Qingdao, Shandong 266000, P.R.China.
Tel: 0532-83116266, 83116277
Fax: 0532-83135388
E-mail: info@qd-liwangda.com, qd-liwangda@163.com
Website: www.qd-liwangda.com

主要产品：
封边机、木工排钻、裁板锯。
Main Products:
Edge banding machine, boring machine，panel saw.

Q

青岛林泽木工机械有限公司

Qingdao Linze Woodworking Machinery Co., Ltd.

地址：青岛市城阳区棘洪滩金岭工业园（266111）
Add: Jinling Ind. Park, Jihongtan Str., Chengyang, Qingdao, Shandong 266111, P. R. China.
Tel: 0532-87706678, 87706358, 87706296
Fax: 0532-87706953
E-mail: qdlinze@126.com
Website: www.qdlinze.com

主要产品：
砂光机、涂装生产线。
Main Products:
Sander, Coating line.

青岛罗蕾来电气有限公司

Qingdao Lorelei Electric Co., Ltd.

地址：青岛市市南区漳州二路123号甲1号楼1101户（266000）
Add: Room 1101 Block Jia No.1, No.123 Zhangzhou No.2 Rd., Shinan District, Qingdao City, Shandong Province 266000, P. R. China.
Tel: 0532-85896958
Fax: 0532-85896958
E-mail: lll7007@126.com
Website: www.qdlll.com

主要产品：
高频拼板机、高频组装机、集成材专业生产线。
Main Products:
High frequency puzzle machine, high frequency assembly machines, specializing in timber production line.

青岛齐青商地木工机械制造有限公司

Qingdao Qiqing Commercial Land Woodworking Machinery Co., Ltd.

地址：青岛市李沧区永清路8号（266100）
Add: No.8, Yongqing Rd., Licang Dist., Qingdao, Shandong 266100, P. R. China.
Tel: 0532-84665547
Fax: 0532-84668476
E-mail: qiqingshangdi@126.com
Website: www.qqsd.com

主要产品：
封边机，推台锯，排钻，后成型包边机，真空吸覆机，冷压机。
Main Products:
Edge bonders, Sliding table saws, Multi-ranged drills, Postforming machines, Vacuum plastic forming machines, Cold Presses.

青岛千川木业设备有限公司

Qingdao Qianchuan Woodworking Machinery Co., Ltd.

地址：青岛市四方区万安三路10号（266031）
Add: No.10, Wanan 3rd Rd., Sifang Dist., Qingdao, Shandong 266031, P. R. China.
Tel: 0532-84991066, 85623377
Fax: 0532-85623355
E-mail: sales@qianchuanshebei.cn
Website: www.qianchuan.cn

主要产品：
输送带送料宽带砂光机，油漆砂，双面定厚宽带砂光机，辊式送料宽带砂光机，宽带刨砂机，铣槽机，推台锯。
Main Products:
conveyer feeding sander, roll-feed wide belt sander, double-side calibrating, roll type feeding wide belt sander, wide belt sanding and planning machine, milling machine, table saw.

D

青岛千川鑫机械制造有限公司

Qingdao Qianchuan Machinery Manufacturing Co.,Ltd.

地址：青岛市四方区镇平路1号(266000)
Add：No.1，Zhenping Road Sifang District，Qingdao, Shandong 266000, P. R. China.
Tel：0532-84881577
Fax：0532-84881566

主要产品：
砂光机系列
Main Products:
Sander series.

青岛荣鸿翔木工机械有限公司

Qingdao Ronghongxiang Woodworking Machinery Co.,Ltd.

地址：青岛市城阳区仲村仲旺路（266109）
Add: Zhongwang Rd., Zhongcun, Chengyang Dist., Qingdao, Shandong 266109, P.R.China.
Tel: 0532-87742888, 87742777
Fax: 0532-87742787
E-mail: rh532@163.com
Website: www.qdrhx.com

主要产品：
砂光机，推台锯，雕刻机，包覆机，异型贴面压机。
Main Products:
Sander, Sliding saw, Engraving machine, Wrapping machine, composer machine.

青岛锐杰自动化技术有限公司

Qingdao Ruijie Automatics Co., Ltd.

地址：青岛市李沧区金玲路35号106室（266000）
Add: Rm106 No.35 Jinling Rd., Licang Dist., Qingdao, Shandong 266000, P. R. China.
Tel: 0532-86673731
Fax: 0532-87910068
E-mail: jiang_kui@126.com
Website: www.qd-ruijie.com

主要产品：
台湾台安变频器、PLC、伺服、台湾山电电机、维控触摸屏。
Main Products:
Taiwan Taian inverter, PLC, servo, Taiwan Shandian motors, dimensional control touch screen.

青岛锐奇木工机械有限公司

Qingdao Ruiqi Woodworking Machine Co., Ltd.

地址：青岛经济技术开发区红石崖办事处大窑工业园（266000）
Add: Dayao Ind. Park, Hongshiya, Qingdao Economic& Technological Development Area, Shandong 266000, P. R. China.
Tel: 0532-83168003
Fax: 0532-83168003
E-mail: zj12913@163.com

主要产品：
各种精密裁板锯、细木工拼板机。
Main Products:
Precision panel saw, joiner puzzle.

D

青岛润德恒丰国际贸易有限公司

Qingdao Runde Hengfeng International Trade Co., Ltd.

地址：青岛市市南区东海中路18号海悦中心6号楼2单元1102户（266000）
Add: Room 1102 Unit 2 Block 6 Haiyue Center, No.18 Donghai Middle Rd., Shinan District, Qingdao, Shandong 266000, P. R. China.
Tel：0532-85063301
Fax：0532-85063303

主要产品：
推台锯、封边机。
Main Products:
Sliding table saw, edge banding machine.

青岛三山碳素有限公司

Sanshan Carbon Star Co., Ltd.

地址：平度市同和工业园圣达路21号（266706）
Add: No.21 Shengda Rd, Tonghe Ind. Park, Pingdu City, Shandong 266706, P. R. China.
Tel: 0532-87315611, 87315612
Fax: 0532-87315610
E-mail: qdsanshan@163.com
Website: www.sanshancarbon.com

主要产品：
石墨布、HD弹力型石墨布、羊毛毡、弹性垫。
Main Products:
Graphite Coated Canvas -Heavy Duty, Wool Felt, Cushion.

青岛森林木业机械有限公司

Qingdao Forest Woodworking Machinery Co., Ltd.

地址：青岛市城阳区工业园（266000）
Add: Ind. Park of Chengyang Dist., Qingdao, Shandong 266000, P. R. China.
Tel: 0532-87730599
Fax: 0532-87730699
E-mail: davidcongjian@tom.com
Website: www.slmyjx.com

主要产品：
宽带砂光机、输送带送料宽带砂光机。
Main Products:
Wide belt sander, conveyor feeding wide belt sander.

青岛山水机械设备有限公司

Qingdao Shanshui Machine Facility Co., Ltd.

地址：青岛市黄岛区红石崖镇驻地（266426）
Add: Station of Hongshiya Town, Huangdao Dist., Qingdao, Shandong 266426, P. R. China.
Tel: 0532-83160168、83160198
Fax: 0532-83160188
E-mail: qdshanshui@163.com
Website: www.shanshuijx.com

主要产品：
各种系列精密裁板锯
Main Products:
Precision panel saws.

Q

青岛盛福机械制造有限公司

Qingdao Sunup Machinery Manufactue Co., Ltd.

地址：青岛市城阳区棘洪滩金岭工业园10号（266111）
Add: No.10, Jinling Ind. Park, Jihongtan Town, Chengyang Dist., Qingdao, Shandong 266111, P. R. China.
Tel: 0532-87909396
Fax: 0532-87909396
E-mail: shengfusander@163.com
Website: www.qdsander.com

主要产品：
木工单面、双面定厚砂光机，人造石（900mm）、底漆、金属砂光机，橡皮布、人造革专用磨削生产线设备，油漆生产线设备。
Main Products:
Woodworking single/double-sided fixed width sanders, Man-made stone (900mm), Lacquering machines, Metal sanders, Grinding & cutting production line for rubber blanket and artificial leather, Paint production line.

青岛晟森木工机械有限公司

Qingdao SOSN Machinery Co., Ltd.

地址：山东省青岛王台工业园（266000）
Add: Wangtai Town, Jiaonan, Qingdao, Shandong 266000, P. R. China.
Tel: 0532-83136377
Fax: 0532-83137822
E-mail: sosn@qdshengsen.com
Website: www.sosnmachinery.com

主要产品：
裁板锯，砂光机，木工排钻，真空覆膜机，封边机，电脑雕刻机。
Main Products:
Panel saw series, Woodworking Machinery, Sander series, Woodworking boring machine, Vacume wrapping machine, Edge bounde machine, Computer engraving machine and other 7 series, more than 60 types.

Q

青岛世东鸿巢机械有限公司

Qingdao H&C Woodworking Machinery Co., Ltd.

地址：山东省胶州大沽河工业园（266316） Add:Daguhe Industrial Park, Lige Town, Jiaozhou, Shandong 266316, P. R. China.
Tel: 0532-88201518
Fax: 0532-88201538
E-mail: wildgoose@wildgoose.com.cn
Website: www.wildgoose.com.cn

主要产品：
正负压、真空曲面覆膜机，万能线条包覆机，贴纸（PVC）机及贴纸（PVC）生产线，单板指接生产线，分切机。
Main Products:
Positive-negative pressure film laminating machines, Vacuum curved film laminating machines, Multi-functional wrapping machines, Paper sticking (PVC) machines, Paper sticking production line, Veneer finger joint production line, Cutting machines.

青岛施耐森木工机械有限公司

Qingdao Schnell Woodworking Machinery Co., Ltd.

地址：山东胶州里岔镇工业园（266300）
Add: Ind. Park, Licha Town, Jiaozhou, Qingdao, Shandong 266300, P. R. China.
Tel: 0532-88628169
Fax: 0532-81828168
E-mail: shangdiad@163.com, shangdiad@hotmail.com
Website: www.schnell.net.cn, www.qdschnell.cn

主要产品：
板式办公家具设备，锯、封边机等木工机械设备。
Main Products:
Machines for panel-style office furniture, Saws, Edge bonders.

青岛市木工机械协会

Qingdao Woodworking Machinery Association

地址：青岛市城阳区重庆北路275号（紫玥国际）301-302室（266000）
Add: Rm 301-302 No.275 Chongqing North Rd.,Chengyang District, Qingdao, Shandong 266000, P. R. China.
Tel: 0532-67766317
Fax: 0532-67766317
E-mail: zywma@126.com
Website: www.qdwma.cn

简介：
青岛市木工机械行业的生产制造、经营、科研单位的行业组织。
Introduction:
Manufacturing, operating, researching industry organization of Qingdao woodworking machinery.

青岛市中琳宏益木工机械厂

Qingdao Zhonglinhongyi Woodworking Machinery Factory

地址：胶南市王台镇逄猛孙村（东北方向）（266000）
Add: Pangmengsun Village, Wangtai Town, Jiaonan, Qingdao, Shandong 266000, P.R.China.
Tel: 0532-83112333
Fax: 0532-83112333
E-mail: 13964298808@126.com
Website: www.zhonglinhy.cn, www.zhijieji.com

主要产品：
自动梳齿开榫机、等长自动接木机、等长全自动指接机、冷压自动拼板机。
Main Products:
Automatic comb mortising machine, as long as automatic Jiemu machine, as long as automatic finger jointing machine, cold automatic puzzle machine.

Q

青岛顺恒达木业机械制造厂

Qingdao Shunhengda Woodworking Machinery Manufacturing Co., Ltd.

地址：青岛市李沧区瑞金路19-47号（266041）
Add: No. 19-47, Ruijin Rd., Licang Dist., Qingdao, Shandong 266041, P. R. China.
Tel: 0532-84661869
Fax: 0532-84661869
E-mail: shd@shunhengdamuye.com
Website: www.shunhengdamuye.com

主要产品：
砂光机，刨砂机，底漆砂光机，水磨砂光机，半自动梳齿榫对接机。
Main Products:
Sanders, Planing & sanding machines, Lacquering sanders, Levigation sanders, Semi-automatic comb tenoning machines.

青岛顺鑫伟业机械有限公司

Qingdao Shunxin Weiye Machinery Co., Ltd.

地址：青岛市黄岛区王台镇环台北路84号星火集团院内（266000）
Tel: 0532-83131866
Fax: 0532-83133673

主要产品：
拼板机、开榫机，梳齿对接机、截锯机、MXZ门锁机，梳齿机，门窗组合机，封边机。
Main Products:
Puzzle machine, mortising machine, comb butt machine, cut saw, MXZ door machine, comb machine, doors combination machines, sealing machines.

Q

青岛顺泽木工机械厂
Qingdao Shunze Woodworking Machinery Factory

地址：青岛胶南市王台镇王台工业园（266000）
Add: Wangtai Ind. Park, Wangtai Town, Jiaonan, Qingdao, Shandong 266000, P.R.China.
Tel: 0532-83132272
Fax: 0532-83132272

主要产品：
气动薄木剪切机、冷压机、液压机。
Main Products:
pneumatic shearing machine, cold press, hydraulic press.

青岛松川木工机械有限公司
Qingdao Songchuan Woodworking Machinery Co., Ltd.

地址： 青岛市胶南王台工业园 （266425）
Add: Wangtai Industrial Park, Jiaonan, Qingdao, Shandong 266425, P. R. China.
Tel： 0532-83113628
Fax： 0532-83113596
E-mail: qdsongchuan@126.com
Website： qdsongchuan.cn.alibaba.com

主要产品：
推台锯、往复锯、半自动封边机。
Main Products:
Sliding table saws, reciprocating saws, semi-automatic edge banding machine.

Q

青岛松泰伟业木工机械制造有限公司

Qindao Songtai Weiye Woodworking Machinery Manufacturing Co., Ltd.

地址：青岛市重庆中路坊子街工业园（266000）
Add: Fangzijie Ind. Park, Chongqingzhong Rd., Qingdao, 266000, P.R.China.
Tel: 0532-84823275
Fax: 0532-84915823
E-mail: qdsongtai@126.com
Website: www.qdsongtai.com

主要产品：
砂光机、抛光机、拉丝机。
Main Products:
Sander, Polishing Machine, Drawing Machine.

青岛速霸数控设备有限公司

Qingdao SUBA CNC-Equipment Co.,Ltd.

地址：山东青岛市李沧区瑞金路29-2号（266043）
Add: No.29-2 Ruijin Rd., Licang District, Qingdao, Shandong 266043, P.R.China.
Tel: 0532-84826866
Fax: 0532-84811533
E-mail: subacncyw@126.com
Website: www.acrylic.cc

主要产品：
广告、木工、圆柱、激光雕刻机，吸塑机，折弯机，铣边机，抛光机，离子切割机，电脑刻字机及其相关辅助设备。
Main Products:
Advertisement, Woodworking, laser engraving machine, plastic machine, edge milling machine, bending machine, polisher, plasma cutting machine, computer aided character carver and other auxiliary equipments.

Q

青岛泰科尔机械有限公司（海纳尔木业机械）

Qingdao Teco Woodworking Machinery Co., Ltd.

地址：青岛市李沧区瑞金路19-22号（266000）
Add: No. 19-22, ruijin Rd., Licang Dist., Qingdao, Shandong 266000, P. R. China.
Tel: 0532-84628668
Fax: 0532-84813395
E-mail: woodmachine@126.com
Website: www.woodmachine.cn

主要产品：
宽带砂光机，底漆砂光机，振荡式曲面抛光机，仿型砂边机，磨片机。
Main Products:
Wide belt sanders, Lacquered sanders, Oscillating curved polishing machines, Copy edge sanders, Blade grinding machines.

青岛天普伦进出口有限公司

Qingdao Tianpulun International Trade Co., Ltd.

地址：青岛市海尔路63号数码科技中心南楼907（266000）
Add: Room 907 Digital Technology Center South Block, No.63 Haier Rd., Qingdao City, Shandong Province 266000, P. R. China.
Tel: 0532-80999262， 80999272
Fax: 0532-80999920， 80999272
E-mail: henry@eastfieldcn.com
Website: www.eastfieldcn.com

主要产品：
木工带锯、木工圆锯、多用木工机等
Main Products:
Wood cutting bandsaw, wood table saw, wood sliding pannel saw, wood combi machine, etc.

青岛通力信木工机械有限公司

Qingdao Tonglixin Woodworking Machinery Co., Ltd.

地址：青岛李沧区瑞金路石家村307号（266043）
Add: No.307 Shijia Village, Ruijin Rd., Licang District, Qingdao, Shandong 266043, P. R. China.
Tel: 0532-86082316
Fax: 0532-86082316

主要产品：
砂光机。
Main Products:
Sander.

青岛皖南电机销售有限公司

Qingdao Wannan Motor Sales Co., Ltd.

地址：青岛市四方区阜新路27-2号（266000）
Add:No.27-2 Fuxin Rd., Sifang District, Qingdao City, Shandong Province 266000, P. R. China.
Tel: 0532-83717929
Fax: 0532-83723637
E-mail: qdwndj@163.com

主要产品：
电机。
Main Products:
Electric machine.

Q

青岛威尔特自动化设备技术有限公司

Qingdao Welter Automated Machinery Co., Ltd.

地址：青岛李沧区九水东路248号（64中对面）（266100）
Add: (Opposite to No.64 Middle School) No. 248, Jiushui E. Rd., Licang Dist., Qingdao, Shandong 266100, P. R. China.
Tel: 0532-87605639, 87605787
Fax: 0532-87605787
E-mail: qdweierter@163.com
Website: www.qdweierter.com

主要产品：
高分子门板压型机，热转印封边机，正负压曲面压机，真空热压成型机，防火板成型机，以及平面涂装机械、披覆设备。
Main Products:
Macromolecule door forming machines, thermal transfer edge bonders, positive & negative pressure curved presses, vacuum hot forming presses, fire-resistant board forming machines, flat coaters, cover.

青岛威特动力木业机械有限公司

Qingdao New Motivity Woodworking Machinery Co., Ltd.

地址：山东省青岛市流亭镇双元路西空港工业园（266108）
Add: S. Konggang Ind. Park, Shuangyuan Rd., Liuting Town, Qingdao, Shandong 266108, P. R. China.
Tel: 0532-87725033, 87723566, 87725022
Fax: 0532-87725022
E-mail: webmaster@new-motivity.com
Website: www.new-motivity.com

主要产品：
砂光机，CNC加工中心。
Main Products:
Sanders, CNC Processing Center.

青岛西城伟业机械设备有限公司

Qingdao Xicheng Weiye Machinery Equipment Co., Ltd.

地址：青岛即墨市华山一路南端西城工业园（266000）
Add: Xicheng Ind. Park, South of Huashan 1st Str., Jimo, Qingdao, Shandong 266000, P. R. China.
Tel: 0532-82520933
Fax: 0532-82527467, 82527384
E-mail: info@qingqin.com, keke0911@163.com
Website: www.qingqin.com, www.qdxicheng.com

主要产品：
真空覆膜机，砂光机，全自动直线封边机，后成型包边机，精密裁板锯，排钻，拼板机，压机，包覆机，雕刻机，剪切机，电脑镂铣机。
Main Products:
Vacuum film laminating machines, Sanders, Automatic straight-line edge bonders, Post-formingforming machines, Precision panel saws, Range drills, Clamp carriers, Presses, Wrapping machines, Engraving machines, Shearing machines, CNC routers.

青岛西特机械制造有限公司

Cater Tools Supply Inc.

地址：青岛市即墨大信镇金黄海二路
Add: Huanghai No.2 Rd., Daxin Town, Jimo, Qingdao City, Shandong Province 266000, P. R. China.
Tel: 0532-83517336
Fax: 0532-83517318
E-mail: sales@ctsmanufacturing.com
Website: www.ctsmanufacturing.com

主要产品：
专业生产木工刀具，金属加工刀具，精密机械零部件加工，并为客户提供夹具、模具的设计、制造和组装等服务。
Main Products:
Specializing in the production of woodworking tools, metal cutting tools, precision machinery parts processing, and provide customers with the fixture, mold design, manufacturing and assembly services.

Q

青岛欣大荣数控机器有限公司
Daron CNC Machine Tool (Qingdao) Co., Ltd.

地址：青岛市城阳区仙山东路电波研究所斜对面（266000）
Add: Xianshan East Rd., Chengyang Dist, Qingdao City, Shandong Province 266000, P. R. China
Tel: 0532-89089855, 89089856, 89089857, 68950981, 68950985
Fax: 0532-89089858
E-mail: daroncnc@sina.com
Website: www.daroncnc.net

主要产品：
数控铣床，数控木工加工中心，数控轮胎模具专用雕刻机，数控教学用机床及模拟加工软件。
Main Products:
CNC milling machines, CNC woodworking processing center, Engraving machines for CNC tyre tread pattern, Machine tools for CNC teaching and training, Simulation processing software.

青岛鑫光正机械设备集团有限公司
Qingdao Xinguangzheng Machinery Group Co., Ltd.

地址：山东省平度市三城路268号（266705）
Add: No. 268, Sancheng Rd., Pingdu, Shandong 266705, P. R. China.
Tel: 0532-83308000
Fax: 0532-83307307
E-mail: xinguangzhengjixie@163.com
Website: www.qdxgz.cn

主要产品：
防火板、 绝缘板、贴面板、胶合板热压机，三向竹地板压机，三向弯曲木压机；工业纸板热压机；橡胶石棉硫化机，橡胶平板硫化机，冷压机。
Main Products:
Hot presses for anti-fire plate, insulated plate, faced board and plywood. Three-direction bamboo flooring presses, Three-direction bent wood press, Hot presses for industry pasteboard, Asbestos rubber vulcanizing machines, Rubber flat vulcanizing machines, Cold Press.

青岛欣琦机械有限公司

Qingdao Xinqi Machinery Co., Ltd.

地址：青岛四方区南昌支路1号（266000） Add: No. 1, Nanchang Zhilu, Sifang Dist., Qingdao, Shandong 266042, P. R. China.
Tel: 0532-84888966
Fax: 0532-84888977
E-mail: qdxinqijixie@126.com
Website: qingdaoxinqijixie.cn.alibaba.com

主要产品：
斜磨机及配套产品热压拼接机。
Main Products:
Bevel grinding machines, Hot pressing veneer splicers.

青岛鑫恒发机械有限公司

Qingdao Xinhengfa Machinery Co., Ltd.

地址：青岛胶州市中云工业园（266300）
Add: Zhongyun Ind. Park, Jiaozhou, Qingdao, Shandong 266300, P.R.China.
Tel: 0532-82218222
Fax: 0532-82211322
E-mail: z82218222@126.com
Website: www.xinhengfa.com

主要产品：
精密角度截锯机、精密推台圆锯机、万能高速圆锯机、精密倾斜圆锯机、板式家具组合机、单轴立式木工铣床、裁板锯、万能砂带磨光机。
Main Products:
Precision bench trimmer, Precision sliding circular saw, Multifunctional high speed disc saw, Precision tilt disc saw, panel-type furniture combination, single axis vertical wood milling machine, panel saw, multifunctional band sander, tenoning machine.

Q

青岛欣江机械有限公司

Qingdao Xinjiang Machinery Co., Ltd.

地址：青岛即墨市通济街道办事处阎家岭村（266000）
Add: Yanjialing Village, Tongji Street, Jimo, Qingdao City, Shandong Province 266000, P. R. China.
Tel: 0532-82518098
Fax: 0532-82518738
E-mail: 85864704@qq.com
Website: www.qdxjjx.com

主要产品：
精密开料锯。
Main Products:
Precision cutting saw.

青岛鑫泰木业设备厂

Qingdao Xintai Wood Industry Equipment Factory

地址：青岛即墨市经济开发区工业园（文化路东首）（266200）
Add: (East of Wenhua Rd.,) Ind. Park, Economic Development Zone, Jimo, Qingdao, Shandong 266200, P. R. China.
Tel: 0532-87561958
Fax: 0532-87561957
E-mail: yhaiya@163.com
Website: www.xintaijixie.com

主要产品：
正负压贴面真空覆膜机，热力液压拼板机，包覆机，砂光机，配套。
Main Products:
Positive-negative pressure vacuum film laminating machines, Heat & hydraulic clamp carriers, Wrapping machines, Sanders and auxiliary equipment.

青岛欣鑫数控精密机械有限公司

Qingdao Xinxin CNC Presion Machine Co., Ltd.

地址：青岛市李沧区瑞金路19-38号（266000）
Add: No.19-38 Ruijin Rd, Licang Dict., QingdaoCity, Shandong 266000, P. R. China.
Tel: 0532-84918616
Fax: 0532-84918617
E-mail: qdhxcnc@163.com
Website: www.qdhx-cnc.com

主要产品：
HX系列CNC木工雕刻机、CNC卧式加工中心、CNC车床。
Main Products:
HX CNC engraving machine, CNC horizontal machining center, CNC Lathe.

青岛新兴顺风机有限公司

Qingdao Xinxingshun Blower Co., Ltd.

地址：青岛市即墨西城工业园（266000）
Add: Xicheng Ind. Park, Jimo, Qingdao, Shandong 266200, P. R. China.
Tel: 0532-82526625, 82512236, 82517686
Fax: 0532-82526295
E-mail: xinxingshun@163.com
Website: www.xinxingshun.com

主要产品：
风机，除尘器，水帘喷漆台。
Main Products:
Blowers, Dust collectors, Paint spraying tables.

S

青岛信永利木工机械有限公司

Qingdao Yongxinli Woodworking Machinery Co., Ltd.

地址：青岛市城阳区棘洪滩金岭工业园（266000）
Add: Jinling Industrial Park, Jinhongtan, Chengyang District, Qingdao City, Shandong Porvince 266000, P. R. China.
Tel: 0532-67795218, 84862931
Fax: 0532-67795219, 84862931
E-mail: jiagnluna@yeah.net, 2088767340@qq.com
Website: www.qdxinyongli.com

主要产品：
经销各类木工机械。
Main Products:
Distribute woodworking machinery.

青岛弈天环保设备有限公司

Qingdao Yitian Enviornmental Protection Equipment Co., Ltd.

地址：青岛市四流南路94号丁，科标大厦401室（266031）
Add: Room 401 Kebiao Building, No.94 Siliu South Rd., Qingdao, Shandong 266031, P. R. China.
Tel：0532-85865111
Fax：0532-66089506
E-mail: ytepe@yahoo.cn
Website: www.ytepe.com

主要产品：
除尘设备，环保通用设备，消音降噪设备，空气净化设备，脱硫设备，消音降噪设备。
Main Products:
Dust removal equipment, environmental general equipment, muffler noise reduction equipment, air purification equipment, desulfurization equipment muffler noise reduction equipment.

S

青岛永成伟业机械有限公司

Qingdao Yongchengweiye Machinery Co., Ltd.

地址：青岛胶南王台镇（266000）
Add: Wangtai Town, Jiaonan, Qingdao City, Shandong Province 266000, P. R. China.
Tel: 0532-83135717
Fax: 0532-83135717
E-mail：635844838@qq.com

主要产品：
封边机系列产品、拼板机系列产品。
Main Products:
Edge Banding Machine, composer.

青岛永富轴承有限公司

Qingdao Yongfu Bearing Co., Ltd.

地址：青岛市四方区阜新路18号（266033）
Add: No.18 Fuxin Rd., Sifang District, Qingdao, Shandong 266033, P. R. China.
Tel: 0532-58807777
Fax: 0532-58801608

主要产品：
各类国产、进口轴承。
Main Products:
Bearing.

青岛永强木工机械有限公司

Qingdao Yongqiang Woodworking Machinery Co., Ltd.

地址：青岛市经济技术开发红石崖工业园区（266426）
Add: Hongshiya, Huangdao Dist., Qingdao, Shandong 266426, P. R. China.
Tel: 0532-83161059， 83161737， 85231861
Fax: 0532-83163087， 85231871
E-mail: info@qd-yongqiang.com
Website: www.qd-yongqiang.com

主要产品：
精密裁板锯系列，封边机全系列，排钻系列，往复锯系列，数控加工中心雕刻机系列。
Main Products:
Series of precise panel saws, MJ6225 series of precision reciprocating panel saws, JX-R2600 series of covering machines, MD515 series of edge bonders, MJ1527 series of shearing machines, MM5213 series of sanders, MJ153B series of automatic feeding circular saws, 2500-C60 series of CNC processing center.

青岛永旺机械设备有限公司

Qingdao Yongwang Machinery & Equipment Co., Ltd.

地址： 青岛胶南王台镇工业园（266000）
Add: Wangtaizhen Industrial Park, Jiaonan, Qingdao, Shandong 266000, P. R. China.
Tel： 0532-83110067、83113366
Fax： 0532-83113377
E-mail： liu@qd-yongwang.com
Website： www.qdyongwang.com

主要产品：
各式精密裁板锯系列，往复锯，拼板机，MD515封边机系列，MJ1527剪切机系列。
Main Products:
Precision panel saw series, reciprocating saw, puzzle machine, MD515 edge banding machine series, MJ1527 shearing machine series.

青岛宇达木业设备有限公司

Qingdao Yuda Wood Machine co., Ltd.

地址：山东省青岛市即墨市店集镇王家庄工业园（266000） Add: Wangjiazhuang Ind. Park, Dianji Town, Jimo, Qingdao, Shandong 266000, P. R. China.
Tel: 0532-84586666
Fax: 0532-84588333
E-mail: qdyuda@163.com
Website: www.qdyuda.com.cn

主要产品：
高精密裁板锯、高精密裁板锯工作台和大截面工业用铝型材。
Main Products:
High precision panel saw, high precision panel saw table and a large section industrial aluminum.

青岛驭顺机械设备有限公司

Qingdao Yushun Machinery & Equipment Co., Ltd.

地址： 青岛市黄岛区红石崖工业园 （266426）
ADD: Hongshiya Industrial Park, Huangdao District, Qingdao, Shandong 266426, P. R. China.
Tel： 0532-83161308
Fax： 0532-83163547
E-mail： fsyushun@126.com
Website： www.qdyushun.cn

主要产品：
木工锯床，封边机，裁板锯，砂光机，拼板机，薄木剪切机。
Main Products:
Woodworking saw, edge banding machine, panel saw, sander, jigsaw machine, veneer shearing machine.

Q

青岛振业胶辊有限公司

Qingdao Zhenyejiaogun Co., Ltd.

地址：青岛市李沧区青山路676号（266000）
Add: No.676, Qingshan Rd., Licang Dist., Qingdao, Shandong 266000, P.R.China.
Tel: 0532-87972137, 87971277
Fax: 0532-87972072
Website: www.zhenyejiaogun.com

主要产品：
钢铁、木工、纺织、印染、印刷、包装等设备的胶辊和钢辊的制造。
Main Products:
Cots and steel rollers.

青岛政田机械有限公司

Qingdao Zhengtian Machinery Co., Ltd.

地址：青岛市胶南王台镇石梁唐民营工业园（266425）
Add: Private Ind. Park, Shiliang, Wangtai Town, Jiaonan, Qingdao, Shandong 266425, P. R. China.
Tel: 0532-83136686
Fax: 0532-83136656
E-mail: qdzhengtian@126.com, info@zhengtian-wm.com

主要产品：
MY系列气动液压履动式拼板机，双面液压拼板机，MPF细木工芯板拼机，50T液压冷压机，MX3514铣齿机，MH1525、1575接长机，门框组装机，铣齿机。
Main Products:
MY series of pneumatic hydraulic clamp carriers, Double-sided hydraulic clamp carriers, MPF block board splicers, 50T hydraulic cold presses, MX3514 gear milling machines, MH1525/1575 series of jointing machines, Doorframe assembling machines, Gear milling machines,.

Q

青岛智力涂料有限公司

Qingdao Firstlady Present Flower Co., Ltd.

地址：青岛市城阳区流亭新型建材工业园（266108）
Add: New building material Ind. Park, Chengyang Dist., Qingdao, Shandong 266108, P.R.China.
Tel: 0532-84902256, 84908800
Fax: 0532-84902257
E-mail: zhili@qdzhili.com
Website: www.qdzhili.com

主要产品：
丙烯酸漆类、聚氨酯漆类、醇酸漆类、环氧漆类、氨基漆类、丙烯酸漆类等各色桔纹、锤纹和磁漆。
Main Products:
Roll acrylic paint, polyurethane paint, alkyd paint, epoxy paint, amino paint, acrylic paints and other colored orange-peel, hammer and enamels.

青岛中鼎机械有限公司

Qingdao Zhongding Machinery Co., Ltd.

地址：青岛胶南市王台镇逄猛王村(266400)
Add: Fengmengwang Village, Wangtai Town, Jiaonan, Qingdao, Shandong 266400, P.R.China.
Tel: 0532-85183166, 83112618Fax: 0532-85180358, 83112182
E-mail: admin@qdzhongding.com
Website: www.qdzhongding.com

主要产品：
封边机、精密推台锯。
Main Products:
Edge banding machine, pricise panel saw.

秋道机械配件商行

Qiudao Machinery Accessories Trading Company

地址：广东省佛山市顺德区伦教镇木工机械配件第一街(528429)
Add: Woodworking Machinery Accessories 1st RD, Lunjiao Town, Shunde Dist., Foshan City, Guangdong 528429, P. R. China.
Tel: 0757-27838355
Fax: 0757-28662116
E-mail: sales@sflqd.com
Website: www.sflqd.com

主要产品：
木工机械刀具、辅料、配件。
Main Products:
Woodworking machine cutting tool, Accessories, Material.

任丘永茂木工机械有限公司

Renqiu Yongmao Woodworking Machinery Co., Ltd.

地址：河北省任丘市出岸镇庞家营村（062553）
Add: Pangjiaying Vil., Chu'an Town, Renqiu, Hebei 062553, P. R. China.
Tel: 0317-2692288
Fax: 0317-2692157
E-mail: panghebo@yahoo.com.cn
Website: www.rqyongmao.com

主要产品：
封边机、裁板锯、排钻。
Main Products:
Board processing machines, Panel saw, Gang drill.

日照龙特机械刀具有限公司

Longte Mechanical Knives Co., Ltd.

地址：山东省日照市高科技工业园（276800）
Add: Hign-tech Ind. Park, Rizhao, Shandong 276800, P. R. China.
Tel: 0633-2190658
Fax: 0633-2190656
E-mail: longtegroup@hotmail.com
Website: www.longte.en.alibaba.com

主要产品：
人造板行业用削片刀、刨片刀、旋切刀；造纸行业用切纸刀；塑料行业用粉碎机刀；纺织行业用的剪毛刀。
Main Products:
Peeling knives, planing knives, rotary cutters for wood based panel industry, Paper cutting knives for paper making industry, Granulator knives for plastic industry, Clippers for textile industry.

荣豪木工机械厂

Ronghao Woodworking Machinery Factory

地址：广东省佛山市顺德区伦教旧羊额渡口（528308）
Add: Subdisrict office, Lunjiao, Foshan City, Guangdong 528308, P. R. China.
Tel: 0757-27737158 Fax: 0757-26158336 E-mail: 0757@rong-hao.com
Website: www.rong-hao.com

主要产品：
钻头、手轮、皮带轮等配件。
Main Products:
Drill, Hand wheel, Belt pulley and other accessories.

瑞安通德传动机械有限公司(原浙江瑞安通特传动机械有限公司)

Ruian Tongde Driving Mechanical Co., Ltd.

地址：青岛308国道天泰城82栋2单元1202室（266000）
Add: Room 2-1202,Building 82,Tiantaicheng(308 State Road), Qingdao, Shandong 266000, P. R. China.
Tel: 0532-55550810, 0577-65596658
Fax: 0532-55550810
E-mail: ttjsj@ttjsj.com
Website: www.ttjsj.com

主要产品：
各类减速机及变速机。
Main Products:
Speed reducers, Variator

锐佳机械制造有限公司

RuiJia Woodworking Machinery Co., Ltd.

地址：广东省佛山市顺德区伦教工业大道（熹涌路口段）（528308）
Add: Lunjiao Industrial Street, Lunjiao Town，Shunde, Foshan City，Guangdong 528308, P. R. China.
Tel: 0757-26156722
Fax: 0757-27336916 E-mail: ruijia@gdruijia.cn
Website: www.gdruijia.cn

主要产品：
梳齿接木生产线、砂光机。
Main Production:
Grafting line, Sander.

锐诺数控设备(顺德)有限公司

Ruinuo (Shunde) CNC Machinery Co., Ltd.

地址： 佛山市顺德区伦教镇熹涌工业大道E04-1-04号 （528308）
Add:No.E04-1-04 Xiyong Industrial Rd., Lunjiao Town, Shunde District , Foshan City, Guangdong 528308, P. R. China.
Tel： 0757-26155299
Fax： 0757-28799536
E-mail： john@tupcnc.com
Website： www.tupcnc.com

主要产品：
雕刻机及配件。
Main Products:
Engraving machine and accessories.

三集机械制造有限公司

Sanji Woodworking Machinery Factory

地址：广东省佛山市顺德区伦教镇羊额工业区永安路9号（528308）
Add: No.9 Yongan Rd., Yange Ind. Park, Lunjiao, Shunde Dist., Foshan City, Guangdong 528308, P. R. China.
Tel: 0757-27885298
Fax: 0757-27337940
Website: www.sanjimg.com

主要产品：
精密推台锯、裁板锯、平刨。
Main Products:
Precision sliding table saw, Cut-to-size saw, Flat plane.

S

三门峡亿龙机械装备有限公司

Sanmenxia Yilong Machinery Co., Ltd.

地址： 河南省三门峡产业集聚区310国道（472143）
Add: State Road 310, Sanmenxia Industrial Agglomeration Area, Henan Province 472143, P. R. China.
Tel: 0398-3858970
Fax: 0398-3858971
E-mail: 314521957@qq.com

主要产品：
人造板设备及人造板的生产和销售，机械加工；定向刨花板设备的开发及生产；秸秆人造板设备的开发及生产。
Main Products:
Wood-based panels production and sales, Machining, Development and production of OSB machinery, Development and production of strawboard equipment.

三能木工机械厂

Sanneng Woodworking Machinery Factory

地址：广东省佛山市顺德区伦教新塘工业区（528308）
Add: Xintang Ind. Park, Lunjiao Town, Foshan City, Guangdong 528308. P. R. China.
Tel: 0757-27337086
Fax: 0757-27337087
E-mail: info@sdsunny.com
Website: www.sdsunny.com

主要产品：
通用木工机械。
Main Products:
Woodworking machine.

S

山东百圣源集团有限公司

Shandong Baishengyuan Group Co., Ltd.

地址：山东省威海市经济技术开发区崮山镇宝源路（264205）
Add:Baoyuan Rd., Gushan Town, Weihai Economic Development Zone, Weihai City, Shandong 264205, China.
Tel: 0631-5921002
Fax: 0631-5925695
E-mail: weihai@chinawoodworking.com
Website: www.baishengyuan.cc

主要产品：
胶合板、生物木质颗粒生产线成套设备；系列木工机床和数控龙门磨床、铣床、数控车床、摇臂钻床等系列金属切削机床。
Main Products:
Production line for plywood, wood particle; CNC gantry grinders, Milling machines, CNC lathes, Radial drilling machines.

山东晨灿机械有限公司

Shandong Chencan Machine Co., Ltd.

地址：山东省齐河经济开发区名嘉西路（251100）
Add: West Mingjia Road, Qihe Economic Development Zone, Shandong 251100, P.R.China.
Tel: 0534-8997255, 400880798
Fax: 0534-8997266
E-mail: chencan@cccnc.cc
Website: www.sdchencan.com

主要产品：
数控雕刻机系列 。
Main Products:
CNC Engraving Machines。

山东高密交运工程机械有限公司

Shandong Gaomi Transportation Engineering Machinery Co., Ltd.

地址：山东省高密市石庵路中段（261500）
Add: Shian Rd., Gaomi, Shandong 261500, P. R. China.
Tel: 0536-2365277
Fax: 0536-2361916
Website: www.sdgmjiaoyun.com

S

主要产品：
JY15、JY45型多功能小型挖掘机。
Main Products:
JY15/JY45 series of multi-functional mini-type excavators.

山东华盛中天机械集团股份有限公司

Shandong Huasheng Zhongtian Machinery Group Co., Ltd.

地址：山东临沂市罗庄区中天路1号（276017）
Add: No. 1, Zhongtian Rd., Luozhuang District, Linyi, Shandong 276017, P. R. China.
Tel: 0539-8488555, 8488658 Fax: 0539-8488699
E-mail: service@hszt.cn
Website: www.hszt.cn

T

主要产品：
二冲程和四冲程通用型汽油机，园林机械，植保机械，排灌机械，发电机组，小型工程机械，休闲娱乐车。
Main Products:
Two-stroke and four-stroke petrol engines, Garden machines, Plant protection machines, Drainage and irrigation machines, Generators, Mini-type engineering machines, and various kinds of recreation vehicle.

山东临沂三禾永佳动力有限公司

Linyi Sanhe Yongjia Power Co., Ltd

地址：山东省临沂市兰山区兰山街道俄黄路北段（276012）
Add: North Part of Ehuang Rd., Lanshan District, Linyi, Shandong 276012, P. R. China.
Tel: 0539-8531949
E-mail: wm@yongjiapower.com
Website: www.sanheyongjia.com

主要产品：
小型动力机械。
Main Products:
Small power machine.

山东省费县金轮机械厂

Shandong Feixian Gold Tum Machinery Plant

地址：山东省费县费城镇北十里铺开发区（273400）
Add: Beishi Lipu Development Zone, Feicheng Town, Feixian County, Shandong 273400, P. R. China.
Tel: 0539-5017197, 5016997
Fax: 0539-5017248, 5016997
E-mail: jinlun@xuanqieji.com.cn
Website: www.xuanqieji.com.cn

主要产品：
木材旋切机，压合机，涂胶机，磨刀机。
Main Products:
Wood rotary cutting machines, Pressing machines, Glue spreaders, Knife grinding machines.

S

山东华达机械工具有限公司

Shandong Huada Machienry Tooling Co., Ltd.

地址：青岛市瞿塘峡路一号
Add: No.1 Qutangxia Rd., Qingdao City, Shandong Province 266000, P. R. China.
Tel: 0532- 82663123
Fax: 0532- 82661599
E-mail：info@protexgroup.cn
Website：www.protexgroup.cn

主要产品：
木工台锯、木工带锯、木工集尘器、木工铣床、小型组合机床等。
Main Products:
Woodworking table saws, band saws, dust collectors, spindle moulders, combined machines etc.

山东通佳机械有限公司

Shandong Tongjia Machinery Co., Ltd.

地址：济宁国家级高新区327国道96号（272000）
Add: No.96 State Road No.327, National High-tech District, Jining City, Shandong Province 272000, P. R. China.
Tel: 0537-2984666
Fax: 0537-2984888
E-mail: sales01@tongjia.com
Website: www.tongjia.com

主要产品：
环保木塑挤出机械、塑木机械、生态木机械、绿可木机械、木塑装饰线条生产线、木塑地板生产线、木塑门生产线、木塑家具板生产线、木塑建筑模板生产线等WPC机械，以及石塑机械、PS仿木机械等挤出类加工机械。
Main Products:
WPC extrusion machinery, WPC machinery, wood machinery, WPC moldings production lines, WPC flooring production line, WPC door production line, WPC furniture board production line and other extrusion machinery.

S

山西省太行锯条厂

Shanxi Province Taihang Saw Blade Factory

地址：山西省长治市长北桥东北路5号（046000）
Add: No. 5, Dongbei Rd., Changbei Bridge, Changzhi, Shanxi 046021, P. R. China.
Tel: 0355-5030486
Fax: 0355-5030480
E-mail: taihang@haioujt.com
Website: www.haioujt.com

主要产品：
锯条，锯片，锯机，木工带锯、圆锯，金刚石锯基体片，硬质合金锯片、指接铣刀，各种孔锯、曲线锯、园林锯、高速钢机锯，手用锯条，冶金锯机锯片，钢锯条，弹簧钢带。
Main Products:
Saw, Saw web, Saw mill, Wodworking band saw, Circular saw, Diamond saw series, thin HSS circular saw series, hacksaw series, Hole saw series, Bimetalic band saw series, Spring steel saw blade series, Saw machine blade series, CNC saw bench series.

陕西创伟机电有限责任公司

Shaanxi Chuangwei Electrical Co., Ltd.

地址：陕西省西安市西户路29号（710077）
Add: No.29 Xihu Rd., Xian City, Shaanxi 710077, P. R. Chin
Tel: 86-029 -88589659
E-mail: china-chw@yahoo.com.cn
Website: www.cnchw.com

主要产品：
风力灭火机。
Main Products:
Wind extinguisher.

陕西西北林业机械股份有限公司

Shaanxi Northwest Forestry Machinery Co., Ltd.

地址：陕西省渭南市老城街150号（714000）
Add: No. 150, Laocheng Str., Weinan, Shanxi 714000, P. R. China.
Tel: 0913-2096533, 2096264
Fax: 0913-2096004
E-mail：sxwnxj@126.com
Website:www.xblj.com.cn

主要产品：
营林、采伐、森林防火、园林绿化、植保等小型汽油机动力机械。
Website: www.shaanxi.cnsx_mzlk/adminupfile/0186.htm
Main Products:
Forestry machines, Harvesting machines, Fire-fighting machines, Garden machines, Plant-protection machines and other mini-type petrol engines.

上海爱凯思机械刀片有限公司

Shanghai IKS Mechanical Blade Co., Ltd.

地址：上海市青浦工业园区崧泽大道7477号（201707）
Add: No. 7477, Songze Rd., Ind. Park, Qingpu, Shanghai 201707, P. R. China.
Tel: 021-59869050、59869083
Fax: 021-59868220
E-mail: sales@iks-sh.com
Website: www.iks-sh.com

主要产品：
旋切机刀片，刨切机刀片，削片机刀片，压尺，耐磨底板，切纸机刀片，三面切书机刀片，剪板机刀片，塑料破碎机刀片，以及其他非标刀片产品。
Main Products:
Peeling Knife, Veneer Slicing Knife, Chipper Knife, Pressure Bar, Wearing Plate, Guillotine Knife for Paper Cutter, Three-way Trimmer Knives, Shear Blade, Granulator Knife for Plastic Recycling, and other tailor made products.

S

上海福马木工机械设备有限公司

Shanghai Fuma Woodworking M&E Co., Ltd.

地址：上海市普陀区曹杨路1623号（200333）
Add: No.1623, Caoyang Rd., Putuo Dist., Shanghai 200333, P. R. China.
Tel: 021-62164256, 62165096, 62432100
Fax: 021-62577227
E-mail: fuma@shfuma.com.cn
Website: www.shfuma.com.cn

主要产品：
代理销售板式家具、贴面家具、实木家具设备，实木地板、复合地板设备，木门生产设备，胶合板、贴面板、集成材、细木工板生产成套设备。
Main Products:
Sell equipment for panel furniture, veneer-covered furniture, solid wood furniture, solid wood flooring, composite flooring. Wood door manufacturing equipment, Complete set of equipment for plywood, faced board, integrated material, Blockboard .

上海戈士林业机械有限公司

Shanghai Geshi Forestry Machinery Co., Ltd.

地址：上海青浦白鹤镇工业园区B区1号（201709）
Add: No.1, Section B, Ind. Park, Baihe Town, Qingpu, Shanghai 201709, P. R. China.
Tel: 021-59740711
Fax: 021-59740711
E-mail: jsg4849@163.com

主要产品：
林业机械，机械刀片，五金件。
Main Products:
Woodworking machines, Mechanical blades, Hardware.

S

上海黄海磨片有限公司

Shanghai Huanghai Grinding Pieces Co., Ltd.

地址：江苏省大丰市四岔河（224151）
Add: Sicha River, Dafeng City, Jiangsu 22415, P. R. China.
Tel: 0515-3262080、83262403
Fax: 0515-3262080
E-mail: guoqing009900@sina.com
Website: www.shhhmp.com.cn

主要产品：
硬质纤维板磨片，中密度纤维板磨片，造纸磨片，刨花板磨片等不锈钢、高合金材质磨片。
Main Products:
Stainless steel, hard alloy grinding pieces: Grinding pieces for hard fibre board, MDF, Paper-making, particle board.

上海捷成企业管理集团有限公司

Shanghai Jiecheng Group Co., Ltd.

地址：上海市青浦区外青松公路3271号（201709）
Add: No.3271 Qingsong Rd., Qingpu District, Shanghai 201709, P. R. China
Tel: 021-59740552
Fax: 021-59741747
E-mail: jechen@jechen.cn
Website: www.jechen.cn

主要产品：
中密度纤维板成套设备，热磨机，砂光机，热压机。
Main Products:
Complete set of equipment for MDF, Defibrators, Sanding machines, Hot presses.

上海金田工具有限公司

Shanghai Jintian Tool Co., Ltd.

地址：上海市闸北区场中路2143号（200435）
Add: No. 2143, Changzhong Rd., Zhabei, Shanghai 200435, P. R. China.
Tel: 021-56835536
Fax: 021-56815887
E-mail: guanzhujian@sina.com

主要产品：
高品质硬质合金圆锯片，木工刀具，PCD金刚石刀具。
Main Products:
High-qualified circular saw blade of hard alloy, Woodworking cutting tools, PCD diamond cutters.

上海精啄贸易有限公司

Shanghai Jingzhuo Trade Co., Ltd.

地址：上海市奉贤区南峰公路2038号（201400）
Add: No.2038, Nanfeng Rd., Fengxian District, Shanghai 201400, P. R. China.
Tel: 021-57561105
Fax: 021-57568601
E-mail: shanghaijingzhuo@163.com
Website: www.shjz998.com

主要产品：
雕刻机。
Main Products:
Engraving Machine

S

上海琳杰林业机械有限公司

Shanghai Linjie Forestry Machinery Co., Ltd.

地址：上海市五里桥路252号101室（200023）
Add: Rm. 101, No. 252, Wuliqiao Rd., Shanghai 200023, P. R. China.
Tel: 021-63012061
Fax: 021-63012061
E-mail: startsmileyu@163.com

主要产品：
人造板成套设备，木工机械及其配件。
Main Products:
Complete set of equipment for wood based panel, Woodworking Machines and parts.

上海美雷带工贸有限公司

Shanghai Meileidai Industry & Trading Co., Ltd.

地址：上海市嘉定区江桥镇高潮路158号（201803）
Add: No. 158, Gaochao Rd., Jiangqiao Town, Jiading Dist., Shanghai 201803, P. R. China.
Tel: 021-51605399
Fax: 021-51605398
E-mail: mainsaw@163.com
Website: www.mainsaw.com

主要产品：
代理经销锯带、锯床、切削油、圆锯机。
Main Products:
Selling saw strips, Saws, Cutting oil, Circular saws.

S

上海铭隽机械设备有限公司

Shanghai Mingjuan Machinery & Equipment Co., Ltd.

地址：上海市闸北区芷江西路788弄2号华舟大厦2001室（200070）
Add: Rm. 2001 Huazhou Mansion, No.2 Nong 788 Zhijiangxi Rd, Zhabei Dist., Shanghai 200070, P. R. China.
Tel: 021-66613919， 66613634
Fax: 021-66613920
E-mail: shym@vip.citiz.net
Website: www.guoming.com.cn

主要产品：
主营木工机械设备及零配件，代理台湾产品。还可提供客户的正常规划，操作指导，技术支援。
Main Products:
Woodworking machine & accessories.

上海牡联木工机械有限公司

Shanghai Mulian Woodworking Machinery Co., Ltd.

地址：上海市奉贤区大叶公路7635号木工机械区1弄21-23号（201400）
Add: No.21-23 No.1 Nong Woodworking Machinery Zone, No.7635 Daye Rd., Fengxian Dist., Shanghai 201400, P. R. China.
Tel: 021-56514400, 66501266
Fax: 021-66510515, 66512752
E-mail: shml1991@163.com, lshanghaimulian@126.com
Website: www.mulian.com

主要产品：
实木、复合地板生产线设备，实木、板式家具和木门生产线设备，家具、地板淋漆生产线设备，及各类产品配件，进口刀具、锯片。
Main Products:
Production line and equipment for solid wood, composite flooring, Production line and equipment for solid wood, panel furniture and wood door. Machines for furniture and flooring lacquering. Parts, Imported cutting tools, Saw blades.

S

上海秋林机械有限公司/山西秋林机械有限公司
Shanghai Qiulin Machinery Co., Ltd./ Shanxi Qiulin Machinery Co., Ltd.

地址：上海市嘉定区浏翔公路思义路858号/山西省晋中市榆次开发区蕴华西街1000号（201801/030600）
Add: No. 858, Siyi Rd., Liuxiang Rd., Jiading Dist., Shanghai 201801, P. R. China./ No.1000, Yunhua W.Str., Yuci Ind. Park, Jinzhong, Shanxi 030600, P. R. China.
Tel: 021-69151280, 0354-2411811/12
Fax: 021-69151280, 0354-2411813
E-mail: qiulinmc@qiulinmc.com
Website: www.qiulinmc.com.cn

主要产品：
贴面压机系列、贴面生产线、短周期贴面生产线、木门生产线、木门压机系列、拼板机系列、人造板压机系列、干燥机、模压成型机、绝缘板成型压机、蜂窝板成型压机、聚氨酯发泡成型压机和复合地板生产线。
Main Products:
Cover press, Lamination production line, Short cycle lamination, Short cycle press, Panel press, Press dryer, Moulding press, Insulated board hot press, Honeycomb board molding press, Foam right board/ Integral skin hot press and Parquet production line.

上海人造板机器厂有限公司
Shanghai Wood-based Panel Machinery Co., Ltd.

地址：上海市嘉定区安亭工业区和静路299号（201805）
Add: No. 299, Hejing Rd., Anting Ind. Park, Shanghai 201805, P. R. China.
Tel: 021-59577480
Fax: 021-59572568
E-mail: yong.zhou@swpm.cn
Website: www.shbanji.com

主要产品：
连续压机生产线，中密度纤维板、刨花板、二次贴面、防火板等生产线设备，热磨机。
Main Products: Continuous press line, MDF production line, PB production line, short cycle laminating line, high pressure laminating line and refiner.

上海森帝润滑技术有限公司

Shanghai Synnex Oil Technology Co., Ltd.

地址：上海市嘉定区高石公路2699号南厂房（201816）
Add: No.2699 Gaoshi Street, Jiading District, Shanghai 201816, P. R. China.
Tel: 021-59953676、59953989
Fax: 021-59953626
E-mail: hotline@synnexoil.com Website: www.synnexoil.com

主要产品：
高温钢带油，高温链条油，高温润滑脂，合成油及特种油品。
Main Products:
Hot strip oil, high temperature chain oil, high temperature grease, synthetic and specialty products.

上海帅川（晔川）机械刀片有限公司

Shanghai SAITRE Machinery Blade Co.,Ltd.

地址：上海市嘉定区外冈工业园区汇宝路623号（201806）
Add: No. 623, Huibao Rd., Waigang Ind. Park, Jiading Dist., Shanghai 201806, P. R. China.
Tel: 021-69575091
Fax: 021-69575090
E-mail: sales@shshanchuan.com
Website: www.shshanchuan.com

主要产品：
木工、造纸、轻工、冶金行业用机械刀片。
Main Products:
Mechanical blades of woodworking machines, paper-making machines, light industry machines and metallurgical machines.

S

上海威加利机械刀片有限公司

Shanghai Weijiali Mechanical Blade Co., Ltd.

地址：上海市浦东新区高桥镇大同路449号8楼（200436）
Add: Floor 8 No.449 Datong Rd., Gaoqiao Town, Pudong New District, Shanghai 200436, P. R. China.
Tel: 021-56681738
Fax: 021-57202110
E-mail: wecali@wecali.com
Website: www.wecali.com

主要产品：
以高合金钢、高速钢、硬质合金与低碳钢复合材料制造各种切纸刀，木工旋切刀，刨切刀。
Main Products:
Paper cutters, woodworking rotary cutters, and veneer slicers of high alloy steel, high-speed steel, hard alloy and low carbon compound materials.

上海西普贸易发展有限公司

Shanghai West Trading Development Co., Ltd.

地址：上海市闵行区剑川路456号（201109） Add: No. 3609, Hongmei S. Rd., Shanghai 201108, P. R. China.
Tel: 021-51098134, 4500034
Fax: 021-64507226
E-mail: xpzhuyongd@163.com, shxipu.163.com

主要产品：
木工刀具，有色金属及硬塑料类刀具。
Main Products:
Woodworking cutting tools, Non-ferrous metal and hard plastic cutters.

S

上海燕森化工有限公司

Shanghai Yansen Chemical Industry Co., Ltd.

地址：上海市闸北区江塘西路299弄1号6号楼506室（200000） Add: Rm 506 Building No.299 Rd., Jiangtang W. Rd., Zhabei District, Shanghai 200000, P. R. China.
Tel: 021-52911802、56613003
Fax: 021-52912136
E-mail: 13901661312@139.com
Website: www.yansenoil.com

主要产品：
Y－S高温导热油，YST-266合成导热油，润滑油，拉磨液压油；塑料制品，清洗剂。
Main Products:
Y-S Heat transfer oil, Lubricating oil, Anti-wear hydraulic oil, Plastic products, Clean-out products.

上海烨恒木业机械有限公司

Shanghai Yeheng Woodworking Machinery Co., Ltd.

地址：上海市闵行区虹萃路2799号（201101） Add: No. 2799, Hongcui Rd., Minghang Dist., Shanghai 201101, P. R. China.
Tel: 021-54864771, 50713938
Fax: 021-54851973, 51111412
E-mail: yeheng1@hotmail.com
Website: www.mj90.com

主要产品：
锯，钻床，压机，铣床，封边机，砂光机，集成材、实木加工、喷漆设备，四面刨地板生产线设备，包覆机，覆膜机，榫槽机，精密裁板锯，磨刀磨锯机。
Main Products:
Saws, Presses, Milling machines, Edge bonders, Sanders, Integrated material, Equipment for solid wood processing and spray painting, Four-sided planning machines for flooring, Wrapping machines, Film laminating machines, Mortising machines, Precision panel saws, Knife grinders, Saw grinding machines.

上海宜园电器销售有限公司

YAT Electric Appliance Co., Ltd.

地址：浙江嘉兴南湖区余新镇水达路1号（314009）
Add: No.1 Shuida Rd., Yuxin Town, Nanhu District, Beijing 314009, P. R. China.
Tel: 0573-83675027 Fax: 0573-83675026 E-mail: jiangliaojun@yiyuantools.com
Website: www.yattool.com

主要产品：
美国CARLTON、TIGER锯链中国地区总代理。
Main Products:
CARLTON、TIGER saw chain.

上海英雷红外水份系统科技有限公司

Shanghai Infrared Moisture Technology Co., Ltd.

地址：上海市杨浦区市光路299号（200433）
Add: No.299, Shiguang Rd., Yangpu Dist., Shanghai 200433, P. R. China.
Tel: 021-65581116
Fax: 021-65578098
E-mail: zymuu@sina.com, zymu@sogou.com
Website: www.yinglei.com.cn

主要产品：
MS系列红外水分仪。
Main Products:
MS series of infrared moisture device.

上海跃通木工机械设备有限公司

Woodworking Machinery & Equipment Co., Ltd.

地址：上海市金山区亭林镇亭卫公路9299弄238号（201505）
Add: No.238,9299Alley, Tingwei Rd., Tinglin Town, Jinshan Dist., Shanghai 201505, P. R. China.
Tel: 400-100-1199, 021-54887255
Fax: 021-54889216
E-mail: shanghai@yuetong.com.cn
Website: www.yuetong.com.cn

主要产品：
数控门锁、门铰链加工机，数控门锁、门铰链生产线，数控门扇四边锯，数控门框孔槽加工机，数控门套锯钻铣机，全自动门套封边开槽机，全自动门套L型线条拼接机，数控门梃加工机，全自动木门横梃生产线，电脑裁板锯，全自动封边机，数控加工中心。
Main Products:
CNC door lock & hinge processing machine, CNC door lock & hinge production line, CNC door pocket cutting & drilling machine; automatic door pocket edge banding & groove-cutting machine,automatic door pocket "L" shape edge bander, CNC door stile processing machine, automatic door stile production line, CNC door skin edge cutting machine; CNC panel saw, automatic edge bander, CNC machining center.

韶关市美景工业有限公司

Shaoguan Meijing Industry Co., Ltd.

地址：广州韶关市东河陵韶路农业机械厂内（512000）
Add: Shaolu Agricultural Machinery Factory, Donghe ling, Shaoguan, Guangzhou, Guangdong 512000, P. R. China.
Tel: 0751-8743726
Fax: 0751-8624786
E-mail: sales@mei-jing.com
Website: www.mei-jing.com

主要产品：
裁板锯、成型包边机、开料锯。
Main Products:
panel saws, forming profile wrapping machines, cutting saws.

S

邵武市振达机械制造有限责任公司

Shaowu Zhen-Da Machine Manufactory Co., Ltd.

地址：福建省邵武市城南工业园区(莲富路)（354000）
Add: (Lianfu Rd.) Chengnan Ind. Park, Shaowu, Fujian 354000, P. R. China.
Tel: 0599-6324232、 6323195、 6323457
Fax: 0599-6323595、 6323457
E-mail: zdjx666@sina.com
Website: www.woodwork-machine.com

主要产品：
木工四面刨系列、多片锯系列、木工卧式带锯机、圆木锯切机。
Main Products:
Woodworking four-sided planers, Multi-rip saws, Woodworking horizontal band saw machine, Sawing Machine.

沈阳宝山木工设备厂

Shenyang Baoshan Woodworking Machinery Factory

地址：辽宁省沈阳市苏家屯区佟沟乡（桃仙国际机场东南6公里）（110112）
Add: Tonggou Village, Sujiatun Dist., Shenyang, Liaoning 110112, P. R. China.
Tel: 024-89591141, 024-51072050
Fax: 024-89592706
E-mail: sybaoshan@vip.163.com, sybaoshan@vip.qq.com
Website: www.sybaoshan.com.cn

主要产品：
精密裁板锯，封边机，排钻，冷压机，热压机，磨刀机，吸尘器，往复锯，雕刻机，铰链钻。
Main Products:
Precision panel saws, Edge bonders, Multiple-ranged drills, Cold presses, Hot presses, Knife grinding machines, Dust collectors, Reciprocating saws, Engraving machine, Hinge drill.

沈阳带锯机械有限公司

Shenyang Band Saw Machine Co., Ltd.,

地址：沈阳市苏家屯区金钱松路30-5号（110101） Add: No. 30-5, Jinqiansong RD, Sujiatun, Shenyang, Liaoning 110101, P. R. China.
Tel: 024-89802299 Fax: 024-89803355
E-mail: sydjczqj@163.com
Website: www.sydj.com.cn

主要产品：
带锯机床、木工机械、金属切削机床及其配件；木制包装箱。
Main Products:
International trade, Band sawing machine, Woodworking machine, Metal-cutting machine tool and other accessories, Wooden box.

沈阳东泰木工机械厂

Shenyang Dongtai Woodworking Machine Works

地址：沈阳市皇姑区鸭绿江北街观音经济开发区（110032） Add: Guanyin Economic Development Zone, Yalu River N. Street, Huanggu Dist., Shenyang, Liaoning 110032, P. R. China.
Tel: 024－88273027、86670858
Fax: 024－86670862、88267848
E-mail: sydongtai@163.come
Website: www.dtmachinery.com

主要产品：
MF45*3系列封边机，，精密推台锯系列，覆膜机系列。排钻系列。
Main Products:
MF45*3 series edge bonders, precision sliding table saw, laminating machine, drilling.

S

沈阳隆利得木工机械有限公司

Shenyang Lead Woodworking Machinery Co., Ltd.

地址：沈阳市于洪区红润路31号东民特种机床城15号厂房（110141）
Add: Factory 15 Dongmin Special Machine Mall, No.31 Hongrun Rd., Yuhong District, Shenyang, Liaoning 110141, P. R. China.
Tel: 024-29326966
Fax: 024-29326866
E-mail: leadjx@hotmail.com
Website: www.leadjx.com

主要产品：
T系列精密推台锯MJ-45、K系列圆柱导轨精密推台锯 MJ-90、封边机系列、排钻。
Main Products:
T series Precision sliding table saw MJ-45, K series cylindrical guide precision sliding table saw, edge banding machine, drill.

Y

沈阳新华电机有限公司

Shenyang Xinhua Electric Co., Ltd.

地址：沈阳市经济开发区流花湖街2号（110027）
Add: Shenyang City, Liaoning Province Economic Development Zone No. 2 Liuhua Lake Street
Tel: 024-25361113 Fax: 024-25370707 E-mail: xhem@xhem.com Website: www.xhem.com

主要产品：
特种电机、通风机、木材干燥设备、电机控制柜、木材干燥室专用风机、耐高温电机。
Main Products:
Specific types of electric machine, Ventilator, Dryer, Motor controlling cabinet.

S

深圳市纪兴源涂装设备有限公司

Shenzhen Jixingyuan Painting Equipment Co., Ltd.

地址：深圳市宝安区松岗碧头第二工业园金嘉利工业园10栋（518105）
Add: Jiade Building, Ganglian Ind. Park, Songgang Town, Bao'an Dist., Shenzhen 518105, P. R. China.
Tel: 0755-33655040, 27539937
Fax: 0755-33807015
E-mail: jxuv@163.com, 598604940@qq.com
Website: www.jxuv.com

主要产品：
UV涂装设备，滚涂机，淋幕机，砂光机，补土机，除尘机，手提式、台式UV机，着色机，钢刷机，贴膜机，表面UV涂装加工，UV板，输送机。
Main Products:
UV coaters, Roller coaters, Paint curtain coaters, Sanders, Filler machines, Dust removers, Portable/Desktop UV machines, Coloring machines, Steel brush machines, Laminator, UV Laminator, UV board, Convetor.

深圳市嘉汇海实业有限公司

Shenzhen K&H Industries Co., Ltd.

地址：深圳市南山区西丽湖大勘工业区1栋3楼（518055）
Add: 3F., Building No. 1, Dakan Ind. Park, Xili, Nanshan Dist., Shenzhen, Guangdong 518055, P. R. China.
Tel: 0755-86330097
Fax: 0755-26527121
E-mail: jy@szknh.com
Website: www.szknh.com

主要产品：
木业自动化装备，物流仓储装备，人造板数控锯切中心。
Main Products:
Automatic wood industry equipment, Logistics storage equipment, Man-made board CNC Cutting Center.

S

深圳市隆瑞科技公司

Shenzhen Longray Technology Co.,Ltd

地址：深圳市宝安区石岩街道水田第三工业区富民路8号安吉尔3楼（518108）
Add: 3rd floor Angel Building, NO.8 Fumin Road, 3rd industrial area of Shuitian Village, Shiyan Street, Baoan District, Shenzhen, Guangdong Province 518108, P. R.China
Tel: 0755-83172588
E-mail: mail@szlrkj.com
Website: Website: www.szlrkj.com

主要产品：
脉冲热烟雾机。
Main Products:
Pulse thermal fogger.

深圳市鑫运祥精密刀具有限公司

Shenzhen INVT Electric Co., Ltd.

地址：广东深圳宝安区福永镇兴益工业城A1栋2楼（518103）
Add: Floor 2, Block A1, Xingyi Industrial Park, Fuyong Town, Baoan District, Shenzhen City, Guangdong Province 518055, P. R. China.
Tel: 0755-27703556, 27703707
Fax: 0755-27703750
E-mail: caojinshui2008@163.com
Website: www.xinyunxiang.com

主要产品：
数控机床刀具库、金刚石刀具、金刚石锯片、硬质合金刀具、锯片、钻头的生产和销售。
Main Products:
CNC machine tool library, diamond tools, diamond saw blades, carbide cutting tools, saw blades, drill production and sales.

石家庄灿高高频机械有限公司

Shijiazhuang Cangao High Frequency Machinery Co.,Ltd.

地址：石家庄市装院路绿岛产业园青山路2号（050200）
Add: No.2 Qingshan Rd., Lvdao Ind. Park, Zhuangyuan Rd., Shijiazhuang, Hebei 050200, P. R. China.
Tel: 0311-82251293
Fax: 0311-82251293
E-mail: cgha86@163.com, cgha86@vip.163.com
Website: www.cangao.cn

主要产品：
高频机，高频弯曲木压机，高频平面拼板机，高频拼板组框机，液压机，实木弯曲设备，高频精密组框机，高频塑胶热合机及各类特殊高频加工设备。
Main Products:
High frequency machinery, High frequency HWY, High frequency flat felt-board machine, Hydraulic press, Solid wood HWY, Plastic hot process machinery and other high frequency machineries.

石家庄开发区纪元电气有限公司

Shijiazhuang Development Zone Jiyuan Electric Co., Ltd.

地址：石家庄新石北路368号金石工业园（050091）
Add: Jinshi Ind. Park, No. 368 of Xinshi Rd., Shijiazhuang, Hebei 050091, P. R. China.
Tel: 0311-83859453、 83802743
Fax: 0311-83802743
E-mail: jiyuana@sina.com
Website: www.jiyuan-gp.com

主要产品：
高频发生器，高频弯曲木设备，高频拼板机，高频框架组合机，高频柜门组合机，木材高频真空干燥设备，实木弯曲设备，高频木焊机。
Main Products:
HF generators, HF cured plywood presses, HF clamp carriers, Frame & cabinet assembling machines, Frame & door assembling machines, HF vacuum dryers, Solid wood bending presses, HF wood welders, Photo frame assemblers.

S

石家庄市新华方元机电设备厂

Shijiazhuang Xinhua Fangyuan Electromechanical Equipment Co., Ltd.

地址：河北省石家庄新华区南高基村文昌街66号（050061）
Add: No.66, Wenchang Str., Nangaoji Vil., Shijiazhuang, Hebei 050061, P. R. China.
Tel: 0311-87750725
Fax: 0311-87702509

主要产品：
人造板辅装机、风送系统、制胶系统的制作与改造，刨花板、中密度纤维板设备安装与调试。
Main Products:
Auxiliary equipment for wood based panel, Dust collectors, Glue-making machines.

双飞木业机械有限公司（青岛市永兴机电设备有限公司）

Shuangfei Woodworking Machinery Co., Ltd.

地址：青岛市市北区广丰路35号（266000）
Add:No.35 Guangfeng Rd., Shibei District, Qingdao, Shandong 266000, P. R. China.
Tel: 0532-84895627
Fax: 0532-84892839
E-mail: qdsefe@126.com
Website: www.qdsefe.com

主要产品：
砂光机，林业机械，家具制造机械。
Main Products:
Sanders, primer sander, Banding machine, Woodworking machines, Machines for manufacturing furniture.

S

顺德区博速润滑油有限公司

Shunde Bosu Lubricants Co., Ltd.

地址：佛山市顺德区伦教工业区兴业中路2号（528308）
Add: No.2 Xingye M. Rd., Lunjiao Industrial Park, Shunde Dist., Foshan City, Guangdong 528300, P. R. China.
Tel: 0757-27888864 Fax: 0757-27888864
E-mail: eszzq3573@gmail.com
Website: www.hhmgjx.com

主要产品：
工业润滑油，设备润滑保养。
Main Products:
Industrial lubricants, lubrication and maintenance equipment.

顺德区昶盛机械制造有限公司

Shunde Changsheng Machine Facturing Co., Ltd.

地址：顺德区伦教熹涌工业区龙威路（528308）
Add: Longwei Rd, Xiyong Ind. Park, Lunjiao, Shunde Dist., Foshan City, Guangdong 528308, P. R. China.
Tel: 0757-27336257 Fax: 0757-28798598
E-mail: dghh5983538@126.com
Website: www.hhmgjx.com

主要产品：
锯类系列、砂光系列。
Main Products:
Saw, Sander.

S

顺德区成威木工机械厂

Foshan Chengwei Woodworking Machinery Factory

地址：广东省佛山市顺德区伦教熹涌荔村虾坤围工业区西环一路9号（528308）
Add: Xinmin 1st Ind. Park, Lunjiao, Shunde Dist., Foshan City, Guangdong 528308, P. R. China.
Tel: 0757-27883008 Fax: 0757-27883118
E-mail:info@chengweimuji.com
Website: www.chengweimuji.com

主要产品：
木工排钻。
Main Products:
Drilling Machine

顺德区东星新机械制造有限公司

Shunde District Dongxingxin Machinery Manufacturing Co., Ltd.

地址： 佛山市顺德区伦教熹涌工业区 （528308）
Add: Xiyong Industrial Park, Lunjiao Town, Shunde Districr, Foshan, Guangdong 528308, P. R. China.
Tel： 0757-23629919
Fax： 0757-23621949
E-mail： tonsing_sd@163.com
Website： www.dzxjx.cn

主要产品：
冷、热压机，曲木压机，高频机。
Main Products:
Cold and hot press, bentwood press, high frequency machine, etc.

顺德区干胜宝干燥设备有限公司

Shunde Ganshengbao Drying Equipment Co., Ltd.

地址：顺德区伦教三洪奇大桥南（528308）
Add: Sanhongqi Bridge S., Lunjiao, Shunde Dist., Foshan City, Guangdong 528308, P. R. China.
Tel: 0757-27337938 Fax: 0757-27887376
E-mail:gdganshengbao@sina.com
Website: ganshengbao.cn.alibaba.com

主要产品：
干燥设备、涂装设备。
Main Products:
Dryer, Coating equipment.

顺德区精达机械有限公司

Shunde District Jingda Machinery Co., Ltd.

地址：广东省佛山市顺德区伦教羊额周地工业区（528308）
Add: Yange Industrial Zone, Lunjiao International Woodworking Machinery City, Shunde City, Guangdong 528308, P. R. China.
Tel: 0757-27752800, 27751312 Fax: 0757-27756800
E-mail: jingda@jingda-china.com
Website: www.jingda-china.com

主要产品：
木工带锯机。
Main Products:
Wood working band sawing machine.

顺德区伦教峰瑞刀具配件店

Shunde District Lunjiao Fengrui Woodworking Tools and Assecceries Store

地址：佛山市顺德区伦教木工机械城配件街（528308）
Add: Asseccery Rd., Lunjiao Woodworking Machinery Mall, Shunde District, Foshan, Guangdong 528308, P. R. China.
Tel： 0757-28607035
Fax： 0757-28620835
E-mail： fengruidaoju@163.com

S

主要产品：
木工机械刀具及零配件。
Main Products:
Woodworking tools and assecceries.

顺德区伦教锦迪木工机械厂

Shunde Lunjiao Jindi Woodworking Factory

地址：佛山市顺德区伦教荔村工业区 （528308）
Add: Licun Industrial Park. Shunde District, Foshan, Guangdong 528308, P. R. China.
Tel： 0757-23625169
Fax： 0757-28607206

主要产品：
木工机械及配件。
Main Products:
Woodworking machinery and assessories.

顺德区伦教久枫恒机电商行

Shunde District Lunjiao Jiufengheng Mechanical & Electrical Firm

地址：佛山市顺德区伦教荔村丁字路西便基街29号（马氏门市后侧）（528308）
Add: No.29 Xibianji Rd., Dingzi Rd., Licun Country, Lunjiao Town, Shunde District, Foshan, Guangdong 528308, P. R. China.
Tel： 0757-27889756
Fax： 0757-27889756
E-mail： amwngj133@126.com
Website： amwngj133126.cn.alibaba.com

主要产品：
销售电机、减速机、机械配件。
Main Products:
Sales of motor, reducer, mechanical accessories.

顺德区伦教太皓木工机械店

Shunde District Taihao Woodworking Machinery Store

地址：广东省佛山市顺德伦教镇国际木工机械城4号馆4号铺（528308）
Add: No. 4 Shop, No.4 Lunjiao International Woodworking Machinery Mall, Shunde Dist., Foshan City, Guangdong 528308, P. R. China.
Tel: 0757-27737871, 27727217 Fax: 0757-27737871
E-mail: admin@haraggng.com
Website: www.taihao1975.com.cn

主要产品：
进口锯片及框锯条。
Main Products:
Foreign saw, Frame saw blade.

顺德区伦教永达金辉木工机械厂

Shunde Lunjiao Yongda Jinhui Woodworking Machinery Factory

地址：顺德区伦教羊额工业区码头路1号（528308）
Add: No. 1 Matou Rd., Yange Ind. Dist., Lunjiao Town, Foshan City, Guangdong 528308, P. R. China
Tel: 0757-26155183
Fax: 0757-26155183
Website: www.woodworking365.com

主要产品：
木工机械。
Main Products:
Woodworking machinery.

顺德区伦教政霖木工机械厂

Shunde Lunjiao Zhenglin Woodworking Machinery Factory

地址：广东省佛山市顺德区伦教镇工业区兴业北路（528308）
Add:Xingye N. Rd, Lunjiao Ind. Park, Shunde, Foshan, Guangdong 528308, P. R. China.
Tel: 0757-27731539
Fax: 0757-27731536
E-mail: zhenglin20100101@163.com

主要产品：
排钻系列。
Main Products:
Drilling Machine.

顺德区顺崇机械制造有限公司

Shunde District Shunchong Machienry Manufacturing Co., Ltd.

地址：佛山市顺德区北海工业区 （528308）
Add: Beihai Industrial Park, Shunde District, Foshan, Guangdong 528308, P. R. China.
Tel：0757-26155629
Fax：0757-27337772
E-mail： sdchongyi@163.com

主要产品：
木工机械钣金件。
Main Products:
Metal assecceries of woodworking machinery.

顺德区威荣木工机械有限公司

Weirong Woodworking Machinery Co., Ltd.

地址：广东佛山市顺德区伦教街道仕版工业区奋扬路（528308）
Add: Fenyang RD, Shiban Ind. Park, Lunjiao, Foshan, Guangdong 528308, P. R. China.
Tel: 0757-27332794, 27731688
Fax: 0757-27738686
Website: www.sdweirong.cn

主要产品：
实木、板式生产整厂设备。
Main Products: Wood & panel production line.

顺德区新力亚机械有限公司

Xinliya Woodworking Machinery Co., Ltd.

地址：顺德区伦教新塘工业大道30号（528308）
Add: No.30 Ind. Street, Xintang Ind. Park, Lunjiao Town, Shunde Dist., Foshan City, Guangdong 528308, P. R. China.
Tel: 0757-27729129
Fax: 0757-27729032
E-mail:sdxinliya2000@163.com
Website: www.gdxinliya.com

主要产品：
木工排钻、封边机、精密推台锯。
Main Products:
Woodworking dowelling jig, Edge bonding machine, Precision sizing saw machine, etc.

顺德区仲达贸易有限公司

Shunde Zhongda Trade Co., Ltd.

地址：顺德区伦教木工机械城A座（528308）
Add: Section A, Woodworking Machinery Mall, Lunjiao, Shunde, Foshan City, Guangdong 528308, P. R. China.
Tel: 0757-27730177, 26925501
Fax: 0757-27730911
Website: www.marnak-marunaka.com

主要产品：
封边机、刨切机、数控钻。
Main Products:
Edge bonding machine, Veneer slicer, Numerical control drill.

顺德区卓华峰机械有限公司

Shunde Zhuohuafeng Machinery Co., Ltd.

地址：广东省佛山市顺德区伦教国际木工机械城（528308）
Add: International Woodworking Machinery Mall, Lunjiao, Shunde, Foshan City, Guangdong 528308, P. R. China.
Tel: 0757-27337303
Fax: 0757-27337303
E-mail: nka3310@163.com

主要产品：
木工机械及配件。
Main Products:
Woodworking machine & accessories.

顺力兴机械制造厂

Shunlixing Machinery Factory

地址：广东省佛山市顺德区伦教镇木工机械城14号国际展览馆后（528308） Add: No.14 Lunjiao Woodworking City, Xinmin Ind. Park, Shunde, Foshan, Guangdong 528308, P. R. China.
Tel: 0757-27337381 Fax: 0757-27337361
E-mail: info@shunjijixie.com
Website: www.shunjijixie.com

主要产品：
贴面机。
Main Products:
Veneering machine.

S

四川东华机械集团有限公司

Sichuan Donghua Machinery Group Co., Ltd.

地址：四川省成都市高新区九兴大道9号（610041）
Add: No.9, Jiuxing Rd., Chengdu, Sichuan 610041, P. R. China.
Tel: 028-85193280, 85196592
Fax: 028-85193288, 85181343
E-mail: scdhxs@163.com
Website: www.scddh.cn

主要产品：
年产3-8万立方米的各类中（高密）度纤维板成套设备，刨花板成套设备，人造板模压门皮成套设备，人造板二次加工设备，热磨机，各种用途的热压机、冷压机；模压套装门，中（高）密度纤维板，强化木地板。
Main Products:
30000-80000m3/a production line for MDF/HDF board/ particle board/ wood based panel/moulding pressing door, Secondary processing equipment for wood based panel, Defibrators, Various kinds of hot presses and cold presses, Mould pressing doors, MDF/HDF board, Intensive wood flooring.

四川省林丰园林建设工程有限公司

Sichuan Linfeng Bamboo & Wood Machinery Co., Ltd.

地址：四川省成都市二环路北一段沙湾路77号附1号(03-047信箱)（610031） Add: (P. O. BOX 03-047) No. 77-1, Shawan Rd., Beiyi Section, Erhuan Rd., Chengdu, Sichuan 610031, P. R. China.
Tel: 028-87654342
Fax: 028-62016010
E-mail: linfeng@sclinfeng.com
Website: www.sclinfeng.com

主要产品：
林业、木工及园林机械设备，木工刀具及配件。
Main Products:
Forestry, Woodworking and Gardenning machinery, Woodworking cutting tools and accessories.

四川省林业物资供销总公司

Sichuan Forestry Materials Supply & Sales Corporation

地址：四川省成都市金牛区人民北路一段15号（610081）
Add: No. 15, Sec. 1, Renmin N. Rd., Jinniu Dist., Chengdu, Sichuan 610081, P. R. China.
Tel: 028-83364623Fax: 028-83229598
E-mail: scslywzgxzgs@126.com
Website: www.lywzgs.com

主要产品：
油锯，消防泵，风力灭火机，发电机，切割锯，打水枪，防火服，帐篷，多用铲。
Main Products:
Chain saws, Fire fighting pumps, Pneumatic extinguishers, Generators, Cutting saws, Water guns, Fire-fighting suits, Tents, Multi-purpose shovels.

四川省青城机械有限公司

Sichuan Qingcheng Machinery Co., Ltd.

地址：四川省眉山市青神县一环路南段19号（620460）
Add: No. 19, South Section, Yihuan Rd., Qingshen County, Meishan, Sichuan 620460, P. R. China.
Tel: 028-38815176, 38815356
Fax: 028-38815356
E-mail: qcmj@qcmj.com Website: www.qcmj.com

主要产品：
细木工板、集成材、实木地板、实木成套设备，实木、板式家具成套设备，刃磨设备，刨切单板设备，木线条设备，木工带锯机。
Main Products:
Complete set of equipment for block board, integrated material, solid wood flooring and solid wood. Complete set of equipment for solid wood/panel furniture, Knife grinders, Veneer slicing machines, wood moulding equipment, Woodworking band saws.

S

四川省新岷江人造板机器有限责任公司

Sichuan Xinminjiang Wood-based Panel Machine Co., Ltd.

地址：四川省都江堰市川苏工业园区上阳街414号（611833）
Add: No.414, Shangyang Street, Chuansu Ind. Park, Dujiangyan, Sichuan 611833, P. R. China.
Tel: 028-87235462, 87235429, 87287917, 87234878
Fax: 028-87235429, 87235499 E-mail: scdjyxmj@163.com
Website: www.scxmj.com

主要产品：
人造板生产线成套设备，林业机械成套设备，建筑工程施工机械，环保设备。
Main Products:
Complete set of wood based panel, forestry machines, construction equipment, and environmental protection equipment.

四会市风帆竹制品机械厂

Sihui Fengfan Bamboo Machinery Factory

地址：四会市大道中路东盛花园19号（526200）
Add: No.19 Dongshenghuayuan, Dadao Middle Rd., Sihui, Guangdong 526200, P. R. China.
Tel: 0758-3322754
E-mail: shfengfan@126.com

主要产品：
双头破竹机、牙签磨尖机、拉丝成型刀、滚平刀及胶圈牙签包装机等。
Main Products:
Toothpick sharpening machine, drawing molding knives, knife and apron rolled flat toothpicks packaging machines.

苏州工业园区三达机械有限公司

Suzhou Sanda Machinery Co., Ltd.

地址：苏州工业园区金鸡湖路173号3F（215021）
Add: 3F of science and technology center, No. 173, Jinjihu Rd., Ind. Park, Suzhou, Jiangsu 215021, P. R. China.
Tel: 0512-62527480, 67617185
Fax: 0512-62527486
E-mail: sanda@sandasz.com
Website: www.sandasz.com

主要产品：
重型定厚宽带砂光机，砂光机改造、维修。
Main Products:
Heavy-duty wide-belt sanders, Reform and maintain of sanders.

苏州康威机电有限公司

Suzhou Kingway Mechanical & Electrial Equipment Co., Ltd.

地址：苏州市吴中区郭巷东村路55号（215124）
Add: No.55, Dongcun Rd., Guoxiang, Wuzhong Dist., Suzhou, Jiangsu 215124, P.R.China.
Tel: 0512-65691892, 65631896
Fax: 0512-65976089
E-mail: kingwayhwm@163.com
Website: www.sz-kingway.com

主要产品：
人造板设备（贴面热压机、中高密度板生产线、防火板生产线、刨花板生产线）。
Main Products:
Machinery for man-made board (Surface hot press, HDF, MDF, Flake board, Fire-proof board)

S

苏州林机冷热交换器厂

Suzhou Linji Cool-heat Exchanger Factory

地址：苏州相城区阳澄湖岸山开发区（215138）
Add: Anshan Development Zone, Yangchenghu Town, Xiangcheng Dist., Suzhou, Jiangsu 215138, P. R. China.
Tel: 0512-65363263
Fax: 0512-65442683, 66619926
E-mail: jinfuming22@126.com, linji@sz-linji.com
Website: www.sz-linji.com

主要产品：
中密度纤维板干燥机及热交换器（TCS-II型散热器），立式、卧式浸胶机散热器，SRL型、GL-II型、SRZ型单板干燥机散热器，钢铝复合翅片管散热器，非标准散热器。
Main Products:
MDF dryers and heat exchangers (TCS-II radiators) for MDF, Vertical/ horizontal impregnating radiators, SRL/GL-II/SRZ series of veneer drying radiators, Steel & aluminum finned tube radiators, Non-standard radiators.

苏州林业机械厂有限公司

Suzhou Forestry Machinery Factory Co., Ltd.

地址：江苏省苏州市虎丘虎新路1号（215008）
Add: No.1, Huxin Rd., Huqiu Dist., Suzhou, Jiangsu 215008, P. R. China.
Tel: 0512-67232806
Fax: 0512-65572673, 67231726, 67231761
E-mail: szlyjdc@sina.com, sulin@pub.sz.jsinfo.net

主要产品：
配套进口主机年产15-20万立方米素板、砂锯生产线，系列国产年产5-10万立方米中纤板、刨花板热压机后成板工段设备，纸面石膏板设备，液压升降台系列，散热器，中纤板气流干燥机，纵横锯边机。
Main Products:
150,000-200,000 m3/a production line for plain board and sanding saws, Hot presses post-forming section for MDF and particle board, Paper-backed plasterboard, Hydraulic lift tables, Radiators, Air current dryers for MDF, Longitudinal and transversal edge trimmers.

S

苏州尚合润滑油有限公司

Suzhou S.H Lubricants Co., Ltd.

地址：苏州市相城大道168号新尚广场B座1513–1514室（215100）
Add: Room 1513-1514 Block B, Xinshang Square, No.168 Xiangcheng Sreet, Suzhou City, Jiangsu Province 215100, P. R. China.
Tel: 0512-65126539, 65807810
Fax: 0512-65126596
E-mail: yzwwcx@126.com Website: www.oil11111.com

主要产品：
销售润滑油、非危险化工产品等。
Main Products:
Lubricants, other non-hazardous chemical products.

苏州市华翔木业机械有限公司

Suzhou Huaxiang Woodworking Machinery Co., Ltd.

地址：江苏苏州市洋南路18号（215008）
Add: No. 18, Yangnan Rd., Suzhou, Jiangsu 215008, P. R. China.
Tel: 0512-65571195, 65573886
Fax: 0512-65573887
E-mail: sales@hapco-cn.com
Website: www.hapco-cn.com

主要产品：
胶合板设备（热压机、自动装卸板机、冷压机、涂胶机、升降台、纵横锯、热压式单板干燥机）、人造板二次加工设备（短周期贴面生产线、复合地板生产线、建筑模板覆膜生产线、木皮贴面生产线、模压热压机）、万能试验压机、中密度板设备、防火板设备、线路板设备、绝缘板设备。
Main Products:
Plywood Equipment (including Hot Press, Automatic loading and unloading system, Cold press, Glue Spreader, Hydraulic lifter, Longitudinal-transverse edge saw, Veneer drying press), Seondart processing equipment for Wood-based Panel (include Short cycle lamination press line, Composite flooring production lines, Multi-daylight lamination press line, single daylight lamination line, Molding hot press), Universal lab press, and equipment for MDF, High-pressure laminate, Circuit board, Insulating board, etc.

S

苏州苏福马机械有限公司

Suzhou Sufoma Machinery Co., Ltd.

地址：江苏省苏州市新区何山路378号（215129）
Add: No.378, Heshan Rd., Suzhou, Jiangsu 215129, P. R. China.
Tel: 0512-66627621, 66627806, 66627608
Fax: 0512-66627620, 66627818
E-mail: sfm@sufoma.com, xszx@sfm.com.cn
Website: www.sufoma.com

主要产品：
8-9英尺宽幅连续平压身产线 、高精度定厚宽带砂光机及砂光线，刨花板成套设备，中/高密须纤维板成套设备，9×16-18砂光锯切生产线，人造板二次加工设备（新型快速贴面线，卧式浸渍干燥生产线）。
Main Products:
8-9ft wide continuous press production line, high-precision broadband fixed thickness sander and sanding line, particleboard line, MDF/HDF equipment, 9 × 16-18 sanding sawing production line, plywood secondary processing equipment (new rapid veneer line, horizontal dipping drying production line).

苏州维茨-益维高设备有限公司

Suzhou Vits-Imaco Equipment Co., Ltd.

地址：苏州新区竹园路209号创业园A4018（215011）
Add: No.A4018, Venture Park, No.209, Zhuyuan Rd., Xinqu, Suzhou 215011, P. R. China.
Tel: 0512-68252260
Fax: 0512-68242695
E-mail: vits-imaco@vits-imaco.com
Website: www.vits-imaco.com

主要产品：
PROLINE型和IMC型浸渍、涂布干燥生产线设备。
Main Products:
PROLINE/IMC series of impregnating, coating and drying production line.

苏州威玛盛木业机械有限公司（原上海威玛盛）

Wearmer Woodworking Machinery Co.,Ltd.

地址：江苏省苏州市相城区陆慕齐门北大街408号（215000） Add: No.408 Lumuqimen N. Rd., Xiangcheng District, Suzhou City, Jiangsu Province 215000, P. R. China.
Tel: 0512-65469491
Fax: 0512-66836599
E-mail: wearmer@sina.com
Website: www.wearmer.com

主要产品：
封边机，推台锯，排钻，电脑雕刻机，四面刨，冷压机，热压机，零配件。
Main Products:
Edge bonders, Sliding table saws, Multiple-ranged drills, CNC carving machines, Four-side planers, Cold presses, Hot presses and parts.

苏州伍得人造板设备有限公司

Suzhou Wude Wood-based Panel Machinery Co., Ltd.

地址：苏州高新区浒墅关永安路128号横塘科技工业园15号（215151）
Add: No.15, Hengtang Technology Ind. Park, Yongan Rd., 128# Xushuguan Town, Suzhou National New Hi-Tech Ind. Development Zone 215151, P. R. China.
Tel: 0512-66877318, 66877457, 66877317
Fax: 0512-66877453
E-mail: suzhouwude@vip.163.com, suzhou-wude@hotmail.com
Website: www.wude-machine.com

主要产品：
WDT-A 自动型短周期贴面生产线、WDT-JXD 基本型短周期贴面生产线、低压多层贴面生产线、WDSY系列试验压机、高压多层热压机组自动上下料生产线、自动上下料生产线，以及根据用户特殊要求设计制造。
Main Products:
WDT-A, Automatic Short Cycle Overlaying Production Line, WDT-JXD, Basic Short Cycle Overlaying Production Line, Low-Pressure Multiplayer Overlaying Press, WDSY Series Testing Press, Automatic Loading and Unloading Production Line, Special Design According to Customer's Requirements.

S

苏州新协力集团有限公司

Xinxieli (Suzhou) Group Co., Ltd.

地址：江苏省苏州市新区珠江路508-4号（215129）
Add: No.4-508, Zhujiang Rd., Xinqu, Suzhou New District 215129, P. R. China.
Tel: 0512-62695281、66623687
Fax: 0512-62695280、66650892
E-mail: trade@xinxieli.com, xinxieli@xinxieli.com
Website: www.xinxieli.com

主要产品：
短周期贴面、HPL防火板生产线设备，不锈钢工业模板。
Main Products:
Short cycle Laminatior lines, HPL fire-proof board production lines, Stainless steel press plates.Impregnating paper Produotim Line, Testing Press.

穗嘉盛木工机械厂

Suijiasheng Woodworking Machinery Factory

地址：广东省佛山市顺德区勒流上涌工业区（528300）
Add: Leliushangyong Ind. Park, Shunde, Foshan, Guangdong 528300, P. R. China.
Tel: 0757-25633293 Fax: 0757-25633296 E-mail: sjcmj@126.com Website: www.sjsmgjx.com

主要产品：
镂铣机、气动出榫齿接机。
Main Products:
Router, Pneumatic tenon tooth pick.

泰安市展鸿木业机械有限公司

Taian Zhanhong Woodworking Machinery Co., Ltd.

地址：山东省泰安市高新区1号路（271000）
Add: 1158#, Beitianmen Street, No.1 Rd., Gaoxin Dist., Tai'an, Shandong 271000, P. R. China.
Tel: 0538-6610666
Fax: 0538-6617898
E-mail: tazh@zhanhongwood.com
Website: www.zhanhongwood.com

主要产品：
真空异型热压机，真空覆膜机，包覆机，切机，贴纸（PVC）生产线设备。
Main Products:
Vacuum special shape hot presses, Vacuum film covering machines, Wrapping machines, Slicing machines, Paper-sticking (PVC) machines.

泰能机械制造有限公司

Taineng Woodworking Machinery Co., Ltd.

地址：广东佛山市顺德区伦教工业大道裕成中路一横路（528308） Add: Yiheng Rd., Yucheng M. Rd., Industrial Street, Lunjiao, Shunde, Foshan, Guangdong 528308, P. R. China.
Tel: 0757-27721884
Fax: 0757-27750414
E-mail: sdtaineng@126.com
Website: www.taineng.com.cn

主要产品：
冷热压机。
Main Products:
Cold/ hot press machine.

泰州精刃机械有限公司

Taizhou Jingren Machinery Co., Ltd.

地址：江苏省泰州市海陵工业园区B-5（225300）
Add: No.B-5 Hailing EDZ, Taizhou City, Jiangsu 225300, P. R. China.
Tel: 0757-27721884 Fax: 0757-27750414 E-mail: huangweipingtc@sina.com
Website: www.jingrenknife.com

主要产品：
胶合板、装饰板和家具行业中木皮生产设备、旋切机、刨切机用全钢防蓝污旋切刀、刨切刀和配套具有专利产品之压尺。人造板中高密度刨花板行业和纸浆行业中木片生产削片机用各类型的全钢刀片。其他行业的各类精密机械刀片（纸业、纺织、冶金、废品回收等）。 刀片研磨用专用砂轮。提供各类物料刀片切削解决方案。
Main Products:
Peeling blade, slicing blade, woodworking blade, grinding wheel, solutions for material blade cutting.

台州百丰电机厂

Taizhou Baifeng Electrical Machinery Plant

地址：温岭市大溪下员工业区（317500）
Add: Xiayuan Ind. Park, Daxi Town, Wenling, Zhejiang 317500, P. R. China.
Tel: 0576-86353670, 86365688
Fax: 0576-86353578
E-mail: sale@cnbaifeng.com
Website: www.cnbaifeng.com

主要产品：
潜水泵，管道泵，自吸泵，污水泵，电机，鼓风机。
Main Products:
Submersible pumps, Pipeline pumps, Self-priming pumps, Sewage pumps, Electric motors, Air-Blowers.

T

台州市意利欧机械有限公司

Taizhou Evok Machinery Co.,Ltd.

地址：浙江省台州市温岭滨海镇新街工业园区（317503）
Add: Xinjie Industrial Park, Haibin Town, Wenling, Taizhou City, Zhejiang 317503, P. R. China.
Tel: 0576－86520151
Fax: 0576－86521688
E-mail info@zycm.cn
Website: www.zycm.cn

主要产品：
TC-60系列全自动封边机，F65系列排钻机，铰链钻孔机， TC-828(450-1350)自动双锯片切角机。
Main Products:
TC-60 series automatic bander, F65 series

泰州市玉林动力机械有限公司

Taizhou Yulin Power Machinery Co., Ltd.

地址：江苏省泰州市海陵区江洲南路319号（225300）
Add: No.319 Jiangzhou South Rd., Hailing District, Taizhou, Jiangsu 225300, P. R. China.
Tel: 0523-86567919
Fax: 0523-86567919
E-mail: 2872196541@qq.com
Website: www.tst999.com

主要产品：
森林消防装备，小型动力，园林机械，消防机械，伐木机械的生产和注塑加工。
Main Products:
Forest fire-fighting equipment, small power, garden machinery, fire machinery, logging machinery production and injection molding.

天津拉米诺木工机械有限公司

Tianjin Laminuo Woodworking Machinery Co., Ltd.

地址：天津河东区大王庄十四经路景泰公寓804室（300171）
Add: Rd., Jingtai Building, Shisi Jinglu Rd., Dawangzhuang, Hedong Dist., Tianjin 300171, P. R. China.
Tel: 022-24313889、24316632 Fax: 022-24315353
E-mail: laminuo@hotmail.com
Website: www.laminuo.com

主要产品：
小型木工机械；木材修补、裁板、木材连接统、砂光、涂胶、缺陷修补等系统，木材测湿仪，手工刨子及刀片、夹具。
Main Products:
Mini-type woodworking machines, Wood fillers, Panel saws, Wood jointers, Sanders, Glue spreaders, Bug repairing machines, Wood moisture meters, Hand planers, Blades, Clamps.

天津林业工具厂

Tianjin Forestry Tool Works

地址：天津市南开区临潼路99号（300110）
Add: No. 99, Lintong Rd., Nankai Dist., Tianjin 300110, P. R. China.
Tel: 022-27362792,, 27362335
Fax: 022-27365070
E-mail: bgs@tjlingong.com
Website: www.tjlingong.com

主要产品：
木工带锯条，硬质合金圆锯片，圆锯片，钢管锯，各种木工刀具，导板、锯链，送料盘，金刚石锯片。
Main Products:
Woodworking band saw blades, Circular saw blade of hard alloy, Circular saw blades, Steel tube saws, Varies kinds of woodworking cutting tools, Guide plates, Saw chains, feed tray, and diamond saw blade.

天津市津孚木工机械有限公司

Tianjin Jinfu Woodworking Machinery Co., Ltd.

地址：天津市西青区杨柳青柳叶岛路西青宾馆对过(300380)
Add: Opposite of Xiqing Hotel, Liuyedao Rd., Yangliuqing, Xiqing District, Tianjin City 300380, P. R. China.
Tel: 022-27693838
Fax: 022-27948078
E-mail: 13820274088@qq.com
Website: jinfulong.taobao.com

主要产品：
生产销售木工机械：全自动封边机，半自动封边机，直曲线封边机，精密裁板锯，排钻系列，真空贴膜机，万能包覆机。
Main Products:
Automatic edge banding machine, semi-automatic edge banding machine, edge banding machine straight curve, precision panel saw, platoon drill, vacuum laminator, universal coating machine.

天津市凯扬达工贸有限公司

Tianjin Kaiyangda Industry & Trading Co., Ltd.

地址：天津市河东区新兆路美福园15-1-101号（300011）
Add: No15-1-101, Meifuyuan, Xinzhao Rd., Hedong Dist., Tianjin 300011, P. R. China.
Tel: 022-24327736
Fax: 022-24327151
E-mail: kyd1977@126.com
Website: tjkaiyangda.cn.alibaba.com

主要产品：
代理意大利锐无敌、日本和源、德国蓝帜等进口锯片，直线光轴推台。
Main Products:
Agent Italian Freud, Japanese Wagen, German Leitz saw blades, Straight-line optical axis sliding tables.

通辽市工铧农林机械制造有限责任公司

Gonghua Agri-Forestry Machinery Manufacturing Co., Ltd.

地址：内蒙古通辽市科尔沁区红星镇前双井子社区（028000）
Add: Qianshuangjingzi Community, Hongxing Town, Ke'erqin Dist., Tongliao, Inner Mongolia 028000, P. R. China.
Tel: 0475-8421568, 8421468
Fax: 0475-8421468
E-mail: shuwen1126@sina.com
Website: www.tllj.net

主要产品：
农业机械，林业机械及配件。
Main Products:
Agricultural machines, Forestry machines and Parts.

万华生态板业股份有限公司

Wanhua Ecoboard Co., Ltd.

地址： 北京市昌平区科技园星火街5号 （102200）
Add: No.5 Xinghuo Rd, Science and Technology Park, Changping District, Beijing 102200, P. R. China.
Tel: 010-80100406, 80100407-8667
Fax: 010-80100405
E-mail: lvtao@ytpu.com
Website: www.whstby.cn

W

主要产品：
刨花板、非木质刨花板、胶合板、制材、水泥刨花板、秸秆均质板、木塑板、重组木、定向刨花板、中密度纤维板、细木工板、石膏刨花板、指接集成材成套设备，短周期二次加工贴面成套设备。
Main Products:
Particleboard, non-wood particleboard, plywood, lumber, cement particle board, straw homogeneous board, wood board, restructuring wood, OSB, MDF, blockboard, gypsum particleboard, Finger joint laminated complete sets of equipment, sets of short-period secondary processing equipment.

王育民（个人会员）

Wang Yumin (Personal Member) 原镇江林机厂

Zhenjiang Foerestry Machinery Factory (Former)
地址：江苏镇江学府路300#（212016）
Add: No. 300, Xuefu Rd., Zhenjiang, Jiangsu 212016, P. R. China.
Tel: 0511-88789021
Fax: 0511-88788298

王兆伍（个人会员）

Wang Zhaowu (Personal Member)

南京林业大学机械电子工程学院
College of Mechanical & Electrical Engineering, Nanjing Forestry University
地址：南京市龙蟠路159号（210037）
Add: No. 159, Longpan Rd., Nanjing, Jiangsu 210037, P. R. China.
Tel: 025-85427765
Fax: 025-85415857
E-mail: mee@njfu.edu.cn
Website: www.njfu.edu.cn
formingformingforminging machines.

威海齐全木工机械有限公司

Weihai Qiquan Woodworking Machinery Co., Ltd.

地址：山东省威海市工业新区棋山路66号（264211）
Add: New Ind. Park, Weihai, Shandong 264211, P. R. China.
Tel: 0631-5584136, 5584988, 5585898, 5584559
Fax: 0631-5584044, 5583965
E-mail: office@chinaqiquan.com, sales@chinaqiquan.com
Website: www.chinaqiquan.com

主要产品：
木工平刨床，压刨床，车床，铣床，榫槽机，圆锯机，裁板锯，镂铣机，旋切机，细木工带锯机，木线铣床，梳齿机，开榫机，砂光机，集尘器，封边机，贴膜机。
Main Products:
Woodworking flat planers, Woodworking thicknessers, Lathes, Milling machines, Tenoners, Circular saws, Panel saws, Routers, Veneer cutter, Block board band saws, Wood moulding & milling machines, Combers, Tenoners, Sanders, Dust collectors, Edge bonders, Film laminating machines Automatic door-lock drillng machine

伟志豪木工机械有限公司

Weizhihao Machinery Co., Ltd.

地址：广东省佛山市顺德区伦教木工机械城南侧（528308）
Add: Southern of Lunjiao Woodworking Mall, Lunjiao Town, Shunde Dist, Foshan 528308, P. R. China.
Tel: 0757-27755755
Fax: 0757-27757133
E-mail: fsweihao@126.com
Website: www.sdweihao.cn

主要产品：
磨刀机、电动工具、合金锯片。
Main Products:
Sharper, Electric tool, Carbide saw.

温康纳(常州)机械制造有限公司

Wemhoener (Changzhou) Machineery Manufacturing Co., Ltd.

地址：江苏省常州市新北区龙虎塘街道科技大道16号（213031）
Add: No.16, Keji Main Rd., Longhutang Street, Xinbei Dist., Changzhou, Jiangsu 213031, P. R. China.
Tel: 0519-85765768, 85487672
Fax: 0519-85487652
E-mail: info@wemhoener.cn
Website: www.wemhoener.cn

主要产品：
真空覆膜压机、薄木单板贴面压机、短周期贴面压机。
Main Products:
Vaccume-Press, Veener moulding press, Short-turn moulding press.

温岭市竹木机械厂

Wenling Bamboo Machinery Factory

地址：浙江省温岭市箬横镇民主街48号（317500）
Add: No.48 Minzhu Street, Ruoheng Town, Wenling, Zhejiang 317500, P. R. China.
Tel: 0576-6818223

主要产品：
竹筷成套设备、竹地板成套设备等。
Main Products:
Bamboo chopsticks equipment, complete sets of equipment, such as bamboo flooring.

W

温州希科机器附件有限公司（新肯）

Wenzhou Sankq Machinery Co., Ltd.

地址：浙江省乐清市北白象镇白塔王工业区开发路28号（325603）
Add: No.28, Kaifa Rd., Baitawang Ind. Park, Baixiang Town, Leqing, Zhejiang 325603, P. R. China.
Tel: 0577-62991003、62993003
Fax: 0577-62996003
E-mail: sankq@vip.163.com
Website: www.62991003.com

主要产品：
转动手柄、可折手柄、可调手柄，手柄球、手柄套、手柄杆，把手、拉手、手轮，表带手轮，位置显示器，位置指示表，万向接头，铰链。
Main Products:
Hand Shanks and related accessories, Handel, Hand wheel, Bracelet hand wheel, Position Indicator, Ball and socker joint, Hinge.

武汉理想新世纪工贸发展有限公司

Wuhan Lixiang New Century Industry and Trade Development Co., Ltd.

地址：武汉市汉阳区黄金口工业园金花路3号（430050）
Add: No.3 Jinhua Rd., Huangjinkou Ind. Park, Hanyang Dist., Wuhan, Hubei 430050, P. R. China.
Tel: 027-027-84516640、84517842、84533283
Fax: 027-84517842、 84533283
E-mail: webmaster@lixiang.com.cn
Website: www.lixiang.com.cn

主要产品：
数控喷漆设备，全压无尘喷漆房，环保无尘打磨设备，数控雕刻设备。
Main Products:
CNC painting machines, Total pressure dust-free painting Rms, Environmental protection dust-free grinding machines, CNC engraving machines,

吴江双电程控有限公司

Wujiang Shuangdian Program Control Co., Ltd.

地址：江苏省吴江市八坼镇交通路2号（215222）
Add: No. 2, Jiaotong Rd., Bachai Town, Wujiang, Jiangsu 215222, P. R. China.
Tel: 0512-63365137, 63365652
Fax: 0512-63365395
E-mail: sdslqwj@szwjsd.com
Website: www.szwjsd.com

主要产品：
电器控制柜，JMK系列脉冲控制器，DCF系列电磁差动气阀。
Main Products:
Electricity control cabinets, JMK-series of impulsive control system, DCF-series of electrol-magnetic differential values.

无锡大和田精密机械制造有限公司

Dahetian (Wuxi) Exact Machine Co., Ltd.

地址：江苏省无锡市新区大业鸿山工业园（214000）
Add: Daye Ind. Park, Hongshan Town, Xinqu Dist., Wuxi, Jiangsu 214011P. R. China.
Tel: 0510-85416073
Fax: 0510-85625811
E-mail: cd-owada@163.com
Website: www.dahetian.com

主要产品：
精密裁板锯，数控精密裁板锯，立式裁板锯。
Main Products:
Precision panel saws, CNC precision panel saws, Vertical panel saws.

无锡柯玛不锈钢板业有限公司

Wuxi Kemar Stainless Steel Plate treatment Co., Ltd.

地址：无锡市滨湖区胡埭工业园（北区）张舍路18号（214161）
Add: No.18, Zhangshe Rd., Hudai Ind. Park, Binhu Dist., Wuxi, Jiangsu 214161, P. R. China.
Tel: 0510-83557722
Fax: 0510-83550222
E-mail: kemar@wxkmby.com
Website: www.wxkmby.com

主要产品：
镜面、水晶、浮雕、木纹等不锈钢热压机模板。
Main Product:
Mirror, crystal, embossed, wood template for stainless steel press.

无锡市豪象机械有限公司

Haoxiang Machinery Co., Ltd.

地址：江苏省无锡市惠山经济开发区（长安）城塘路18号（214177）
Add: No.18 Chengtang Rd. (Chang'an), Huishan Industrial District, Wuxi City, Jiangsu 214177, P, R, China
Tel: 0510-83859060, 83859070, 83857090
Fax: 0510-83859060
E-mail: wxhjc5200@163.com
Website: www.wxhxjx.cn

主要产品：
胶合板设备。
Main Products:
Plywood Machinery.

无锡市盛金机械有限公司

Wuxi Shengjin Machinery Co., Ltd.

地址：无锡市滨湖区钱姚路88号K3-2号（214013）
Add: No. 388, Huaqing Rd., Wuxi, Jiangsu 214013, P. R. China.
Tel: 0510-85628660, 85625561
Fax: 0510-85626661, 85628561
E-mail: wxsjtz@126.com
Website: www.wxshengjin.com

主要产品：
地板封蜡机，板材覆膜烫印两用机，多功能覆膜机；热冷胶多功能覆膜机，板材、线条烫印机，双色、三色板物印刷机。
Main Products:
Flooring wax sealer, Film laminating & hot stamping machines for board, Multi-functional film laminating machines, Multi-functional hot & cold glue film laminating machines, Hot stamping machines for panel and moulding, Double/three-color board printing machines.

西南林业大学

Southwest Forestry University

地址：云南省昆明市辖区白龙寺300号（650224）
Add: No.300 Bailongsi, Kunming, Yunnan 650224, P. R. China.
Tel: 0871-3863606
E-mail: yexi@swfc.edu.cn
Website: www.swfc.edu.cn

主要产品：
竹大片刨花板及其成套加工设备、丛生竹材性研究、竹纤维研究、竹胶合板中的应用、径向竹篾帘复合板等。
Main Products:
Bamboo waferboard and processing equipment, clusters of bamboo research, research bamboo fiber, bamboo plywood in the application of radial bamboo curtain composite panels.

X

喜胜木工机械厂（原丰裕）

Xisheng Woodworking Machinery Factory

地址：广东省佛山市顺德区伦教国际木工机械商城后300米（528308）
Add: LunjiaoInternational Woodworking Machinery Mall, Shunde Dist., Foshan City, Guangdong 528308, P. R. China.
Tel: 0757-27737280, 27754259
Fax: 0757-27754259

主要产品：
实木家具生产设备。
Main Products:
Solid wood furniture equipment.

翔捷竹木机械设备有限公司

Xiangjie Bamboo & Woodworking Machinery Co., Ltd.

地址：北京市大兴区南中轴路甲18号（100000）
Add: No.18 Nanzhongzhou Rd., Daxing District, Beijing 100000, P. R. China.
Tel: 15321398223
E-mail: 958920953@qq.com

主要产品：
竹、木牙签机械，竹、木圆筷机械，天削竹筷机械，双生竹筷机械，双联木筷机械，竹、木工艺筷机械，竹、木中华筷机械，竹香签（香芯、香棒、香骨）机械等。
Main Products:
Toothpick machinery, bamboo and wood round chopsticks machinery, mechanical cutting days chopsticks, chopsticks mechanical twin, double chopsticks machinery, bamboo and wood chopsticks machinery, bamboo and wood chopsticks machinery China, bamboo incense signed (core incense, incense sticks Hong bone) machinery.

新标五金有限公司

Xinbiao Metals Co., Ltd.

地址：广东省佛山市顺德区伦教区新民合丰工贸商场广珠路５号（528308）
Add; No.5 Guangzhu Rd., Lunjiao Xinminhefeng Trade Mall, Shunde Dist., Foshan City, Guangdong 528308, P. R. China.
Tel: 0757-27752228 Fax: 0757-27752228
E-mail:admin@hggnxffg.com

主要产品：
木工机械五金配件。
Main Products:
Woodworking metal accessories.

鑫长胜豪迈木工机械厂

Xinchangsheng Haomai Woodworking Machine Factory

地址：广东省佛山市顺德区伦教羊额工业区世龙工业大道6号（528308）
Add: No.6 Shilong Industrial Rd., Yange Industrial Park, Shunde Town, Foshan City,Guangdong 528308, P. R. China.
Tel: 0757-28605888, 26207206
Fax: 0757- 29300190
E-mail:xinchangsheng@vip.163.com
Website: www.xinchangsheng.com

主要产品：
框锯机。
Main Products: Frame sawing machine.

X

鑫富辉木工机械有限公司

Xinfuhui Woodworking Machinery Co., Ltd.

地址：广东省佛山市顺德区伦教荔村工业区（528308）
Add: Licun Ind. Park, Lunjiao Town, Shunde Dist., Foshan City, Guangdong 528308, P. R. China.
Tel:0757-27730999, 27737779
Fax: 0757-27737779, 27732519
E-mail: fuhuimachinery@126.com
Website: www.cnfuhui.com

主要产品：
自动喷漆机、平面涂装线、边缘砂光机、底漆砂光机。
Main Products:
Automatic Painting Machine, Flat-Screen Coating Line, Edge Sander, Primer Sanding Machine.

鑫科木工机械有限公司

Think Woodworking Machinery Co., Ltd.

地址：广东省佛山市顺德区伦教木工机械商城13号（528308）
Add: No.3 Lunjiao International Woodworking Machinery Mall, Shunde, Foshan, Guangdong 528308, P. R. China.
Tel: 0757-27883806
Fax: 0757-27883806
Website: www.xinke88.com.cn

主要产品：
各类木工机械。
Main Products:
Woodworking Machinery.

鑫荣恒业机械设备有限公司

Xinrong Hengye Woodworking Machine & Equipment Co., Ltd.

地址：广东省佛山市顺德区伦教熹涌村西环2路（528308）
Add: No.2 RD Xihuan, Xichong Village, Lunjiao, Shunde, Foshan, Guangdong 528308, P. R. China.
Tel: 0757-28629618
Fax: 0757-28629619
E-mail: xinrongmuji@163.com
Website: www.xr-w.cn

主要产品：
封边机。
Main Products:
Edge banding machine.

信阳合众人造板机械有限公司

Xinyang Hezhong Panel Machinery Co., Ltd

地址： 信阳市新华西路22号（464000）
Add: No 22, Xinhua Road, Xinyang City, Henan 464000, P. R. China.
Tel： 0376-6381669
Fax： 0376-6381688
E-mail： hh-2222@163.com
Website： www.xyhzjx.com

主要产品：
刨花板成套设备，刨花板技术服务，木工机械成套设备。
Main Products:
Particleboard Equipment, The Particleboard Technical Services, Woodworking Machinery Equipment.

X

信阳木工机械有限责任公司

Xinyang Woodworking Machinery Co., Ltd.

地址：河南省信阳市北京路146号（464000） Add: No.146, Beijing Rd., Xinyang, Henan 464000, P. R. China.
Tel: 0376-6330127 Fax: 0376-6338844
E-mail: mj@xymj.com.cn
Website: www.xymj.com.cn

主要产品：
刨花板、非木质刨花板、胶合板、制材、水泥刨花板、秸秆均质板、木塑板、重组木、定向刨花板、中密度纤维板、细木工板、石膏刨花板、指接集成材成套设备，短周期二次加工贴面成套设备。
Main Products:
Complete set of equipment for particle board, non-wood particleboard, plywood, timber, cement particleboard, straw homogeneous board, wood-plastic board, reconstituted wood, OSB, MDF, block board, gypsum particleboard, finger joint laminated board, short-cycle secondary sticking on the surface.

徐州丰展机械有限公司

Xuzhou Fengzhan Machinery Co., Ltd.

地址：江苏省徐州市丰县孙楼工业园区
Add: Sunlou Industrial Park, Feng County, Xuzhou City, Jiangsu Province 221700, P. R. China.
Tel: 0516-89261318
Fax: 0516-89216818
E-mail: 139052261@qq.com
Website: www.xzfzkj.com

主要产品：
数控木工车床、木工雕刻机。
Main Products:
CNC woodworking lathe, wood engraving machine.

徐州凯林木业机械厂

Xuzhou Kailin Wood Machinery Factory

地址： 徐州市铜山县三堡镇胜阳工业园北京路18号（221112）
Add: No.18 Beijing Rd, Shengyang Ind. Area, Sanbao Town, Tongshan County, Xuzhou City, Jiangsu 221112, P. R. China.
Tel: 0516-82309688
Fax: 0516-82301788
E-mail: kailinjixie@163.com
Website: www.klmyjx.com

主要产品：
热压机、自动锯边机、涂胶机、液压升降台等胶合板、细木工板、建筑模型，装饰板等板材生产线设备。
Main Products:
Pressing machines, automatic sawing machine, gluing machine, hydraulic lifts, plywood, block board, architectural models, decorative plates, plate production line equipment.

徐州农用航空站

Xuzhou Agricultural Airport

地址：徐州市淮海西路17号（221000）
Add: No.17 Huaihai West Rd., Xuzhou, Jiangsu 221000, P. R. China.
Tel: 0516-5796102

主要服务：
农作物病虫害防治，播种，施肥，除草，水利清障，森林资源保护及空中拍照。
Main Services:
Crop pest control, planting, fertilizing, weeding, irrigation wrecker, forest resource protection and aerial photographs.

亚洲工友（威海）有限公司

Asia GongYou（WeiHai）Co., Ltd.

地址：山东省威海市环翠区青岛南路689号（264206）
Add: No. 689, Qingdao S. Rd., Huancui Dist., Weihai, Shandong 264206, P. R. China.
Tel: 0631-5366166、5366167
Fax: 0631-5366452、5366100
E-mail: bgs@gongyou.com、info@gongyou.com
Website: www.gongyou.com

主要产品：
木工机床，电动机，水泵，供水设备，铸造冶炼设备，化工涂料。
Main Products:
Woodworking machines, Electromotors, Water pumps, Water supply equipment, Casting and smelting equipment, Chemical industry coatings.

烟台黄海木工机械有限责任公司

Shandong Yantai Huanghai Woodworking Machinery Co., Ltd.

地址：山东省烟台市芝罘区楚凤二街4号（264002）
Add: No. 4, Chufeng 2nd Rd., Zhigang Dist., Yantai, Shangdong 264002, P. R. China.
Tel: 0535-6530223
Fax: 0535-6528824
E-mail: info@hhmg.cn
Website: www.hhmg.cn

主要产品：
液压拼板机、铣齿机、指接机等集成材、建筑构造材等实木加工关键设备。
Main Products:
Hydraulic composer, Finger shaper, Finger jointer, and so on, which are mainly used for the production of edge glued panels, wood beams, wood furniture.

Y

烟台市牟平区和风机械有限公司

Yantai Muping Hefeng Machinery Co., Ltd.

地址：山东省烟台市牟平区天华街225号（264117）
Add: No. 225, Tianhua RD, Mouping Dist., Yantai, Shandong 264117, P. R. China.
Tel: 0535-3395161, 3395150
Fax: 0535-3395170
E-mail: ytxfjx@gmail.com
Website: www.ythfjx.com, www.ytxfjx.com

主要产品：
单面压刨、刃磨机、平刨、多功能联合机床，木工万向推台锯，木工铣床，圆锯机，圆棒机，自动封边机，手动曲直线封边机，重型双面刨，多排钻。
Main Products:
Single-sided thicknessers, Blade grinding machines, Flat planers, Multi-functional joint lathes, Woodworking sliding table saws, Milling machines, Circular saws, Roundpole shaping machines, Auto Edge Bounding Machine, Manual bending/ straight edge bounding machine, heavy-sided planing, multi-drilling.

烟台市牟平区金利机械制造有限公司

Yantai Muping Jinli Machinery Making Co., Ltd.

地址：烟台市牟平区正阳路南端（264100）
Add: Zhengyang S Rd., Muping Dist., Yantai, Shandong 264100, P.R.China
Tel: 0535-4253959
Fax: 0535-4253959
E-mail: jinli@jinli.sd.cn

主要产品：
木材加工机械。
Main Products:
Woodworking Processing Machine.

烟台勇士机械有限公司

Yantai Warrior Machinery Co., Ltd.

地址：山东省海阳市它山街3号（265100）
Add: No. 3, Tashan Str., Haiyang, Shandong 265100, P. R. China.
Tel: 0535-3290199
Fax: 0535-3290008
E-mail: warrior@warriorchina.com, warrior@public.ytptt.sd.cn
Website: www.warriorchina.com

主要产品：
木工平刨，铣床，砂光机。
Main Products:
Woodworking flat planers, Milling machines, Sanders.

盐城轻通机械有限公司

Yancheng Qingtong Machinery Co., Ltd.

地址：江苏省建湖县上冈镇建业路88号（224731）
Add: No. 88, Jianye Rd., Shanggang Town, Jianhu County, Jiangsu 224731, P. R. China.
Tel: 0515-86410018
Fax: 0515-86414769
E-mail: yc.qingtong@163.com
Website: www.qingtong.com.cn

主要产品：
旋切机、热压机、干燥机，胶合板、细木工板、刨花板、竹胶合板、贴面板、空心刨花板、模压货运托盘等系列成套设备。
Main Products:
Rotary cutting machines, Hot presses, Dryers; Complete set of production line for plywood, blockboard, particle board, bamboo plywood, laminated board, hollow-core particle board, freight pallet.

扬州凯士力数控设备科技有限公司

Yangzhou Castaly NC Machinery Co., Ltd.

地址：江苏省南京市六合区瓜埠镇神冈路3号（211511）
Add: No.3, Shengang Rd., Guabu Town, Nanjing City, Jiangsu 211511, P.R.China.
Tel: 0514-83846588
Fax: 0514-83846266
E-mail: castaly_tech@hotmail.com
Website: www.castaly-tech.com

主要产品：
凯士力及富林品牌MJ376木工卧式带锯机，MJ44高速自动多片纵锯机，MJ164自动进给木工修边圆锯机，MJ153自动进给木工圆锯机，凯士力品牌P48、M510、I512 数控雕刻机，裁板机，加工中心。
Main Products:
Kaiyangshi & Fulin MJ376 woodworking horizontal band sawing machine, MJ44 High speed automatic multi-chip rip saw, MJ164 automatic woodworking trimming circular saw, MJ153 automatic woodworking circular saw, P48,M510,I512 NC carving machine, panel saw and processing center.

扬州维邦园林机械有限公司

Yangzhou Weibang Garden Machinery Co., Ltd.

地址：江苏省扬州市邗江经济开发区银柏路（225127）
Add: Yinbai Rd., Hanjiang Economic Development Zone, Yangzhou, Jiangsu 225127, P. R. China.
Tel: 0514-87847111, 87849977, 87849979
Fax: 0514-87849978
E-mail: china@weibang.com
Website: www.weibang.com

主要产品：
草坪割草机，打孔机，梳草机，粉碎机，起草皮机，开沟机，劈木机，打树桩机，割灌机。
Main Products:
Lawn Mower, Drilling Machines, Mowing Machines, Shredders, Drafting Paper Machine, Ditching Machine, Wood Splitting Machine, Hit The Stumps Machine, Brush Cutter.

Y

银泓木工机械厂

Yinhong Glass Machinery Co., Ltd

地址：广东省佛山市顺德区伦教工业大道南6号（528308）
Add: Gongye Street, Lunjiao Town, Foshan City, Guangdong 528308, P. R. China.
Tel: 0757-27758828
Fax: 0757-27722093
E-mail: hqx@yinjing.com.cn
Wensite: www.yinjing.com.cn

主要产品：
封边机、推台锯。
Main Products:
Edge bonding machine, Sizing saw machine.

盈建木工机械厂

Yingjian Woodworking Machinery Factory

地址：广东省佛山市顺德区伦教熹涌工业区西环三路三号（528308）
Add: No.3 Xihuan No.3 RD, Xiyong Ind. Area, Lunjiao Town, Shunde Dist., Foshan City, Guangdong 528308, P. R. China.
Tel: 0757-27730978
Fax: 0757-27889800

主要产品：
裁板锯。
Main Products:
Cut-to-size saw.

永康市兴虎动力机械有限公司

Xing Tiger Power Machine Co., Ltd.

地址：永康市芝英二期工业区华宝路11号（321300）
Add: No.11, Huabao RD, Two-period of Zhiying Ind. Park, Yongkang, Zhejiang 321300, P. R. China.
Tel: 0579-87285055
Fax: 0579-87285066 E-mail: xalzhou@163.com
Website: www.cnxinghu.com

主要产品：
油锯、风力灭火机、园林机械。
Main Products:
Chain saw, Wind fire-extinguisher, Garden machinery.

永兴木工机械设备厂

Yongxing Woodworking Machinery Equipment Factory

地址：广东省佛山市顺德区伦教羊额周地工业区（528308）
Add:Yange Industrial Park, Shunde Dist., Foshan City, Guangdong 528308, P. R. China.
Tel: 0757-27751186, 27754816
Fax: 0757-27733281
E-mail: yongxing_sd@21cn.com
Website: www.gd-yx.com.cn

主要产品：
实木家具整厂生产设备。
Main Products:
The Whole Plant Equipmen of Solid Wood Furniture

Y

玉环圣弘法数控雕刻设备有限公司

Yuhuan Shenghongfa NC Carving Machinery Co., Ltd.

地址：浙江省玉环县清港镇科技工业园（317606）
Add: Technical High-tech Industry Park, Qinggang Town, Yuhuan County, Zhejiang 317606, P. R.China.
Tel: 0576-87102888
Fax: 0576-87102569
E-mail: info@hongfask.com
Website: www.hongfask.com

主要产品：
数控木工雕刻机。
Main Products：
CNC Woodworking Engraving Machine.

于建国（个人会员）

Yu Jianguo (Personal Member)

单位： 东北林业大学
North East Forestry University
地址： 哈尔滨市香坊区和兴路26号201信箱 （150040）
Add: Maildrop 201, No.26 Hexing Rd., Xiangfang District, Harbin, Heilongjiang 150040, P. R. China.
E-mail: jianguoyu485@sohu.com

基本情况：
曾任中国林业机械协会副秘书长、中国林业机械协会木材采运机械专业委员会秘书长、中国林业机械标准化委员副秘书长。主要研究方向：林业与木工机械。在国内外学术期刊和国际会议上发布学术论文70余篇，出版专著一部、主编和主审高等学校教材共四部。
Introduction:
Former Deputy Secretary-General of CNFMA, Secretary-General of Harvesting and Transportation Machinery Branch of CNFMA, Secretary-General of China Forestry Machinery Standardization Committee. The main research directions: Forestry and woodworking machinery. Published more than 70 articles in academic journals and international conferences at home and abroad, published a monograph, edited 4 pieces of teaching material for university student.

源恒工贸有限公司

YuanHeng Ind. & Trade Co., Ltd.

地址：广东省佛山市伦教木工机械城配件街（528308）
Add: Asseccesary Rd., Woodworking Machinery Mall, Shunde Dist., Foshan City, Guangdong 528308, P. R. China.
Tel: 0757-27737358, 27752607
Fax: 0757-28662099
E-mail: nf@sdnianfeng.com

主要产品：
经营进口、国产工业皮带。
Main Productss:
Industrial belt.

占雄木业工具厂

Zhanxiong Wood Tool Factory

地址：广东省广州市番禺区大石镇石北工业区大维路段（511430）
Add: Dawei RD, Shibei Ind. Park, Dashi Town, Panyu Dist., Guangzhou, Guangdong 511430, P. R. China.
Tel: 0757-27735177 Fax: 0757-27738301
E-mail: gzzhanxiong@163.com
Website: www.zhanxiong.com

主要产品：
锯片、锯条。
Main Products:
Saw and blade.

Z

漳州捷龙自动化技术有限公司

Zhangzhou Jielong Automation Technology Co., Ltd.

地址：福建省漳州市高新技术创业孵化基地（363000）
Add: High-tech business incubator, Zhuangzhou City, Fujian Province 363000, P. R. China.
Tel: 0596-2568156
Fax: 0596-2568155
E-mail: caijinhui@163.com Website: www.jielon.com

主要产品：
自动化控制系统技术服务、电控设备、仪器仪表、机械设备专用控制器、自动化设备的生产及传动机械、电力冶金机械设备的制造。
Main Products:
Automation and control system technology services, manufacturing production and transmission electronic control equipment, instruments, machinery and equipment dedicated controller, automation equipment, machinery, electrical metallurgical machinery equipment.

浙江安吉良峰竹木机械配件供应站

Liangfeng Bamboo & Wood Machine Component Supply Department

地址：浙江安吉浦源大道859号（313300）
Add: No. 859, Puyuan Rd., Anji County, Zhejiang 313300, P. R. China.
Tel: 0572－5677778, 5027489Fax: 0572-5023768
E-mail: info@chinabamboonet.com
Website:www.wood168.net/com/50390.htmlwww.wood168.net/com/50390.html

主要产品：
竹木机械配件，经营竹地板、竹条拉丝、凉席、窗帘纺织机设备的机械配件、刀具和生产辅料。
Main Products:
Parts of bamboo & wood machines, Parts of machines for bamboo flooring, bamboo strips drawing, bamboo mats and curtain weaving, Cutting tools, Auxiliary material.

浙江安吉上锋机械制造有限公司
Anji Shangfeng Machinery Facturing Co., Ltd

地址：浙江省安吉县孝丰镇东山工业园区（313301）
Add: Dongshan Ind. Park, Xiaofeng, Anji, Zhejiang 313301, P. R. China.
Tel: 0572-5520108
Fax: 0572-5520326
E-mail: web@chinashangfeng.com
Website: www.chinashangfeng.com

主要产品：
竹木地板、家具板材、竹制品加工机械。
Main Products:
Machines for bamboo & wood flooring, furniture board, bamboo products.

浙江百得机械制造有限公司
Zhejiang Bettn Machinery Manufacturing Co., Ltd.

地址：浙江省温岭市新河镇披云路51号（317502）
Add:, No.51 Piyun Rd., Xinhe Town, Wenling City, Zhejiang 317502, P. R. China.
Tel： 0576-86553098、86550025
Fax： 0576-86552092、86552590
E-mail: caiseshenhhu@163.com
Website: www.zjbaida.com

主要产品：
封边机、推台锯、往复锯、电子锯。
Main Products:
Edge machine, sliding table saws, reciprocating saws, electronic saws.

浙江顶峰机械有限公司

Zhejiang Dingfeng Machinery Co., Ltd.

地址：浙江缙云县壶镇锦绣工业园区兴达路159号（321404）
Add: No.159 Xingda Rd., Jinxiu Industrial Park, Huzhen Town, Jinyun, Zhejiang 321404, P. R. China.
Tel: 0559-3559058
E-mail: 15268266@qq.com

主要产品：
竹木机械、建筑竹胶板、竹工艺品系列等产品；带锯床、卧式金属带锯床、双柱卧式金属带锯床、双柱龙门卧式金属带锯床、转角度卧式金属带锯床、滑车立式金属带锯床、自动型双柱卧式金属带锯床、压机系列、强力永磁吊装器等。
Main Products;
Wood and bamboo machinery, building bamboo plywood, bamboo handicrafts and other products; band saws, horizontal metal band sawing machine, double column horizontal metal band sawing machine, double column gantry horizontal metal band sawing machine, to the point of horizontal metal band sawing machine, pulley vertical metal band sawing machine, automatic type double-column horizontal metal band sawing machine, press series, strong permanent magnet lifting, etc.

浙江华奔机械制造有限公司

Zhejiang Huaben Machinery Manufacturing Co., Ltd.

地址： 浙江省安吉县塘浦工业园 （313300）
Add: Tangpu Industrial Park, Anji County, Zhejiang 313300, P. R. China.
Tel： 0572-5110588
Fax： 0572-5110858

主要产品：
重竹地板成型材专用液压机和相关配套设备，液压升降机和液压升降平台。
Main Products:
Hydraulic Machines and Related Equipment for Heavy Bamboo Floor, Hydraulic Lifts and Hydraulic Lift Platform.

Z

浙江省林业科学院

Zhejiang Academy of Forestry

地址：浙江省杭州市小和山高教园区留和路399号（310015）
Add: No.399 Liuhe Rd., Xiaoheshan Higher Education Park，Hanzhou, Zhejiang 310015, P. R. China.
Tel: 0571-87798213
E-mail: qin860@hotmail.com
Website: www.zjforestry.ac.cn

主要产品：
重组竹材胶合板制造技术、环保型阻燃中密度竹木复合板制造技术、建筑用胶合板模板制造技术、木材产品精深加工及数控竹工机械研究重组、竹材胶合板、阻燃竹木复合板、彩色竹地板、PUF新型胶黏剂、无毒阻燃剂、数控三维雕刻机、数控竹窗帘编织机、数控竹笋剥壳机等新技术、新产品。
Main Products:
Recombinant bamboo plywood manufacturing technology, environmentally friendly flame retardant in manufacturing technology, wood products deep processing and CNC machinery Jhugong recombinant density wood composite board manufacturing technology, construction plywood formwork, bamboo plywood, fire-retardant wood composite panels, colored bamboo flooring , PUF the new adhesive, non-toxic fire retardant, 3D CNC engraving machine, CNC machine woven bamboo curtain, bamboo shoots NC sheller and other new technologies, new products.

浙江雪强竹木家居用品有限公司

Zhejiang Lingfeng Machinery Factory

地址：中国浙江安吉县上墅刘家塘工业园区（313300）
Add: Lingfeng village, economic development zone of Anji County, Zhejiang 313300, P. R. China.
Tel: 0572-5045438, 5045661, 5045288
Fax: 0572-5045748
E-mail: xqcyq@xueqiang.com.cn
Website: www.lfmachine.com

主要产品：
竹帘和竹地毯，木帘、芦苇、草帘、纸帘，海草、合剑麻地毯产品。
Main Products:
chick and bamboo carpet, curtain, bulrush, water plant, carpet.

浙江余姚市易润园艺灌溉厂

Zhejiang Yuyao Yirun Garden Sprayer Factory

地址：浙江省余姚市三七镇安捷东路318号（315412）
Add: No.318, Anjie E. Rd., Sanqi Town, Yuyao, Zhejiang 315412, P. R. China.
Tel: 0574-62939021
Fax: 0574-62939021
E-mail: yxq888@yy-nf.com, yexq-2004@163.com
Website: www.yy-nf.com

主要产品：
喷雾器，摇臂喷头，微喷头(滴头)，园林景观喷头，园艺水枪，地埋伸缩喷头，阀箱，与灌溉相配套的各类连接件。
Main Products:
Sprayers, Rocking aRm sprinklers, Micro sprinklers, Garden water nozzles, Buried sprinklers, Value boxes, Connection fittings for irrigation.

浙江诸暨市光裕竹业有限公司

Zhejiang Zhuji Guangyu Bamboo Co., Ltd.

地址：浙江省诸暨市璜山镇齐村（311806）
Add: Qicun Village, Huangshan Town, Zhuji, Zhejiang 311806, P. R. China.
Tel: 0572-5045438

主要产品：
SDL300×80/180G竹材重组材高频热压成型机等。
Main Products:
SDL300×80/180G Bamboo scrimber high frequency pressing machine.

镇江市东兴机械有限公司

Zhenjiang Dongxing Machinery Co., Ltd.

地址：江苏省镇江市新区姚桥镇（212136）
Add: Yaoqiao Tow, Xinqu, Zhenjiang City, Jiangsu 212136, P. R. China.
Tel: 0511-83390666
Fax: 0511-83381952
E-mail: jszjdx@163.com
Website: www.zjdxjx.cn

主要产品：
集中润滑系统。
Main Production:
Centralized lubrication system.

镇江五洲机械制造有限公司

Zhenjiang Wuzhou Machinery Manufacturing Co., Ltd.

地址：江苏省镇江市高资开发区（212114）
Add; Gaozi Development District, Zhenjiang, Jiangsu 212114, P. R. China.
Tel: 0511-85583973，13511693377
E-mail: eachri@163.com
Website: www.zjwzjx.cn

主要产品：
风力灭火机、风水灭火机、割灌机、油锯等园林机械以及森林消防机械。
Main Products:
Fire extinguisher, brush cutter, chain saw and other garden machinery and forest fire fighting machinery.

镇江中福马机械有限公司

Zhenjiang Zhongfoma Machinery Co., Ltd.

地址：江苏省镇江市学府路300号（212016）
Add: No. 300, Xuefu Rd., Zhenjiang, Jiangsu 212016, P. R. China.
Tel: 0511－88781320
Fax:：0511-88795006
E-mail: tangsb5800@126.com
Website: www.zjzfm.com

主要产品：
中（高）密度纤维板、木片制备生产线成套设备、热磨机、鼓式和盘式系列削片机，刨片机，打磨机，剥皮机，木片摇筛和机械刀片。
Main Products:
MDF, HDF, defibrator, drum chipper, disc chipper, flaking machine, grinding machine, peeling machine, chip screen, machine knives, wood chip making production line.

浙江中马园林机器有限公司

Zhejiang Zomax Garden Machinery Co.,Ltd.

地址：温岭市城西街道上林路11号（317500）
Add: No.11 Shanglin Rd., Chengxi, Wenling City, Zhejiang 317500, P. R. China.
Tel: 0576-86146569
Fax: 0576-86146567
E-mail: office@zomaxtool.com
Website: www.zomaxtool.com

主要产品：
油锯，割灌机等园林机械产品。
Main Products:
Chain saw, brush cutters and other garden machinery products.

正一昌刀具贸易有限公司

Foshan Shunde Zhengchang Manufacturing Tools Co., Ltd.

地址：伦教常教广珠路东侧合丰围６号之一（１０号地２号馆７号铺）（528308）
Add: 1 of No.6 Hefeng Town, Guangzhu Rd, Changjiao, Foshan City, Guangdong 528308, P. R. China.
Tel: 0757-27881225
Fax: 0757-27883558
E-mail: hy@hy-dj.com
Website: www.hy-dj.com

主要产品：
木工机械配件辅料类产品。
Main Products:
Woodworking Machinery Accessries.

郑州华源超硬材料工具有限公司

Zhengzhou Huayuan Super Hard Material Cutting Tools Co., Ltd.

地址：郑州市经济技术开发区七大街151号（450000）
Add: Road No.7, Economic and Technological Development Zone of Zhengzhou City, Henan 450000, P. R. China.
Tel: 0371-86168665
Fax: 0371-86168662
E-mail: ljzh2001@sina.com
Website: www.huayuantools.net

主要产品：
木工专用金刚石刀具、锯片，超薄金刚石锯片；电子线路板专用金刚石刀具；有色金属加工用金刚石刀具；黑色金属加工用立方氮化硼刀具；煤田地质钻头及金刚石滚轮。
Main Products:
Diamond cutters, Saw blades, Ultra-thin diamond saw blades, Diamond cutters for electronic circuit board, Diamond cutters for non-ferrous metal processing, Cubic boron nitride cutters for ferrous Metal processing, Coalfield geologic drill bits, Diamond rollers.

中国兵器工业集团北方通用电子集团公司西安电子工程研究所

Xian Electronic Engineering Research Institute, North General Electronics Group Co., Ltd., China South Industries Group Corporation

地址：西安市长安区（710100）
Add: Changan District, Xian, Shaanxi 710100, P. R. China.
Tel: 029-85616055
E-mail: 206yzb@bq206.com.cn
Website: www.norincogroup.com.cn

Z

主要产品：
雷达。
Main Products:
Radar.

中国兵器装备集团北京北机机电工业有限责任公司消防器材分公司

Fire Equipment Branch, Beijing Beiji Machinery and Electronics Industries Co., Ltd., China South Industries Group Corporation

地址：北京市通州区漷县镇漷兴三街18号（101109）
Add: No.18 Huoxing 3rd Rd., Huoxian Town, Tongzhou District, Beijing 101109, P. R. China.
Tel: 010-80583436
Website: firetheearth.cnal.com

主要产品：
各类灭火器、气体灭火系统及森林消防装备。
Main Products:
Fire extinguishers, gas fire extinguishing system and forest fire-fighting equipment.

中国福马机械集团有限公司

China Foma (Group) Co., Ltd.

地址：北京市朝阳区安苑路20号世纪兴源大厦16-18层（100029）
Add: 16-18F., Shijixingyuan Building, No. 20, Anyuan Str., Chaoyang Dist., Beijing 100029, P. R. China.
Tel: 010-84898622, 84898187
Fax: 010-84898421
E-mail:chinafoma@chinafoma.com
Website: www.chinafoma.com

主要产品：
建筑工程机械、农业机械、环保机械、木材加工机械、营林、木材采伐机械及专用设备的制造和销售；内燃机及配套机械、摩托车发动机、摩托车及其他特种车辆的生产和销售；木工切削工具、手工工具的制造和销售；人造板材的制造和销售；木材、家具及其他木制品的销售；汽车的销售；车辆改装；进出口业务；对外工程承包；与以上业务有关的设备安装、技术服务及技术咨询。
Main Products:
Construction Machinery, Wood processing machinery, Machinery for forest tending and cutting, Internal combustion engine and relative machinery, motorcycle engine, motorcycle and othe vehicle, Woodworking cutting tools, tools, Man-made board, wood, furniture and other wooden productions, cars, Import and export and other services and consultation relate with listed.

中国福马林业机械上海有限公司

China National Forestry Machinery Shanghai Co., Ltd.

地址：上海市长宁区定西路1310弄8号2楼（200050）
Add: 2F, No.8, Alley 1310, Dingxi Rd., Shanghai 200050, P. R. China.
Tel: 021-62515488、 62102770
Fax: 021-62104745
E-mail: luweidongzxq@163.com
Website: chinafamashanghai.cn.alibaba.com

主要产品：
人造板设备及配件，林业机电配件，林业工具，日本兼房刀具、诺顿砂带。
Main Products:
Wood based panel processing machines and parts, Forestry mechanical parts, Forestry tools, KANEFUSA tools, NORTON sanding belt, Garden machines.

Z

中国林业出版社

CHINA FORESTRY PUBLISHING HOUSE

地址：北京西城区刘海胡同7号（100009）
Add: No.7 Liuhai Alley, Xicheng Dist., Beijing 100009, P. R. China.
Tel: 010-83143515
E-mail: forestbook@163.com
Website: lycb.forestry.gov.cn

主要服务：
出版国家林业政策、法令、文件汇编；出版林业经济与企业管理、造林、营林、森林保护、林业调查设计、林业机械、木材采运、木材加工技术著作；出版林业改革、生态建设与保护、园林与园艺和林业知识性读物；上述图书的销售；林业技术培训和开展相关领域的科学研究。

Main Services:
Publication of national policies, laws, compilation of documents on forestry; publishing forestry economy and business management, reforestation, silviculture, forest protection, forest survey design, forestry machinery, logging and transporting, wood processing technology works; publishing forestry reform, ecological construction and protection, books on gardens, horticulture and forestry; sales of above books; forestry related technical training and scientific research.

中国林业机械广州公司

China Forestry Machinery Guangzhou Co., Ltd.

地址：广东省广州市黄埔大道东39号102铺（510660）
Add: Rm.102 No.39 Huangpu Main RD East, Guangzhou, Guangdong 510660, P.R.China.
Tel: 020-82161203
Fax: 020-82162989
E-mail: guang.zhou.zhong@163.com

主要产品：
木材加工成套设备，林业机械，工程机械及配件，木工机床及工具刃具，林产品，林化产品，木材制品。
Main Products:
Wood processing machinery, Forestry Machinery, Construction machinery and accessories, Timber working machine tools and Cutting tools, Forest product, forest chemical products, Wood products.

Z

中国林业机械哈尔滨猎枪弹具公司

China Forestry Machinery Harbin Hunting Rifles and Ammunition Company

地址：黑龙江哈尔滨市道里区新阳路186号（150016）
Add: No.186, Xinyang Rd., Daoli Dist., Haerbin, Heilongjiang 150016, P.R.China.
Tel: 0451-84512660
Fax: 0451-84512669
E-mail: zdming1024@sina.com
Website:www.hrblqdj.com

主要产品：
林业机械，消防机械，人造板机械，园林机械。
Main Products:
Forestry machinery, Fire service instrument, Machinery for man-made board, Gardening machinery.

中国林业科学研究院木材工业研究所

Research Institute of Wood Industry, Chinese Academy of Forestry

地址：北京市海淀区东小府1号院中国林科院内（100091）
Add: Inside Chinese Academy of Forestry, No.1 Dongxiaofu, Haidian Dist., Beijing 100091, P. R. China.
Tel: 010-62889410
Fax: 010-62881937
Website: www.criwi.org.cn

主要服务：
木材学研究；木材干燥技术、木材防腐及阻燃技术研究，研制开发系列木材干燥机；承接木材加工行业市场调研及资询。设有木材构造与利用、木材化学应用、木材物理与干燥、木材力学与木结构、木材改性、木材保护、木质功能材料、复合工程与结构材料、人造板与胶黏剂、木制品、生物质材料先进制造技术和生物质材料标准化等12个研究方向。
Main Products:
Research on wood industry, wood drying technology, and preservation technology, Research and development of wood dryers, Market research and consultation. Wood construction and utilization, wood chemical applications, wood physical and drying, timber and wood structure mechanics, wood modification, wood protection, wood-functional materials, composite materials and structural engineering, plywood and adhesives, wood, biomass materials advanced manufacturing technology and standardization of biomass material 12 research directions.

Z

中国林业科学研究院森林生态环境与保护研究所

Institute of Forest Ecological Environment and Protection, Chinese Academy of Forestry

地址：北京市海淀区颐和园后东小府2号（100091）
Add: No.2 Dongxiaofu, Haidian District, Beijing 100091, P. R. China.
Tel: 010-62889510
E-mail: work_li@caf.ac.cn
Website: www.ifeep.cn

主要产品：
贝林克复合微生物杀虫剂、昆虫病毒工厂化生产技术、树木抗逆保健活性动力土、生态经济型灌木树莓优良品种及栽培保鲜技术、复硝钠类植物生长调节剂、达克特锁定压力式树干注射器、果霉清、生物防治昆虫病毒产品。
Main Products:
Bellinck co mplex microbial insecticides, insect virus factory production technology, trees resilience active power soil health, ecological economy raspberry bush varieties and cultivation preservation technology, complex sodium nitrate plant growth regulators, pressure-type trunk lock Duckett syringes, clean fruit mold, biological control of insect virus products.

中国龙江森林工业（集团）总公司机电局

Electromechanical Bureau, China Longjiang Forestry Industry (Group) Co., Ltd.

地址：黑龙江哈尔滨市南岗区文昌街66号（150008）
Add: No. 66, Wenchang Str., Nangang Dist., Harbin, Heilongjiang 150008, P. R. China.
Tel: 0451-82624616
Fax: 0451-82624616
E-mail: sgjdj2010yuxiaobo1959@126.com
Website: www.ljforest.com

主要产品：
锯材，人造板，家具，木制品，制浆造纸。
Main Products:
Saw timbers, Wood based panel, Furniture, Wood products, Paper-making machines.

中国民用航空总局第二研究所

The Second Research Institute of CAAC

地址：成都市二环路南二段17号（610041）
Add: No.17 South 2nd Section, 2nd Ring Rd., Chengdu. Sichuan 610041, P. R. China.
Tel: 028-962586
Website: www.caacsri.com

主要服务：
下属农林航空测试中心主要从事航空植保、飞机化学除草、飞机播种造林、飞机播种牧草、飞机喷洒施肥、民航运输机场飞行区环境绿化设计与建植技术等方面的试验研究、成果推广以及农业航空喷雾助剂产品的研发和农林航空喷施设备的技术测试。
Main Services:
General Aviation Test Center is mainly engaged in experimental research aviation plant protection, chemical weed control aircraft, aerial seeding, forage seeding aircraft, aircraft spraying fertilizer, civil aviation airfield environment green design and planting techniques and other aspects of the results of the promotion and agricultural aerial spraying test development and forestry aviation technology spraying equipment additives products.

中国木机商贸网（原明志堂）

China Woodworking Machinery Trade Website

地址：广东省佛山市顺德区105国道伦教段30号二楼（528000）
Add: Floor 2 No.30 State Road 105, Shunde Dist., Foshan City, Guangdong 528000, P. R. China.
Tel: 0757-27333212, 27333868
Fax: 0757-27333211
E-mail: 13825524410@126.com
Website: www.ad100.cc

主要服务：
网络推广。
Main Productss:
Website promotion.

Z

中南林业科技大学

Central South University of Forestry and Technology

地址：湖南省长沙市韶山南路498号（412000）
Add: Shaoshan South Road, No. 498, Changsha, Hunan 412000, P.R.China
Tel: 0731-85623096
E-mail: clxy@csuft.edu.cn
Website: www.csuft.edu.cn

主要产品：
竹材深度着色技术、长条竹木复合地板、竹材表面匀色技术、竹材功能性香料提纯技术、中温固化PF树脂胶粘剂在竹胶合板中的应用、径向竹篾帘复合板等。
Main Products:
Bamboo depth rendering technology, long bamboo flooring, bamboo surface uniform color technology, bamboo functional spice purification technology, temperature curing PF resin adhesive application in the bamboo plywood, bamboo curtain radial composite panels.

诸暨市金竹笑武道用品有限公司

Zhuji Jinzhuxiao Budokan Products Co., Ltd.

地址：浙江省诸暨市璜山镇光芒路16号（311809）
Add: No.16 Guangmang Rd., Huangshan Town, Zhuji, Zhejiang 311809, P. R. China.
Tel: 0575-87093728
Website: www.jinzhuxiao.net.cn

主要产品：
竹木工艺品、竹剑、日本竹剑、韩国竹刀等。
Main Products:
Bamboo crafts, bamboo sword, bamboo sword.

诸暨市顺满红竹木制品有限公司

Zhuji Shunmanhong Bamboo Products Co., Ltd.

地址：浙江省诸暨市艮塔东路7号（311800）
Add: No.7 Genta East Rd., Zhuji, Zhejiang 311800, P. R. China.
Tel: 0575-87284168

主要产品：
环保竹炭、竹炭制品、竹炭汽车用品、竹炭工艺品、竹炭床上用品、竹炭棉制品、竹炭鞋垫、竹炭除味宝、竹醋液、片竹炭、颗粒炭等。
Main Products:
Charcoal bamboo, bamboo products, bamboo charcoal automotive supplies, bamboo crafts, bamboo bedding, bamboo cotton, bamboo charcoal insoles, bamboo charcoal odor treasure, vinegar, charcoal tablets, carbon particles, etc.

淄博吉孚消防科技有限公司

Zibo Jifu Fire Science and Technology Co., Ltd.

地址：淄博市临淄区永流西路69号（255422）
Add: No.69 Yongliu West Rd., Linzi District, Zibo City, Shandong 255422, P. R. China.
Tel: 0533-7211888
Fax: 0533-7213178
E-mail: zbtdhg@163.com
Website: www.zbtdhg.com

主要产品：
泡沫灭火剂、消防灭火设备、森林消防多功能车。
Main Products:
Foam fire extinguishing agent, fire fighting equipment, forest firefighting utility vehicles

中国林业机械协会
China National Forestry Machinery Association

中国林业机械行业信用评价参评企业（排名不分先后）

The enterprises of participating in CNFMA Credit Rating 2012 &2013 (In no particular order)

根据商务部信用工作办公室、国资委行业协会联系办公室《关于行业信用评价工作有关事项的通知》（商秩字[2009]7号）和《关于公布第七批行业信用评价参与单位名单的通知》（商信用函[2011]2号）等文件精神，中国林业机械协会于2012年开始，已连续三年组织开展中国林业机械行业信用评价工作，共有30家企业通过企业信用等级评价，其中AAA级企业21家，AA级企业9家。

AAA级信用企业：

证书、铭牌编号：201514211100032

河北九顺机械制造有限公司

GUANGDONG WEILI MACHINERY INDUSTRIAL CO.,LTD.

河北九顺机械制造有限公司（原顺通机械厂，前身为国营任县机床厂）是生产胶合板设备及木工机械的专业厂家，位于有“机械之乡”之称的河北省任县邢湾工业区，历史悠久，技术力量雄厚，拥有完善的售后服务网络。

公司目前生产有两大系列38种型号的旋切机供不同地区的用户进行选购。在全体员工多年努力下，公司已经成为生产旋切机、热压机、涂胶机、全自动裁板锯等胶合板成套设备的专业厂家，有丰富的设计和生产经验。可以为不同规模的单板及胶合板生产企业提供产品设计及生产流程规划。

证书、铭牌编号：201214211100001

佛山市顺德区新马木工机械设备有限公司

NEW MAS WOODWORKING MACHINERY & EQUIPMENT CO.,LTD

佛山市顺德区新马木工机械设备有限公司（原顺德市马氏木工机械设备厂），位于广东省佛山市顺德区伦教北海工业区。 公司通过ISO9001质量体系认证，是中国最大的推台锯生产企业之一，获得“广东省名牌产品”、“广东省著名商标”、“广东省优秀自主品牌”、“广东省诚信示范企业”、“出口产品质量许可证书”等。

证书、铭牌编号：201214211100002

广东威德力机械实业有限公司

GUANGDONG WEILI MACHINERY INDUSTRIAL CO.,LTD.

广东威德力机械实业有限公司位于“中国木工机械重镇”——佛山市顺德区伦教工业区，是一家集科研、设计、生产、销售、服务为一体的中国木工机械行业骨干企业，是国家高新技术企业、广东省民营科技企业、广东省装备制造业重点培养100家企业，获得广东省著名商标1个、广东省名牌产品1个，是中国木机行业中集成材、仿形实木加工、单板剪裁拼接、木工压机、环保除尘等生产设备制造的龙头企业。

证书、铭牌编号：201214211100003

江苏江佳机械有限公司

JIANGSU JANGJA MACHINERY CO., LTD.

江苏江佳机械有限公司创立于 1958 年，专业制造实木备料成套设备，为国家高新技术企业，中国实木加工机械知名企业、全国木工机床与刀具标准化技术委员会副主任委员单位。公司建有省级工程研究中心，拥有尖端的加工、检测设备。主营单片锯、多片锯、修边锯、双面刨、四面刨、纵向优选多片圆锯机、横向优选截锯机、全自动梳齿指接生产线等实木加工设备。多项技术填补国内空白。公司通过 ISO9001 质量体系认证，产品全部通过欧盟 CE 认证，具有自营进出口经营权，产品不仅畅销于国内，还远销全球 40 多个国家和地区。

证书、铭牌编号：201214211100004

江苏林海动力机械集团公司

JIANGSU LINHAI POWER MACHINERY GROUP COMPANY

江苏林海动力机械集团公司系中国福马机械集团有限公司的全资子公司，国有大型企业，始建于 1956 年，具有 50 多年研制和生产小型动力及配套机械的历史，有 40 多条专业生产线和柔性生产线组成的国内一流的生产制造系统。

公司主要产品有 ATV、CUV 等全地形车；通用发动机及小型汽油发电机组、泵、油锯、风力灭火机、割灌机等小动力配套机械；摩托车及摩托车发动机等。公司多年都是全国内燃机及零配件行业效益十佳企业，摩托车行业效益十佳企业。2010 年公司荣获“中国内燃机行业排头兵企业”称号，是小型汽油机行业两家获此殊荣的企业之一。

证书、铭牌编号：201214211100005

绿友机械集团股份有限公司

GREENMAN MACHINERY COMPANY

绿友机械集团股份有限公司成立于 1995 年，现员工 1100 多名，子公司遍布全国 60 多个大中城市。主要生产、经营园林绿化机械设备，如草坪修剪机、打药机、割灌割草机、园林灌溉设备等，自产产品出口欧美、澳大利亚、内蒙等国。

“绿友”商标被北京市工商局认定为 2011-2013 年“北京市著名商标”，公司 2011 年获北京市总工会颁发的“首都劳动奖状”，公司党组织 2011 年被中共顺义区委评为“优秀基层党组织”，2012 年 2 月公司总裁李敏当选“2011 中国花木产业年度人物”，2012 年 4 月集团总部通过 ISO9001 质量体系认证。

证书、铭牌编号：201214211100006

青岛永强木工机械有限公司

QINGDAO YONGQIANG WOODWORKING MACHINERY CO., LTD.

青滨永强（Unisunx）企业旗下拥有2家生产基地：青岛永强木工机械有限公司和青岛永强博特木工机械有限公司，是中国最大的裁板锯（推台锯）、封边机等板式家具机械制造基地之一。企业下设专业的贸易公司---青岛青滨进出口贸易有限公司，为海外客户提供全面的木工机械解决方案。已通过ISO9001国际质量体系认证，主导产品通过CE安全认证。

主要产品包括：裁板锯（推台锯）系列、封边机系列、排钻系列、往复锯系列、数控加工中心雕刻机系列等。产品出口欧洲、俄罗斯、东南亚、中东、北美、澳洲60多个国家和地区。

证书、铭牌编号：201214211100007

山东百圣源集团有限公司

SHANDONG BAISHENGYUAN GROUP CO.,LTD.

山东百圣源集团有限公司（原威海市木工机械厂），是一家集研发、生产、营销木工机械、金切数控机床设备的专业性大型企业集团，拥有自营进出口权。专业生产三合板、多层板、地板基材、建筑模板成套生产线设备和数控龙门磨床、龙门铣床、摇臂钻床等金属切削机床。

公司拥有省级企业技术中心和山东省大型木工机械工程技术研究中心，是国家一级企业、中国500家最大机械工业企业之一、山东省高新技术企业，通过了ISO9001：2008质量管理体系认证，企业商标为山东省著名商标，企业产品获山东省名牌称号。

证书、铭牌编号：201214211100008

亚洲工友（威海）有限公司

ASIA GONGYOU (WEIHAI)CO.,LTD.

绿友机械集团股份有限公司成立于1995年，现员工1100多名，子公司遍布全国60多个大中城市。主要生产、经营园林绿化机械设备，如草坪修剪机、打药机、割灌割草机、园林灌溉设备等，自产产品出口欧美、澳大利亚、内蒙等国。

“绿友”商标被北京市工商局认定为2011-2013年“北京市著名商标”，公司2011年获北京市总工会颁发的“首都劳动奖状”，公司党组织2011年被中共顺义区委评为“优秀基层党组织”，2012年2月公司总裁李敏当选“2011中国花木产业年度人物”，2012年4月集团总部通过ISO9001质量体系认证。

证书、铭牌编号：201214211100010

邵武市振达机械制造有限责任公司

SHAOWU ZHEN-DA MACHINE MANUFACTORY CO.,LTD.

邵武市振达机械有限责任公司位于福建省武夷山南麓的邵武经济开发区内，占地 52 亩。现为福建省木工机械制造业规模最大企业。

公司产品为木工四面刨、木工多片锯、木工铣床等木材加机械，多项产品拥有自主知识产权，属于国内先进水平。并拥有多项发明或实用新型专利，主导或参与制修订国家、行业标准近 20 项。

公司现为省级著名商标企业、省级名牌产品企业、省级知名字号企业、省级创新型企业、省级知识产权优势企业、省级守合同重信用企业。

证书、铭牌编号：201214211100011

石家庄开发区纪元电气有限公司

JIYUAN ELECTRIC CO., LTD. SHIJIAZHUANG DEVELOPMENT ZONE

石家庄开发区纪元电气有限公司于 1993 年在河北石家庄高新技术产业开发区注册，属民营科技企业。1995 年被河北省科委认定为“高新技术企业”，延续至今。公司 2002 年通过 IS09001：2000 质量体系认证，2005 年成为中国林业机械协会理事单位。

公司主要从事机电一体化高频介质加热木工机械设备的研究、开发与生产。至今已有十多种系列、几十种型号规格产品，拥有十几项专利技术。主要产品有：高频发生器、高频拼板机、木材高频真空干燥设备、高频框架组合机、高频柜门机、弯曲木压机、高频贴面设备等。

证书、铭牌编号：201214211100012

苏州苏福马机械有限公司

SUZHOU SUFOMA MACHINERY CO.,LTD.

苏州苏福马机械有限公司是我国中（高）密度纤维板生产线、刨花板生产线、双面定厚砂光机、短周期快速贴面生产线、卧式浸渍干燥生产线等人造板设备的专业制造商。苏州苏福马机械有限公司成立于 1961 年，位于中国经济最发达地区——江苏·苏州。公司于 1997 年通过 IS09000 质量体系认证。属国家重点企业、国家火炬计划重点高新技术企业和江苏省高新技术企业。

证书、铭牌编号：201214211100013

镇江中福马机械有限公司

ZHENJIANG ZHONGFUMA MACHINERY CO., LTD.

镇江中福马机械有限公司，前身为原林业部镇江林机厂，始建于1958年6月，历经50余年的发展，已成为我国人造板机械专业设备开发与制造的骨干企业。公司现隶属于中国福马机械集团有限公司，先后获得为江苏省文明单位、江苏省和谐劳动关系模范企业和江苏省平安企业等多项荣誉称号，通过了ISO9001：2008质量体系认证。

主导产品有系列鼓式和盘式削片机、刨片机、打磨机、热磨机、原木剥皮备料工段设备、中（高）密度纤维板生产线成套设备以及相关机械刀片等，产品技术均处于国内领先地位，部分领域达到当前国际先进水平。20余项产品技术获得专利认证，获得授权制定部分产品行业标准。

证书、铭牌编号：201314211100019

上海跃通木工机械设备有限公司

SHANGHAI YUETONG WOODWORKING MACHINERY EQUIPMENT CO., LTD.

上海跃通木工机械设备有限公司是上海市科技企业，旗下的南通数控设备有限公司是国家级高新技术企业，江苏出口工业产品一类生产企业。

跃通公司十分重视科技创新，推动企业技术进步，建立了江苏省智能化木工加工机械工程技术研究中心，与中国林科院木材研究所共同组建了“中国林科院木材研究所跃通木门自动化装备研发中心”。2012年又参与国家林业重大科研专项——实木复合门机械化制造与环保涂装技术研究。跃通公司依据ISO9002国际质量体系标准，对设计、采购、制造、销售等过程实行严格的质量控制，主要产品连续八年获得上海市品牌产品荣誉称号。

证书、铭牌编号：201314211100020

青岛千川木业设备有限公司

QINGDAO QIANCHUAN WOODWORKING MACHINERY CO., LTD.

青岛千川木业设备有限公司位于美丽的海滨城市—— 青岛，是一家集设计、生产、销售木工机械设备的专业性企业，拥有自营进出口权。是国内最早研制和生产宽带砂光机的厂家之一，也是青岛市木工机械生产的龙头企业。现为中国林业机械协会副会长单位、青岛市木工机械协会副会长单位于1999年率先在行业内通过了挪威船级社（DNV）公司ISO9001国际质量管理体系认证。被青岛市人民政府、青岛市科学技术局、青岛市企业信用协会分别授予“高新技术企业”、“青岛市民营科技企业五十强”、“守合同重信用企业”。

证书、铭牌编号：201314211100021

青岛华顺昌木工机械制造有限公司

QINGDAO HUASHUNCHANG WOOD—WORKING MACHINERY MANUFACTURING CO., LTD.

青岛华顺昌木工机械制造有限公司成立于 1995 年，是一家专业从事木工机械和板式家具成套设备设计、生产、销售的制造公司，是中国木工机械“青岛木工机械协会首届会长单位”，是同行业内首家获得“全自动直线封边机”国家专利的企业。经过十几年不懈的努力追求，目前已发展成为中国北方地区板式家具制造设备的领导者，产品率先通过了 ISO9001 国际质量体系认证和欧洲 CE 认证，并荣获青岛市著名商标、青岛市重点保护单位及中国机床工具工业协会“十佳管理人才”、“自主创新十佳企业”等殊荣。

证书、铭牌编号：201314211100022

爱可机械（深圳）有限公司

ECHO MACHINERY (SHENZHEN) CO., LTD.

爱可机械（深圳）有限公司成立于 2004 年，是由日本株式会社共立投资的外商独资企业。2009 年 10 月日本株式会社共立与新大和工业株式会社被株式会社山彦吸收合并，爱可机械成为日本株式会社山彦的全资子公司。

公司主要从事 ECHO 品牌的便携式割灌割草机、油锯的组装生产及割草机曲轴箱的机械加工。产品目前大部分销往国外，销售市场覆盖日本、俄罗斯、澳大利亚、新西兰、南非、北美、欧洲等国家和地区，2010 年 6 月开始销往中国国内市场。

证书、铭牌编号：201314211100023

临沂市新天力机械有限公司

LINYI XINTIANLI MACHINERY CO., LTD.

临沂大学机械厂（原临沂师范学院机械厂），成立于 1990 年公司位于全国最大的人造板生产基地，著名商城—山东省临沂市西郊。

公司主导产品为刨花板生产线成套设备、中密度纤维板生产线成套设备、单板层积材（LVL）生产线成套设备、胶合板 / 建筑模板 / 细木工板 / 指接板 / 科技木 / 木塑生态板生产线成套设备和短周期贴面生产线成套设备等。其中，我公司研发生产的木质废料刨花板生产线项目通过山东省科技成果鉴定。经过二十多年的研发创新，我公司产品现已形成十大系列，总计 200 多个品种，目前已生产各类设备 9000 余台套。

证书、铭牌编号：201314211100024

大连经济技术开发区森港机械刀片有限公司

DALIAN ETDZ SENGANG MACHINERY BLADE CO., LTD.

大连经济技术开发区森港机械刀片有限公司是香港创毅发展有限公司投资创建的合资企业。公司于1998年9月建成投产，现在已经成长为大连优秀外商投资企业。

大连经济技术开发区森港机械刀片有限公司是国内机械工业刀片专业生产企业，在国内具有较高的市场占有率，“森港”品牌已经成为国内高端刀片品牌的代表。公司拥有国内外高精尖刀片生产设备，采用国际先进刀片加工技术和热处理加工工艺，材料选用国内外独特、优质的钢材，由留学国外的专业人员和刀片行业专家来管理生产，向客户提供稳定优质的产品。公司生产主要产品有：木工机械刀片、印刷机械刀片、两大类，按客户需要加工各种材质、规格刀片。

证书、铭牌编号：201314211100025

廊坊金兰人造板机械有限公司

LANGFANG JINLAN PANEL BOARD MACHINERY CO., LTD.

廊坊金兰人造板机械有限公司（金兰机械）坐落于河北省文安工业园区（河北省文安县左各庄镇），是集研发、设计、生产、销售、服务于一体的人造板机械设备制造商。经过二十余年千锤百炼，金兰机械本着“设计先进可靠、制造一丝不苟、服务及时有效、对产品质量及服务的追求永无止境”的理念，在不断的发展。我公司拥有了良好的研发能力、雄厚的技术力量、精良的生产设备、科学的检测手段，确保了产品技术领先，设计、质量符合国家标准。公司已于2002年通过“ISO 9001-2000版国际质量管理体系”认证。

证书、铭牌编号：201314211100026

青岛建诚伟业机械制造有限公司

QING DAO GIANTWAY MACHINERY CO., LTD.

建诚伟业机械制造有限公司始创于1997年，集科研开发、生产制造、经营销售于一体。多年来，公司秉持“品质是企业的生命，产品是企业的灵魂”这一经营理念，致力于平面、曲面砂光机及涂漆生产线的专业研发与制造，多项产品填补了我国木工机械行业的空白。产品品质获得国家权威部门颁发的多项殊荣，并通过ISO9001：2008质量体系认证及欧盟CE认证。产品销售网络遍布全国各地，远销世界五大洲几十个国家和地区。

AA级信用企业：

证书、铭牌编号：201214201100014

佛山市顺德区新基宏业机械设备有限公司

FOSHAN SHUNDE XINJIHONGYE MACHINERY EQUIPMENT CO.,LTD.

一家专门从事木工机械研发、生产、销售企业，是国内最早生产框锯机的厂家。积12年的创造与磨练，所生产的新基业牌系列框锯机通过欧盟“CE”认证，企业通过ISO质量体系认证，是佛山市诚信加盟单位、联合国采购供应商单位。为适应市场需求，公司于2008年再建一分厂，主要生产板式家具机械，包括精密推台锯、铰链机等产品。

证书、铭牌编号：201214201100015

佛山市先达威机械有限公司

FOSHAN SANDAR-WELL MACHINERY CO.,LTD.

佛山市先达威机械有限公司成立于1995年，位于广东省佛山市顺德区伦教北海工业区。公司一直致力于向中国家具生产企业、木制品生产企业提供国际先进的木工机械以及油漆涂装设备。

和多家国际著名木工机械制造企业有直接的贸易合作和代理业务，可为国内家具生产企业、木制品生产企业提供国际一流水平的木工机械设备和完善的配套设备。设立产品研发中心和生产厂房，建立了优秀的设计团队，积极研发具有国际水准的优质产品。产品深受国内客户和国外客户欢迎，尤其是中高端家具生产企业，产品销售遍及全国市场和出口世界各地。

证书、铭牌编号：201214201100016

青岛豪中豪木工机械有限责任公司

QINGDAO HAOZHONGHAO WOODWORKING MACHINERY CO.,LTD.

青岛豪中豪木工机械有限责任公司由原青岛木工机械制造总公司改制而成，具有50多年历史，是国内木工机械行业首家通过ISO9001国际质量体系认证企业。

主要产品：SFE/SY系列宽带砂光机，BB1127/1130系列卧式单板刨切机，BB1342/1332系列立式刨切机。

公司产品销往全国各地，并出口到欧洲、印度、巴基斯坦、东南亚、非洲等20多个国家和地区。公司下设经营公司，代理销售国内外各类名优木工机械产品，并提供生产线配套、设备配件、维修等服务。

证书、铭牌编号：201214201100018

苏州市华翔木业机械有限公司

SUZHOU HAPCO MACHINERY CO., LTD.

苏州市华翔木业机械有限公司主要从事人造板机械的研究开发、生产、销售及技术服务。主要产品为胶合板设备（如热压机、自动装卸板机、冷压机、涂胶机、升降台、纵横锯）、人造板二次加工设备（如短周期贴面生产线、复合地板生产线、建筑模板覆膜生产线、木皮贴面生产线）、万能试验压机等设备。自 2010 年起，公司与德国辛北尔康普公司合作生产短周期贴面设备，现已成功推出 6’*8’低压短周期贴面生产线。

证书、铭牌编号：201314201100027

山西秋林机械有限公司

SHANXI QIULIN MACHINERY CO.,LTD.

山西秋林机械有限公司原名榆次工业产品研究所，成立于 1992 年，是一家专业制造热压机的民营企业。产品定位于重点发展薄木贴面、印刷浸渍贴面、单板胶合、板式结构件胶合。将市场定位于发展工具化产品用于大众型用户，发展智能化产品用于专业型用户。将企业定位于传承晋商精神，制造世界精品。

公司所生产产品全部具有自主知识产权，均为专利产品。公司创业团队有 40 年的热压机制造经历，靠知识自主创业，靠自身滚动发展。产品销售遍及亚、非、拉、欧、美、澳六大洲。

证书、铭牌编号：201314211100026

江苏福马木业有限公司

JIANGSU FOMA WOOD PANEL CO., LTD.

江苏福马木业有限公司创建于 2003 年 5 月，是中国福马机械集团公司旗下的木材加工企业，以生产人造板及相关产品为主。

企业注册资本 13000 万元，占地面积 290.15 亩，现有职工 238 人，自 2006 年以来，连续被确定为“市级农业产业化经营龙头企业”，公司在加快推进市农业产业化经营中，充分发挥龙头企业作用，带动了农村产业结构调整、增加农民收入。企业先后被宿豫区委、区政府评为“文明单位”，“先进企业”。被宿豫区总工会评为“宿豫区和谐劳动关系模范企业”，“工人先锋号”。

证书、铭牌编号：201314201100029

黑龙江省东京城林业机械厂

HEILONGJIANG DONGJINGCHENG FORESTRY MACHINERY FACTORY

黑龙江省东京城林业机械厂始建于1962年，是黑龙江省森工林机行业的大中型企业之一。1998年同哈尔滨飞机制造公司、哈尔滨工程大学等科研院校组成了新产品开发联合体，研制开发并生产了6MF-30A型风力灭火机、WT-0802型森林防火了望通讯塔、LT7803型森林防火了望塔、LD98型灭火装置、6MFPS-30A型喷水式风力灭火机、KMZ-100型风水两用快速灭火车等产品。企业经40多年的建设和发展成为一个具有一定规模和技术力量，实力雄厚的综合性机械加工制造企业。制造企业已通过ISO9001：2008国际质量管理体系认证。

证书、铭牌编号：201314201100030

沈阳隆利得木工机械有限公司

SHENYANG LEAD WOOD—WORKING MACHINERY CO., LTD.

沈阳隆利得木工机械有限公司是一家专业以板式设备为主导产品，集设计研发，生产制造，经营销售于一体的多元化规模企业。隆利得始终秉承“以品质铸就品牌，以诚信铸就市场”的企业理念，致力于不断创新研发与生产，精心设计每一款产品，并以严格的生产过程和质量检测，倾力打造出追随国际木工机械潮流与高品质的完美木工机械。公司产品已通过ISO9001国际质量体系认证、CE认证和国家木工机械检测中心的各项专利等多种认证。

证书、铭牌编号：201314201100031

沈阳带锯机械有限公司

SHENYANG BAND SAW MACHINE CO., LTD.

沈阳带锯机械有限公司（原沈阳市带锯机床厂）系原国家机电部重点企业，工厂始建于1946年，是全国最大的木工带锯机床制造厂家，其产品为“双轮”牌注册商标，ISO9001质量管理体系认证企业。

公司内拥有雄厚的技术设计力量和开发能力，加工能力完备，工艺手段先进，使得“双轮”牌产品久负盛名，深受国内外客户认同和欢迎。其产品先后荣获市、省、部、优质产品奖、新产品奖、机械工业部科技进步奖、2002年又被评为二十世纪中国木工机械行业“十大驰名品牌产品”。

中国林业机械协会

China National Forestry Machinery Association

中国林业机械协会向社会推荐产品（有效期：2015—2017）

Recommendations of products to the society (EXP DATE: 2015—2017)

苏州苏福马机械有限公司

Jiangsu Foma Wood Co., Ltd.

地址：江苏省苏州市新区何山路378号　电话：0512- 66627806、66627621

BCD系列砂光锯切线

V型双面宽带砂光机

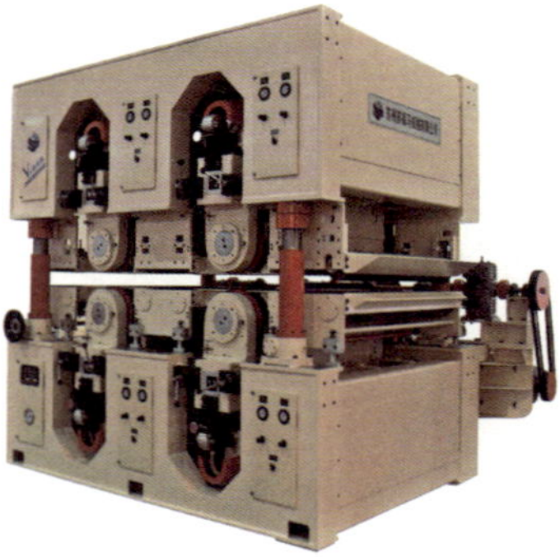

镇江中福马机械有限公司

Zhenjiang Zhongfoma Machinery Co., Ltd.

地址：江苏省镇江市学府路300号　电话：0511—88781320

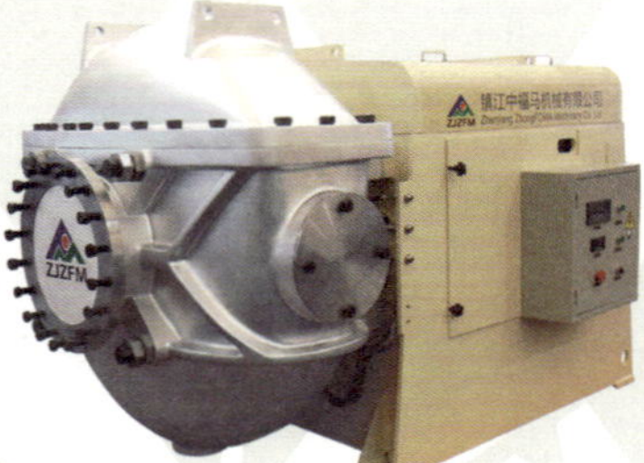

BM1111/15/33（48″）型热磨机

BBP1140系列 滚筒式剥皮机

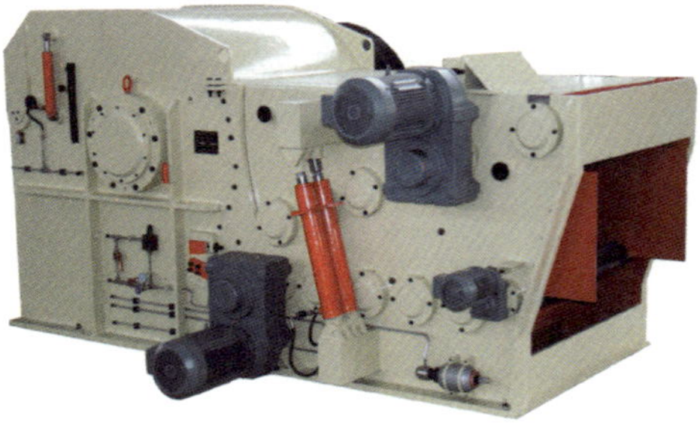

BX2116/13型 鼓式削片机

CHANGLIN
常林股份有限公司
Changlin Co., Ltd.
地址：江苏省常州市黄河西路898号 电话：0519-86751888、86758888

936 装载机

956 装载机

CHL5160JSQD4 随车起重机

工友 GY®

亚洲工友（威海）有限公司

Asia GongYou (WeiHai) Co., Ltd.

地址：山东省威海市环翠区青岛南路689号　电话：0631-5366166、5366167

MXX5113 数显电主轴立式单轴木工铣床

SP53 单面木工压刨床

B3 全自动直线封边机

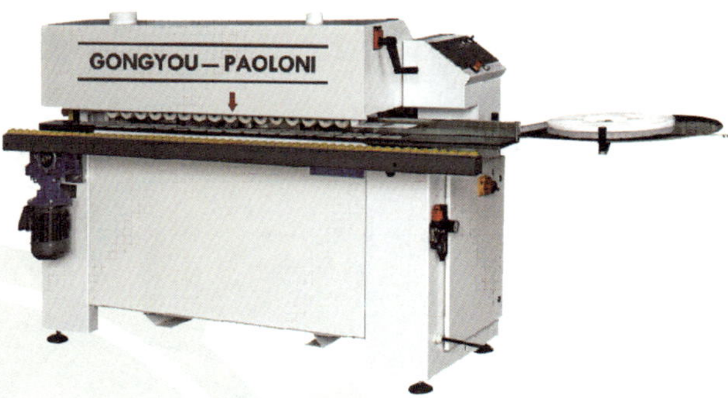

32H45 精密裁板锯

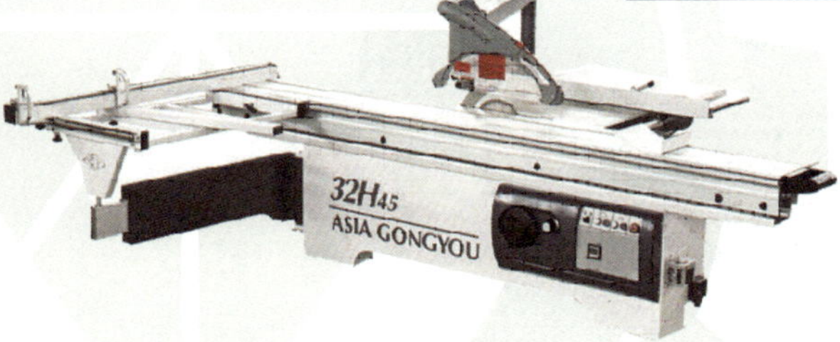

山东百圣源集团有限公司

Shandong Baishengyuan Group Co., Ltd.

地址：威海市经济技术开发区崮山镇宝源路　电话：0631-5921002、5921397

ZHT4X8A 高速纵横锯边机

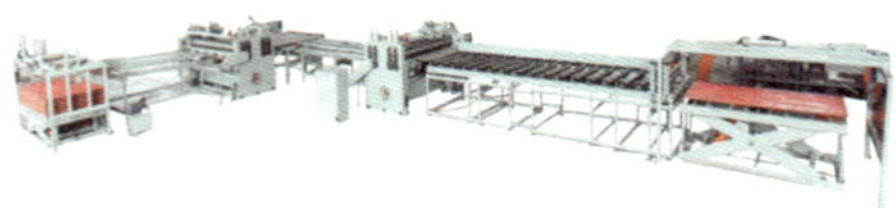

BDD1113-1 单板自动堆垛机

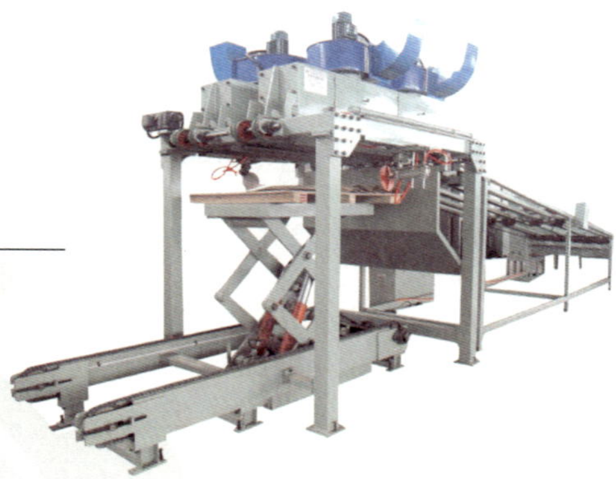

SL2600/3 数控无卡轴旋切机

MJK6323 数控门扇四边锯

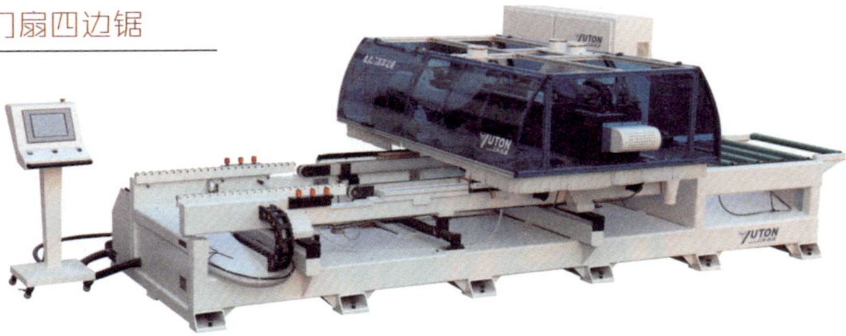

MDK4120Q 数控木门孔槽加工机

YTMX-01 柔性门扇生产线

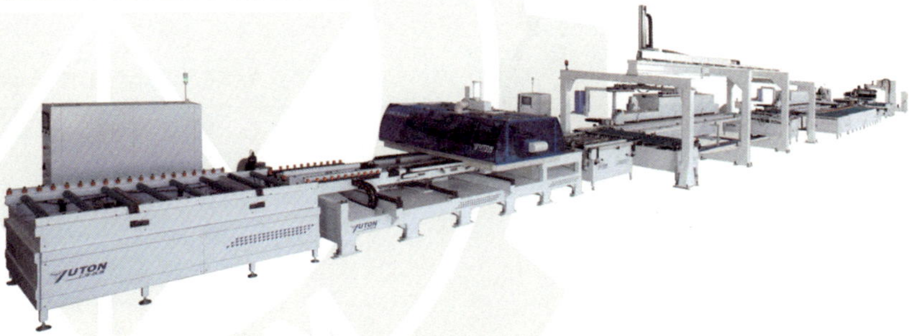

MJ6132D 精密推台锯

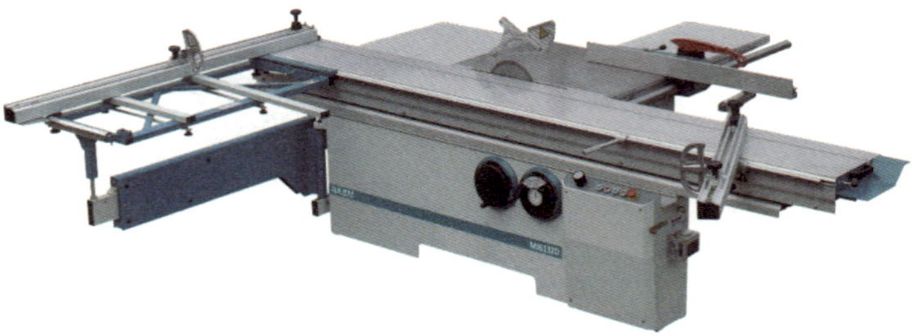

MJK6132D 数控精密推台锯

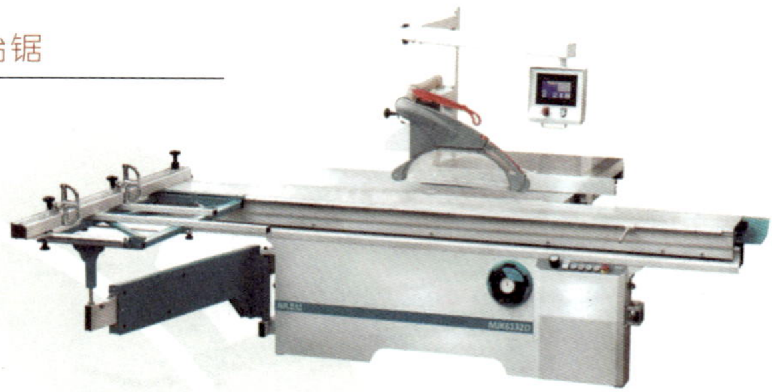

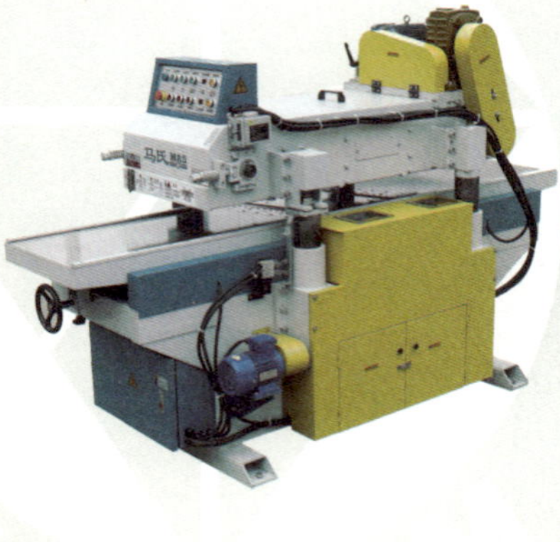

MBZ524*2 双轴数控自动木工平刨床

MDK2212 双端数控四轴榫头机

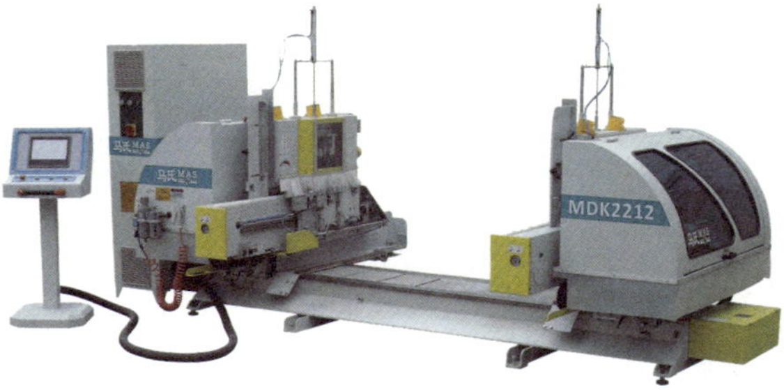

MSK3724-2 双排数控多轴榫槽机

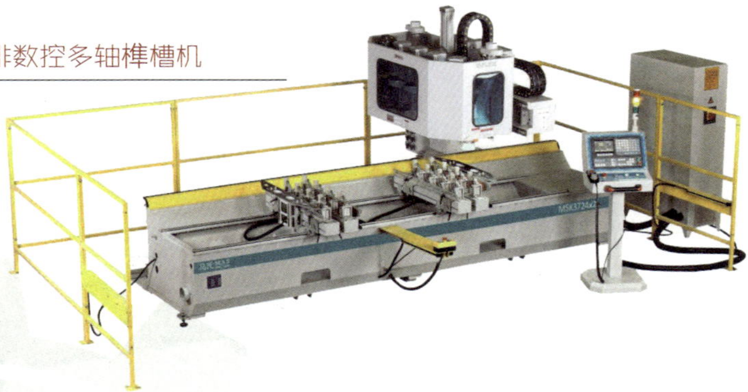

MFZ450 全自动封边机

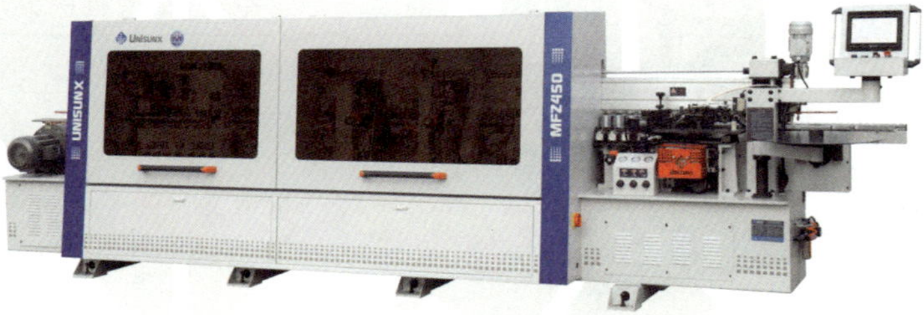

绿友机械集团股份有限公司

Beijing Greenman Machinery Company

地址：北京市顺义区赵全营镇兆丰产业基地兆丰一街28号绿友园　电话：010-60442335

LYDE1AG200 拖挂喷杆式喷雾机

G45 非公路用电动车

沈阳隆利得木工机械有限公司

Shenyang Lead Woodworking Machinery Co., Ltd.

地址：沈阳市于洪区洪润路31号东民特种机床城15号厂房　电话：024-29326966

T系列 精密推台锯

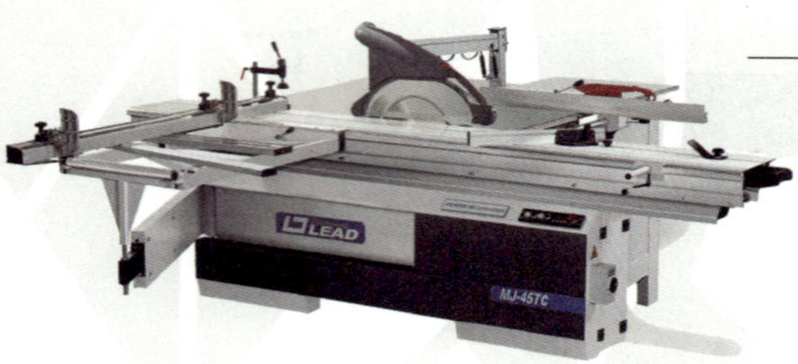

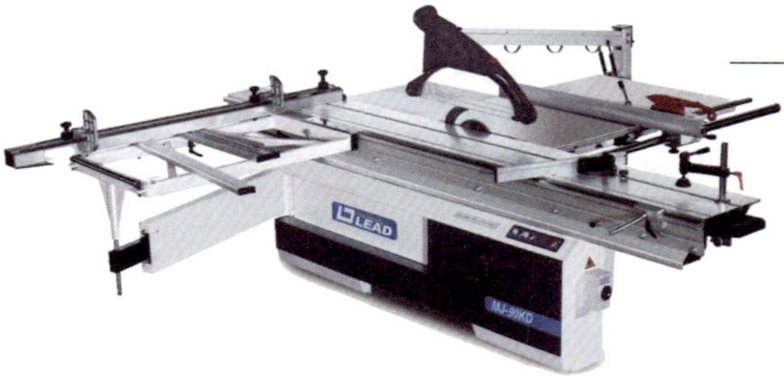

K系列 精密推台锯

TIANLIJIXIE

临沂市新天力机械有限公司

Linyi Xintianli Machinery Co., Ltd.

地址：山东省临沂市兰山区义堂镇大葛庄工业园　电话：0539-8292318、8439988

BY214x8/6-10II 生态板贴面热压机

ABC3125-IV 全自动纵横锯边机

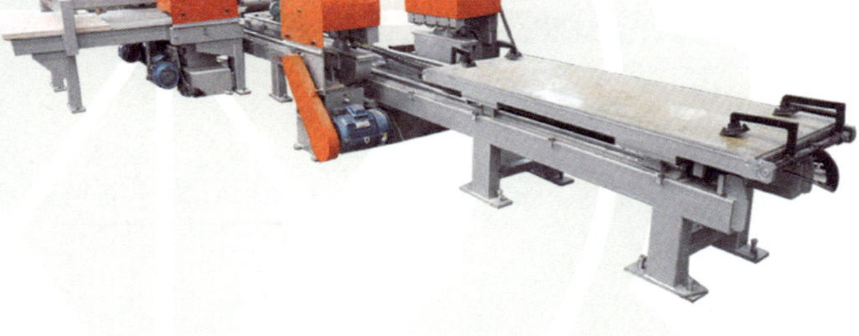

青岛建诚伟业机械制造有限公司

Qingdao Giantway Equipment Co., Ltd.

地址：青岛市城阳区棘洪滩金岭工业园12号路　电话：0532-87908822、87909872

QSG1350R-RP 双砂架宽带砂光机

沈阳带锯机械有限公司

Shenyang Band Saw Machine Co., Ltd.,

地址：沈阳市苏家屯区金钱松路30-5号　电话：024-89801166、89802299

MJZ3212A型1250mm 自动跑车木工带锯机

邵武市振达机械制造有限责任公司

Shaowu Zhen-Da Machine Manufactory Co., Ltd.

地址：福建省邵武市城南工业园区(莲富路)　电话：0599-6323195、6303516

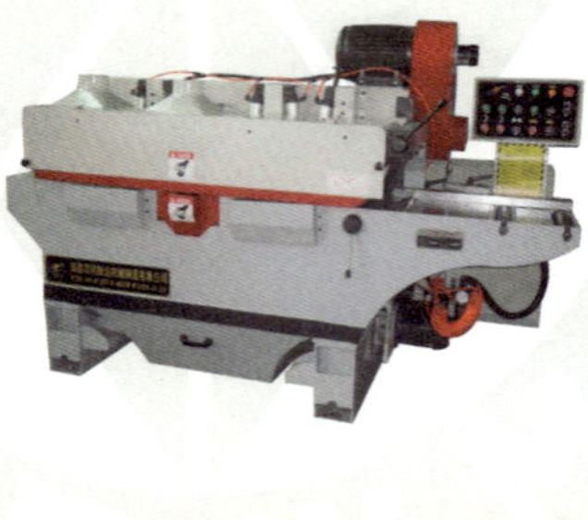

MJK1720A 木工多片锯

MJ144E 木工多片锯

BY21型 热压机

BY624×8/16型 热压机

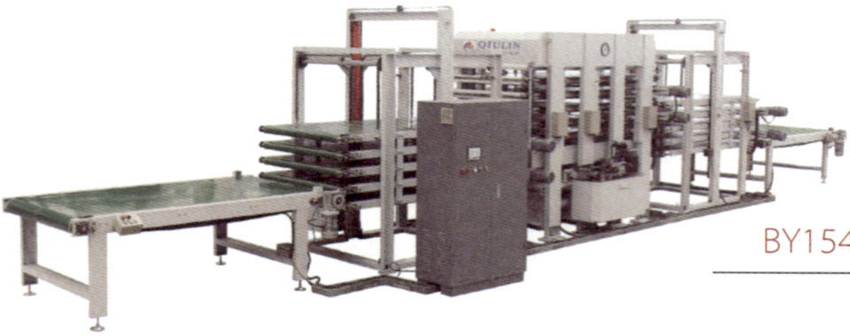

BY154×8/20（5）型 热压机

BPP-THF系列 三转子锤刨机

BPP-BP系列 压块机

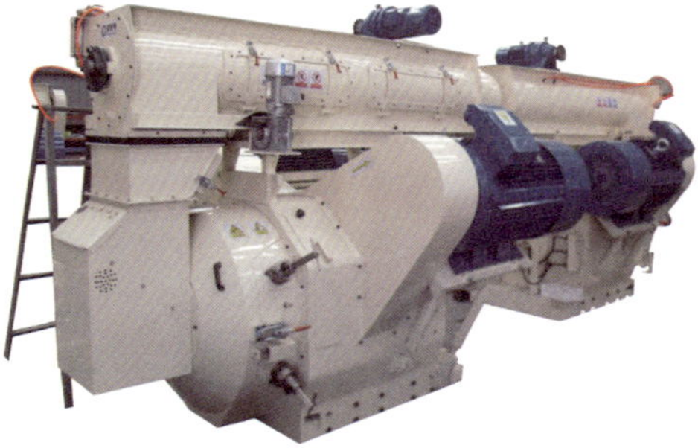

BPP-PM系列 制粒机

北京铭隆世纪科技有限公司

Artisman Technology Corp.

地址：北京市顺义区李遂工业园遂太路2号 电话：010-89484021

SI 铭龙CNC（数控）机器

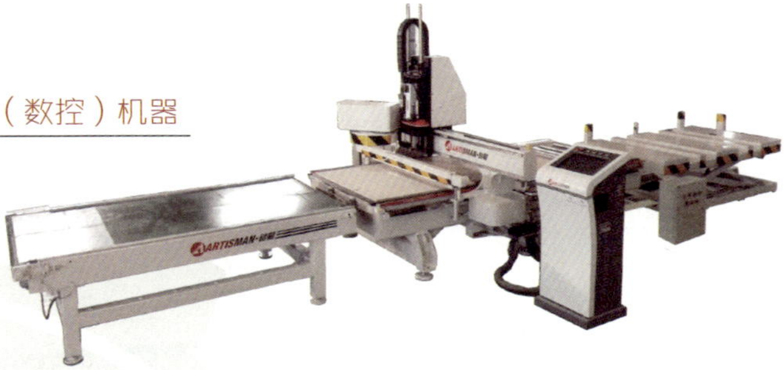

哈尔滨华意木材干燥设备有限公司

Harbin Huayi Wood Drying Equipment Co., Ltd.

地址：哈尔滨市动力区团结路9号 电话：0451-82923934、82927134

MGLD系列 木材干燥设备

晋江市神工机械制造有限公司

Fujian Jinjiang Shengong Machinery Manufacturing Co., Ltd.

地址：福建泉州晋江市五里工业园区灵源街道英塘思源东路14号　电话：0595-88182751

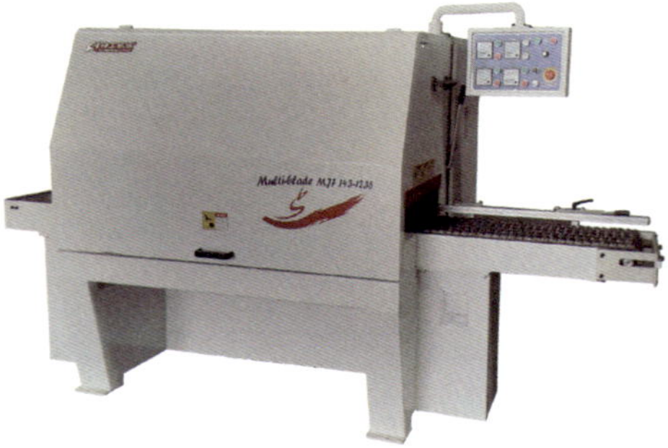

MJF143-12　方木多片锯

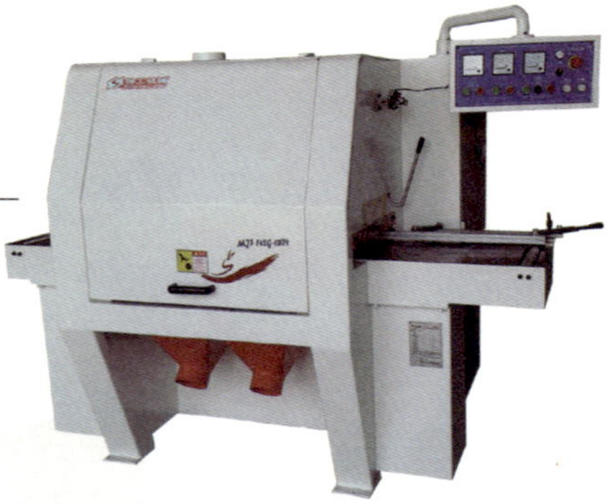

MJF142-08　方木多片锯

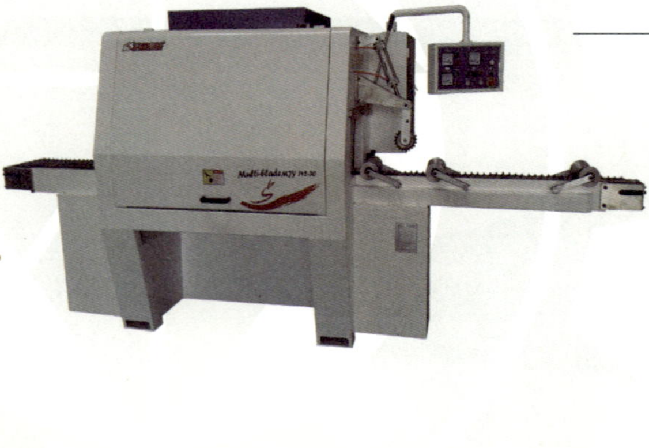

MJY142-30　原木多片锯

青岛盛福机械制造有限公司

Qingdao Sunup Machinery Manufactue Co., Ltd.

地址：青岛市城阳区棘洪滩金岭工业园10号路　电话：0532-87909396

QMZ5113R 油漆砂光机

BSGN5213R-R 宽带砂光机

青岛豪中豪木工机械有限责任公司

Qingdao Haozhonghao Woodworking Machinery Co., Ltd.

地址：青岛市李沧区重庆中路971－11号　电话：0532-84822177、84822277

BB1342/1332 立式单板刨切机

豪象机械

HAOXIANG MACHINERY CO.,LT

Hao Xiang

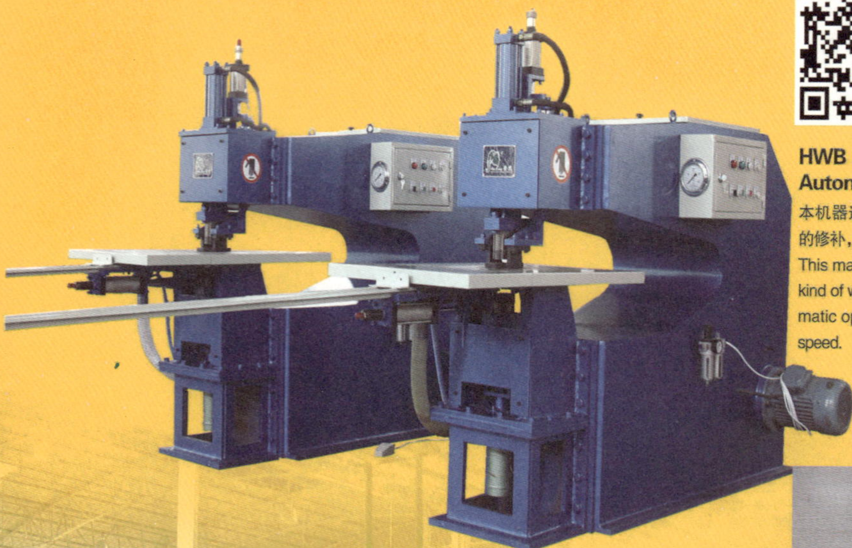

HWB 自动单板挖补机

Automatic Veneer Patch

本机器适用于各种不同木质单
的修补,全自动操作,挖补速度快
This machine applies to mend
kind of wood veneers.It has aut
matic operation and high cutti
speed.

HDG48单板热压干燥机

HDG48 Veneer Hot-pressing Dryer

本机是一种独特的新型单板排湿干燥压机，适用于
切芯板的快速除湿干燥及整平。干燥后的单板平整
好。收缩充分，与普通干燥机相比还具有能耗低故
少，操作简便等特点。

This machine is a new veneer wetness-exclusion
pressm,appropriate to quick wetness-exclusion.drying and trimm
of revolving core board.The veneer plane is good and shrinkin
abundant after drying.Compared with common drying machine,it
has characters with less exhaust and troubles and simple coope
tion.

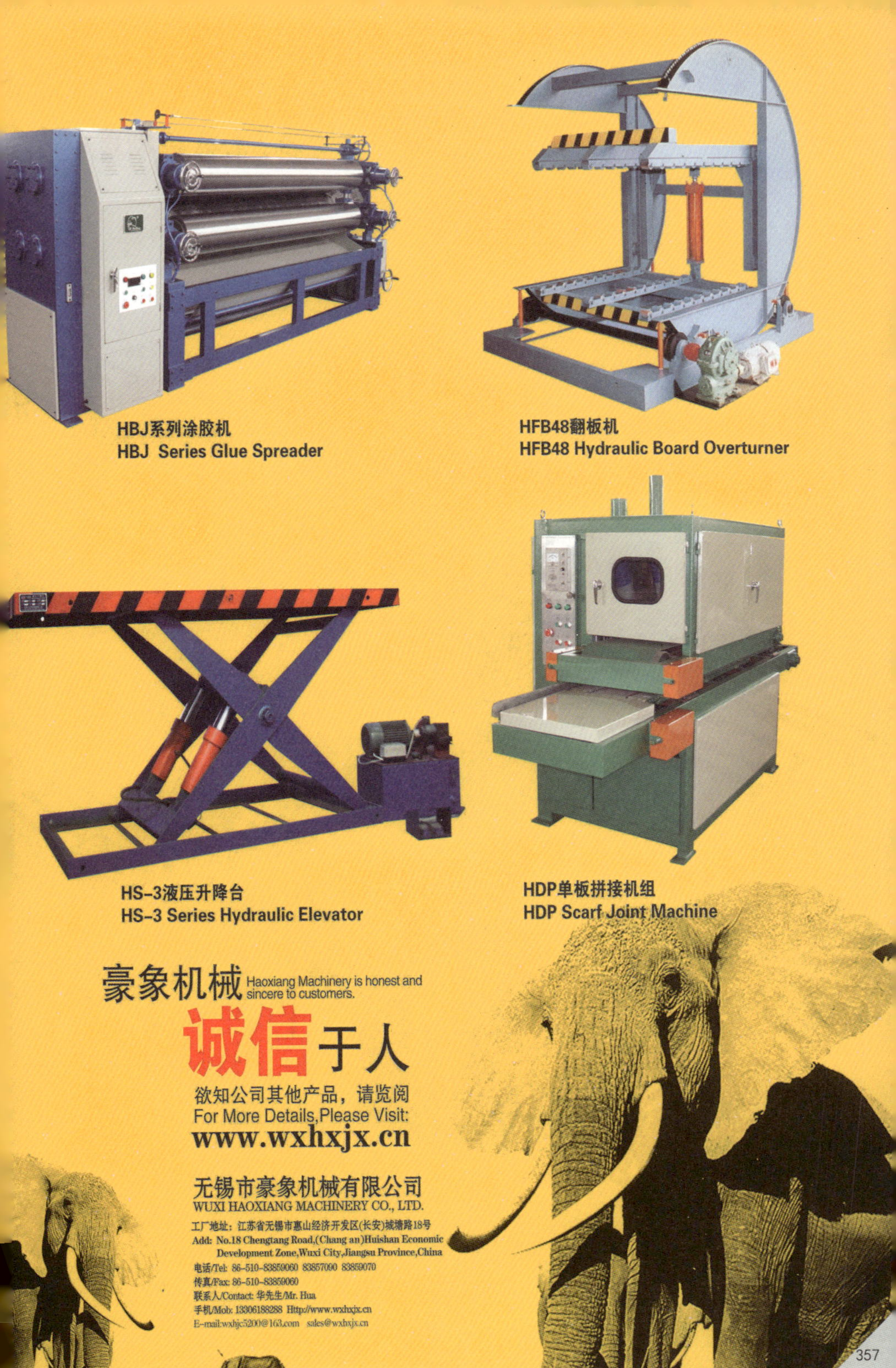
HBJ系列涂胶机
HBJ Series Glue Spreader
HFB48翻板机
HFB48 Hydraulic Board Overturner
HS-3液压升降台
HS-3 Series Hydraulic Elevator
HDP单板拼接机组
HDP Scarf Joint Machine
豪象机械
Haoxiang Machinery is honest and sincere to customers.
诚信于人
欲知公司其他产品，请览阅
For More Details,Please Visit:
www.wxhxjx.cn
无锡市豪象机械有限公司
WUXI HAOXIANG MACHINERY CO., LTD.
工厂地址：江苏省无锡市惠山经济开发区(长安)城塘路18号
Add: No.18 Chengtang Road,(Chang an)Huishan Economic Development Zone,Wuxi City,Jiangsu Province,China
电话/Tel: 86-510-83859060 83857090 83859070
传真/Fax: 86-510-83859060
联系人/Contact: 华先生/Mr. Hua
手机/Mob: 13306188288 Http://www.wxhxjx.cn
E-mail:wxhjc5200@163.com sales@wxhxjx.cn

福州三森機械有限公

古田縣三木機械制造有限公

公司介绍:

三木•三森机械是胶合板旋切设备的专业制造厂家，1979年由公司创始人设计和试制了第一台旋切机。经过三十多年的风雨历程，公司已发展成为集自主研发、生产、销售为一体的科技开发型企业。三木•三森机械目前拥有2个研发中心，5个生产基地，2个贸易公司（福州木田进出口有限公司和印尼三森公司）主要生产有卡旋切机、无卡旋切机、数控剪板机等三十多个品种的胶合板设备。产品遍布除西藏外的全国各个省份，还销往印尼、印度、马来西亚、越南、俄罗斯、波兰、塞尔维亚、南非等海外国家。

自2007年以来，公司在“小径木自动化旋切生产线”上取得突破性进展，实现了旋切段的主辅机联机设计，达到了高效稳定的全自动操作，改变旋切生产工艺，提高木材利用率，有效降低成本，填补了国内空白。公司可根据不同客户的需求，提供方案设计、设备制造、安装调试、售后指导等一系列专业服务。

2012年，“玉松”品牌被认定为福建省著名商标。

三木•三森将继续秉持“诚信敬业、创新求精”的精神，不断推进技术进步和经营管理创新，以提供优质的产品，周到的服务为宗旨，为客户创造更多的价值。

Since the founder designed and trial-produced the first plywood peeling machine in 1979, Sanmu.Sansen Machinery, as a professional manufacturer of veneer lathe, has grown as a technology-oriented enterprise integrated with independent research, production and sales through 30 years of development. The company has 2 R&D centers,5 production bases and 2 trading companies(FUZHOU MUTIAN IMPORT & EXPORT CO.,LTD and CV.SANSEN INDONESIA), with the main products of spindle & spindleless veneer lathes and numerical control shear machines etc..At present, products spread all over the nation except Tibet, and are exported to Indonesia, India, Malaysia, Vietnam, Russia, Porland, Serbia and South Africa.

We continue to improve our technology and increase our range of products. Since 2007, many breakthroughs have been made in automatic veneer rotary line for small-diameter logs, which make the design of main and auxiliary equipments connected in veneer peeling process come true . These also improve timber utilization rate , lower cost effectively and achieve the goal of the efficient and stable full automatic operation and the optimized manufacture process. We also provide project design, machinery manufacture, installation and after-sales service for our customers.

With the values of integrity, professionalism, innovation, perfection, Sanmu.Sansen will continue the technology improvement and management innovation to provide advanced products ,offer considerate servise and create more value for customers.

新无卡机
New Spindleless

新打坯机
New Barking Machine

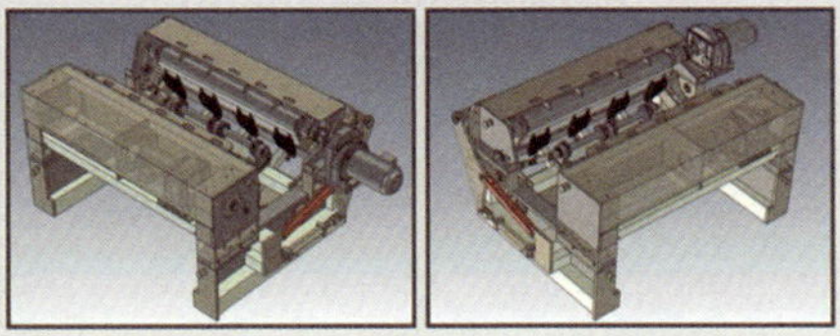

福州市仓山区建新南路151号
No.151 Jianxin Road South,Cangshan District,Fuzhou,China
电话 (TEL) :86-591-83843171
传真 (FAX) :86-591-83843183
邮箱 (EMAIL) :info@woodtech.cn sanmujx@qq.com
http://www.woodtech.cn

1湖南省林业科学院竹类研究所简介

湖南省林科院竹类研究所是专门从事竹类研究与开发的科研团体，同时挂靠为湖南省林业厅竹子研究开发中心及竹业湖南省工程研究中心。现有科研人员 11 人，其中研究员职称 3 人、高级职称 5 人、中级职称 3 人，主要研究方向为竹材加工及装备研制、竹资源开发、丰产栽培等。拥有竹材加工中试车间 1000 平方米，竹笋加工中试车间 200 平方米。先后承担了国家、省部级项目 40 多项，鉴定科技成果 10 余项，获得专利授权 30 余项（其中发明专利 8 项），制定国家或行业标准 7 项，发表相关科技论文 40 余篇。

2主要研发产品介绍

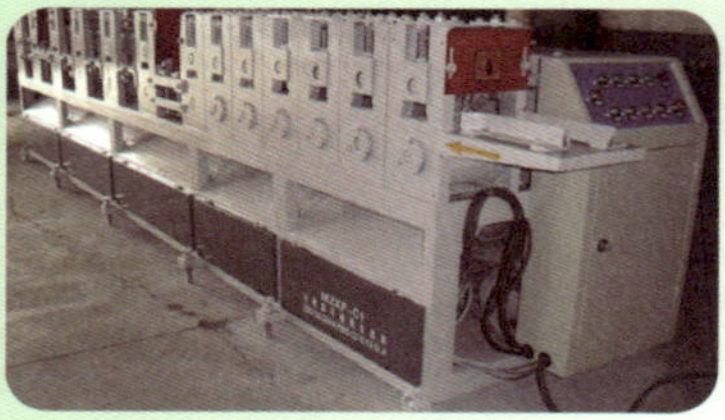

1）竹材联丝展开铣平机（如图）

1) 型号：LS60

2) 外形尺寸：长 × 宽 × 高 = 4780×900×1250㎜

3) 重量：约 1000Kg

4) 总装机容量：22.5KW

5) 生产效率：每分钟 13~15m

6) 生产竹条规格：长度 150~200㎜；宽度 50~85㎜；厚度 4~15㎜

7) 竹条的宽度不大于 85㎜，竹条的长度不大于 4000㎜

竹材联丝展开铣平机（专利号：ZL20111037 171714.X）结构简单、排列合理，操作简便，能耗低；它加工的竹材人造板构成单元保留了原态竹材的尖削度，而加工过程中仅对竹青蜡层、竹黄层进行少量的铣刨，最大化地保存了竹材实物体，提高了竹材利用率近 80%。

2）竹材“剖黄联青”铣刨机（如图）

1) 型号：PS50

2) 电机功率：24.5KW

3) 铣刀规格：90×180㎜

4) 装刀数：5 把

5) 钢丝轮规格：120×60　3 个

6) 送料速度：40m/min

7) 主轴转速：3500r/min

8) 加工厚度：3~15㎜；加工宽度：50~85㎜；最短加工长度：300㎜

9) 机械尺寸：4600×900×1200㎜

10) 重量：约 1900Kg

竹材“剖黄联青”铣刨机（专利号：ZL2011 1009 8552.7）在总结了传统竹材铣刨机等相关设备的优缺点基础上设计的，能将弧形竹片一次加工成条形平面状竹材单元（联丝展开、定宽、分级定厚），实现了原竹剖黄联青展开的机械化；生产效率，竹材利用率大大提高。

湖南省林业科学院林工所油茶果处理成套装备简介

油茶果处理成套设备包括（生产线）：揉搓型油茶果脱壳机、振动弹跳带式籽壳分选机、茶籽干燥机。生产线剥壳率大于 98%，损耗率小于 1%，分选净度大于 98%，生产能力 1T/h。

1、1BQR-1000揉搓型油茶果脱壳机（如图）

产品名称：揉搓型油茶果脱壳机
型号：1BQR—1000　　　电源：220V. 50/60Hz
功率：5. 5KW　　　重量：1. 46T
外形尺寸：2100×1850×1970mm（长 × 宽 × 高）
生产商：湖南省林业科学院
生产地址：长沙市韶山南路 658 号

2、1FXZ--1000振动弹跳带式籽壳分选机（如图）

产品名称：振动弹跳带式籽壳分选机
型号：1FXZ—1000　　　电源：220V. 50/60Hz
功率：2. 1KW　　　重量：0. 45T
外形尺寸：2700×1450×1420mm（长 × 宽 × 高）
生产商：湖南省林业科学院
生产地址：长沙市韶山南路 658 号

3、茶籽干燥机（如图）

产品名称：连续网带式热风干燥机
型号：1RGW—1000　　　电源：220V. 50/60Hz
功率：5. 5KW　　　重量：3. 25T
外形尺寸：4500×2300×2500mm（长 × 宽 × 高）
生产商：湖南省林业科学院
生产地址：长沙市韶山南路 658 号

4、其他包括三台输送机等。

输送机功率：1. 5KW

镇江中福马机械有限公司
ZHENJIANG ZHONGFOMA MACHINERY CO.,LTD

http://www.zjzfm.com

本公司生产的多层热压中密度纤维板生产线的最高日产量已达600立方米

福马机械
品质优越

日产180-550立方米中（高）密度纤维板生产线

镇江中福马机械有限公司的日产 180-550 立方米中密度纤维板成套设备，是结合国内外同行业的先进技术开发研制的，其关键电器及机械零部件均引进国外名牌产品。

整条生产线包括：木片备料、纤维制备、调供胶、铺装、热压、后处理、砂光等工段

公司可供产品

* 日产180-550m^3MDF生产线设备　* 年产10-40万m^3木片制备生产线设备
* 热磨机、削片机、刨片机、打磨机、木片筛、风选机、林木采育机、机械刀片等

地址：江苏省镇江市学府路300号　ADD:No.300Xuefu Rd,Zhenjiang,Jiangsu province P.RChina
邮编(P.C)：212016 电话(TEL)：+86-511-88798188　88798585　传真(FAX)：+86-511-88798066

镇江中福马机械有限公司
ZHENJIANG ZHONGFOMA MACHINERY CO.,LTD

http://www.zjzfm.com

新型高效育树伐树设备

FB150-9P履带式林木联合采育机

FB150-9P 履带式林木联合采育机是中国福马机械集团有限公司和北京林业大学共同开发的，拥有自主知识产权的新一代中小型履带式联合采育机。整机采用了针对林业采育作业的驾驶室、动力驱动、动力行走和液压部件防护设计；作业测控系统具有原木径级测量，造材长度设定，材积自动计算并生成报表等功能。采育作业机头能够独立完成采伐、打枝、造材等采育作业，配件大部份实现了自给，保养成本低。

FB150-9P 履带式林木联合采育机采伐、打枝、造材和越障参数、作业效率均达到国际同类机型水平。广泛适用于各种经济林、用材林、纸浆林等人工林和天然林的主伐、皆伐、择伐和间伐等林业采育作业工程。

公司可供产品

* 日产180-550m^{3}MDF生产线设备　* 年产10-40万m^{3}木片制备生产线设备
* 热磨机、削片机、刨片机、打磨机、木片筛、风选机、林木采育机、机械刀片等

地址：江苏省镇江市学府路300号　ADD:No.300Xuefu Rd,Zhenjiang,Jiangsu province P.RChina
邮编(P.C)：212016 电话(TEL)：+86-511-88798188　88798585　传真(FAX)：+86-511-88798066